¡Así se dice!

SPANISH 1

Conrad J. Schmitt

Bothell, WA • Chicago, IL • Columbus, OH • New York, NY

Information on featured companies, organizations, and their products and services is included for educational purposes only and does not present or imply endorsement of the **¡Así se dice!** program. Permission to use all business logos has been granted by the businesses represented in this text.

About the Author

Conrad J. Schmitt

Conrad J. Schmitt received his B.A. degree magna cum laude from Montclair State University, Upper Montclair, New Jersey. He received his M.A. from Middlebury College, Middlebury, Vermont, and did additional graduate work at New York University. He also studied at the Far Eastern Institute at Seton Hall University, Newark, New Jersey.

Mr. Schmitt has taught Spanish and French at all academic levels—from elementary school to graduate courses. He served as Coordinator of Foreign Languages for the Hackensack, New Jersey, public schools. He also taught courses in Foreign Language Education as a visiting professor at the Graduate School of Education at Rutgers University, New Brunswick, New Jersey.

Mr. Schmitt has authored or co-authored more than one hundred books, all published by The McGraw-Hill Companies. He was also editor-in-chief of foreign languages, ESL, and bilingual education for The McGraw-Hill Companies.

Mr. Schmitt has traveled extensively throughout Spain and all of Latin America. He has addressed teacher groups in all fifty states and has given seminars in many countries including Japan, the People's Republic of China, Taiwan, Egypt, Germany, Spain, Portugal, Mexico, Panama, Colombia, Brazil, Jamaica, and Haiti.

Contributing Writers

Louise M. Belnay
Teacher of World Languages
Adams County School District 50
Westminster, Colorado

Reina Martínez
Coordinator/Teacher of Foreign Languages
North Rockland Central School District
Thiells, New York

Student Handbook

Andrew Payti

Student Handbook

GeoVistas
Explorando el mundo hispanohablante .. SH42

Lecciones preliminares

Objetivos

In these preliminary lessons you will:

- greet people
- say good-bye to people
- express yourself politely
- count to 100

- identify the days of the week
- identify the months of the year
- find out and give the date
- ask and tell the time
- discuss the seasons and weather

David H. Brennan

Capítulo 1 ¿Cómo somos?

Objetivos

You will:

- identify and describe people and things
- tell where someone is from
- tell what subjects you take and express opinions about them
- talk about Spanish speakers in the United States

You will use:

- nouns, adjectives, and articles
- the verb **ser**
- **tú** and **usted**

BananaStock/PictureQuest

Capítulo 2 La familia y la casa

Objetivos

You will:
- talk about families and pets
- describe a house or apartment
- describe rooms and some furnishings
- discuss a family from Ecuador

You will use:
- the verb **tener**
- possessive adjectives

(l)graficart.net/Alamy, (r)©Brand X Pictures/Alamy

Capítulo 3 En clase y después

Objetivos

You will:

- talk about what you do in school
- identify some school clothes and school supplies
- talk about what you and your friends do after school
- compare school and after-school activities in Spanish-speaking countries and the United States

You will use:

- present tense of -**ar** verbs
- the verbs **ir**, **dar**, and **estar**
- the contractions **al** and **del**

Larry Hamill

Capítulo 4 ¿Qué comemos y dónde?

Objetivos

You will:

- identify foods and discuss meals
- talk about places where you eat
- order food or a beverage at a café
- compare eating habits in Spain, Latin America, and the United States

You will use:

- present tense of regular **-er** and **-ir** verbs
- expressions with the infinitive— **ir a, tener que, acabar de**

Tim Stepien

Capítulo 5 Deportes

Objetivos

You will:

- talk about sports
- describe a soccer uniform
- identify colors
- compare team sports in the United States and Spanish-speaking countries

You will use:

- present tense of stem-changing verbs
- verbs such as **interesar, aburrir,** and **gustar**

imagebroker/Alamy

Capítulo 6 El bienestar

Objetivos

You will:

- describe people's personality, conditions, and emotions
- explain minor illnesses
- talk about a doctor's appointment
- learn about a literary genre—the picaresque novel

You will use:

- **ser** and **estar**
- indirect object pronouns

Capítulo 7 De vacaciones

Objetivos

You will:

- talk about summer and winter weather and activities
- discuss summer and winter resorts in Spanish-speaking countries

You will use:

- preterite tense of regular -**ar** verbs
- preterite of **ir** and **ser**
- direct object pronouns

(l)Comstock Images/age fotostock, (r)Kerri Galloway

CONTENIDO

Capítulo 8 En tu tiempo libre

Objetivos

You will:
- talk about a birthday party
- discuss concerts, movies, and museums
- discuss Hispanic art and music

You will use:
- preterite of **-er** and **-ir** verbs
- the verbs **oír, leer**
- affirmative and negative words

Capítulo 9 ¡Vamos de compras!

Objetivos

You will:

- talk about buying clothes
- talk about buying food
- compare shopping in Spanish-speaking countries with shopping in the United States

You will use:

- more numbers
- the present tense of **saber** and **conocer**
- comparatives and superlatives
- demonstrative adjectives and pronouns

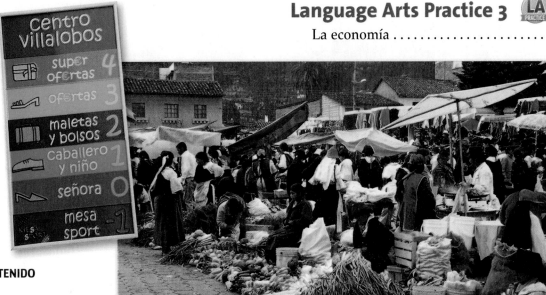

Andrew Payti

CONTENIDO

Capítulo 10 En avión

Objetivos

You will:

- talk about packing for a trip and getting to the airport
- tell what you do at the airport
- talk about being on an airplane
- discuss air travel in South America

You will use:

- verbs that have **g** in the **yo** form of the present tense
- the present progressive tense

David H. Brennan

Capítulo 11 ¡Una rutina diferente!

Objetivos

You will:
- identify more parts of the body
- talk about your daily routine
- talk about backpacking and camping

You will use:
- reflexive verbs
- commands with **favor de**

(l)©Corbis/age fotostock, (r)©246481 Index Stock Imagery, Inc.

Literary Reader

LA Language Arts Practice

Student Resources

Guide to Symbols

Throughout **¡Así se dice!** you will see these symbols, or icons. They will tell you how to best use the particular part of the chapter or activity they accompany. Following is a key to help you understand these symbols.

Audio link This icon indicates material in the chapter that is recorded.

Recycling This icon indicates sections that review previously introduced material.

Paired activity This icon indicates activities that you can practice orally with a partner.

Group activity This icon indicates activities that you can practice together in groups.

Critical thinking This icon indicates activities that require critical thinking.

InfoGap This icon refers to additional paired activities at the end of the book.

¡Bravo! This icon indicates the end of new material in each chapter. All remaining material is recombination and review.

Literary Reader This icon lets you know that you are prepared to read the indicated literature selection.

Language Arts Practice This icon refers to additional practice at the end of the book that will help you practice Language Arts skills while using your Spanish.

¡Viva el español!

Spanish is currently the fourth-most-spoken language in the world. Studying Spanish will help you explore other cultures, communicate with Spanish speakers, and increase your career possibilities.

It's fascinating!

Culture Hispanic culture is full of diverse expressions of music, art, and literature. From dancing the tango or salsa to admiring a modern painting by Salvador Dalí, your studies will introduce you to an array of what the culture has to offer. You'll learn about the various customs, traditions, and values in Latin America and Spain. From food and family to school and sports, you'll learn all about life in the Hispanic world.

It's all around us!

Communication The United States is home to more than fifty million Hispanics or Latinos. Whether on the radio, in your community or school, or in your own home, the Spanish language is probably part of your life in some way. Understanding Spanish allows you to sing along with Latin music on the radio or chat with Spanish speakers in your school, community, or family. No matter who you are, Spanish can enrich your life in some way.

If you plan to travel outside the United States, remember that Spanish is the official language of many countries. Experiencing another country is more fun and meaningful when you can understand restaurant menus, read newspapers, follow street signs, watch TV, and better yet converse with the locals.

CULTURA
Dancers of the tango on the streets of Argentina

Andrew Payti

A Spanish-speaking dentist

It's a lifelong skill!

Career Do you know what career you plan to pursue? Medicine, business, social work, teaching? What will you do if you have a Spanish-speaking patient, client, or student? Speak Spanish, of course! Whatever your career, you will be able to reach more people if you are able to converse in Spanish. After all, it's spoken by more than 16 percent of the U.S. population. You will also be open to many more career opportunities if you know Spanish. Businesses, government agencies, and educational institutions are always looking for people with the ability to speak and read more than one language.

It's an adventure!

Challenge When you study a language, you not only learn about the language and its speakers but also about yourself. Studying a language requires that you challenge yourself and more fully develop your skills. When you know about the customs and values of another culture, you are better able to reflect upon your own. Language is a means of self-discovery. Enjoy!

Reading in a New Language

Following are skills and strategies that can help you understand what you read in a language you have just begun to learn. *Reading and Succeeding* will help you build skills and strategies that will make it easier to understand what you are reading in your exciting new language.

The strategies you use frequently depend on the purpose of your reading. You do not read a textbook or standardized testing questions the same way you read a novel or a magazine article. You read a textbook for information. You read a novel or magazine article for fun.

In the early stages of second-language learning, your vocabulary is, of course, very limited in comparison to the vast number of words you already know in English. The material presented to you to read in the early stages must accommodate this reality. Your limited knowledge of the language does not have to deter you from enjoying what you are reading. Most of what you read, however, will come from your textbook, since original novels and magazine articles are not written for people who have limited exposure to the language.

As you develop your reading ability in Spanish, you will encounter basically two types of readings.

Intensive Readings

These readings are short. They are very controlled, using only language you have already learned. You should find these readings easy and enjoyable. If you find them difficult, it means you have not sufficiently learned the material presented in the chapter of the textbook.

The vast majority of these informative readings will introduce you to the fascinating cultures of the Spanish-speaking world.

A very important aspect of reading in Spanish is to give you things to "talk about" in the language. The more you read, speak, and use the language, the more proficient you will become. Whenever you finish reading one of the intensive reading selections, you should be able to talk about it; that is, you should be able to retell it in your own words.

Extensive Readings

Since it is unrealistic to assume that you will never encounter new words as you branch out and read material in Spanish, you will also be presented with extensive readings. The goal of these extensive readings is to help you develop the tools and skills you need in order to read at some future date an original novel or magazine article. They do indeed contain some words and structures that are unfamiliar to you. In this *Reading and Succeeding* section, you will learn to develop many skills that will enable you to read such material with relative ease.

BananaStock/Jupiter Images

Use *Reading and Succeeding* to help you:

- adjust the way you read to fit the type of material you are reading
- identify new words and build your vocabulary
- use specific reading strategies to better understand what you read
- improve your ability to speak by developing strategies that enable you to retell orally what you have read
- use critical thinking strategies to think more deeply about what you read

Identifying New Words and Building Vocabulary

What do you do when you come across a word you do not know as you read? Do you skip the word and keep reading? You might if you are reading for fun. If it hinders your ability to understand, however, you might miss something important. When you come to a word you don't know, try the following strategies to figure out what the word means.

Reading Aloud

In the early stages of learning a second language, a good strategy is to sit by yourself and read the selection aloud. This can help you understand the reading because you once again hear words that you have already practiced orally in class. Hearing them as you read them can help reinforce meaning.

Identifying Cognates

As you read you will come across many cognates. Cognates are words that look alike in both English and Spanish. Not only do they look alike but they mean the same

thing. Recognizing cognates is a great reading strategy. Examples of cognates are:

cómico	nacionalidad	entra
popular	secundaria	clase
cubano	matemática	prepara
video	blusa	televisión

Identifying Roots and Base Words

The main part of a word is called its root. From a root, many new words can be formed. When you see a new word, identify its root. It can help you pronounce the word and figure out its meaning.

For example, if you know the word **importante,** there is no problem determining the meaning of **importancia.** The verb **importar** becomes a bit more problematic, but with some intelligent guessing you can get its meaning. You know it has something to do with importance so it means *it is important,* and by extension it can even carry the meaning *it matters.*

Identifying Prefixes

A prefix is a word part added to the beginning of a root or base word. Spanish as well as English has prefixes. Prefixes can change, or even reverse, the meaning of a word. For example, the prefixes **in-, im-,** and **des-** mean *not.*

estable/inestable   posible/imposible
honesto/deshonesto

Using Syntax

Like all languages, Spanish has rules for the way words are arranged in sentences. The way a sentence is organized is called its syntax. Spanish syntax, however, is a bit more flexible than English. In a simple English sentence someone or something (its subject) does something (the predicate or verb) to or with another person or thing (the object). This word order can vary in Spanish and does not always follow the subject/verb/object order.

Because Spanish and English syntax vary, you should think in Spanish and not try to translate what you are reading into English. Reading in Spanish will then have a natural flow and follow exactly the way you learned it. Trying to translate it into English confuses the matter and serves no purpose.

Example

English always states: *John speaks to me.*
Spanish can state: *John to me speaks.* or
To me speaks John.

The latter leaves the subject to the end of the sentence and emphasizes that it is John who speaks to me.

Using Context Clues

This is a very important reading strategy in a second language. You can often figure out the meaning of an unfamiliar word by looking at it in context (the words and sentences that surround it). Let's look at the example below.

Example

The glump ate it all up and flew away.

You have no idea what a *glump* is. Right? But from the rest of the sentence you can figure out that it's a bird. Why? Because it flew away and you know that birds fly. In this way you guessed the meaning of an unknown word using context. Although you know it is a bird, you cannot determine the specific meaning such as a robin, a wren, or a sparrow. In many cases it does not matter because that degree of specificity is not necessary for comprehension.

Let's look at another example:
The glump ate it all up and phlumped.

In this case you do not know the meaning of two key words in the same sentence—*glump* and *phlumped.* This makes it impossible to guess the meaning and this is what can happen when you try to read something in a second language that is beyond your proficiency level. This makes reading a frustrating experience. For this reason all the readings in your textbook control the language to keep it within your reach. Remember, if you have studied the vocabulary in your book, this will not happen.

Siede Preis/Getty Images

Understanding What You Read

Try using some of the following strategies before, during, and after reading to understand and remember what you read.

Previewing

When you preview a piece of writing, you are looking for a general idea of what to expect from it. Before you read, try the following.

- Look at the title and any illustrations that are included.
- Read the headings, subheadings, and anything in bold letters.
- Skim over the passage to see how it is organized. Is it divided into many parts? Is it a long poem or short story?
- Look at the graphics—pictures, maps, or diagrams.
- Set a purpose for your reading. Are you reading to learn something new? Are you reading to find specific information?

Using What You Know

Believe it or not, you already know quite a bit about what you are going to read. Your own knowledge and personal experience can help you create meaning in what you read. There is, however, a big difference in reading the information in your Spanish textbook. You already have some knowledge about what you are reading from a United States-oriented base. What you will be reading about takes place in a Spanish-speaking environment and thus you will be adding an exciting new dimension to what you already know. Comparing and contrasting are important critical skills to put to use when reading material about a culture other than your own. This skill will be discussed later.

Visualizing

Creating pictures in your mind about what you are reading—called visualizing—will help you understand and remember what you read. With the assistance of the many accompanying photos, try to visualize the people, streets, cities, homes, etc., you are reading about.

Brand X Pictures/Punchstock

Identifying Sequence

When you discover the logical order of events or ideas, you are identifying sequence. Look for clues and signal words that will help you find how information is organized. Some signal words are **primero, al principio, antes, después, luego, entonces, más tarde, por fin, finalmente.**

Determining the Main Idea

When you look for the main idea of a selection, you look for the most important idea. The examples, reasons, and details that further explain the main idea are called supporting details.

Reviewing

When you review in school, you go over what you learned the day before so that the information is clear in your mind. Reviewing when you read does the same thing. Take time now and then to pause and review what you have read. Think about the main ideas and organize them for yourself so you can recall them later. Filling in study aids such as graphic organizers can help you review.

Monitoring Your Comprehension

As you read, check your understanding by summarizing. Pause from time to time and state the main ideas of what you have just read. Answer the questions: **¿Quién?** *(Who?)* **¿Qué?** *(What?)* **¿Dónde?** *(Where?)* **¿Cuándo?** *(When?)* **¿Cómo?** *(How?)* **¿Por qué?** *(Why?)*. Summarizing tests your comprehension because you state key points in your own words. Remember something you read earlier: reading in Spanish empowers your ability to speak by developing strategies that enable you to retell orally what you have read.

BananaStock/PictureQuest

Thinking About Your Reading

Sometimes it is important to think more deeply about what you read so you can get the most out of what the author says. These critical thinking skills will help you go beyond what the words say and understand the meaning of your reading.

Compare and Contrast

To compare and contrast shows the similarities and differences among people, things, and ideas. Your reading experience in Spanish will show you many things that are similar and many others that are different depending upon the culture groups and social mores.

As you go over these culturally oriented readings, try to visualize what you are reading. Then think about the information. Think about what you know about the topic and then determine if the information you are reading is similar, somewhat different, or very different from what you know.

Continue to think about it. In this case you may have to think about it in English. Determine if you find the similarities or the differences interesting. Would you like to experience what you are reading about? Analyzing the information in this way will most certainly help you remember what you have read.

- Signal words and phrases that indicate similarity are **similar, semejante, parecido, igual.**
- Signal words and phrases that indicate differences are **diferente, distinto, al contrario, contrariamente, sin embargo.**

Cause and Effect

Just about everything that happens in life is the cause or the effect of some other event or action. Writers use cause-and-effect structure to explore the reasons for something happening and to examine the results of previous events. This structure helps answer the question that everybody is always asking: Why? Cause-and-effect structure is about explaining things.

- Signal words and phrases are **así, porque, por consiguiente, resulta que.**

Using Reference Materials

In the early stages of second-language learning, you will not be able to use certain types of reference materials that are helpful to you in English. For example, you could not look up a word in a Spanish dictionary as you would not be able to understand many of the words used in the definition.

You can, however, make use of the glossary that appears at the end of your textbook. A glossary includes only words that are included in the textbook. Rather than give you a Spanish definition, the glossary gives you the English equivalent of the word. If you have to use the glossary very frequently, it indicates to you that you have not studied the vocabulary sufficiently in each chapter. A strategy to use before beginning a reading selection in any given chapter is to quickly skim the vocabulary in the **Vocabulario 1** and **Vocabulario 2** sections of the chapter.

Expand your view of the Spanish-speaking world.

¡Así se dice! will show you the many places where you will be able to use your Spanish.

Cultural and geographic information is at your fingertips with GeoVistas, your virtual field trip to the Spanish-speaking countries.

Start your journey into language and culture.

Opening photo provides a cultural backdrop for the chapter.

Aquí y Allí introduces you to the chapter theme and invites you to make connections between your culture and the cultures of Spanish-speaking countries.

Objectives let you know what you will be able to do by the end of the chapter.

Use your online resources to enhance learning.

Get acquainted with the chapter theme.

Explore each chapter's theme with vivid cultural photos and informative captions.

See how the theme relates to different countries in the Spanish-speaking world.

Tour of the Student Edition

Talk about the chapter theme with your new vocabulary.

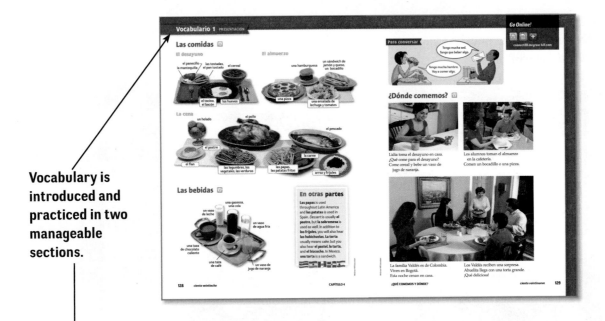

Vocabulary is introduced and practiced in two manageable sections.

Recorded presentation ensures proper pronunciation.

Watch video clips to experience the diversity of the Spanish-speaking world while reinforcing the language you have learned and improving your listening and viewing skills.

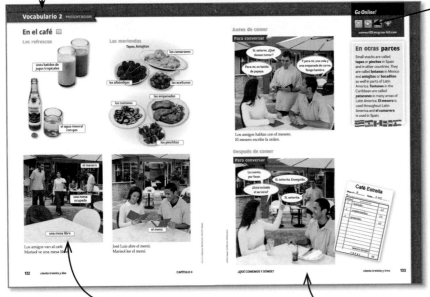

New words are used in a meaningful context.

Photos and illustrations aid comprehension and vocabulary acquisition.

Practice and master new vocabulary.

Practice authentic communication with InfoGap activities.

Expansión enables you to tell and retell a story, using your new words.

Practice and master your new vocabulary with your Workbook.

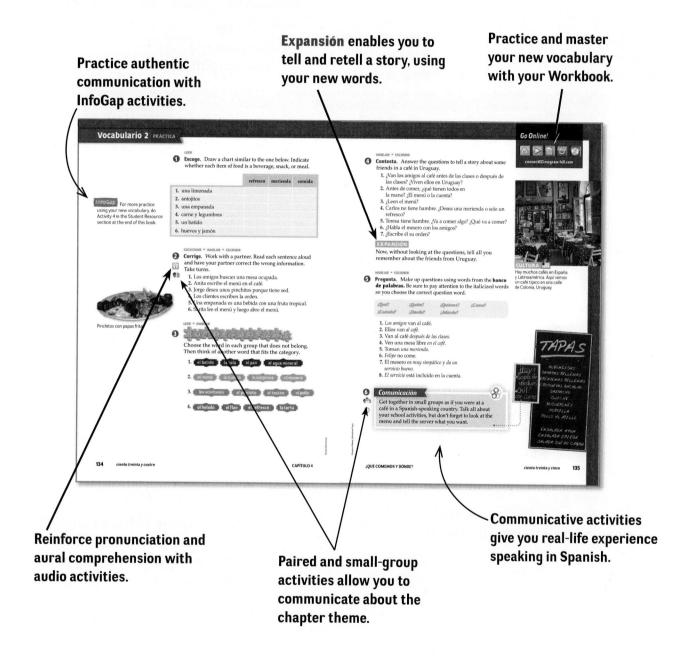

Reinforce pronunciation and aural comprehension with audio activities.

Paired and small-group activities allow you to communicate about the chapter theme.

Communicative activities give you real-life experience speaking in Spanish.

Learn grammar within the context of the chapter theme.

Learn colloquial phrases to make conversation easy.

Graphic organizers make practice clear and easy.

Useful tips help you avoid language pitfalls.

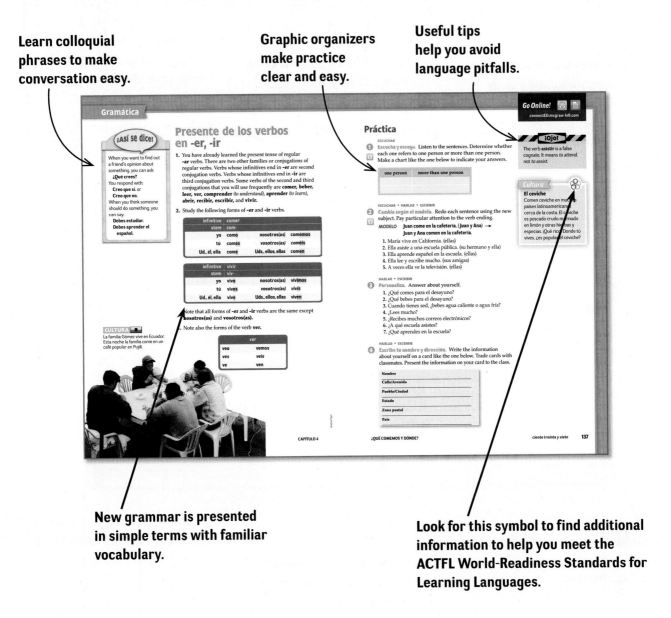

New grammar is presented in simple terms with familiar vocabulary.

Look for this symbol to find additional information to help you meet the ACTFL World-Readiness Standards for Learning Languages.

Build on what you already know and improve pronunciation.

Use your new vocabulary as you practice the new grammar points.

Listen to speakers from diverse areas of the Spanish-speaking world to improve pronunciation.

Have fun using your Spanish to figure out the meaning of Spanish proverbs.

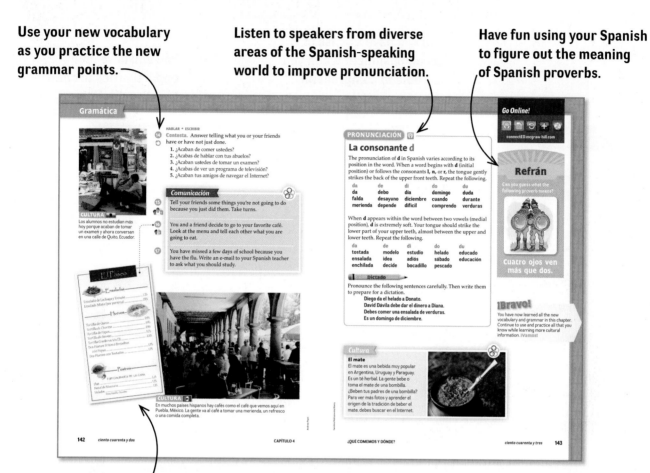

Realia adds interest to the lesson. You can see the language you are learning in real-life contexts.

You will build confidence as you complete activities that progress from easy to more challenging.

Engage classmates in real conversation.

You will have a sense of accomplishment when you are able to comprehend the conversation.

You will have many opportunities to connect to other disciplines.

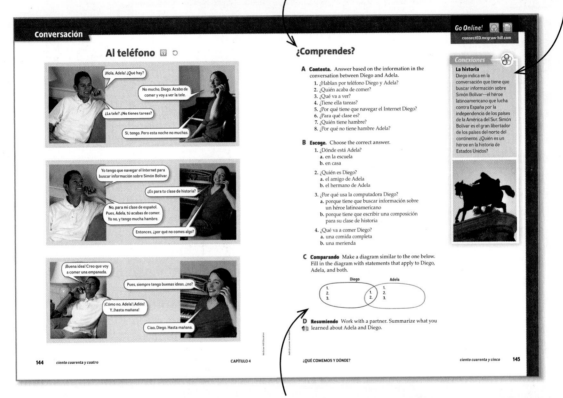

Graphic organizers make practice clear and easy.

Heighten your cultural awareness.

Step-by-step reading strategies help to develop your reading skills.

Verify your comprehension throughout the selection with Reading Checks.

Cultural reading uses learned language to reinforce chapter theme.

Recorded reading online provides options for addressing various skills and learning styles.

Un poco más reading reinforces the chapter theme and expands your understanding of the Spanish-speaking world.

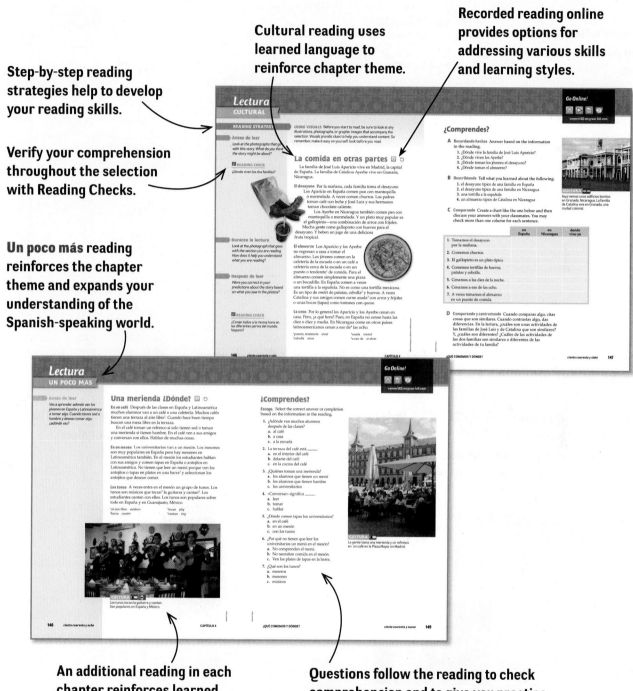

An additional reading in each chapter reinforces learned language and chapter theme.

Questions follow the reading to check comprehension and to give you practice with standardized testing format.

Show what you know!

Review what you have learned and prepare for your chapter test.

Reference notes direct you to the correct section for review.

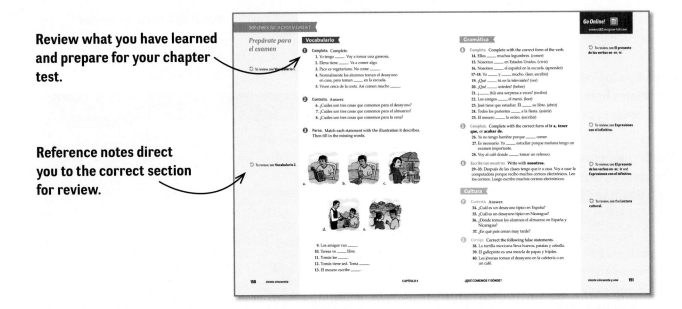

Apply what you have learned!

Use your new skills to communicate orally in meaningful, open-ended activities.

Practice what you have learned while improving your written Spanish.

Writing Strategy gives you the tools you need to develop better writing skills.

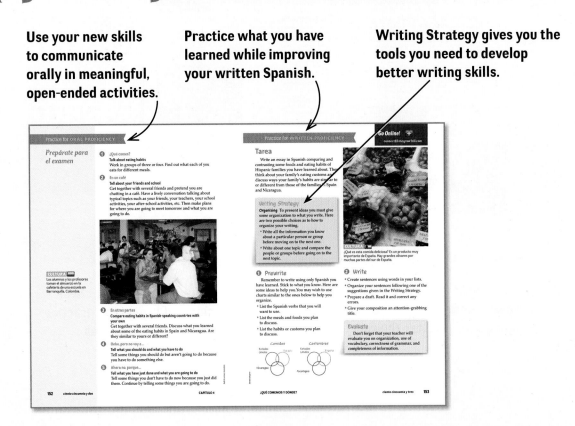

Review grammar and vocabulary at a glance.

Succinct grammar notes help you efficiently review chapter material.

Use this vocabulary list to review the vocabulary you have learned in this chapter.

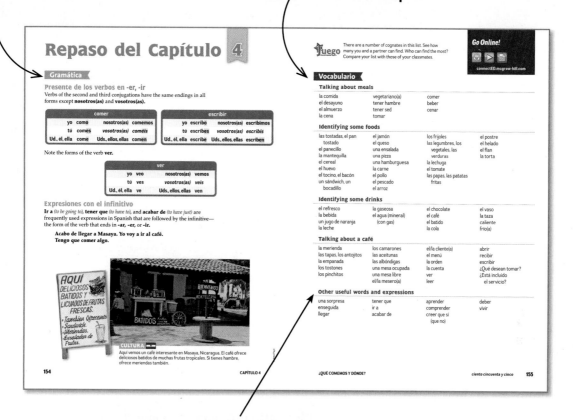

Repaso del Capítulo 4

Gramática

Presente de los verbos en -er, -ir
Verbs of the second and third conjugations have the same endings in all forms except **nosotros(as)** and **vosotros(as).**

comer			
yo	como	nosotros(as)	comemos
tú	comes	vosotros(as)	coméis
Ud., él, ella	come	Uds., ellos, ellas	comen

escribir			
yo	escribo	nosotros(as)	escribimos
tú	escribes	vosotros(as)	escribís
Ud., él, ella	escribe	Uds., ellos, ellas	escriben

Note the forms of the verb **ver.**

ver			
yo	veo	nosotros(as)	vemos
tú	ves	vosotros(as)	veis
Ud., él, ella	ve	Uds., ellos, ellas	ven

Expresiones con el infinitivo
Ir a *(to be going to)*, **tener que** *(to have to)*, and **acabar de** *(to have just)* are frequently used expressions in Spanish that are followed by the infinitive—the form of the verb that ends in **-ar, -er,** or **-ir.**

Acabo de llegar a Masaya. Yo voy a ir al café.
Tengo que comer algo.

CULTURA
Aquí vemos un café interesante en Masaya, Nicaragua. El café ofrece deliciosos batidos de muchas frutas tropicales. Si tienes hambre, ofrece meriendas también.

154   CAPÍTULO 4

---

fuego There are a number of cognates in this list. See how many you and a partner can find. Who can find the most? Compare your list with those of your classmates.

Go Online!
connectED.mcgraw-hill.com

Vocabulario

Talking about meals

la comida	vegetariano(a)	comer
el desayuno	tener hambre	beber
el almuerzo	tener sed	cenar
la cena	tomar	

Identifying some foods

las tostadas, el pan tostado	el jamón	los frijoles	el postre
el panecillo	el queso	las legumbres, los vegetales, las verduras	el helado
la mantequilla	una ensalada		el flan
el cereal	una pizza		la torta
el huevo	una hamburguesa	la lechuga	
el tocino, el bacón	la carne	el tomate	
un sándwich, un bocadillo	el pollo	las papas, las patatas fritas	
	el pescado		
	el arroz		

Identifying some drinks

el refresco	la gaseosa	el chocolate	el vaso
la bebida	el agua (mineral) (con gas)	el café	la taza
un jugo de naranja		el batido	caliente
la leche		la cola	frío(a)

Talking about a café

la merienda	los camarones	el/la cliente(a)	abrir
las tapas, los antojitos	las aceitunas	el menú	recibir
la empanada	las albóndigas	la orden	escribir
los tostones	una mesa ocupada	la cuenta	¿Qué desean tomar?
los pinchitos	una mesa libre	ver	¿Está incluido
	el/la mesero(a)	leer	el servicio?

Other useful words and expressions

una sorpresa	tener que	aprender	deber
enseguida	ir a	comprender	vivir
llegar	acabar de	creer que sí (que no)	

¿QUÉ COMEMOS Y DÓNDE?   *ciento cincuenta y cinco*   155

Vocabulary is categorized to help recall.

Practice what you have learned so far in Spanish.

Cumulative activities allow you to practice what you have learned so far in Spanish class.

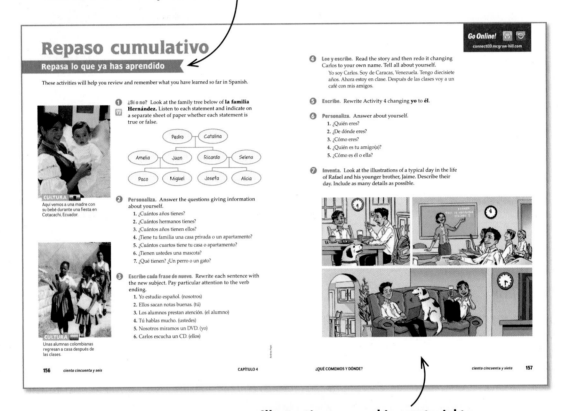

Illustrations recombine material to remind you what you have already learned in Spanish. Use the illustration as a prompt to demonstrate how much you can say or write.

Enhance your appreciation of literature and culture.

Literary Reader gives you another opportunity to apply your reading skills in Spanish.

Literary selections present another view of Hispanic culture.

Level-appropriate literature selections make reading fun.

Practice your Language Arts skills.

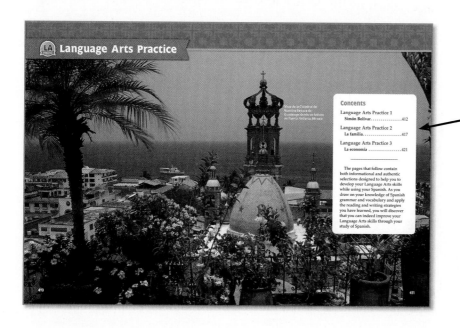

Informational and authentic texts will provide you with the opportunity to improve your Language Arts skills while using your Spanish.

Dear Student,

Foldables are interactive study organizers that you can make yourself. They are a wonderful resource to help you organize and retain information. Foldables have many purposes. You can use them to remember vocabulary words or to organize more in-depth information on any given topic, such as keeping track of what you know about a particular country.

You can write general information, such as titles, vocabulary words, concepts, questions, main ideas, and dates, on the front tabs of your Foldables. You view this general information every time you look at a Foldable. This helps you focus on and remember key points without the distraction of additional text. You can write specific information—supporting ideas, thoughts, answers to questions, research information, empirical data, class notes, observations, and definitions—under the tabs. Think of different ways in which Foldables can be used. Soon you will find that you can make your own Foldables for study guides and projects. Foldables with flaps or tabs create study guides that you can use to check what you know about the general information on the front of tabs. Use Foldables without tabs for projects that require information to be presented for others to view quickly. The more you make and use graphic organizers, the faster you will become able to produce them.

To store your Foldables, turn one-gallon freezer bags into student portfolios which can be collected and stored in the classroom. You can also carry your portfolios in your notebooks if you place strips of two-inch clear tape along one side and punch three holes through the taped edge. Write your name along the top of the plastic portfolio with a permanent marker and cover the writing with two-inch clear tape to keep it from wearing off. Cut the bottom corners off the bag so it won't hold air and will stack and store easily. The following figures illustrate the basic folds that are referred to throughout this book.

Good luck!

Dinah Zike

Dinah Zike
www.dinah.com

Category Book

Los números Use this *category book* organizer as you learn dates and numbers.

Step 1 **Fold** a sheet of paper (8½" x 11") in half like a *hot dog*.

Step 2 On one side, **cut** every third line. This usually results in ten tabs. Do this with three sheets of paper to make three books.

Step 3 **Write** one Arabic number on the outside of each of the tabs. On the inside write out the respective number. As you learn more numbers, use *category books* to categorize numbers in this way.

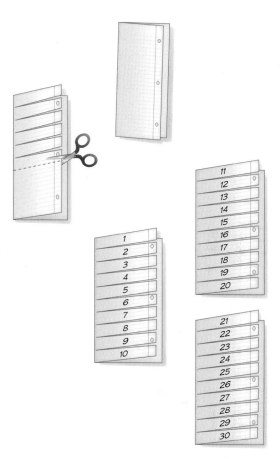

Other Suggestions for a *Category Book* Foldable

A *category book* foldable may be used to help you remember the names of school subjects. Use pictures, numbers, or a few Spanish words you already know to describe the subject on the outside of the foldable. You will write the name of the subject in Spanish on the inside. Then show your descriptions to a partner and have the partner come up with the name of the subject in Spanish. You may also use this foldable to group school subjects by discipline.

Forward-Backward Book

Las estaciones Use this *forward-backward book* to compare and contrast two seasons of your choice.

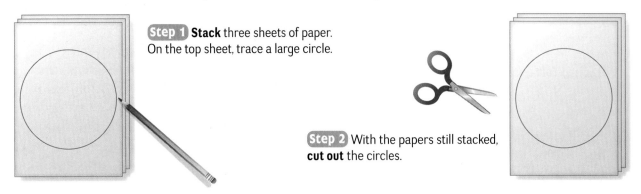

Step 1 **Stack** three sheets of paper. On the top sheet, trace a large circle.

Step 2 With the papers still stacked, **cut out** the circles.

Step 3 **Staple** the paper circles together along the left-hand side to create a circular booklet.

Step 4 **Write** the name of a season on the cover. On the page that opens to the right list the months of the year in that particular season. On the following page draw a picture to illustrate the season.

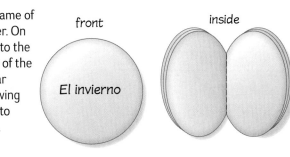

front   inside

El invierno

Step 5 **Turn the book upside down** and write the name of a season on the cover. On the page that opens to the right list the months of the year in that particular season. On the following page draw a picture to illustrate the season.

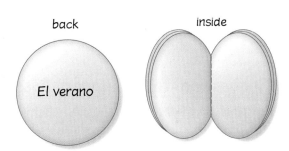

back   inside

El verano

Other Suggestions for a *Forward-Backward Book* Foldable

You may wish to use a *forward-backward book* foldable to organize summer and winter activities. You may use titles such as *the beach* and *skiing* in Spanish. On the inside, list activities that go with each on the right-hand page and illustrate a scene on the opposite page. To give information for the second category, turn the book upside down.

It may be helpful to use a *forward-backward book* foldable to organize the food groups. You could use the name of a food group in the target language (meat, vegetable, fruit, etc.) as the title. On the inside, list as many foods in this food group as you can on the right-hand page and illustrate these foods on the opposite page. Give the same information for a second food group by reversing the book.

Pocket Book

La geografía Use this *pocket book* organizer in your ongoing study of all the countries in the Spanish-speaking world.

Step 1 **Fold** a sheet of paper (8½" x 11") in half like a *hamburger*.

Step 2 **Open** the folded paper and fold one of the long sides up two inches to form a pocket. Refold the *hamburger* fold so that the newly formed pockets are on the inside.

Step 3 **Glue** the outer edges of the two-inch fold with a small amount of glue.

Step 4 **Make a multipaged booklet** by gluing six pockets side-by-side. Glue a cover around the multipaged *pocket book*.

Step 5 **Label** five pockets with the following geographical areas: **Europa, la América del Norte, la América del Sur, la América Central,** and **Islas del Caribe.** Use index cards inside the pockets to record information each time you learn something new about a specific country. Be sure to include the name of the country (in Spanish, of course) and its capital.

Other Suggestions for a *Pocket Book* Foldable

You may wish to use a *pocket book* foldable to organize masculine and feminine nouns or singular and plural forms. You can make an index card to put in the correct pocket each time you learn a new word.

A *pocket book* foldable may be used to organize information about several subjects. For example, to organize information about airplane travel, label pockets with topics such as *preparing for a trip, getting to the airport, at the airport,* and *on the airplane* in Spanish. Make cards for all the words and phrases you know that go with each topic.

If you wish to organize what you are learning about important people, works of art, festivals, and other cultural information in countries that speak Spanish, a *pocket book* foldable may be helpful. You can make a card for each person, work of art, or event that you study, and you can add cards and even add categories as you continue to learn about cultures that speak Spanish.

Vocabulary Book

Sinónimos y antónimos Use this *vocabulary book* to practice your vocabulary through the use of synonyms and antonyms.

Step 1 **Fold** a sheet of notebook paper in half like a *hot dog*.

Step 2 On one side, **cut** every third line. This usually results in ten tabs. Do this with two sheets of paper to make two books.

Step 3 **Label** the tops of the *vocabulary books* with the word **Sinónimos** on one and **Antónimos** on the other. As you learn new vocabulary in each unit, try to categorize words in this manner. Remember also to think of words you have previously learned to fill in your books.

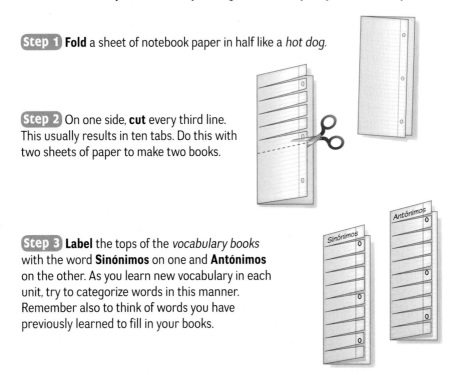

Other Suggestions for a *Vocabulary Book* Foldable

You may wish to use a *vocabulary book* foldable to help you remember words related to minor illnesses and going to the doctor. Come up with categories to write on the outside such as *a cold, at the doctor's office,* or *at the pharmacy.* On the inside, write as many terms and phrases as you can think of that relate to that category.

You can use a *vocabulary book* foldable to help remember any verb conjugation in Spanish. Write the infinitive at the top. If you know several tenses of a verb, you should also write what tense or tenses are being practiced. On the outside of the foldable, write the pronouns and, on the inside, write the corresponding verb form. You can use this as a quick study and review tool for any verb. At a more advanced level, you may wish to write many verbs on the outside and entire conjugations on the inside.

You may wish to use a *vocabulary book* foldable to help organize different kinds of clothing. Come up with categories in Spanish to list on the outside, such as *school, casual, men's, women's, summer, winter,* etc. On the inside, list as many articles of clothing fitting the category as you can in Spanish.

You can use *vocabulary book* foldables to practice adjective forms. Create two *vocabulary book* foldables, one for singular forms and the other for plural forms. On the singular book, write either masculine or feminine singular adjective forms on the outside and the other forms on the inside. To make this more challenging, write a mix of masculine and feminine forms on the outside, with the corresponding form on the inside. Repeat this process on the second book for the plural forms.

Tab Book

Preguntas Use this *tab book* to practice asking and answering questions.

Step 1 **Fold** a sheet of paper (8½" x 11") like a *hot dog* but fold it so that one side is one inch longer than the other.

Step 2 On the shorter side only, **cut** five equal tabs. On the front of each tab, **write** a question word you have learned. For example, you may wish to write the following.

Step 3 On the bottom edge, **write** any sentence you would like.

Step 4 Under each tab, **write** the word from your sentence that answers the question on the front of the tab.

Other Suggestions for a *Tab Book* Foldable

You may also use a *tab book* foldable to practice verb conjugations. You would need to make six tabs instead of five. Write a verb and a tense on the bottom edge and write the pronouns on the front of each tab. Under each tab, write the corresponding verb form.

You may wish to use a *tab book* foldable to practice new vocabulary words. Leave extra space on the bottom edge. Choose five or six vocabulary words and write each one on a tab.

You may also make multiple *tab book* foldables to practice more words. Under each tab, write a definition or translation of the word. If you can, write an original definition in Spanish. At a more beginning level, you may wish to illustrate the word or write the word in English. Use the bottom edge to write one or more original sentences using all of the words on the tabs.

Miniature Matchbook

Descripciones Use this *miniature matchbook* to help
communicate in an interesting and more descriptive way.

Step 1 **Fold** a sheet of paper
(8½" x 11") in half like a *hot dog*.

Step 2 **Cut** the sheet in half along the fold line.

Step 3 **Fold** the two long strips in half like
hot dogs, leaving one side ½" shorter than
the other side.

Step 4 **Fold** the ½" tab over the shorter side on
each strip.

Step 5 **Cut** each of the two strips in half
forming four halves. Then cut each half into
thirds, making twelve *miniature matchbooks*.

Step 6 **Glue** the twelve small *matchbooks* inside
a *hamburger* fold (three rows of four each).

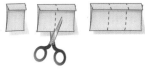

Step 7 On the front of each *matchbook*, **write** a subject you are
going to tell or write about, for example, **la escuela.** Open up the tab
and list any words you think you could use to make your discussion
more interesting. You can add topics and words as you continue with
your study of Spanish. If you glue several sections together, this foldable
will "grow."

Other Suggestions for a *Miniature Matchbook* Foldable

You may use a *miniature matchbook* foldable
to test each other on your knowledge of the
vocabulary. Work in pairs with each partner
making a blank *miniature matchbook* foldable.
Each partner writes a topic related to the subjects
you have just studied on the front of each
matchbook. You may use categories of vocabulary,
verbs you have recently learned to conjugate, or
the subject of a reading. Your partner then writes
as much as he or she can about that topic under
the flap. This can alert you if you need to go back
and review a topic.

A *miniature matchbook* foldable may help you
organize and remember information you have
read. After doing a cultural or literary reading,
write down a concept presented in the reading on
the front of each *matchbook.* Open up each tab
and write down supporting details that support
the idea.

Single Picture Frame

Dibujar y escribir Use this *single picture frame* to help you illustrate the stories you write.

Step 1 **Fold** a sheet of paper (8½" x 11") in half like a *hamburger*.

Step 2 **Open** the *hamburger* and gently roll one side of the *hamburger* toward the valley. Try not to crease the roll.

Step 3 **Cut** a rectangle out of the middle of the rolled side of paper, leaving a ½" border and forming a frame.

Step 4 **Fold** another sheet of paper (8½" x 11") in half like a *hamburger*.

Step 5 **Apply** glue to the picture frame and place it inside the *hamburger* fold.

Variation:
• Place a picture behind the frame and glue the edges of the frame to the other side of the *hamburger* fold. This locks the picture in place.
• Cut out only three sides of the rolled rectangle. This forms a window with a cover that opens and closes.

Other Suggestions for a *Single Picture Frame* Foldable

You may wish to write about a shopping trip using a *single picture frame* foldable. Before you begin, organize what you will say by drawing your path through the shops at the market, through the supermarket, or through the mall. You can then write about the shopping trip using your drawings as a guide.

Work in small groups. Each student should create a *single picture frame* foldable with a picture glued into it. You may either cut out a magazine picture or draw your own, although it should be fairly complex. Then give your foldable to another member of the group who will write sentences about what is in the picture and what people in the picture are doing. That student will pass it on to a third student who will write sentences about what is not in the picture and what people in the picture are not doing. The foldables can be passed to additional students to see if they can add more sentences.

Minibook

Mi autobiografía Use this *minibook* organizer to write and illustrate your autobiography. Before you begin to write, think about the many things concerning yourself that you have the ability to write about in Spanish. On the left pages, draw the events of your life in chronological order. On the right, write about your drawings.

Step 1 **Fold** a sheet of paper (8½" x 11") in half like a *hot dog*.

Step 2 **Fold** it in half again like a *hamburger.*

Step 3 Then **fold** in half again, forming eight sections.

Step 4 **Open** the fold and **cut** the eight sections apart.

Step 5 **Place** all eight sections in a stack and fold in half like a *hamburger.*

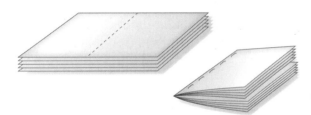

Step 6 **Staple** along the center fold line. **Glue** the front and back sheets into a construction paper cover.

Other Suggestions for a *Minibook* Foldable

Work in pairs to practice new verbs and verb forms using a *minibook* foldable. Illustrate different verbs on the left pages. If it is not clear what pronoun is required, you should write the pronoun under the drawing, for instance to differentiate between *we* and *they*. Then trade *minibooks* and write sentences to go with each picture on the right pages, using the new verb and the pronoun illustrated or indicated.

A *minibook* foldable can be used to help practice vocabulary about the family and house as well as possessive adjectives and the verb *to have* in Spanish. Draw your family members and the rooms of your house on the left pages. If you have several brothers or sisters, several cousins, and several aunts or uncles, you should draw each group on one page. On the right page, write sentences about the drawings, telling how many brothers you have, for example. Add additional sentences describing the family members and rooms using possessive adjectives.

Paper File Folder

Las emociones Use this *paper file folder* organizer to keep track of happenings or events that cause you to feel a certain way.

Step 1 **Fold** four sheets of paper (8½" x 11") in half like a *hamburger*. Leave one side one inch longer than the other side.

Step 2 On each sheet, **fold** the one-inch tab over the short side, forming an envelopelike fold.

Step 3 **Place** the four sheets side-by-side, then move each fold so that the tabs are exposed.

Step 4 Moving left to right, **cut** staggered tabs in each fold, 2⅛" wide. Fold the tabs upward.

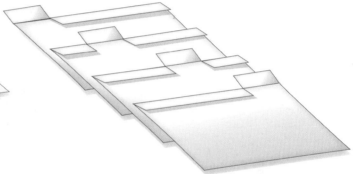

Step 5 **Glue** the ends of the folders together. On each tab, write an emotion you sometimes feel. Pay attention to when it is that you feel happy, sad, nervous, etc. Describe the situation in Spanish and file it in the correct pocket.

Other Suggestions for a *Paper File Folder* Foldable

You may use a *paper file folder* organizer to keep track of verbs and verb forms. You should make a folder for each type of regular verb and for each type of irregular verb. Write the conjugations for some important verbs in each category and file them in the *paper file folder* organizer. Add new tenses to the existing cards and new verbs as you learn them.

A *paper file folder* organizer can be useful for keeping notes on the cultural information that you will learn. You may wish to make categories for different types of cultural information and add index cards to them as you learn new facts and concepts about the target cultures.

Envelope Fold

Un viaje especial Use this *envelope fold* to make a hidden picture or to write secret clues about a city in the Spanish-speaking world you would like to visit.

Step 1 **Fold** a sheet of paper into a *taco* to form a square. Cut off the leftover piece.

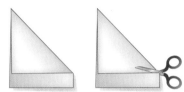

Step 2 **Open** the folded *taco* and refold it the opposite way, forming another *taco* and an X-fold pattern.

Step 3 **Open** the *taco fold* and fold the corners toward the center point of the X, forming a small square.

Step 4 **Trace** this square onto another sheet of paper. Cut and glue it to the inside of the envelope. Pictures can be drawn under the tabs.

Step 5 Use this foldable to **draw** a picture of the city you would like to visit. Or if you prefer, **write** clues about the city and have your classmates raise one tab at a time until they can guess what city the picture represents. Number the tabs in the order in which they are to be opened.

Other Suggestions for an *Envelope Fold* Foldable

An *envelope fold* can be useful for practicing vocabulary related to school, sports, vacations, airports, or shopping. Draw a scene that depicts many of the vocabulary words. Then write on each of the four flaps the new words that are represented under that flap. You could also give the picture to a partner and have the partner fill in the words.

You may want to use an *envelope fold* to review a selection you have read. Depict a scene from the selection on the paper covered by the tabs. Number the tabs in the order they are to be opened and have a partner open the tabs one at a time to guess what scene is illustrated. The partner should then write a description of the scenes.

Large Sentence Strips

El presente y el pasado Use these *large sentence strips* to help you compare and contrast activities in the past and in the present.

Step 1 Take two sheets of paper (8½" x 11") and **fold** into *hamburgers*. Cut along the fold lines, making four half sheets. (Use as many half sheets as necessary for additional pages in your book.)

Step 2 **Fold** each half sheet in half like a *hot dog*.

Step 3 Place the folds side-by-side and **staple** them together on the left side.

Step 4 About one inch from the stapled edge, **cut** the front page of each folded section up to the top. These cuts form flaps that can be raised and lowered.

Step 5 To make a half-cover, use a sheet of construction paper one inch longer than the book. **Glue** the back of the last sheet to the construction paper strip, leaving one inch on the left side to fold over and cover the original staples. Staple this half-cover in place.

Step 6 With a friend, **write** sentences on the front of the flap, either in the present tense or in the past tense. Then switch your books of sentence strips and write the opposite tense inside under the flaps.

Other Suggestions for a *Large Sentence Strips* Foldable

You may work in pairs to use *large sentence strips* to practice using direct and/or indirect object pronouns. On the front of each flap, write full sentences that have direct or indirect objects or both. Then trade sentence strips. You and your partner will each write sentences under the flaps replacing the direct or indirect objects with object pronouns.

Large sentence strips can help you contrast summer and winter activities. On the front of each flap, write sentences about activities that you do in either summer or winter. Under each flap, you should write that in the other season you do not do that activity, and you should tell what you do instead. This may be done as an individual or a partner activity.

You may use *large sentence strips* to practice using verbs that can be used reflexively and nonreflexively. Write a sentence using a reflexive verb on the outside of each flap. Under the flap, write a sentence using the same verb nonreflexively.

Project Board With Tabs

Diversiones favoritas Use this *project board with tabs* to display a visual about your favorite movie or event. Be sure to make it as attractive as possible to help convince others to see it.

Step 1 **Draw** a large illustration, a series of small illustrations, or write on the front of a sheet of paper.

Step 2 **Pinch** and slightly fold the sheet of paper at the point where a tab is desired on the illustrated piece of paper. Cut into the paper on the fold. Cut straight in, then cut up to form an L. When the paper is unfolded, it will form a tab with the illustration on the front.

Step 3 After all tabs have been cut, **glue** this front sheet onto a second sheet of paper. Place glue around all four edges and in the middle, away from tabs.

Step 4 **Write** or draw under the tabs. If the project is made as a bulletin board using butcher paper, tape or glue smaller sheets of paper under the tabs.

Think of favorite scenes from a movie or cultural event that you enjoyed and draw them on the front of the tabs. Underneath the tabs write a description of the scene or tell why you liked it. It might be fun to not put a title on the project board and just hang it up and let classmates guess the name of the movie or event you are describing.

Other Suggestions for a *Project Board With Tabs* Foldable

You may wish to use a *project board with tabs* to illustrate different shopping venues. Draw a type of place to shop on the outside of each tab. Under each tab make a list of some of the things you might buy at that particular kind of place. Use your drawings and lists to create conversations with a partner or small group.

You may also use a *project board with tabs* to illustrate a party, museum, sport, or concert. Draw one aspect of it on the outside of the tab and write a description of your drawing under the tab.

You may work in pairs to practice the comparative and superlative. Each of you will make a *project board with tabs*. On the outside of each tab, draw a different comparison or superlative. Then trade with your partner and under each tab write a sentence describing the other's illustrations.

You may also wish to use a *project board with tabs* to practice the use of object pronouns. Draw a series of scenes involving two or more people on the outside of the tabs. Write sentences using object pronouns describing the people's conversations.

Sentence Strip Holder

Para practicar más Use this *sentence strip holder* to practice your vocabulary, your verbs, or anything else you might feel you need extra help with.

Step 1 **Fold** a sheet of paper (8½" x 11") in half like a *hamburger*.

Step 2 **Open** the *hamburger* and fold the two outer edges toward the valley. This forms a shutter fold.

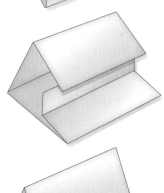

Step 3 **Fold** one of the inside edges of the shutter back to the outside fold. This fold forms a floppy L.

Step 4 **Glue** the floppy L tab down to the base so that it forms a strong straight L tab.

Step 5 **Glue** the other shutter side to the front of this L tab. This forms a tent that is the backboard for the flashcards or student work to be displayed.

Step 6 **Fold** the edge of the L up ¼" to ½" to form a lip that will keep the sentence strips from slipping off the holder.

Vocabulary and verbs can be stored inside the "tent" formed by this fold.

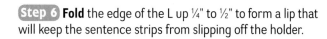

Other Suggestions for a *Sentence Strip Holder* Foldable

You may wish to practice new or irregular verbs using a *sentence strip holder*. Work in pairs. Make flash cards showing the infinitives of the verbs to practice in Spanish. You should each take half of the cards and take turns setting one verb on the *sentence strip holder*. One partner will then say as many sentences as possible using different forms of that verb, and the other will write down the subject and conjugated verb form (or just the verb form) for each sentence. Partners should check to make sure each verb form is spelled correctly. You can repeat this activity for each verb.

You may practice food vocabulary working in small groups and using a *sentence strip holder*. Groups may make flash cards containing the names of local restaurants that everyone will be familiar with, making sure to include different types of restaurants. Put the cards up on the *sentence strip holder* one at a time. Students will spend several minutes writing about what they like to eat at that restaurant. After writing about each restaurant on the list, share your favorite foods with the group.

El alfabeto español

a *a*vión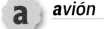

b *b*ebé

c *c*esta

d *d*edo

e *e*lefante

f *f*oto

g *g*emelas

h *h*amaca

i *i*glesia

j *j*abón

k *k*ilo

l *l*ago

m *m*ono

n *n*ariz

ñ *ñ*ame

o *o*so

p *p*elo

q *q*ueso

r *r*ana

s *s*ala

t *t*é

u *u*va

v *v*aca

w *W*ashington, D.C.

x e*x*amen

y *y*eso

z *z*apato

ch *ch*icle

ll *ll*uvia

rr guita*rr*a

Ch, *ll*, and **rr** are not letters of the Spanish alphabet. However, it is important for you to learn the sounds they represent.

México

Spanish is the language of almost 400 million people around the world. Spanish had its origin in Spain. It is sometimes fondly called the "language of Cervantes," the author of the famous novel *El Quijote*. The Spanish **conquistadores** and **exploradores** brought their language to the Americas in the fifteenth and sixteenth centuries. Spanish is the official language of almost all the countries of Central and South America. It is the official language of Mexico and several of the larger islands in the Caribbean. Spanish is also the heritage language of more than fifty million people in the United States.

CULTURA
Perú

CULTURA
Puerto Rico

CULTURA
España

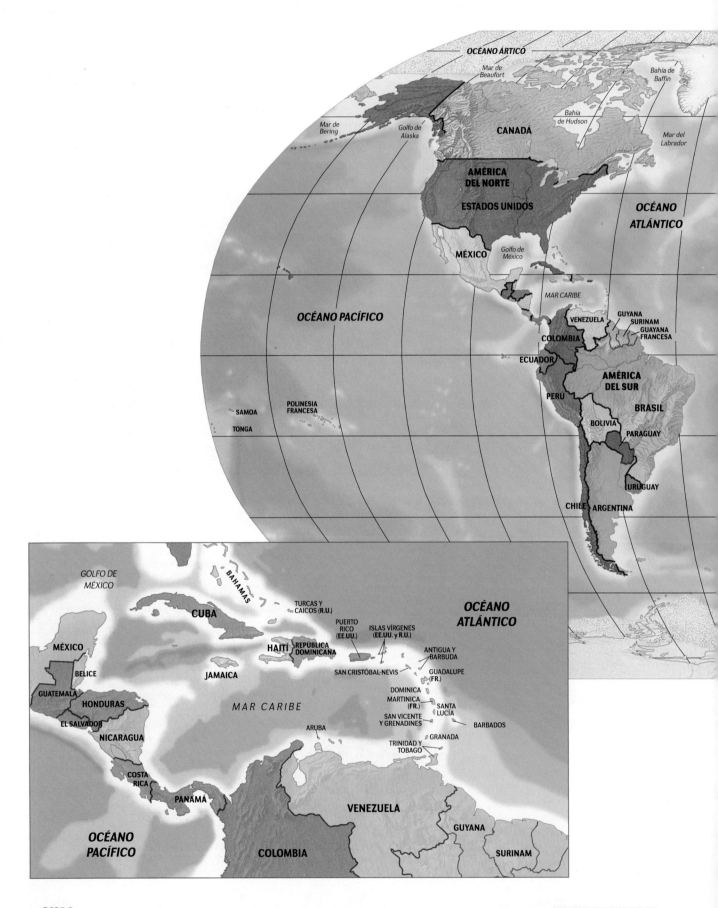

OCÉANO ÁRTICO

Mar de Beaufort

Bahía de Baffin

Mar de Bering

Golfo de Alaska

CANADÁ

Bahía de Hudson

Mar del Labrador

AMÉRICA DEL NORTE

ESTADOS UNIDOS

OCÉANO ATLÁNTICO

MÉXICO

Golfo de México

MAR CARIBE

OCÉANO PACÍFICO

VENEZUELA

GUYANA
SURINAM
GUAYANA FRANCESA

COLOMBIA

ECUADOR

AMÉRICA DEL SUR

PERÚ

BRASIL

SAMOA

POLINESIA FRANCESA

BOLIVIA

PARAGUAY

TONGA

URUGUAY

CHILE   ARGENTINA

GOLFO DE MÉXICO

BAHAMAS

TURCAS Y CAICOS (R.U.)

OCÉANO ATLÁNTICO

CUBA

PUERTO RICO (EE.UU.)

ISLAS VÍRGENES (EE.UU. y R.U.)

MÉXICO

HAITÍ

REPÚBLICA DOMINICANA

ANTIGUA Y BARBUDA

BELICE

JAMAICA

SAN CRISTÓBAL-NEVIS

GUADALUPE (FR.)

GUATEMALA

DOMINICA
MARTINICA (FR.)

HONDURAS

MAR CARIBE

SANTA LUCÍA

EL SALVADOR

SAN VICENTE Y GRENADINES

BARBADOS

NICARAGUA

ARUBA

GRANADA

COSTA RICA

TRINIDAD Y TOBAGO

PANAMÁ

OCÉANO PACÍFICO

VENEZUELA

GUYANA

COLOMBIA

SURINAM

OCÉANO ÁRTICO

Mar de Groenlandia
Mar de Noruega
Mar de Barents
Mar de Kara
Mar de Láptiev

ISLANDIA

Mar del Norte

RUSIA

ASIA

Mar de Ojotsk

EUROPA

KAZAJSTÁN

MONGOLIA

Mar Negro
GEORGIA
ARMENIA
UZBEKISTÁN
KIRGUIZISTÁN

CHINA

COREA DEL NORTE
Mar del Japón
JAPÓN

TURQUÍA
TURKMENISTÁN
TAYIKISTÁN

COREA DEL SUR

MELILLA

LÍBANO
SIRIA
AZERBAIJÁN

CEUTA

ISRAEL
IRAK
JORDANIA
IRÁN
AFGANISTÁN

Mar de la China oriental

OCÉANO PACÍFICO

ARRUECOS

TÚNEZ
KUWAIT
BAHREIN
PAKISTÁN
NEPAL
BHUTÁN

ARGELIA
LIBIA
EGIPTO
QATAR
ARABIA SAUDITA
EMIRATOS ÁRABES UNIDOS
INDIA
TAIWÁN

RITANIA
MALÍ
NÍGER
CHAD
SUDÁN
OMAN
BANGLADESH
MYANMAR
LAOS

GUINEA
BURKINA FASO
NIGERIA
ERITREA
YEMEN
DJIBOUTI
Golfo de Bengala
TAILANDIA
Mar de la China meridional
FILIPINAS
MARSHALL

GHANA
BENIN
ÁFRICA
ETIOPÍA
VIETNAM
MICRONESIA

RFIL
LIBERIA
TOGO
CAMERÚN
REPÚBLICA CENTROAFRICANA
SRI LANKA
CAMBOYA
PALAU
KIRIBATI

SAN TOMÉ E PRÍNCIPE
UGANDA
SOMALIA
BRUNEI
MALAYSIA

GUINEA ECUATORIAL
GABÓN
REP. DEL CONGO
RUANDA
REP. DEM. DEL CONGO
KENYA
MALDIVAS
SINGAPUR
NAURÚ

BURUNDI
TANZANIA
SEYCHELLES
OCÉANO ÍNDICO
INDONESIA
PAPÚA-NUEVA GUINEA
SALOMÓN

ANGOLA
MALAWI
ISLAS COMORES
TUVALU
WALLIS Y FUTUNA

ZAMBIA
MOZAMBIQUE
MADAGASCAR
MAURICIO
Mar del Coral
VANUATU

ZIMBABWE
ISLAS FIJI

OCÉANO ATLÁNTICO
NAMIBIA
BOTSWANA
REUNIÓN
NUEVA CALEDONIA

SUDÁFRICA
SWAZILANDIA
LESOTHO
AUSTRALIA

Mar de Tasmania

ANTÁRTIDA
NUEVA ZELANDIA

NORUEGA
FINLANDIA

SUECIA

ESTONIA

IRLANDA
REINO UNIDO
DINAMARCA
LETONIA
RUSIA

LITUANIA
RUSIA

OCÉANO ATLÁNTICO
PAÍSES BAJOS
BELARÚS

BÉLGICA
ALEMANIA
POLONIA

LUXEMBURGO

REPÚBLICA CHECA
UCRANIA

FRANCIA
ESLOVAQUIA
MOLDOVA

SUIZA
AUSTRIA
HUNGRÍA

PORTUGAL
ANDORRA
ESLOVENIA
CROACIA
RUMANIA

MÓNACO
BOSNIA HERZEGOVINA
YUGOSLAVIA (Fed. Rep.)
GEORGIA

ESPAÑA
ITALIA
BULGARIA
Mar Negro

MELILLA
ALBANIA
MACEDONIA
TURQUÍA

CEUTA
GRECIA

Mar Mediterráneo
SIRIA

ÁFRICA
MALTA
CHIPRE
LÍBANO

EL MUNDO HISPANOHABLANTE

OCÉANO ATLÁNTICO

FRANCIA

MAR CANTÁBRICO

Golfo
de Vizcaya

La Coruña

Santiago de
Compostela

Santander

Oviedo
Asturias

Cantabria

San
Sebastián

ANDORRA

Bilbao
País
Vasco

Roncesvalles

LOS PIRINEOS

Galicia

León

Pamplona

Navarra

Burgos

Rioja

Cataluña

Castilla y León

Río Ebro

Barcelona

Valladolid

Río Duero

Zaragoza

Salamanca

Segovia

Aragón

Ávila

SIERRA DE GUADARRAMA

Madrid

Río Tajo

Madrid

PORTUGAL

ESPAÑA

Comunidad
Valenciana

Menorca

Castilla-la Mancha

Valencia

Islas baleares

Palma

Mallorca

Lisboa

Río Guadiana

Extremadura

Ibiza

Formentera

Alicante

Río Guadalquivir

Córdoba

Murcia

MAR
MEDITERRÁNEO

Murcia

Sevilla

Granada

Cartagena

Andalucía

SIERRA NEVADA

Jerez de la
Frontera

Málaga

COSTA DEL SOL

Cádiz

Marbella

Estepona

Gibraltar (R.U.)

Estrecho de Gibraltar

Ceuta (Esp.)

Tánger

Melilla (Esp.)

OCÉANO
ATLÁNTICO

ARGELIA

Islas Canarias

La Palma

Santa Cruz
de Tenerife

Lanzarote

Gomera

Las Palmas

Fuerteventura

MARRUECOS

Tenerife

Gran
Canaria

MARRUECOS

Hierro

ÁFRICA

OCÉANO ATLÁNTICO

SAHARA
OCCIDENTAL

MAR CARIBE

OCÉANO
ATLÁNTICO

Barranquilla
Cartagena
Maracaibo
Lago de
Maracaibo
Caracas
Río Orinoco
VENEZUELA
GUYANA
SURINAM
GUAYANA
FRANCESA
Medellín
Santafé de
Bogotá
COLOMBIA
Río Magdalena
Cali
Otavalo
Quito
ECUADOR
Ecuador
Islas Galápagos
(Ecuador)
Guayaquil
Cuenca
Río Amazonas

PERÚ
BRASIL
El Callao
Lima
Cuzco
Lago
Titicaca
BOLIVIA
La Paz
Cochabamba
Santa Cruz
Sucre
Brasília

CORDILLERA DE LOS ANDES

Trópico de Capricornio
PARAGUAY
Asunción

CHILE
Vicuña
Córdoba
Río Paraná
OCÉANO
PACÍFICO
Valparaíso
Santiago
Rosario
URUGUAY
Buenos Aires
Montevideo
La Plata
Río de la Plata
ARGENTINA
Mar del Plata
OCÉANO
ATLÁNTICO
Puerto Montt

PATAGONIA

Estrecho de
Magallanes
Islas Malvinas
(R.U.)
Tierra del
Fuego
Punta Arenas
Cabo de Hornos

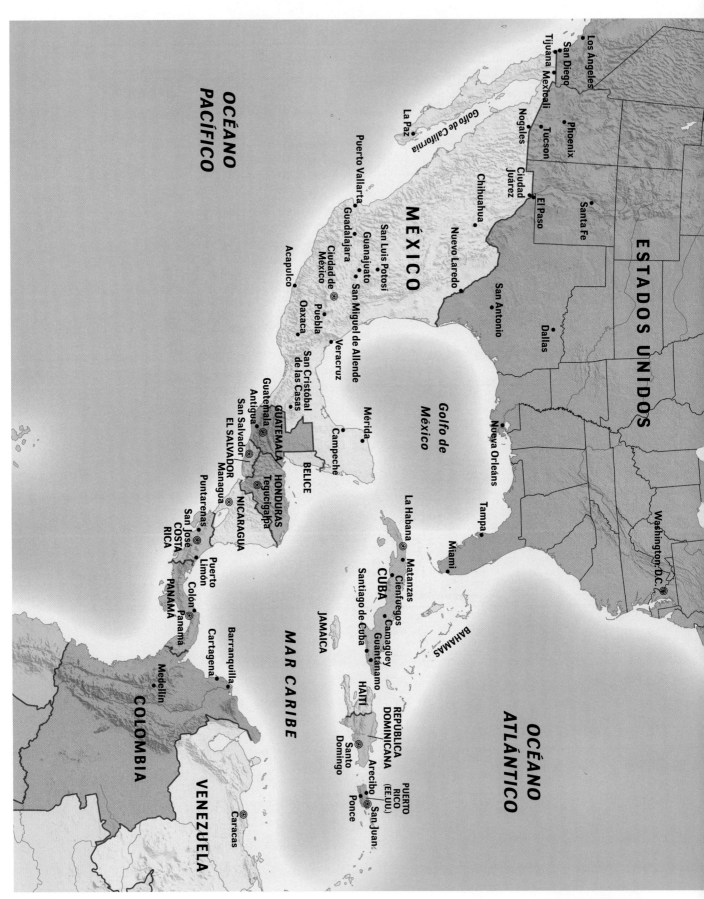

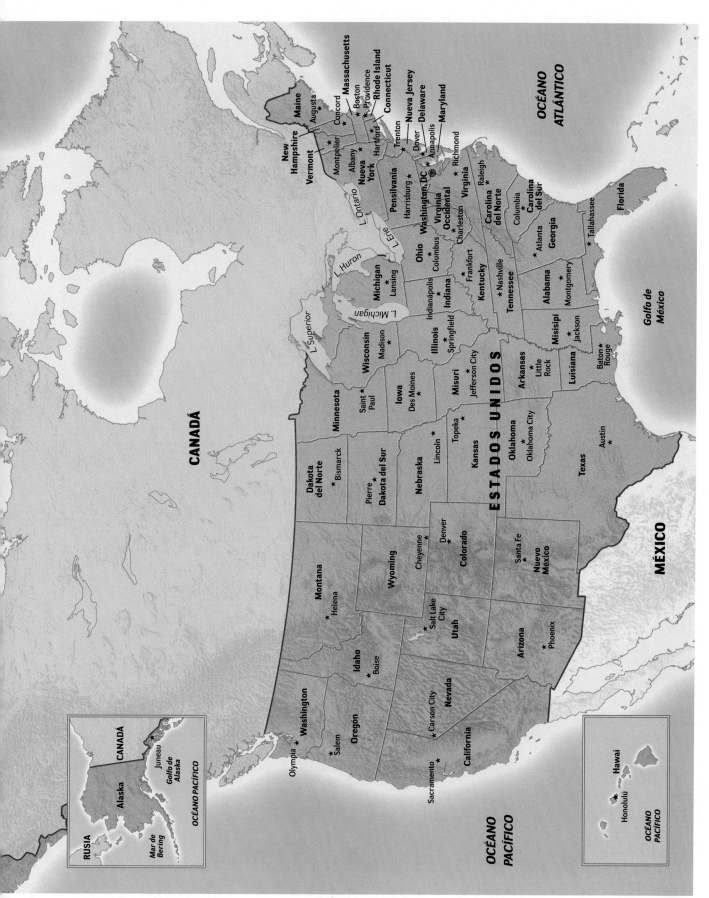

OCÉANO ATLÁNTICO

Maine
Augusta
New Hampshire
Vermont
Concord
Montpelier
Massachusetts
Boston
Providence
Rhode Island
Connecticut
Hartford
Albany
Nueva York
Nueva Jersey
Trenton
Delaware
Dover
Maryland
Annapolis
Richmond
Pensilvania
Harrisburg
Washington, DC
Virginia
Occidental
Virginia
Charleston
Raleigh
Carolina del Norte
Columbia
Carolina del Sur

L. Ontario
L. Erie
Ohio
Columbus
Frankfort
Kentucky
Nashville
Tennessee
Florida
Tallahassee
Atlanta
Georgia
Alabama
Montgomery

L. Huron
L. Superior
L. Michigan
Michigan
Lansing
Indianapolis
Indiana
Illinois
Springfield
Misisipi
Jackson
Luisiana
Baton Rouge

CANADÁ

Wisconsin
Madison
Iowa
Des Moines
Misuri
Jefferson City
Arkansas
Little Rock

Minnesota
Saint Paul
Topeka
Kansas
Oklahoma
Oklahoma City

ESTADOS UNIDOS

Dakota del Norte
Bismarck
Dakota del Sur
Pierre
Nebraska
Lincoln
Texas
Austin

Montana
Helena
Wyoming
Cheyenne
Denver
Colorado
Santa Fe
Nuevo México

Idaho
Boise
Salt Lake City
Utah
Arizona
Phoenix

Washington
Olympia
Salem
Oregón
Carson City
Nevada
California
Sacramento

Golfo de México

MÉXICO

OCÉANO PACÍFICO

RUSIA
CANADÁ
Alaska
Juneau
Golfo de Alaska
Mar de Bering
OCÉANO PACÍFICO

Hawai
Honolulú
OCÉANO PACÍFICO

Mount Fitzroy, at an elevation of 3,375 meters, is the highest peak in Glaciar Park in Patagonia, Argentina. The views from Mount Fitzroy vary a great deal according to the time of day and the weather. It is a favorite site for trekking for as much as five days at a time.

Explorando el mundo hispanohablante

GeoVista

España

España 🏴

Beautiful Moorish architecture in the Mezquita de Córdoba

España 🏴

Post office or Palacio de Comunicaciones in Madrid, the capital of Spain

España 🏴

A modern fish market in Gijón, Asturias

España 🏴

Flamenco dancers in Estepona, Spain

España 🏴

Casares, a typical town of Andalucía in southern Spain

España 🏴

Windmills in La Mancha on the plains of central Spain

España 🏴

Delicious oranges from Valencia

España 🏴

A rendering of the famous knight Don Quijote de la Mancha

España 🏴

A European hedgehog, various species of which live in Spain

Golfo de Vizcaya

FRANCIA

Mar Cantábrico

La Coruña

San Sebastián

Bilbao

Santiago de Compostela

Pamplona

LOS PIRINEOS

Río Ebro

Río Duero

Zaragoza

Barcelona

Salamanca

Segovia

SIERRA DE GUADARRAMA

⭐ Madrid

ESPAÑA

Valencia

Islas Baleares

PORTUGAL

Mérida

Río Tajo

Río Guadiana

Córdoba

SIERRA NEVADA

Mar Mediterráneo

Río Guadalquivir

Sevilla

Granada

Cádiz

Marbella

Estepona

Estrecho de Gibraltar

Ceuta

Islas Canarias

Melilla

MARRUECOS

SH45

GeoVista

 México

México 🇲🇽

A view of the cathedral at Tepoztlán in Morelos, Mexico

México 🇲🇽

The monarch butterfly is famous for its annual migration from the northern United States to southern California and the states of Mexico and Michoacán.

México

Beautiful modern buildings in Mexico's capital

México 🇲🇽

A skeletal mask for the Day of the Dead celebration

México 🇲🇽

The modern resort of Cancún on the Yucatan Peninsula on Mexico's Caribbean coast

STUDENT HANDBOOK

México 🇲🇽

Independence Monument on the famous Paseo de la Reforma in Mexico City, the capital of Mexico

México 🇲🇽

A souvenir shop on isla Mujeres off the Yucatan Peninsula in Mexico

México 🇲🇽

Famous ruins of the Toltec and Olmec indigenous civilizations in Monte Albán in the state of Oaxaca in southern Mexico

México 🇲🇽

A food market in Mérida, Mexico

Guatemala ❂

Lake Atitlán and the San Pedro Volcano

Guatemala ❂

A street scene in the colonial city of Antigua, the former capital of Guatemala

Honduras ❂

Artisan shop on a beach in Honduras

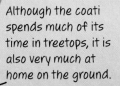

Although the coati spends much of its time in treetops, it is also very much at home on the ground.

Honduras ❂

An ancient ballpark and stela in the Mayan ruins of Copán

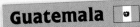

MÉXICO

Mar Caribe

Islas del Cisne

Tikal

Flores

BELICE

Golfo de Honduras

Islas de la Bahía

Río Dulce

Puerto Barrios

Puerto Cortés

SIERRA DE LOS CUCHUMATANES

GUATEMALA

Cobán

Lago de Izabal

San Pedro Sula

La Ceiba

SIERRAS DE MERENDÓN

El Progreso

SIERRA DE AGALTA

Río Patuca

Río Coco

Puerto Lempira

Huehuetenango

Río Motagua

Río Ulúa

Lago de Yojoa

HONDURAS

S
I
E
R
R
A

M
A
D
R
E

Volcán Tajumulco

etzaltenango

oatepeque

Mazatenango

Lago Atitlán

Guatemala

Escuintla

CORDILLERA DE OPALACA

Copán

Cerro Las Minas

Juticalpa

Tegucigalpa

Danlí

Puerto Quetzal

EL SALVADOR

Choluteca

Golfo de Fonseca

NICARAGUA

Guatemala

A quetzal–the national bird of Guatemala

Guatemala

Guatemalan weavings enjoy a worldwide market. This display is in the market in Santiago de Atitlán.

Guatemala

Two young girls wearing typical woven skirts in Chichicastenango

Honduras

Plaza Morazán and the San Miguel Cathedral in Tegucigalpa, the capital of Honduras

GeoVista

 El Salvador 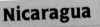 **Nicaragua**

Nicaragua

A modern high-rise and the colonial cathedral in Managua

Nicaragua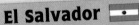

The cathedral in the colonial city of Granada

Nicaragua

The Palacio Nacional in Managua, the capital of Nicaragua

El Salvador

A spider monkey, one of those still inhabiting a few areas of El Salvador

El Salvador

Izalco Volcano

El Salvador

The Metropolitan Cathedral in Plaza Barrios in San Salvador

Nicaragua

Cattle on a rural road in Viejo León

Nicaragua

A young fisherman on Lake Nicaragua

Nicaragua

Ceramic statues of Nicaraguan women

(tl)©Neil Julian/Alamy; (others)Andrew Payti

GUATEMALA

HONDURAS

Lago Güija
Cerro El Pital
CORDILLERA DE TILARAN
Santa Ana
El Mozote
Volcán Santa Ana
Embalse Cerrón Grande
Sensuntepeque
San Salvador
Lago Ilopango
Acajulta
La Libertad
Volcán de San Miguel
San Miguel
Puerto El Triunfo
Río Lempa
Río Grande de San Miguel
EL SALVADOR
Golfo de Fonseca

Río Coco
Puerto Cabezas
CORDILLERA ISABELIA
Pico Mogotón
Estelí
Matagalpa
Río Grande de Matagalpa
Chinandega
León
Lago Managua
NICARAGUA
Corinto
Río Escondido
Islas del Maíz
Managua
Granada
Bluefields
Lago Nicaragua
Rivas
Isla de Ometepe
San Carlos
Río San Juan

Mar Caribe

OCÉANO PACÍFICO

COSTA RICA

SH51

GeoVista

 Costa Rica ★★ Panamá

Panamá ★★

A view of the modern capital of Panama, Panama City

Costa Rica ≡

Tourists enjoying the lush vegetation of Costa Rica

Costa Rica ≡

A parrot in the forest of Costa Rica

Panamá ★★

A view of the Panama Canal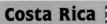

Panamá ★★

The Church of Saint Francis of Assisi in the colonial section of Panama City

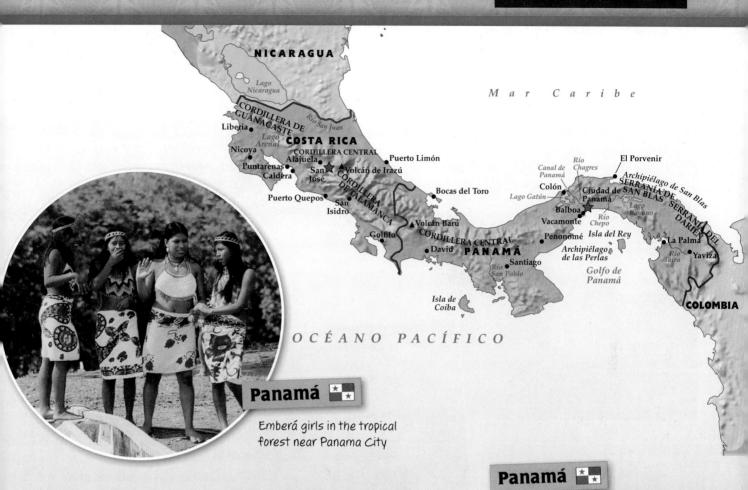

NICARAGUA

Lago Nicaragua

Mar Caribe

CORDILLERA DE GUANACASTE

Liberia

Río San Juan

Lago Arenal

COSTA RICA

Nicoya

CORDILLERA CENTRAL

Puerto Limón

El Porvenir

Puntarenas

Alajuela

Río Chagres

Archipiélago de San Blas

Caldera

San José

Volcán de Irazú

Canal de Panamá

Colón

SERRANÍA DE SAN BLAS

Puerto Quepos

CORDILLERA DE TALAMANCA

Lago Gatún

Ciudad de Panamá

SERRANÍA DEL DARIÉN

San Isidro

Bocas del Toro

Balboa

Lago Bayano

Golfito

Volcán Barú

Vacamonte

Río Chepo

David

CORDILLERA CENTRAL

Penonomé

Isla del Rey

La Palma

PANAMÁ

Santiago

Archipiélago de las Perlas

Río Tuira

Yaviza

Río San Pablo

Golfo de Panamá

COLOMBIA

Isla de Coiba

OCÉANO PACÍFICO

Panamá

Emberá girls in the tropical forest near Panama City

Panamá

A statue of Vasco Núñez de Balboa, the discoverer of the Pacific Ocean

Costa Rica

Poas Volcano

GeoVista

Colombia Venezuela

Colombia 🚩

Coffee plants

Venezuela 🚩

The famous
Angel Falls

Venezuela 🚩

One of the many
thousands of flamingos
seen in the lagoons or in
flight in the Cuare Wildlife
Refuge in Morrocoy
National Park in Venezuela

Sancocho, a typical Venezuelan
and Colombian dish, has many
variations. Here is sancocho
made with meat.

(t)Kelli Drummer-Avendano, (tr)Digital Vision/age fotostock,
(c)Nico Tondini/Alamy, (b)MedioImages/SuperStock

Mar Caribe

Isla de
Providencia

Isla de
San Andrés

Archipiélago
Los Roques

Isla de
Margarita

Barranquilla
Santa
Marta
Pico
Cristóbal
Colón
Coro
Caracas
Puerto Bolívar
Maracaibo
Valencia
Maracay
Cartagena
SIERRA NEVADA
DE SANTA MARTA
Golfo de
Venezuela
Lago
Maracaibo
Lago
Valencia
Río Magdalena

PANAMÁ

Pico Bolívar
Mérida
Río Apure
Río Orinoco
Ciudad
Bolívar
Ciudad
Guayana
Cúcuta
San
Cristóbal
San Fernando
de Apure
VENEZUELA
OCÉANO ATLÁNTICO

Bucaramanga
Canaima
GUY

Medellín
Puerto Ayacucho

Ibagué
Bogotá
Río Meta
Río Orinoco
Río Caroní

Buenaventura
COLOMBIA
Río Guaviare

Cali

LOS ANDES

Pasto

Río Caquetá
BRASIL

ECUADOR
Río Putumayo
Río Amazonas

PERÚ

Venezuela

A view of Caracas, the capital of Venezuela

Venezuela

A hiker in the Venezuelan Andes

Colombia

A typical narrow street in the colonial section of Cartagena, Colombia

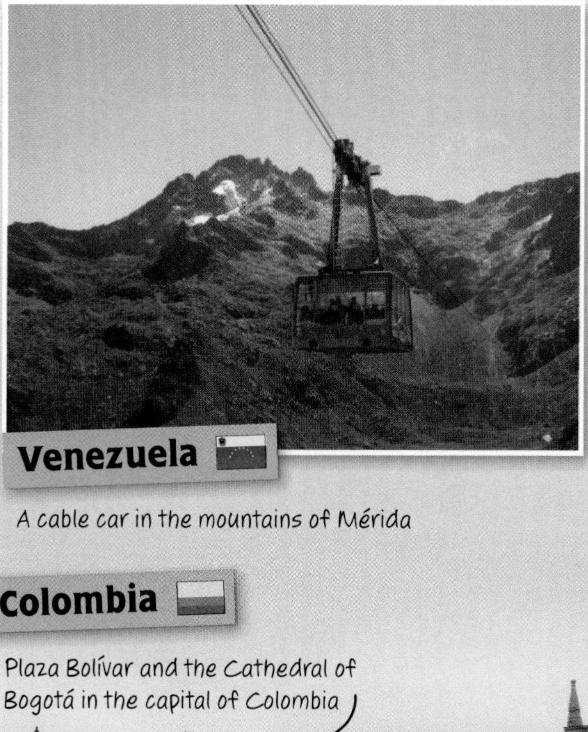

Venezuela

A cable car in the mountains of Mérida

Colombia

Plaza Bolívar and the Cathedral of Bogotá in the capital of Colombia

GeoVista

Ecuador · Perú · Bolivia

Perú

Partial view of the ruins of Machu Picchu, an imperial city of the Incas

Perú

A view of the cathedral and Plaza de Armas in Cuzco

Perú

A woman selling woven goods on the shores of Lake Titicaca

Ecuador

The Church of Saint Francis in colonial Quito

Ecuador

A beach in the port city of Manta

(cr b)Andrew Payti, (others)Richard Brommer

Ecuador

These indigenous people are at an outdoor market in Otavalo.

Map labels:

Islas Galápagos

COLOMBIA

Esmeraldas
Ibarra
Santo Domingo — Otavalo
Manta — Quito
Volcán Chimborazo — ECUADOR
Guayaquil — Riobamba
Golfo de Guayaquil — Cuenca
Puerto Bolívar
Punta Sal

Río Napo
Río Putumayo
Río Marañón
Río Amazonas
Iquitos

BRASIL

Huanchaco
Trujillo

PERÚ

Río Ucayali

Barranca

Huancayo
Río Urubamba
Cobija
Riberalta
Lima
Cuenca
Ayacucho — Pisac
Machu Picchu — Cuzco
Ica
Río Beni
Río Guaporé
Nazca
Lago Titicaca
Río Mamoré

Puno
Trinidad

Arequipa
La Paz
El Alto — Cochabamba
Nevado Sejama — Oruro — Santa Cruz
BOLIVIA
Sucre
Potosí
Puerto Aguirre
Río Paraguay

Tarija
PARAGUAY
CHILE — ARGENTINA

Bolivia

A man paddling his reed boat on Lake Titicaca

Bolivia

Salar de Uyuni—the largest salt flat in the world

(t)Andrew Payti, (c)Lissa Harrison, (b)elad sharon/Getty Images

GeoVista

 Chile Argentina

Argentina

Dancing the Argentine tango in the San Telmo section of Buenos Aires, the capital of Argentina

Argentina

Ushuaia, Argentina, is located on the shores of the Beagle Channel at the southern tip of Tierra del Fuego. In the summer months, November through February, boats leave the port bound for Antarctica.

Argentina

La Casa Rosada in the Plaza de Mayo in Buenos Aires

Chile

A fish market in Puerto Montt

Chile

Arica, Chile's northernmost city, with a view of the beginnings of the Atacama Desert in the background

Andrew Payti

Chile

Horses in the Torres del Paine National Park

Chile

A view of the beautiful Elqui Valley in northern Chile

Argentina

Sea lions, or **lobos marinos,** sunning themselves on rocks in Punta Loma, near Puerto Madryn

Argentina

Colorful houses in the picturesque area of La Boca in Buenos Aires

(t)©imagebroker/Alamy, (others)Andrew Payti

SH59

GeoVista

Paraguay   Uruguay

Uruguay

A view of Independence Square and the monument to the hero José Gervasio Artigas in downtown Montevideo

Uruguay

A street musician performing in Colonia

Paraguay

A young man of guaraní descent

Uruguay

A view of Pocitos, a lovely beachside section of Montevideo, the capital of Uruguay

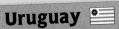

Paraguay

A jaguar, the largest cat in South America

Paraguay

A green iguana

Uruguay

A view of the harbor in the resort of Punta del Este, Uruguay

Paraguay

Iguazú Falls on the border of Paraguay, Argentina, and Brazil

SH61

GeoVista

 Cuba ✚ República Dominicana Puerto Rico

Cuba

Musicians playing in the Casa de las Tradiciones in Santiago de Cuba

República Dominicana

A square in Puerto Plata, a famous resort

Cuba

The bell tower of the Church and Monastery of Saint Francis in Trinidad, Cuba

Cuba

A panoramic view of Havana, the capital of Cuba

Puerto Rico

A group of students in their school uniform in Fajardo

Puerto Rico

Starflowers in El Yunque rain forest

Puerto Rico

Land crabs are used in many specialty dishes in Puerto Rico.

Puerto Rico

El Yunque rain forest

República Dominicana

A view of Cabarete Beach, a favorite among surfers

(b)Terry Harris/Alamy, (others)Richard Brommer

Michigan

Mexican Americans celebrating Cinco de Mayo in Port Huron, Michigan

New York

A man with his bicycle and Puerto Rican flag participates in the Puerto Rican Day Parade in New York City.

Texas

The famous River Walk in San Antonio

Washington

Latino newscasters in Seattle

Florida

A view of downtown Saint Augustine, the oldest European settlement in the United States

Go Online!
connectED.mcgraw-hill.com

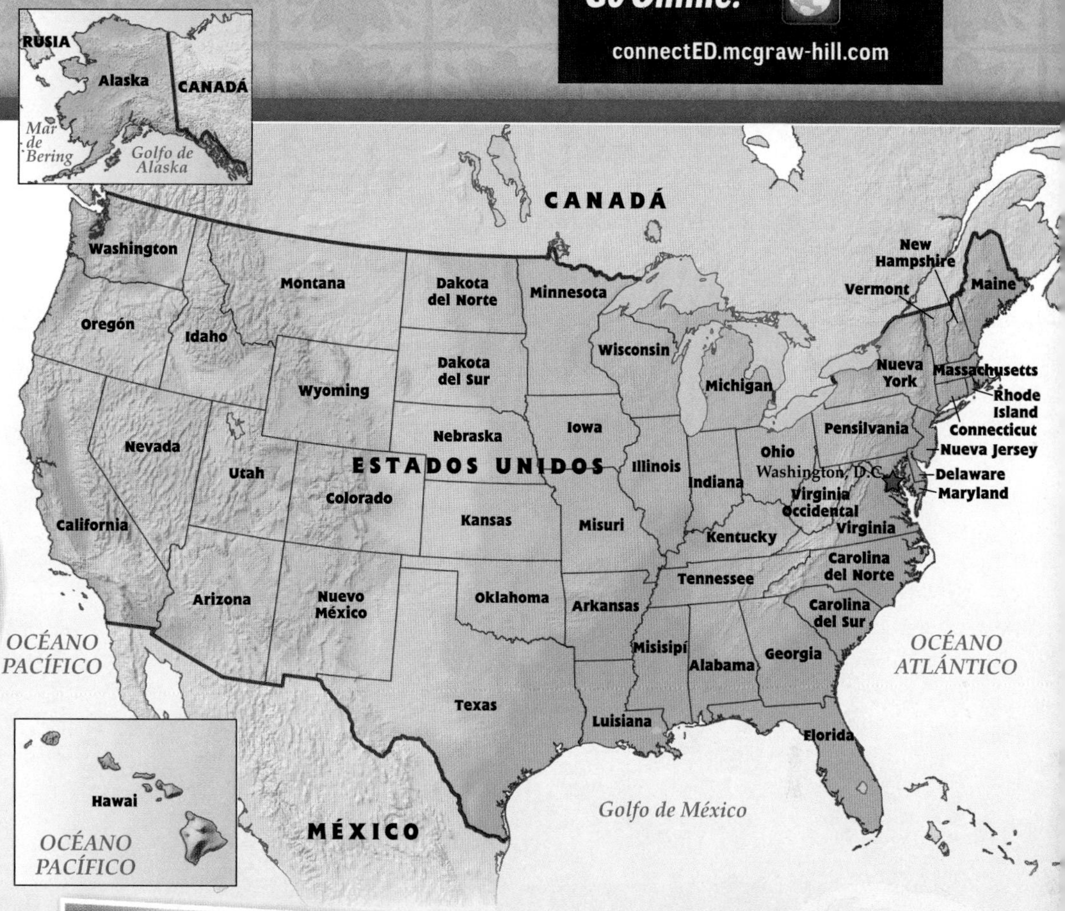

RUSIA
Alaska
CANADÁ
Mar de Bering
Golfo de Alaska
CANADÁ
Washington
Montana
Dakota del Norte
Minnesota
New Hampshire
Vermont
Maine
Oregón
Idaho
Wisconsin
Dakota del Sur
Wyoming
Michigan
Nueva York
Massachusetts
Rhode Island
Connecticut
Nueva Jersey
Nevada
Nebraska
Iowa
Pensilvania
Utah
ESTADOS UNIDOS
Illinois
Indiana
Ohio
Washington, D.C.
Delaware
Maryland
Colorado
Virginia Occidental
California
Kansas
Misuri
Kentucky
Virginia
Carolina del Norte
Tennessee
Arizona
Nuevo México
Oklahoma
Arkansas
Carolina del Sur
OCÉANO PACÍFICO
Misisipí
Alabama
Georgia
OCÉANO ATLÁNTICO
Texas
Luisiana
Florida
Hawai
OCÉANO PACÍFICO
Golfo de México
MÉXICO

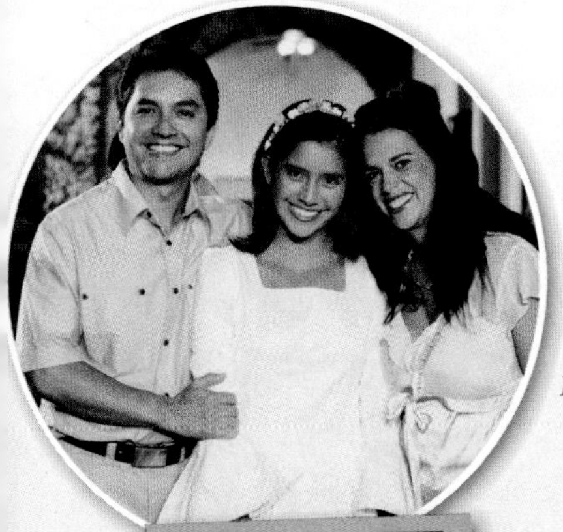

Arizona

A young Latina with her family celebrating her fifteenth birthday

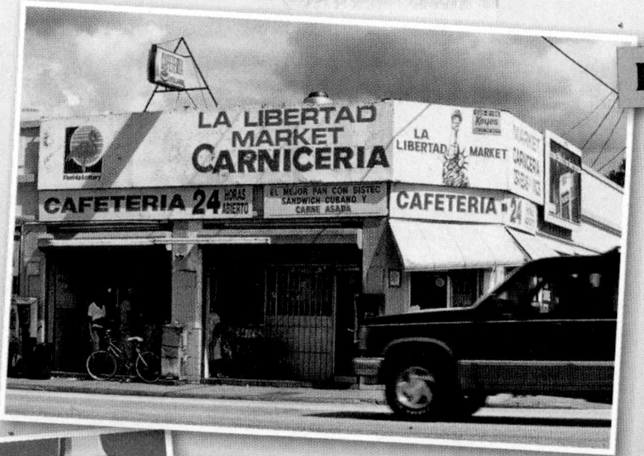

LA LIBERTAD MARKET CARNICERIA
CAFETERIA 24 HORAS ABIERTO
EL MEJOR PAN CON BISTEC SANDWICH CUBANO Y CARNE ASADA
CAFETERIA
LA LIBERTAD MARKET

Florida

A market on a street in the Little Havana neighborhood in Miami

Florida

The Calle Ocho Festival is celebrated each year in March in Little Havana, Miami.

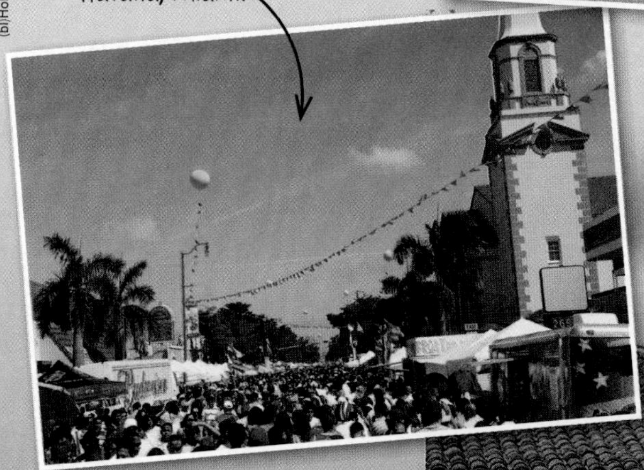

California

The Mission San Antonio de Padua in Monterey

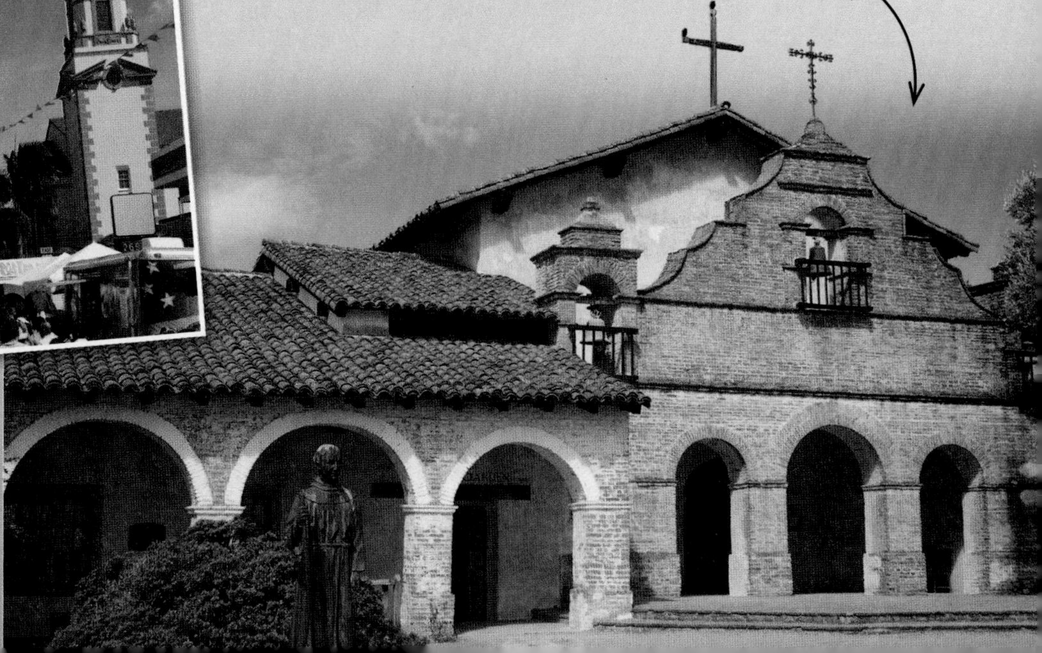

Lecciones preliminares

Objetivos

In these preliminary lessons you will:

- greet people
- say good-bye to people
- express yourself politely
- count to 100
- identify the days of the week
- identify the months of the year
- find out and give the date
- ask and tell the time
- discuss the seasons and weather

◀ Unos amigos de Puerto Rico

Greeting people 🎧

To get off to a good start in Spanish, it is important to learn how to greet people. Look at the photographs and take note of some of the gestures people use when greeting each other in Spanish-speaking countries.

1 **¡Hola!** Get up from your desk and walk around the classroom. Greet each classmate you meet.

2 **¿Qué tal?** Work in pairs. Greet each other and find out how things are going.

3 **Muchachos** Look at these boys' names that are popular in the Spanish-speaking world. How many do you recognize? Which ones have English equivalents? Give Spanish names to the boys in this photo.

Cultura

Nombres de muchachos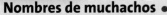

Alejandro, Álvaro, Andrés, Ángel, Antonio, Carlos, Daniel, David, Eduardo, Emilio, Enrique, Felipe, Fernando, Francisco, Gabriel, Gerardo, Gustavo, Ignacio, Jaime, Javier, José, Juan, Lucas, Luis, Manuel, Mario, Mateo, Miguel, Moisés, Pablo, Pedro, Rafael, Raúl, Ricardo, Roberto, Stefano, Tomás, Vicente

David H. Brennan

④ Muchachas Look at these girls' names that are •·········
popular in the Spanish-speaking world. How many do
you recognize? Which ones have English equivalents?
Give Spanish names to the girls in this photo.

⑤ ¡Hola, Mario! Greet these Spanish-speaking friends.

1. Mario	**3.** Julia	**5.** Vicente
2. Alejandra	**4.** Felipe	**6.** Andrea

Some Spanish greetings are more formal than **¡Hola!** When you
greet someone, for example, you might say:

Buenos días, señora.

Buenas tardes, señorita.

Buenas noches, señor.

When speaking Spanish, the titles **señor, señora,** and **señorita**
are most often used without the name of the person.

⑥ ¡Buenos días! Greet the following people appropriately.
1. Señora Álvarez in the morning
2. Señor Salas in the afternoon
3. Señorita Ramos at night

⑦ Saludos Look at these
photographs of people in
Mexico. Do they greet
each other differently
than we do? Explain how.

Saying good-bye

In this lesson you will learn how to say good-bye to people. You will notice that there are many different expressions you can use when taking leave of a person.

Adiós, Diego.

Adiós, Marta.

1. The usual expression to use when saying good-bye to someone is **¡Adiós!**

2. If you plan to see the person again soon, you can say **¡Hasta pronto!** or **¡Hasta luego!** If you plan to see the person the next day, you can say **¡Hasta mañana!**

3. You will frequently hear the informal expression **¡Chao!**, especially in Spain as well as in some countries of Latin America.

① **¡Chao!** Go over to a classmate and say good-bye to him or her.

② **¡Hasta luego!** Work with a classmate. Say **¡Chao!** to each other and let each other know that you will be getting together again soon.

③ **¡Adiós!** Say good-bye to your Spanish teacher. Then say good-bye to a friend. Use a different expression with each person.

Federico Gil

Para conversar 🎧

¡Hola, Julio!

¡Hola, Mara! ¿Qué tal?

Muy bien. ¿Y tú?

Muy bien, gracias.

Chao, Julio.

Chao, Mara. ¡Hasta luego!

---

4 **¡Hola! ¡Adiós!** Listen to some Hispanic friends. Indicate on 🎧 a chart like the one below whether they are greeting each other or saying good-bye.

greeting	saying good-bye

---

5 **Comunicación**

¡Hola, amigo(a)! Work with a friend. Speak Spanish together. Have fun saying as much as you can to each other.

---

6 **Rompecabezas**

Join two pieces to form a word. When you have finished, you should have nine words. Do not use any piece more than once.

gra   iós   se   or   bi

ma   ñorita   la   ad   ho

salu   dos   en   bue   nos   ñana

señ   cias

Speaking politely 🎧

In this lesson you will learn how to request some foods and drinks in a polite way.

1. Whenever you ask for something, remember to be polite and say **por favor.** Whenever someone gives you something or does something for you, say **gracias.**

2. There are several ways to express *You're welcome* in Spanish.

   De nada.
   Por nada.
   No hay de qué.

❶ **La cortesía, por favor.** Complete the following conversation.
   —Una limonada, __1__.
   —Sí, señora.
   (Server brings the lemonade.)
   — __2__, señor.
   — __3__, señora.

2 **Una cola, por favor.** You are at a café in La Palma, Canary Islands. Order the following things in a polite way. A classmate will be the server.

1. un sándwich
2. un café
3. una limonada
4. una ensalada
5. una pizza
6. una hamburguesa

3 **Por favor.** Order the following foods at a Mexican restaurant. Do you recognize them all? Be polite when you order.

1. un taco
2. una enchilada
3. una tostada
4. un burrito

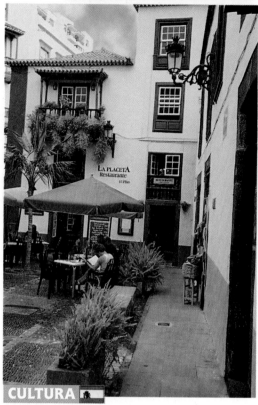

CULTURA
Restaurante La Placeta en La Palma, islas Canarias

CULTURA
Amigos en un café en Baños, Ecuador

Counting in Spanish

In this lesson you will learn to count to one hundred. You will also learn how to find out the price of something.

1	uno	11	once	21	veintiuno	31	treinta y uno	50	cincuenta
2	dos	12	doce	22	veintidós	32	treinta y dos	60	sesenta
3	tres	13	trece	23	veintitrés	33	treinta y tres	70	setenta
4	cuatro	14	catorce	24	veinticuatro	34	treinta y cuatro	80	ochenta
5	cinco	15	quince	25	veinticinco	35	treinta y cinco	90	noventa
6	seis	16	dieciséis	26	veintiséis	36	treinta y seis	100	cien, ciento
7	siete	17	diecisiete	27	veintisiete	37	treinta y siete		
8	ocho	18	dieciocho	28	veintiocho	38	treinta y ocho		
9	nueve	19	diecinueve	29	veintinueve	39	treinta y nueve		
10	diez	20	veinte	30	treinta	40	cuarenta		

1 **De diez a cien** Count from 10 to 100 by tens. Then do it backwards!

2 **¿Qué número es?** Say the following numbers in Spanish.
1. 32   3. 51   5. 77   7. 96
2. 46   4. 67   6. 84   8. 23

Nota

Note that before a noun **ciento** shortens to **cien**.

cien pesos
cien euros

but

ciento cincuenta pesos
ciento cuarenta euros

3 **El número, por favor.** Say the following numbers.
1. your area code
2. the number you dial for an emergency
3. your zip code
4. the number of your house or apartment

4 **Juego** Create a math pattern similar to the one below. Your partner will try to figure out the missing number before you count to ten in Spanish. Take turns.

tres   seis   nueve   _____   quince

Finding out the price

To find out or give the price of something, you say:

¿Cuánto es, por favor?

Diez pesos.

5 **¿Cuánto es?** Work with a partner. Make believe you are buying something. Hold it up and get the price in pesos.

MODELO   **20 →**
—**¿Cuánto es, por favor?**
—**Veinte pesos.**

1. 30   **4.** 60   **7.** 78
2. 22   **5.** 15   **8.** 50
3. 45   **6.** 90   **9.** 84

euros

Cultura

Monetary systems

When you travel, you will use different currencies.

• Spain uses the **euro,** the currency of all countries of the European Union.

• In many Latin American countries, such as Mexico, the currency is the **peso.**

• Venezuela uses the **bolívar,** named in honor of the Latin American hero Simón Bolívar.

• In Guatemala, the currency is named after the beautiful national bird—**el quetzal.**

• In some countries, such as Panama and Ecuador, the monetary unit is the U.S. dollar.

pesos

bolívares

quetzales

6 **Las matemáticas** Count the money below. Give the total amount.

Identifying days of the week and months of the year

In this lesson you will learn the days of the week, months of the year, and how to give the date.

Look at the calendar to identify the days of the week.

lunes	martes	miércoles	jueves	viernes	sábado	domingo
					1	2
3	4	5	6	7	8	9
10	11	12	13	14	15	16

To find out and give the day of the week, you say:

Para conversar

¿Qué día es hoy?

Hoy es lunes.

Nota

The days of the week and the months are not capitalized in Spanish.

1 **¿Qué día es?** Work with a partner. Have a conversation.
1. ¿Qué día es hoy?
2. ¿Qué día es mañana?
3. ¿Cuáles son los días de la semana?

Look at the calendars to identify the months of the year.

Finding out and giving the date

¿Cuál es la fecha de hoy?

Hoy es el diez de septiembre.

2 **Mi cumpleaños** Each of you will stand up and give the date of your birthday in Spanish. Listen and keep a record of how many of you were born in the same month.

3 **La fecha, por favor.** Look at these calendars and give the dates.

mayo						
				1	2	3
4	5	6	7	8	9	10
11	12	13	14	15	16	17
18	19	20	21	22	23	24
25	26	27	28	29	30	31

febrero						
						1
2	3	4	5	6	7	8
9	10	11	12	13	14	15
16	17	18	19	20	21	22
23	24	25	26	27	28	

octubre						
			1	2	3	4
5	6	7	8	9	10	11
12	13	14	15	16	17	18
19	20	21	22	23	24	25
26	27	28	29	30	31	

4 **Fechas importantes** Give the Spanish for the following important dates.

1. January 1   2. July 4   3. February 14

5 **Un día favorito** Work with a partner. Tell the date of your favorite day of the year in Spanish. Your partner will try to guess the importance of that day. Take turns.

Nota

For the first day of the month you say:

Es el primero de octubre.

Conexiones

La música

The following are the words for a song that is sung in Spain for a fiesta that takes place on July 7. Sing the song with your classmates.

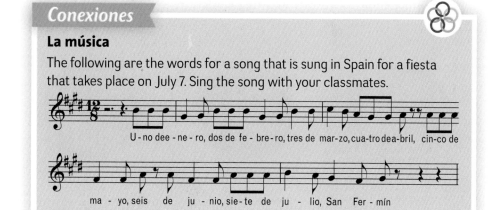

U-no dee-ne-ro, dos de fe-bre-ro, tres de mar-zo, cua-tro dea-bril, cin-co de

ma-yo, seis de ju-nio, sie-te de ju-lio, San Fer-mín

Telling time

In this lesson you will learn how to tell time in Spanish. You will also learn to tell at what time certain events take place.

To find out the time, you ask:

¿Qué hora es?

Es la una.

Son las dos.

Son las tres.

Son las cuatro.

Son las cinco.

Son las seis.

Son las siete.

Son las ocho.

Son las nueve.

Son las diez.

Son las once.

Son las doce.

> **Cultura**
>
> In most Spanish-speaking countries it is not considered rude to arrive a bit late for an appointment. If you have a 10 A.M. appointment, it would not be unusual to arrive a bit later.

Son las siete...

 y cinco.

 y cuarto.

 cuarenta.

 y diez.

 y media.

 cuarenta y cinco.

1 **¿Qué hora es?** Give the following times.

1. 2. 3.

4. 5. 6.

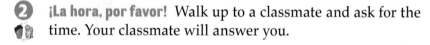

2 **¡La hora, por favor!** Walk up to a classmate and ask for the time. Your classmate will answer you.

To find out and tell at what time something takes place, you say:

¿A qué hora es la clase de español?

Es a la una.

3 **¿A qué hora es?** Work with a partner. Ask your partner at what time he or she has the following classes.

1. matemáticas
2. historia
3. educación física
4. ciencias
5. español
6. inglés

Cultura

Twenty-four-hour clock

In Spain and in many areas of Latin America, it is common to use the twenty-four-hour clock for formal activities such as reservations and train and airplane departures. Read the time below and figure out the time in the United States.

A las dieciocho horas
A las veinte cuarenta

¡Ojo!

Note that the words in Activity 3 are cognates. Cognates look alike in Spanish and English, but be careful. They are pronounced differently!

LA HORA   *trece* **13**

Talking about the seasons 🎧

In this lesson you will learn to identify the seasons and describe the weather.

Las cuatro estaciones son:

el invierno

la primavera

el verano

el otoño

① **¿Qué estación es?** Name the season.
1. los meses de junio, julio y agosto
2. los meses de marzo, abril y mayo
3. los meses de diciembre, enero y febrero
4. los meses de septiembre, octubre y noviembre

② **¿En qué estación?** Name the season for these events.
1. Thanksgiving
2. April Fool's Day
3. Valentine's Day
4. U.S. Independence Day

③ **Juego** Play this guessing game with a partner. Your partner will try to guess the month and day of your birthday. The only hint you will give is the season in which it occurs. Take turns.

Describing the weather 🎧

¿Qué tiempo hace?

Hace buen tiempo.
Hace (mucho) calor.
Hace (Hay) sol.

Hace mal tiempo.
Llueve.

Hace frío.
Nieva.

Hace fresco.
Hace viento.

4 **¿Qué tiempo hace hoy?** Tell what the weather is like today.

5 **El tiempo** Describe the weather.
1. ¿Qué tiempo hace en el verano?
2. ¿Qué tiempo hace en el invierno?
3. ¿Qué tiempo hace en la primavera?
4. ¿Qué tiempo hace en el otoño?

6 **La estación** Identify the season according to its weather.
1. ¿En qué estación hace fresco?
2. ¿En qué estación hace mucho calor?
3. ¿En qué estación llueve mucho? ¿En qué mes?
4. ¿En qué estación nieva?

InfoGap For more practice with what you've learned so far, do Activity LP in the Student Resource section at the end of this book.

7 **Las estaciones y el tiempo** Get together in small groups. Ask one another different types of questions about the seasons and the weather.

Repaso

Review what you have already learned. See all that you can do in Spanish.

1 Respond to each of the following.
1. ¡Hola!
2. ¿Qué tal?
3. ¿Qué día es hoy?
4. ¿Cuál es la fecha?
5. ¿Qué tiempo hace?
6. ¿A qué hora es la clase de español?
7. ¿Qué hora es?
8. ¡Adiós!

2 See how much you can already read in Spanish.

Es el mes de julio en Argentina. Hace mucho frío. ¿Hace frío en julio? En Argentina, sí. El mes de julio no es el verano en Argentina. Es el invierno. Cuando es el verano— los meses de junio, julio y agosto—en el hemisferio norte, es el invierno en el hemisferio sur. Las estaciones son contrarias en el hemisferio norte y en el hemisferio sur.

3 Answer the questions about the reading.
1. ¿Qué mes es en Argentina?
2. ¿Qué tiempo hace?
3. ¿Qué estación es en Argentina?
4. ¿Cuáles son los meses de invierno en Estados Unidos?
5. ¿Cuáles son los meses de invierno en Argentina?

CULTURA

Estepona, España

CULTURA

Bariloche, Argentina

Juego There are a number of cognates in this list. See how many you and a partner can find. Who can find the most? Compare your list with those of your classmates.

 *Go Online!*

connectED.mcgraw-hill.com

Vocabulario

Greeting people

saludos	Buenos días.	Buenas noches.	Bien, gracias.
¡Hola!	Buenas tardes.	¿Qué tal?	Muy bien.

Identifying titles

señor	señora	señorita

Saying good-bye

¡Adiós!	¡Hasta luego!	¡Hasta mañana!
¡Chao!	¡Hasta pronto!	

Being courteous

la cortesía	Por favor.	De (Por) nada.
	Gracias.	No hay de qué.

Identifying the days of the week

¿Qué día es hoy?	martes	viernes	hoy
la semana	miércoles	sábado	mañana
lunes	jueves	domingo	

Identifying the months of the year

¿Cuál es la fecha de hoy?	abril	septiembre	el mes
	mayo	octubre	el año
enero	junio	noviembre	el primero (de enero)
febrero	julio	diciembre	el dos (de enero)
marzo	agosto		

Telling time

¿Qué hora es?	Son las dos (tres, cuatro...).	y cuarto	¿A qué hora es?
Es la una.		y media	Es a la una (a las dos, a las tres...).

Identifying the seasons

¿Qué estación es?	el invierno	el verano
	la primavera	el otoño

Describing the weather

¿Qué tiempo hace?	Hace (mucho) calor.	Llueve.	Hace fresco.
Hace buen tiempo.	Hace (Hay) sol.	Hace frío.	Hace viento.
	Hace mal tiempo.	Nieva.	

Other useful words and expressions

¿Cuánto es?	cumpleaños

18

Go Online!

connectED.mcgraw-hill.com

Audio

Video

Práctica

Repaso

Diversiones

eScape

ePals

© David H. Brennan

Aquí y Allí

Vamos a comparar Have you ever thought about what types of friends you might have if you lived in another country? The theme of friendship is universal, but the qualities that people like in a friend differ. In this chapter, you will learn how to describe friends—both their looks and their personality. Think about your own friends. What qualities do you look for in a good friend?

Objetivos

You will:

- identify and describe people and things
- tell where someone is from
- tell what subjects you take and express opinions about them
- talk about Spanish speakers in the United States

You will use:

- nouns, adjectives, and articles
- the verb **ser**
- **tú** and **usted**

◀ Los jóvenes puertorriqueños son amigos muy buenos.

¿Cómo somos?

Look at these photographs to acquaint yourself with the theme of this chapter. You will learn to describe yourself and many new friends from all over the Spanish-speaking world as well as some Latino students in the United States. What similarities and differences do you see in the teens in these photos? How do they compare with your friends and the students in your school?

Colombia

Los muchachos son de Barranquilla, una ciudad y puerto en el norte de Colombia.

República Dominicana

Los dos amigos dominicanos son alumnos en la misma escuela en Villa Fundación.

Guatemala

¡Hola, amigos! Somos todos amigos de Antigua. Y ustedes, ¿de dónde son?

Puerto Rico

Unos amigos en la plaza principal de Isabela, Puerto Rico

México

Un grupo de jóvenes mexicanos en la capital, la Ciudad de México

Venezuela

Un grupo de amigos con motos en Mérida, Venezuela

España

Un grupo de amigos en bici en Órgiva, España, un pueblo pequeño en el sur de España

¿Cómo es?

guapa, bonita

fea

pelirroja

morena

moreno

rubia

baja

alto

antipático

simpático

cómica, graciosa

seria

David H. Brennan

Roberto es un amigo de Julia.
Roberto es un amigo bueno.
Julia es una amiga de Roberto.
Julia es una amiga buena.

Para conversar

¿Quién es el amigo de Julia?

Roberto.

¿Cómo es él?

Es alto y gracioso.

Para conversar

¿De dónde es la muchacha?

Es de Ecuador.

¿De qué nacionalidad es?

Es ecuatoriana.

La muchacha joven es de Ecuador.
Ella es ecuatoriana.

En otras partes

In addition to **el muchacho**, you will also hear **el chico**. In Mexico you will hear **el chamaco**.

ESCUCHAR

1 **Escucha y escoge.** Match each statement you hear with the picture it describes.

LEER • HABLAR • ESCRIBIR

2 **Parea.** Look at the words below and match the opposites or antonyms.

guapo   simpático   antipático

malo   cómico   bajo   alto

bueno   feo   serio

CULTURA

Elena es de Guatemala. Es una muchacha simpática, ¿no?

ESCUCHAR • HABLAR • ESCRIBIR

3 **Contesta.** Look at the photo of Elena and answer the questions about her.

1. ¿Quién es la muchacha? ¿Es Elena o Cecilia?
2. ¿Cómo es la muchacha? ¿Es pelirroja o morena?
3. ¿Cómo es la muchacha? ¿Es fea o guapa?
4. ¿Cómo es la muchacha? ¿Es graciosa o seria?
5. ¿Cómo es la muchacha? ¿Es simpática o antipática?

HABLAR • ESCRIBIR

4 **Describe a Eduardo.** Look at the photo of Eduardo. Describe him. You may wish to choose the appropriate words from the **banco de palabras** to use in your description.

guapo	feo	bajo
moreno	serio	guatemalteco
gracioso	alto	pelirrojo

CULTURA

Eduardo es de Antigua, Guatemala. Es un muchacho guapo, ¿no?

⑤ *Comunicación*

Habla de un(a) amigo(a). In Activity 4, you learned about Eduardo. Present to the class some similar information about one of your own friends.

   Mi amigo(a) es…

HABLAR

⑥  ¡Manos a la obra! Work in groups. Draw several faces. Exaggerate a feature on each one so members of your group can guess the adjective you have in mind.

HABLAR • ESCRIBIR

⑦ **Contesta.** Answer. Pay particular attention to the word that introduces each question.

   1. ¿Quién es la muchacha? ¿Es Antonia?
   2. ¿Cómo es Antonia?
   3. ¿De dónde es Antonia?
   4. ¿De qué nacionalidad es?

CULTURA

Antonia es una joven de Cuzco, Perú.

ESCUCHAR • HABLAR • ESCRIBIR

⑧ **Forma preguntas.** Form questions according to the model. Pay attention to the words in italics. They will help you figure out which question word to use.

   MODELO   Rafael es *muy gracioso.* →
                    ¿Cómo es Rafael?

   1. *Elena* es de Chile.
   2. Paco es *muy serio.*
   3. Felipe es *de México.*
   4. La amiga de Felipe es *Sofía.*
   5. Bárbara es *de Estados Unidos.*
   6. Carlos es *guapo y gracioso.*
   7. Fernando es *puertorriqueño.*
   8. *El muchacho* es de México.

HABLAR

⑨ **Juego** Work with a group of friends. Each person secretly chooses a student in the class and gives as many adjectives as possible to describe that person. The others try to guess who it is. Keep score.

CULTURA

Es una vista de Punta Arenas, una ciudad en la Patagonia chilena. Aquí hace mucho frío.

(t)Richard Brommer, (b)©Brand X Pictures/PunchStock

¿Quiénes son?

los alumnos

la escuela

las alumnas

Los alumnos son mexicanos.
Son alumnos en una escuela secundaria.
Son alumnos en la misma escuela.
Ellos son amigos también.

¡Así se dice!

When you want to get someone's attention you can say ¡Oye!

¡Oye! ¿Quién es?

Para conversar

¿Quiénes son amigos?

Los alumnos.

Mucho gusto, Ricardo.

Ricardo es un alumno nuevo.

ambiciosos

perezosos

una clase grande

el profesor

Es la clase de español.
Los alumnos son inteligentes.
Son muy buenos. No son malos.
Son ambiciosos. No son perezosos.

la profesora

una clase pequeña

Es una clase interesante. No es aburrida.
El curso es bastante difícil (duro).
No es fácil.

David H. Brennan

InfoGap For more practice using your new vocabulary, do Activity 1 in the Student Resource section at the end of this book.

ESCUCHAR

1 Escucha y escoge. Listen to each statement and indicate which photograph it refers to.

a.

b.

c.

d.

ESCUCHAR • HABLAR • ESCRIBIR

2 Contesta. Look at the photo and make up answers about Rosa and Gabriela, two good friends from Colombia.

1. ¿Quiénes son las dos muchachas?
2. ¿Son amigas?
3. ¿Son ellas colombianas?
4. ¿Son alumnas en una escuela en Barranquilla?
5. ¿Son muy inteligentes?
6. ¿Son alumnas buenas o malas?

ESCRIBIR

3 Categoriza. You have already learned a number of adjectives. Some describe physical appearance and others describe personality. Make a chart like the one below and put the adjectives you know into the appropriate category.

apariencia física	características de personalidad

CULTURA

Las muchachas son de Barranquilla, una ciudad bonita en el norte de Colombia.

ESCUCHAR • HABLAR • ESCRIBIR

4 Personaliza. Answer the questions about your own Spanish class.

1. ¿Es grande o pequeña la clase de español?
2. ¿Quién es el/la profesor(a) de español?
3. ¿Es interesante el curso de español?
4. ¿Es fácil o difícil?
5. ¿Son inteligentes los alumnos?

5 Comunicación

Work with a partner. Using words you have already learned, describe your courses to each other. Then share your results with the class. See how many of you agree.

ESCRIBIR

6 Rompecabezas

Join two pieces to form a word. When you have finished, you should have eight words. Do not use any piece more than once.

7 Completa. Complete the story with the correct words. **¡Cuidado!** You will now use different types of words, including nouns, adjectives, and verbs.

¿__1__ son los muchachos? El muchacho __2__ Diego y la muchacha __3__ Marta. Marta es una __4__ de Diego y Diego es un __5__ de Marta. Son alumnos en la misma __6__. Son alumnos __7__. ¿Cómo son? Diego es __8__ y Marta es __9__. ¿De __10__ nacionalidad son? Son __11__.

FOLDABLES
Study Organizer

VOCABULARY BOOK See the Foldables section of the Student Handbook at the beginning of this book for help with making this foldable. Use this study organizer to help remember synonyms and antonyms. Compare your list with a partner to see who came up with more pairs.

Conexiones

La biología
La biología es una ciencia. La biología es el estudio de los animales y las plantas. El/La biólogo(a) es un(a) científico(a). El microscopio es un instrumento muy importante para el/la biólogo(a).

Corbis/SuperStock

¿CÓMO SOMOS?

Artículos y sustantivos

1. The name of a person, place, or thing is a noun. In Spanish, every noun has a gender, either masculine or feminine. Almost all nouns that end in **-o** are masculine and almost all nouns that end in **-a** are feminine.

2. *The* in English is called a definite article. In Spanish, the definite article is either **el** or **la.** You use **el** with masculine nouns and **la** with feminine nouns.

el muchacho	la muchacha
el amigo	la amiga
el curso	la escuela

Note that in the plural (more than one) **el** becomes **los** and **la** becomes **las.**

los muchachos	las muchachas
los amigos	las amigas
los cursos	las escuelas

3. *A*, *an*, and *some* are called indefinite articles. Note the following forms of the indefinite articles in Spanish.

un muchacho	una muchacha
un amigo	una amiga
unos muchachos	unas muchachas
unos amigos	unas amigas

4. Note that when a noun ends in **-e,** you have to learn whether it is masculine or feminine.

el continente	los continentes
la clase	las clases

CULTURA 🇺🇸

Los muchachos son unos amigos muy buenos.

©Creatas/PunchStock

Práctica

ESCUCHAR • HABLAR • ESCRIBIR

1 **Completa.** Complete with **el, la, los,** or **las.**

1. _____ amigo
2. _____ muchacha
3. _____ escuela
4. _____ alumnos
5. _____ amigas
6. _____ muchachos
7. _____ cursos
8. _____ alumno

EXPANSIÓN

Now repeat the words in the activity. Change **el, la, los,** and **las** to **un, una, unos,** and **unas.**

CULTURA

Las jóvenes son alumnas en la misma escuela en Antigua, Guatemala.

ESCUCHAR • HABLAR • ESCRIBIR

2 **Contesta.** Answer with *yes.* María and Pedro are friends from Mexico. Answer the questions about them.

1. ¿Es mexicano el muchacho?
2. ¿Y la muchacha? ¿Es ella mexicana?
3. ¿Son mexicanos los amigos?
4. ¿Son los muchachos alumnos buenos?
5. ¿Es Pedro un amigo de María?
6. ¿Es María una amiga de Pedro?

CULTURA

Lorena y David son alumnos en una escuela pública en la ciudad de El Paso en Texas.

(t)Lori Ernfridsson, (b)image100/Alamy

Adjetivos

1. An adjective is a word that describes or modifies a noun. In Spanish, unlike English, the adjective must agree with the noun in gender (masculine or feminine) and number (singular or plural). Study the following examples.

ADJECTIVES ENDING IN **-O**

el muchacho argentino	los muchachos argentinos
la muchacha argentina	las muchachas argentinas

ADJECTIVES ENDING IN **-E**

el curso interesante	los cursos interesantes
la clase interesante	las clases interesantes

ADJECTIVES ENDING IN A CONSONANT

el curso fácil	los cursos fáciles

2. Note that you use the masculine form when a group consists of both boys and girls.

Juan y José son alumnos buenos.
María y Teresa son alumnas buenas.
José y Teresa son alumnos buenos.

CULTURA

Los muchachos son de Arequipa, Perú. Ellos son alumnos buenos.

Andrew Payti

Práctica

ESCUCHAR

3 **Escucha.** Listen to each statement and determine if it is about one person or thing or more than one. Make a chart like the one below to indicate your answers.

singular	plural

ESCUCHAR • HABLAR • ESCRIBIR

4 **Contesta.** Answer the questions. Pay attention to the form of the adjective.

1. ¿Es gracioso el muchacho guatemalteco?
2. ¿Es graciosa la muchacha guatemalteca?
3. ¿Son graciosos los muchachos guatemaltecos?
4. ¿Son graciosas las muchachas guatemaltecas?

LEER • ESCRIBIR

5 **Cambia Carlos a María.** Change Carlos to María. Be careful to make all the necessary changes.

Carlos es colombiano. Él es moreno. No es rubio. Carlos es muy inteligente y es bastante gracioso. Carlos es un amigo bueno.

LEER • ESCRIBIR

6 **Completa.** Complete with the correct form of the adjective.

1. La escuela no es _____. (pequeño)
2. La escuela es _____. (grande)
3. Las clases no son _____. (pequeño)
4. Las clases son _____. (grande)
5. Un curso es _____. (difícil)
6. Y otro curso no es _____; es _____. (difícil, fácil)
7. Unos cursos son _____. (fácil)
8. Y otros cursos son _____. (difícil)

CULTURA

Las amigas guatemaltecas son alumnas en la misma escuela.

CULTURA

Una escuela primaria en Saquisilí, un pueblo en los Andes de Ecuador

•7
⟳

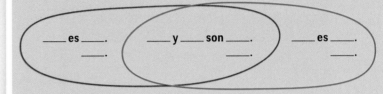

Comunicación

Look at these photographs of a girl from Mexico and a boy from Chile. Give them each a name and say as much as you can about them. Use the diagram below to tell what they have in common.

_____ es _____.
_____.

_____ y _____ son _____.
_____.

_____ es _____.
_____.

El verbo ser

1. Study the following forms of the verb **ser.**

ser			
yo	soy	nosotros(as)	somos
tú	eres	_vosotros(as)_	_sois_
Ud., él, ella	es	Uds., ellos, ellas	son

2. Note that the form of the verb changes with each subject. Since the verb changes, the subject pronouns **yo, tú, usted, él, ella, nosotros(as), ustedes, ellos,** and **ellas** are often omitted in Spanish.

(Yo) soy Juana.

(Nosotros) somos alumnos.

(Él) es rubio y (ella) es rubia también.

You use **yo** to talk about yourself.

You use **nosotros(as)** to talk about yourself and someone else.

You use **él** or **ella** to talk about someone.

Ellos son cubanos.

Ellas son mexicanas.

Ellos son amigos.

You use **ellos** or **ellas** to talk about two or more people. Note that **ellos** also refers to a group of males and females.

3. Unlike in English, there are several ways to express *you* in Spanish.

You use **tú** when speaking to a friend or person the same age.
> **José, (tú) eres de México, ¿no?**

You use **usted** when speaking to an adult or someone you do not know well. **Usted**, often abbreviated **Ud.**, shows respect.
> **Señor López, usted es de México, ¿no?**

Ustedes is a plural form. In the plural there is no distinction. You use **ustedes (Uds.)** when addressing two or more friends or adults.
> **¿Son ustedes de México?**

However, **vosotros(as)** is used in Spain as the plural of **tú** when addressing two or more friends.
> **Sois de España, ¿no?**

Práctica

ESCUCHAR • LEER • HABLAR

8 **Practica la conversación.** Practice the conversation with a classmate. Take turns playing each role. Pay close attention to the verb form you use when speaking about yourself as opposed to talking to a friend.

Susana	¡Hola!
Andrés	¡Hola! ¿Quién eres?
Susana	¿Quién? ¿Yo?
Andrés	Sí, tú.
Susana	Pues, soy Susana, Susana Gómez. Y tú, ¿quién eres?
Andrés	Soy Andrés. Andrés Álvarez.
Susana	Mucho gusto, Andrés. ¿Eres de Estados Unidos?
Andrés	No. Soy de México.
Susana	¿De México? ¡Increíble! Yo también soy mexicana.

CULTURA 🇲🇽
Monumento a la Independencia, Ciudad de México

(tl tc tr)McGraw-Hill Education, (b)Andrew Payti

ESCRIBIR • HABLAR

9 Completa. Complete the chart based on the information in the conversation. Then summarize the conversation using complete sentences.

	¿quién es?	¿de dónde es?	¿de qué nacionalidad es?
la muchacha			
el muchacho			

HABLAR • ESCRIBIR

10 Personaliza. Answer about yourself. Think about which verb form you use when you talk about yourself.

1. ¿Quién eres?
2. ¿Eres estadounidense?
3. ¿De qué nacionalidad eres?
4. ¿De dónde eres?
5. ¿Eres gracioso(a) o serio(a)?

LEER • HABLAR • ESCRIBIR

11 Completa la conversación. Complete the conversation with the correct form of **ser.**

Catalina	Hola, Ricardo. ¿___1___ de Puerto Rico?
Ricardo	Sí, Catalina. ___2___ puertorriqueño.
Catalina	¿___3___ de San Juan?
Ricardo	Sí, ___4___ de la capital.
Catalina	¿___5___ alumno en una escuela privada en San Juan?
Ricardo	No, ___6___ alumno en una escuela pública.
Catalina	¿___7___ un alumno bueno o malo?
Ricardo	¡Oye, Catalina! Yo ___8___ un alumno bueno.

EXPANSIÓN

Now, without looking at the conversation, tell all you remember about Ricardo and Catalina. Your partner will add anything you forgot.

CULTURA

Una vista de San Juan, Puerto Rico

HABLAR • ESCRIBIR

12 Personaliza. Answer each question about yourself and a friend. Remember to use the **nosotros(as)** form of the verb.

1. ¿De qué nacionalidad son ustedes?
2. ¿Son ustedes alumnos(as)?
3. ¿En qué escuela son alumnos(as)?
4. ¿Son ustedes amigos(as) buenos(as)?
5. ¿Son ustedes alumnos(as) en la misma clase de español?

Andrew Payti

13 **Comunicación**

Work in small groups. Interview one another to find out as much as possible about yourselves and your friends. Take turns. Share what you have learned about one another with your classmates.

ESCUCHAR • HABLAR • ESCRIBIR

14 **Forma preguntas con De dónde.** Ask where the people are from. Use **tú, usted,** or **ustedes** as appropriate.

1. Adelita

2. Linda y Marta

3. Señor Nadal

4. Señor y Señora Gómez

5. Antonio

HABLAR

15 **Juego** Work in teams. One person begins by giving **el, la, los,** or **las.** Each member will then add a new word until a complete sentence is formed.

Comunidades

The Latino demographics in the United States are changing. Until recently, most Latinos were of Mexican, Cuban, or Puerto Rican background. Today there are people from many other Latin American countries. For example, sections of New York City that were predominantly Puerto Rican now have more Dominican residents than Puerto Rican. Are there any Latinos in your community? What areas are they from?

HABLAR • ESCRIBIR

16 **Completa.** Complete with **ser.** You will now have to use all forms of this verb.

¡Hola! Yo ___1___ un amigo de Marcos. Marcos y yo ___2___ muy buenos amigos. Marcos ___3___ de Puerto Rico y yo ___4___ de la República Dominicana. Puerto Rico y la República Dominicana ___5___ dos islas en el mar Caribe. ___6___ dos islas tropicales.

Ahora nosotros ___7___ alumnos en una escuela secundaria en Nueva York. Nosotros ___8___ alumnos muy buenos. Marcos ___9___ un alumno muy bueno en matemáticas y yo ___10___ un alumno bueno en historia. Y nosotros dos ___11___ alumnos muy buenos en español.

Y ustedes, ¿de dónde ___12___? ¿Y quiénes ___13___? ¿___14___ ustedes alumnos buenos en español también?

CULTURA

Una plaza colonial en Santo Domingo, la capital de la República Dominicana

ESCRIBIR

17 **Forma frases.** Choose words from each column to make sentences. Be sure to make the adjectives agree with the words they describe.

yo	somos	dominicano
usted	es	estadounidense
tú	eres	puertorriqueño
Julia y Roberto	son	chileno
nosotros	soy	venezolano
la amiga de José		

Larry Hamill

HABLAR • ESCRIBIR

18 Completa. Complete the following activity. **¡Cuidado!** You will have to use nouns, articles, adjectives, verbs, etc.

Carlos __1__ Teresa __2__ alumnos en __3__ escuela __4__ en Lima, __5__ capital de Perú. Ellos son __6__ muy buenos. __7__ clase de español __8__ muy interesante y __9__ profesora __10__ español es simpática. Carlos y Teresa __11__ alumnos y amigos.

PRONUNCIACIÓN

Las vocales a, e, i, o, u

When you speak Spanish, it is important to pronounce the vowels carefully. The vowel sounds in Spanish are short, clear, and concise. The vowels in English have several different pronunciations, but in Spanish they have only one sound. Note that the pronunciation of **a** is similar to the *a* in *father*. The pronunciation of **e** is similar to the *a* in *mate*. The pronunciation of **i** is similar to the *ee* in *bee*. The **o** is similar to the *o* in *most*, and **u** is similar to the *u* in *flu*. Repeat the following.

a	e	i	o	u
Ana	Elena	Isabel	o	uno
baja	peso	Inés	no	mucha
amiga	Felipe	italiano	Paco	mucho
alumna	feo	simpático	amigo	muchacho

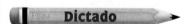 **Dictado**

Pronounce the following sentences carefully. Then write them to prepare for a dictation.

Ana es alumna.
Adán es alumno.
Ana es una amiga de Adán.
Elena es una amiga de Felipe.
Inés es simpática.
Sí, Isabel es italiana.

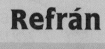

Refrán

Can you guess what the following proverb means?

Un amigo sincero es un tesoro divino.

¡Bravo!

You have now learned all the new vocabulary and grammar in this chapter. Continue to use and practice all that you know while learning more cultural information. **¡Vamos!**

¿Comprendes?

A Contesta. Answer based on the information in the conversation between Sandra, Anita, and José.

1. ¿Es alto o bajo José Cárdenas?
2. ¿Son amigos José y Sandra?
3. ¿Es José un alumno nuevo en la escuela?
4. ¿Es guapo?
5. ¿De dónde es?
6. Y, ¿de dónde es Anita?
7. ¿Son colombianos los dos?

B ¿Sí o no? Correct any wrong information.

1. José es alto.
2. Sandra y José son amigos.
3. José es estadounidense.
4. José es colombiano y Sandra es colombiana también.

C Resumiendo Work with a partner. Summarize what Sandra, Anita, and José talked about.

D Dando opiniones Do you think Anita and José will be friends? Why or why not?

CULTURA

Una vista de Cartagena, Colombia

Radius/SuperStock

Lectura
CULTURAL

READING STRATEGY

Antes de leer

Read the title of the reading. Based on the title, what do you think this reading is about?

☑ **READING CHECK**

¿Es el español una lengua extranjera para Francisco y Guadalupe?

Durante la lectura

Look at the subtitle of each section. How does it help you understand what you are reading?

☑ **READING CHECK**

Ramón y Marisa son de ascendencia cubana. Pero no son de Cuba. ¿De dónde son?

Después de leer

Did the reading discuss what you predicted? Explain.

USING TITLES AND SUBTITLES What is the first thing you see when you look at any reading? The title, right? Titles provide important information about the content of a reading. As you read, remember to also focus on any subtitles. Understanding titles and subtitles will clarify content and help you understand and enjoy what you read.

Amigos latinos en Estados Unidos

Mexicanoamericanos ¡Hola, amigos! Somos Francisco Chávez y Guadalupe Garza. Somos alumnos en una escuela secundaria en Estados Unidos. Somos alumnos en una escuela secundaria estadounidense pero para nosotros el español no es una lengua extranjera[1]. ¿Por qué? Porque nosotros somos de ascendencia[2] mexicana. Somos mexicanoamericanos. Somos el grupo número uno—el grupo mayoritario—de hispanohablantes[3] en Estados Unidos.

Cubanoamericanos Somos Ramón Ugarte y Marisa Dávila. Somos de Miami, Florida. Como muchas personas en Miami, somos de ascendencia cubana. Somos cubanoamericanos.

El español es una lengua importante en todas partes de Estados Unidos. En Estados Unidos hay[4] más de cincuenta millones de hispanohablantes.

[1]extranjera *foreign*
[2]ascendencia *background*
[3]hispanohablantes *Spanish speakers*
[4]hay *there are*

Marisa y Ramón

Francisco y Guadalupe

42

(l)Larry Hamill, (r)ImageSource/AGE Fotostock

¿Comprendes?

A Recordando hechos Answer the questions to see how much information you remember from the story.

1. ¿Dónde son alumnos Francisco y Guadalupe?
2. ¿De qué ascendencia son?
3. ¿Es el español una lengua extranjera para Francisco y Guadalupe?
4. ¿De dónde son Ramón y Marisa?
5. ¿De qué ascendencia son Ramón y Marisa?

B Buscando información Find the following information in the reading.

1. estado con muchos residentes o habitantes de ascendencia cubana
2. el grupo mayoritario de latinos en Estados Unidos
3. la población (el número de habitantes) latina en Estados Unidos

C Describiendo Write as much information as you can about the following people.

Francisco Chávez y Guadalupe Garza	Ramón Ugarte	Marisa Dávila

D Identificando What is the main idea of this reading?

Comunidades

Hay muchos latinos en todas partes de Estados Unidos. ¿Hay latinos en la escuela donde tú eres alumno(a)? ¿De dónde son ellos? ¿De qué países o naciones hispanohablantes son?

CULTURA

San Agustín es una ciudad en la Florida con mucha influencia hispana.

Andrew Payti

Antes de leer

You are going to read about two main characters in a famous Spanish novel. Have you ever heard of Don Quijote and Sancho Panza in other courses? In Spanish, tell anything you know about them.

Dos personajes importantes

Una descripción Una novela famosa de la literatura española es *El Quijote*. El autor es Miguel de Cervantes Saavedra.

El Quijote es la historia del famoso caballero andante[1] don Quijote de la Mancha. La Mancha es una región de España.

Don Quijote es alto y flaco[2]. Sancho Panza es el compañero de don Quijote. Pero don Quijote y Sancho Panza son dos personajes muy diferentes. Sancho, ¿es alto y flaco como don Quijote? No, de ninguna manera. Él es bajo y gordo[3]. Sancho Panza es una persona graciosa. Él es cómico pero don Quijote, no. Él es muy serio y es una persona honesta y generosa. Pero según[4] Sancho Panza, don Quijote es tonto[5]. Y según don Quijote, Sancho es perezoso.

[1]caballero andante   *knight errant*
[2]flaco   *thin*
[3]gordo   *fat*
[4]según   *according to*
[5]tonto   *foolish, crazy*

Conexiones

La literatura
The novel *El Quijote* is the second most widely read book in the world. The first is la Biblia. *El Quijote* has also been translated into more languages than any other literary work.

CULTURA
Don Quijote montado a caballo y Sancho Panza montado en un asno

Andrew Payti

¿Comprendes?

A Escoge. Choose the correct answer or completion.

1. El título de la novela es _____.
- **a.** *España*
- **b.** *Un caballero andante*
- **c.** *El Quijote*
- **d.** *Don Quijote y Sancho Panza*

2. Cervantes es _____.
- **a.** un personaje en la novela
- **b.** un famoso caballero andante
- **c.** una región de España
- **d.** el autor de la novela

3. ¿Cómo es don Quijote?
- **a.** Es perezoso.
- **b.** Es serio.
- **c.** Es bajo.
- **d.** Es gracioso.

4. _____ es un defecto.
- **a.** Ser cómico
- **b.** Ser serio
- **c.** Ser perezoso
- **d.** Ser un caballero andante

5. _____ es un atributo positivo.
- **a.** Ser tonto
- **b.** Ser perezoso
- **c.** Ser honesto
- **d.** Ser alto

B Categoriza. Make a chart similar to the one below. Place a check under the character each adjective describes. Then use the adjectives and the verb **ser** to compare Don Quijote and Sancho Panza.

característica	don Quijote	Sancho Panza
alto		
bajo		
gordo		
flaco		
gracioso		
serio		
generoso		
honesto		
tonto		
perezoso		

CULTURA 🇪🇸

Unos molinos de viento en La Mancha

©Pixtal/age Fotostock

Prepárate para el examen

↺ To review, see **Vocabulario 1** and **Vocabulario 2**.

Vocabulario

1 **Parea.** Match each description with the girl it describes.

a   b   c   d   e   f

1. una muchacha rubia   **3.** una muchacha graciosa

2. una muchacha alta   **4.** una muchacha inteligente

2 **Completa.** Complete.

5. El joven es _____. No es alto.

6. Ella no es muy seria. Es bastante _____.

7. Carlos es un _____ muy bueno en matemáticas.

8. La clase de español no es pequeña. Es _____.

9. Rosa no es antipática. Es _____.

10. La señora Ortiz es una _____ de español.

3 **Escoge.** Choose the correct answer.

11. ¿Quién es?
   a. Carlos   b. la clase   c. grande

12. ¿Cómo es él?
   a. mexicano   b. José   c. alto

13. ¿De dónde es?
   a. Puerto Rico b. la escuela   c. sincero

14. ¿Quiénes son?
   a. los cursos   b. José   c. José y Tomás

Gramática

↺ To review, see **Artículos y sustantivos**.

4 **Escoge.** Choose.

15. _____ muchacho es de Guatemala.
   a. El   b. Los   c. La

16. Carlos es _____ amigo sincero.
   a. una   b. un   c. unos

17. _____ escuelas son grandes.

    a. Unas   **b.** Una   **c.** La

18. _____ cursos son fáciles.

    a. El   **b.** Las   **c.** Los

⑤ Completa. Complete with the correct form of the adjective.

19. La amiga de Enrique es _____. (rubio)

20. Los cursos son _____. (difícil)

21. La clase es _____. (aburrido)

22–23. Los alumnos son _____ y _____. (inteligente, bueno)

24. Paco y Anita son _____. (ambicioso)

25. Las profesoras son muy _____. (simpático)

*To review, see **Adjetivos**.*

⑥ Completa con ser. Complete with the correct form of **ser**.

26. ¡Hola! Yo _____ Teresa.

27. ¿De qué nacionalidad _____ tú?

28. Nosotros _____ amigos.

29. ¿_____ ustedes alumnos en la misma escuela?

30. Él _____ un alumno muy bueno.

31. Los cursos _____ interesantes.

32. ¿_____ usted argentino?

33. Las escuelas _____ grandes.

34. Ella _____ una alumna nueva.

*To review, see **El verbo ser**.*

⑦ Forma una pregunta. Make up a question asking each person where he or she is from.

35. Carlos   **36.** Señora Álvarez

Cultura

⑧ ¿Sí o no?

37. Hay muchos cubanoamericanos en Miami, en la Florida.

38. Los cubanoamericanos son el grupo número uno de hispanohablantes en Estados Unidos.

39. Para los mexicanoamericanos en Estados Unidos, el español es una lengua extranjera.

40. El español es una lengua importante en Estados Unidos.

*To review this cultural information, see the **Lectura cultural**.*

Prepárate para el examen

1 Un amigo nuevo

Describe a friend •············

Work with a partner. Look at this photograph of your new friend, Sergio Díaz, who is from Puerto Rico. Tell as much as you can about Sergio. Then ask each other questions about him.

2 La escuela y los cursos

Talk about school and subjects you take

Work with a partner. One of you will be Isabel Cortés, a student from Guatemala. She does not know much about schools in the United States and she has questions about your classes and teachers. Answer her questions.

3 Un alumno nuevo

Talk about yourself and get information about someone else

It's difficult to be a new student in a new school—even more difficult when you are in a new country. Take turns with a partner. Practice "breaking the ice." One of you will be Miguel Ramos, a new student from Nicaragua. Introduce yourself and tell him about yourself. Then ask him things you want to know about him.

4 Personas interesantes

Describe people

Bring in a photograph of several people. It can be a family photograph or a picture from a magazine. Give each person in the photograph a name. Say as much as you can about the people in the photograph.

CULTURA

Un colegio, o una escuela secundaria, en Masaya, Nicaragua

(t)Larry Hamill, (c)Lori Emfidsson, (r)Andrew Payti

Tarea

Picture two of your best friends—a boy and a girl. Write a description of each of them. Include some things about them that are the same and other things that are different.

Writing Strategy

Describing Grab any popular novel and you will find colorful, detailed descriptions. Why? A good description brings a simple noun to life. Would you prefer to meet **una persona** or **una persona interesante?** The more adjectives you use to describe a person, the more interesting the portrait of that person is.

❶ Prewrite

There may be things you want to say about your friends, but you can't because you have not yet learned how to say them. When writing in Spanish, stick to what you know. Here is a suggestion to help you do that.

- Make a chart similar to the one below. Think of all the adjectives you have learned and put them in the appropriate categories in your chart.

	physical appearance	personality	background
boy			
girl			

❷ Write

- Describe each friend in a separate paragraph. From your chart, pick out the adjectives you need for that person.
- Begin each paragraph with a good introductory sentence. Be sure your introductory sentence identifies the person you are going to describe. A good example might be, **Anita es una amiga muy buena.**

- Be sure each paragraph has a logical order. Ask yourself if the paragraph describes the physical characteristics of your friend first and then his or her personality traits.
- Proofread your work and correct any errors. Check the endings of words you used to describe each person.
- Give your composition a title.
- You may wish to share your work with a classmate to have him or her edit your composition.
- **Expansion:** As you continue with your study of Spanish, you will have more language available to you so you will be able to better describe your best friend. Make a list of those categories that you would like to be able to use to describe him or her. Then continue to write as you learn more. At the end of the school year, you can evaluate your improvement.

Evaluate

Don't forget that your teacher will evaluate you on your ability to bring your friends to life through vivid description, correctness of grammar, sentence structure, and the completeness of your message.

Andrew Payti

Repaso del Capítulo 1

Gramática

Artículos y sustantivos

Nouns in Spanish are either masculine or feminine. The definite and indefinite articles that modify a noun must agree with the noun in gender and in number.

el amigo	**los amigos**
un amigo	**unos amigos**
la clase	**las clases**
una clase	**unas clases**

Adjetivos

An adjective must also agree with the noun it describes or modifies.

El amigo es simpático.	**Los amigos son simpáticos.**
La muchacha es seria.	**Las muchachas son serias.**
La escuela es grande.	**Las escuelas son grandes.**
El curso es difícil.	**Los cursos son difíciles.**

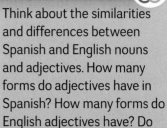

Comparaciones

Think about the similarities and differences between Spanish and English nouns and adjectives. How many forms do adjectives have in Spanish? How many forms do English adjectives have? Do English nouns have gender?

Now take a moment to consider the ways to express *you* in Spanish. How many ways are there to say *you* in Spanish? And in English? Why are there several words for *you* in Spanish?

Ser

Review the forms of the verb **ser** (*to be*).

singular		plural	
yo	soy	nosotros(as)	somos
tú	eres	*vosotros(as)*	*sois*
Ud., él, ella	es	Uds., ellos, ellas	son

Tú vs. usted

Remember that there is more than one way to express *you* in Spanish.

Tomás, (tú) eres un amigo bueno.
Señora Cortés, (usted) es una profesora buena.

Andrew Payti

CULTURA

Es una escuela o instituto secundario en Ushuaia, Argentina.

Juego There are a number of cognates in this list. See how many you and a partner can find. Who can find the most? Compare your list with those of your classmates.

Vocabulario

Identifying a person or thing

el muchacho	el amigo	la escuela	el profesor
la muchacha	la amiga	la clase	la profesora
el joven	el alumno	el curso	ser
la joven	la alumna		

Describing a person

guapo(a)	pelirrojo(a)	cómico(a)	simpático(a)
bonito(a)	alto(a)	gracioso(a)	antipático(a)
feo(a)	bajo(a)	serio(a)	inteligente
moreno(a)	bueno(a)	ambicioso(a)	joven
rubio(a)	malo(a)	perezoso(a)	

Finding out information

¿quién?	¿cómo?	¿de qué nacionalidad?
¿quiénes?	¿de dónde?	

Identifying nationalities

argentino(a)	cubano(a)	guatemalteco(a)	puertorriqueño(a)
chileno(a)	dominicano(a)	mexicano(a)	venezolano(a)
colombiano(a)	ecuatoriano(a)	peruano(a)	

Describing classes and courses

grande	interesante	difícil, duro(a)
pequeño(a)	aburrido(a)	fácil

Identifying school subjects

el español	la ciencia	las matemáticas	la educación física
el francés	los estudios sociales	la música	
el inglés	la historia	el arte	

Other useful words and expressions

secundario(a)	también	pero
nuevo(a)	bastante	¡Mucho gusto!
mismo(a)	muy	¡Oye!

Repaso cumulativo

Repasa lo que ya has aprendido

These activities will help you review and remember what you have learned so far in Spanish.

Unos amigos puertorriqueños

1 **Escucha y escoge.** Listen to each expression. On a separate sheet of paper, indicate whether you use the expression when you greet someone **(saludos)** or when you take leave of someone **(despedidas).**

saludo —— despedida

2 **Completa.** Make a calendar like the one below. Fill it in with the current month. Include numbers and days of the week. Remember which day is the first day of the week on a Spanish calendar.

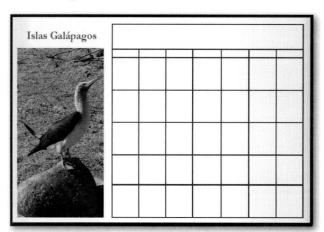

Islas Galápagos

3 **¿Qué hora es?** Tell what time it is on each clock.

1.

2.

3.

4.

5.

6.

4 Personaliza. Answer giving information about your school day.

    1. ¿A qué hora es la clase de español?

    2. ¿A qué hora es la clase de matemáticas?

    3. ¿A qué hora es la primera clase?

5 Contesta. Answer.

    1. ¿Qué tiempo hace hoy?

    2. ¿Qué estación es?

6 Contesta. Answer.

    Give the expressions you know in Spanish to be polite.

7 Personaliza. Answer about yourself.

    ¿Quién eres?

    ¿De dónde eres?

    ¿De qué nacionalidad eres?

    ¿Cómo eres?

    ¿En qué escuela eres alumno(a)?

    ¿Qué tipo de alumno(a) eres?

EXPANSIÓN

Now use your answers from Activity 7 to write an e-mail to your new Costa Rican e-Pal.

8 Rompecabezas

¿Quién es el/la culpable? Look at the following people. Read the clues to find out who is to blame for stealing the pie.

Es pelirroja. Es baja. Es seria. ¿Quién es?

Rosa   Eugenio   Roberto   Reina

La familia y la casa

Larry Hamill

Audio   Video   Práctica   Repaso   Diversiones   eScape

ePals

Aquí y Allí

Vamos a comparar In both Spain and Latin America, families were often quite large. However, family size is decreasing. Do you think families are also becoming smaller in the United States? The extended family, including aunts, uncles, cousins, second cousins, etc., is very important in the Spanish-speaking world. Do you think the same is true in the United States?

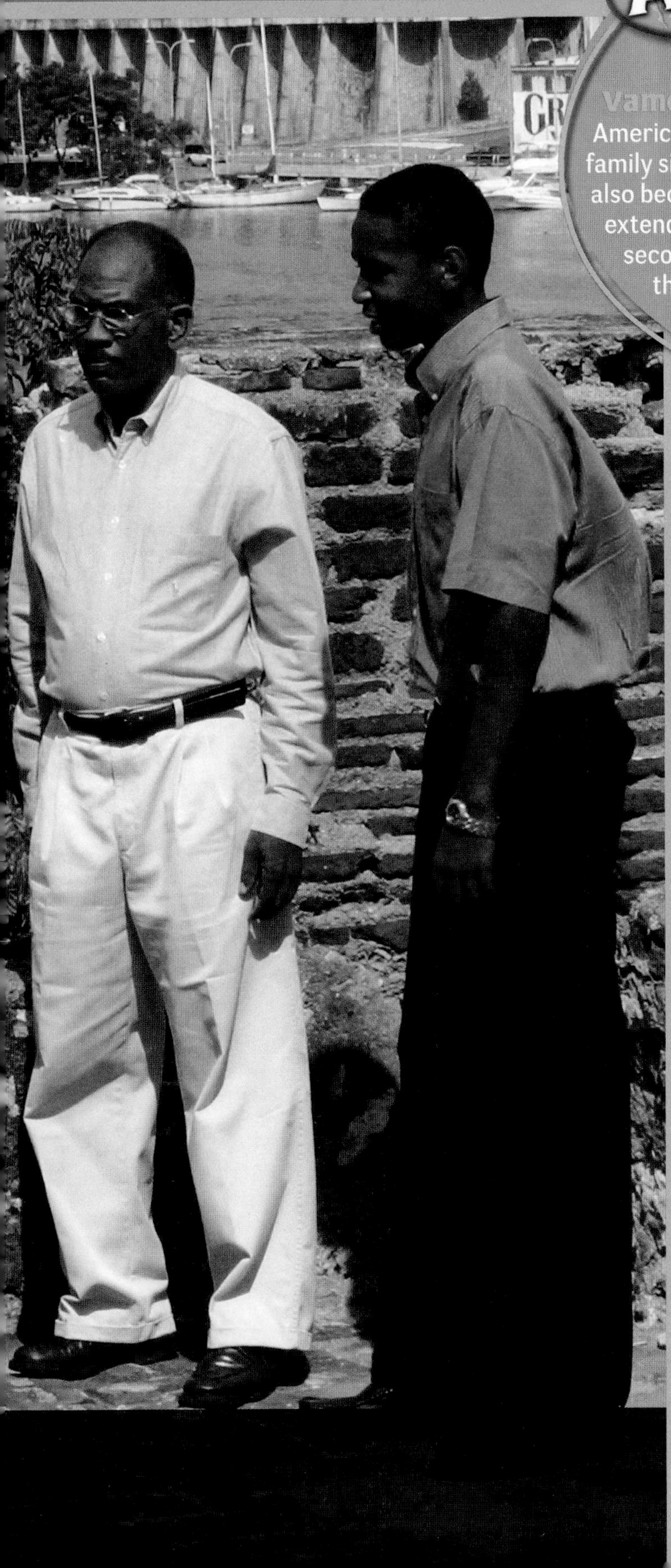

Objetivos

You will:

- talk about families and pets
- describe a house or apartment
- describe rooms and some furnishings
- discuss a family from Ecuador

You will use:

- the verb **tener**
- possessive adjectives

◀ Una familia de Santo Domingo, la capital de la República Dominicana

La familia y la casa

Look at these photographs to acquaint yourself with the theme of the chapter. You will learn to describe your family and home, as well as families and homes in Spanish-speaking countries. What do you notice about the families and homes seen here? Do any look like your own? How are they similar? How are they different?

España

Las casas típicas de Guipúzcoa en el norte tienen balcones. En cada balcón hay flores bonitas.

Venezuela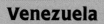

Una familia venezolana durante una fiesta familiar—abuelos, tíos, padres, primos y nietos

Argentina

Una casa en una zona residencial de Buenos Aires, Argentina

(tl)graphicart.net/Alamy, (c)Kelli Drummer-Avendaño, (b)Andrew Payti

México

Una casa lujosa en una zona residencial de la Ciudad de México

Panamá

Son casas típicas de los indígenas en las zonas tropicales de muchos países latinoamericanos. Son casas sobre pilotes con techos de paja.

Estados Unidos

Una familia latina en Estados Unidos

Costa Rica

Es una casa en San José, Costa Rica. Como muchas casas en Latinoamérica tiene un patio bonito en el centro.

La familia

¡Hola! Soy Daniela López. Yo tengo una mascota cariñosa. Su nombre es Rayas. Tengo muchos parientes.

mi gatito Rayas

mis abuelos

mi abuelo Juan López

mi abuela Ana López

mis padres

mis tíos

mi padre Pedro

mi madre Alicia

mi tía Laura

mi tío Alberto

mi primo Emilio

mis hermanos

mi hermano David

mi hermano Julio

No tengo hermanos. Soy hijo único.

nuestro perro Duque

¡Ojo!

Pariente is a false cognate. It looks like *parent* but it means *relative*. We call a false cognate **un amigo falso.**

Richard Hutchings

Mi tía Laura es la hermana de mi padre. Su hijo Emilio es mi primo y yo soy la sobrina de mi tía.

¡Hola! Soy Emilio Martínez. Mis abuelos son Juan y Ana López. Yo soy su nieto.

Para conversar

¿Cuántos años tienen tus hermanos?

Los dos tienen diez años. Son gemelos.

el pelo rubio

el pelo castaño

el pelo negro

Nota

You may have a stepparent or stepbrother or sister. You can say:

mi padrastro el marido (el esposo) de mi madre

mi madrastra la mujer (la esposa) de mi padre

mi hermanastro el hijo del esposo de mi madre o de la esposa de mi padre

mi hermanastra la hija del esposo de mi madre o de la esposa de mi padre

los ojos azules

los ojos verdes

los ojos castaños

Richard Hutchings

Una abuela con sus nietas en Cotacachi, Ecuador

Nota

The suffix **-ito** as in **gatito** can convey the meaning *small*. It can also express affection. Children often address their grandparents as **abuelito** and **abuelita**.

Parents often say **mi hijito(a)** when speaking to their children.

ESCUCHAR

1 **Escucha y escoge.** Listen to the statements. Decide if each statement is correct or not. Make a chart like the one below to indicate your answers.

correcto	incorrecto

How many did you get right?

8/8	¡Estupendo!
7/8	¡Excelente!
6/8	¡Muy bien!
5/8	¡Bien!
0–4/8	No muy bien. ☹

LEER • ESCRIBIR

2 **Personaliza.** Answer about yourself. Pay attention to the gender.

1. ¿Eres el hijo o la hija de tu madre?
   Soy _____ de mi madre.
2. ¿Eres el sobrino o la sobrina de tu tía?
   Soy _____ de mi tía.
3. ¿Eres el nieto o la nieta de tus abuelos?
   Soy _____ de mis abuelos.
4. ¿Eres el primo o la prima de los hijos de tu tío?
   Soy _____ de los hijos de mi tío.

LEER

3  Rompecabezas

¿Quién es la nieta de Isabel?

Teresa es la hijita de Isabel.
Juana es la hermana de Teresa.
Sofía es la hermana de Paco.
Teresa es la madre de Paco.

Pista *(Hint)* Draw a diagram of the relationships to help discover the answer.

Andrew Payti

ESCUCHAR • HABLAR • ESCRIBIR

4 **Contesta.** Answer the questions to tell a story about Felipe and Emilia using the information given.

1. ¿Es Felipe un hijo único? (no)
2. ¿Qué tiene Felipe? (una hermana, Emilia)
3. ¿Son hermanos Felipe y Emilia? (sí)
4. ¿Cuántos años tiene Felipe? (catorce)
5. ¿Cuántos años tiene Emilia? (dieciséis)
6. ¿Quién es menor? (Felipe)
7. ¿Quién es mayor? (Emilia)
8. ¿Tienen Felipe y Emilia una mascota cariñosa? (sí)
9. ¿Qué tienen? ¿Un perro o un gato? (un perro)
10. ¿Cuál es su nombre? (Roco)

EXPANSIÓN

Now, without looking at the questions, tell your partner all you remember about Felipe and Emilia. Then your partner will add any information you forgot.

InfoGap For more practice using your new vocabulary, do Activity 2 in the Student Resource section at the end of this book.

5 *Comunicación*

Work in small groups and tell who in your Spanish class has the following.

ojos azules	ojos castaños	ojos verdes
el pelo negro	el pelo castaño	el pelo rubio
el pelo rojo		

LEER • ESCRIBIR

6 **Personaliza.** Complete to tell all about yourself.

¡Hola! Yo soy __1__. Tengo __2__ años. Soy bastante __3__. No soy muy __4__. Tengo el pelo __5__ y tengo ojos __6__.

HABLAR

7  Using pictures from a magazine, pick who you want your ideal family to be. Make a collage of your family and introduce the members to your classmates, indicating what relationship each of these people is to you.

CULTURA
La familia Suárez es de Arica, Chile. Los señores tienen dos hijos.

©Brand X Pictures/Alamy

La casa 🎧

un árbol

un carro

el jardín

una flor

La familia Benavides tiene una casa privada
en las afueras (los suburbios).
Hay un jardín delante de su casa.
Los Benavides tienen un carro nuevo. No es viejo.
Hay una bicicleta detrás del carro.

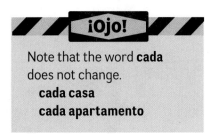

¡Ojo!

Note that the word **cada**
does not change.
cada casa
cada apartamento

una casa de apartamentos

un edificio alto

un apartamento

un piso

La familia Solís tiene un apartamento en la ciudad.
Los Solís tienen un apartamento en un edificio alto.
Cada piso del edificio tiene seis apartamentos.

Los cuartos y los muebles

la cocina

el comedor

una mesa

una silla

la sala

una lámpara

un sofá

una mesita

el cuarto de baño

el cuarto de dormir, la recámara

la cama

¡Así se dice!

- The expression **hay** means *there is* or *there are.*
  Hay un garaje al lado de *(next to)* **la casa.**
  Hay árboles alrededor de *(around)* **la casa.**
- Whenever **de** is followed by **el,** it becomes one word, **del.**
  delante del árbol
  detrás del sofá

En otras partes

- The word **el carro** is used in almost all areas of Latin America. In Spain, **el coche** is used.
- The word **piso** means *floor.* In Spain, **el piso** can also mean *apartment.* Other common terms for *apartment* are **un departamento** and **un apartamento.**
- **La recámara** is used in Mexico as well as in some other countries of Central and South America. Other commonly used terms in many areas are **el dormitorio, la alcoba, la habitación,** and **la pieza.** Ask Spanish speakers in your class what words they use to express these items.

David H. Brennan

ESCUCHAR

1 **Indica.** Decide if the statements you hear are true or false. Make a chart like the one below to indicate your answers.

verdad	falso

HABLAR • ESCRIBIR

2 **Identifica.** Identify each item. Use **el** or **la.**

1.

2.

3.

4.

5.

6.

ESCRIBIR

3

Change one letter in each word to form a new word.

cama

madre

el

un

su

HABLAR • ESCRIBIR

4 **Contesta.** Based on the layout, answer the questions about the Perez family's apartment. •·················

1. ¿Tienen los Pérez un apartamento?
2. ¿Tiene un balcón su apartamento?
3. ¿Es grande o pequeño el apartamento?
4. ¿Cuántos cuartos tiene?
5. ¿Qué cuartos tiene?

EXPANSIÓN

Now, without looking at the questions, tell all you remember about the home of the Perez family. Your partner will fill in any information you forgot.

LEER • ESCRIBIR

5 **Completa según el dibujo.** •·················
Complete according to the illustration.

1. Hay _____ delante de la casa.
2. Hay _____ detrás de la casa.
3. Hay _____ al lado de la casa.
4. Hay _____ al lado del árbol.
5. Hay _____ detrás del carro.
6. Hay _____ al lado del sofá.

HABLAR

6 **Juego** Draw any part of a house, inside or outside, with a tiny cat for your partner to find. When your partner discovers the cat's hiding place, he or she exclaims, for example, **¡Hay un gato detrás del sofá en la sala!** Then reverse roles.

7 **Comunicación**

Think of a family you know. Tell as much as you can about them—members of the family, what they look like, their house or apartment, and their pets if they have any. Answer any questions your partner may have.

El verbo tener

1. You will use the verb **tener** *(to have)* a great deal as you speak Spanish. Study the forms of this verb.

tener			
yo	tengo	nosotros(as)	tenemos
tú	tienes	*vosotros(as)*	*tenéis*
Ud., él, ella	tiene	Uds., ellos, ellas	tienen

2. You use the verb **tener** to express age **(la edad)**.

¿Cuántos años tienes?
Yo tengo catorce años.
Mi hermana menor tiene once años.

Práctica

HABLAR • ESCRIBIR

1 **Contesta.** Use the photos to tell what Antonio has and what the Ayerbes have.

Antonio

los Ayerbe

(tl tr bc br)Andrew Payti, (tc bl)Lori Ernfridsson

ESCUCHAR • HABLAR

2 **Conversa. Practica la conversación.** Practice the conversation with a classmate. Take turns playing each role. Pay attention to the changes in the forms of **tener**.

—**Pepe, ¿tienes hermanos?**
—**Sí, tengo dos—un hermano y una hermana.**
—**¿Cuántos años tiene tu hermana?**
—**Mi hermana tiene diez años y mi hermano tiene dieciséis.**
—**Y tú, ¿cuántos años tienes?**
—**Tengo dieciséis años también. Mi hermano y yo somos gemelos.**

EXPANSIÓN

Now, without looking at the conversation, tell all you remember about Pepe. Your partner will add anything you forgot.

HABLAR • ESCRIBIR

3 **Personaliza.** Answer about yourself.
1. ¿Tienes una familia grande o pequeña?
2. ¿Eres hijo(a) único(a) o tienes hermanos?
3. ¿Cuántos hermanos tienes?
4. Y tú, ¿cuántos años tienes?
5. ¿Tienes ojos azules, verdes o castaños?
6. ¿Tienes una mascota?
7. ¿Tienes un perro adorable?
8. ¿Tienes un gato cariñoso?

CULTURA

Son las mascotas de una familia en Guadalajara, México. Los perros son grandes, ¿no?

4

Complete the sentences with the correct form of **tener** and then solve the puzzle. **¿Cuántos años tiene Alberto?**

Yo __1__ una familia grande. Yo __2__ dieciséis años. Mi hermana Reina __3__ veintidós años. Los gemelos __4__ catorce años. Susana __5__ diez años y mi hermano Roberto __6__ siete años. Si el total de los años de todos los hijos es cien, ¿cuántos años tiene mi hermano Alberto?

Kerri Galloway

5 **Conversa.** Work in groups of four. Use the diagram below to make up short conversations to find out what your friends have. Use the model as your guide.

MODELO muchos o pocos hermanos →
—¿Tienen ustedes muchos o pocos hermanos?
—Tenemos muchos (pocos) hermanos.

ESCRIBIR

6 **Escribe un e-mail.** You have a key pal in the Canary Islands in Spain. Write your key pal an e-mail telling as much as you can about your family and yourself. Ask your key pal questions about his or her family.

LEER • ESCRIBIR

7 **Completa con tener.** Complete with **tener.** You will now have to use all forms of the verb.

CULTURA
Una familia en el jardín de su casa en un suburbio de Caracas, Venezuela

Aquí __1__ (nosotros) una fotografía de la casa de la familia Sánchez. La familia Sánchez __2__ una casa bonita en Caracas, Venezuela. Su casa __3__ siete cuartos. Los Sánchez __4__ dos hijos—Guadalupe y Daniel.

Guadalupe: ¡Hola! Soy Guadalupe Sánchez. Yo __5__ dieciséis años y mi hermano Daniel __6__ catorce. Nosotros __7__ mascotas, dos perros cariñosos.

Daniel: ¡Hola, amigo! Y tú, ¿cuántos años __8__?
¿__9__ hermanos? ¿Cuántos hermanos __10__ (tú)?
¿__11__ ustedes una mascota también? ¿Qué __12__?
¿Un perro o un gato?

Conexiones

La genética
Todos nosotros tenemos genes de nuestros padres. Los genes determinan, por ejemplo, el color de nuestros ojos, de nuestro pelo y otras características físicas. Los factores genéticos son muy importantes en cada individuo.

HABLAR • ESCRIBIR

8 **¡Te toca a ti!** Using words from each of the boxes below, make up complete sentences telling what these people or places have or don't have.

Nosotros		**dos pisos**
Tú		**un gato**
Yo		**un hijo único**
Daniela	**tener**	**quince años**
La casa	**no tener**	**pelo rubio**
El jardín		**ojos castaños**
Mis primos		**un garaje**
Mi tía		**dos mascotas**
		plantas y árboles
		un carro nuevo

Daniel Salsgiver

LA FAMILIA Y LA CASA

Los adjetivos posesivos

1. A possessive adjective tells who owns or possesses something—*my* book and *your* pencil. Observe the possessive adjectives in Spanish. Note that, like other adjectives in Spanish, they agree with the noun they modify.

yo	mi padre	mi prima	mis padres	mis primas
tú	tu padre	tu prima	tus padres	tus primas

él
ella
ellos
ellas
usted
ustedes ⎫ **su padre su prima sus padres sus primas**

Es mi padre.   **Es tu padre.**   **Es su padre.**

2. The possessive adjectives **mi, tu,** and **su** have only two forms—singular and plural. As you can see from the examples above, **su** and **sus** can refer to many different people.

el perro de él	**su perro**
el perro de ella	**su perro**
el perro de usted	**su perro**
el perro de ellos	**su perro**
el perro de ustedes	**su perro**

3. The possessive adjective **nuestro** (and **vuestro**), like other adjectives that end in **-o,** has four forms.

nosotros(as) →

**nuestro padre
nuestra prima
nuestros padres
nuestras primas**

CULTURA

Elena y su hermano en casa en Buenos Aires

Práctica

HABLAR • ESCRIBIR

9 **Personaliza.** Answer about yourself.

1. ¿Es grande o pequeña tu familia?
2. ¿Cuántos años tiene tu hermano o tu hermana?
3. ¿Tiene tu familia un carro?
4. ¿Quién es tu profesor(a) de español?
5. ¿Es fácil o difícil tu curso de español?

ESCUCHAR • HABLAR

10 **Personaliza.** Work with a partner. Think of as many relatives as you can. Make up conversations as in the models and give personal answers.

MODELOS una prima →
—Yo tengo una prima.
—¿Ah, sí? ¿Quién es tu prima?
—Mi prima es _____.

dos primos →
—Yo tengo dos primos.
—¿Ah, sí? ¿Quiénes son tus primos?
—Mis primos son _____ y _____.

ESCUCHAR • HABLAR • ESCRIBIR

11 **Contesta según el modelo.**
Answer according to the model.

MODELO el carro del señor González / nuevo →
—¿Es el carro del señor González?
—Sí, es su carro. Su carro es nuevo.

1. el hermano de Paco / inteligente
2. las hermanas de Eduardo / gemelas
3. los amigos de Mari / alumnos en la misma escuela
4. el perro de ellos / cariñoso
5. la casa de los Gómez / bonita

CULTURA

Unas amigas de la misma escuela en Puebla, México

Kelli Drummer–Avendaño

MINIBOOK See the Foldables section of the Student Handbook at the beginning of this book for help with making this foldable. Practice vocabulary pertaining to the family and house. On the left, draw your family members and your house or apartment. On the right, describe what you have drawn. Share your Minibook with a partner and ask each other questions about it.

HABLAR • ESCRIBIR

12 **Personaliza.** Answer about your school and classes. Be careful to use the correct possessive adjectives in your answers.

1. ¿Es nueva o vieja la escuela de ustedes?
2. Su clase de español, ¿es grande o pequeña?
3. ¿Cuántos alumnos hay en su clase de español?
4. En general, ¿son grandes o pequeñas las clases en su escuela?
5. ¿Son interesantes sus cursos? ¿Cuáles son interesantes?

13 **Comunicación**

Get together with a classmate. Talk to him or her about some things that you have, he or she has, or some friends have. Use the verb **tener** and possessive adjectives. You may want to use words from the **banco de palabras.**

casa	**apartamento**	**perro**	**gato**
mascota	**carro**	**amigos**	**pelo (color)**
jardín	**hermanos**	**bicicleta**	**ojos (color)**

HABLAR • ESCRIBIR

14 **Juego** These words are all mixed up! Can you rearrange them to make sentences?

1. seis hermano años su tiene
2. lámpara al lado de una hay cama mi
3. profesores de son dónde nuestros
4. grande tiene mi cocina casa una
5. son flores bonitas sus muy
6. perezoso padres gato un tienen tus

15 **Rompecabezas**

Paco is related to Juana. Read what he says below about Juana. Figure out how Paco and Juana are related. After you solve this riddle, make up others to present to the class.

Su tía es la hija de nuestros abuelos. Mi tío es su padre.

CULTURA
Unos hermanos panameños

Andrew Payti

PRONUNCIACIÓN

Las consonantes f, l, m, n, p

The pronunciation of the consonants **f, l, m, n,** and **p** is very similar in both Spanish and English. The **p,** however, is not followed by a puff of air as it often is in English. Repeat the following.

f	l	m	n	p
favor	la	mucho	no	Pepe
familia	Lola	menor	alumna	padre
fácil	Lupe	madre	nieto	piso
famoso	alumno	cómico	nuevo	Perú
sofá	abuela	amigo	sobrino	guapo

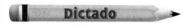 **Dictado**

Pronounce the following sentences carefully. Then write them to prepare for a dictation.

La familia de Felipe es francesa.
Mi hermano menor es Fernando.
Mis abuelos tienen un nieto nuevo.
El apartamento de Pepe tiene dos pisos.
Pepita es una peruana popular.
Mi mascota Mona es mala.
Perú es un país fabuloso.

Refrán

Can you guess what the following proverb means?

El mejor amigo, un perro.

CULTURA
Plaza de Armas, Trujillo, Perú

Andrew Payti

¡Bravo!

You have now learned all the new vocabulary and grammar in this chapter. Continue to use and practice all that you know while learning more cultural information. ¡Vamos!

¿Comprendes?

A **Contesta.** Answer based on the conversation.

1. ¿Tiene hermanos Federico?
2. ¿Cuántos tiene?
3. ¿Quién es una hermana de Federico?
4. ¿Es su hermana menor o mayor?
5. ¿Tiene muchas preguntas José?

B **Completa.** Complete the summary of the conversation between José and Federico.

Federico __1__ tres hermanos. __2__ familia es bastante grande. La hermana __3__ de Federico es Laura. Ella es __4__ amiga de Maricarmen. Son amigas __5__.

C **Cuenta.** In your own words give as much information as you can about each of the following people.

Federico	José	Laura	Maricarmen

D **Dando opiniones** Give an opinion.

¿Tiene José mucho interés en la hermana de Federico? ¿Cómo indica que tiene mucho interés o no?

Lectura
CULTURAL

READING STRATEGY

Antes de leer

Skim the reading to see if there are any words that are unfamiliar to you.

Durante la lectura

As you read, look for the information around any unfamiliar word. It will help give you the meaning of the word.

✔ READING CHECK

¿Cuántas personas hay en la familia Morales?

✔ READING CHECK

¿Dónde tiene la familia Morales una casa privada?

Después de leer

Were you able to guess the meaning of any unfamiliar words using context clues? Which ones?

USING CONTEXT TO GUESS MEANING When you read in a new language, you will likely come across some words you do not know. You can guess the meaning of unfamiliar words by the way they are used in the sentence. Look at the words, phrases, or passages that come before or after an unfamiliar word. The context will help clarify the meaning.

Una familia ecuatoriana

La familia Morales La familia Morales no es muy grande y no es muy pequeña. Es mediana. Los señores Morales tienen tres hijos—Jorge, Mari y Francisco. Jorge, el menor, tiene diez años. Mari tiene quince años y Francisco, el mayor, tiene diecisiete. Mari y Francisco son alumnos en un colegio en Quito, la capital de Ecuador. Pero no son alumnos en el mismo colegio. No van a un colegio mixto. Mari es alumna en un colegio para muchachas y Francisco es alumno en un colegio para muchachos. En Latinoamérica un colegio no es una universidad. Es una escuela secundaria.

La casa de los Morales Los Morales tienen una casa privada en un barrio residencial de Quito en las montañas, los Andes. En su barrio, hay casas privadas y edificios altos con condominios. Los edificios altos son muy modernos. Muchos tienen balcones con flores bonitas y de los balcones hay vistas fabulosas de la ciudad de Quito, de los picos andinos y del volcán Pichincha. La casa de los Morales tiene siete cuartos y detrás de la casa hay un jardín bonito con muchas plantas y flores. Alrededor de su casa hay un muro.

CULTURA

Una vista panorámica de Quito, Ecuador

Andrew Payti

¿Comprendes?

A **Recordando hechos** Answer the questions to see how much you remember about the Morales family from the story.

1. ¿Es grande la familia Morales?
2. ¿Cuántos hijos tienen los señores Morales?
3. ¿Cuántos años tiene el hijo menor?
4. ¿Cuántos años tiene el hijo mayor?
5. ¿Cuántos años tiene Mari?

B **Confirmando información** Correct all the wrong information.

1. Los Morales son de un barrio residencial en la costa del Pacífico.
2. Muchos condominios en los edificios altos tienen jardines con flores bonitas.
3. Los Morales tienen un condominio.

C **Aumentando tu vocabulario** Match each word with its definition.

CULTURA

Un edificio de departamentos en el centro de Quito, Ecuador

1. un colegio
2. fabuloso
3. andino
4. un suburbio
5. un pico
6. una casa privada
7. un balcón
8. los Andes

a. una casa de una sola familia
b. un tipo de terraza
c. un tipo de escuela
d. una zona residencial
e. muy bueno, extraordinario
f. montañas de Sudamérica
g. de los Andes
h. parte superior de una montaña

D **Describiendo** Give as much information as you can about the following.

los miembros de la familia Morales	la casa de los Morales	la ciudad de Quito

Andrew Payti

Lectura
UN POCO MÁS

Antes de leer

Think about the pets that people have. Are some rather exotic? Do you think people in different parts of the world may have different pets?

Cultura

Aquí tenemos un sato adorable. El sato es un perro especial de Puerto Rico. Los satos son muy cariñosos. No son todos del mismo color. Y no son todos del mismo tamaño. Unos son pequeños y otros son medianos. Pero no son grandes. Un sato puertorriqueño es un amigo sincero.

Mascotas

¿Tienes una mascota? Aquí en Estados Unidos, muchas familias tienen mascota, ¿no? En España y en Latinoamérica muchas tienen su mascota también. Como aquí, la mascota favorita es un perro o un gato. Los perros y los gatos son unos amigos buenos y sinceros.

En España y en Latinoamérica hay una cosa interesante. Hay unas excepciones pero en general las mascotas son populares en las ciudades y en los suburbios pero no en las zonas rurales. En las zonas rurales o en el campo, la gente no tiene un animal como un perro o un gato en casa.

Mascotas exóticas Hay también mascotas exóticas. Jorge es de Pisac en los Andes de Perú. Él tiene como mascota una llama. En Perú, Ecuador y Bolivia las llamas son domesticadas. Pero, ¡atención! Las llamas no tienen mucha paciencia y a veces son un poco desagradables, pero no peligrosas[1].

Andrea es de una zona tropical en Guatemala. Ella tiene un loro[2]. Su loro es bastante pequeño pero hay loros que son muy grandes. Los loros tienen muchos colores bonitos.

[1]peligrosas *dangerous*   [2]loro *parrot*

CULTURA

Los niños son de los Andes en Perú. Como Jorge en Pisac y Andrea en Guatemala ellos también tienen mascotas exóticas—un loro y una alpaca.

(l)Rebecca Smith, (r)Andrew Payti

¿Comprendes?

Escoge. Select the correct answer or completion.

1. Muchas familias tienen una mascota porque _____.
   a. son de Estados Unidos, España o Latinoamérica
   b. las mascotas son amigos buenos
   c. las mascotas son animales

2. En España y en Latinoamérica, las mascotas son populares _____.
   a. en general
   b. en las zonas rurales
   c. en las zonas urbanas

3. ¿Por qué son desagradables a veces las llamas?
   a. Son domesticadas.
   b. Son peligrosas.
   c. No tienen mucha paciencia.

4. Un loro es _____ que tiene muchos colores bonitos.
   a. un perro
   b. un gato
   c. un pájaro

Conexiones

Las ciencias

¿Tienes interés en los animales exóticos? ¿Sí? Pues, las islas Galápagos en el océano Pacífico al oeste de Ecuador son para ti. En las islas Galápagos hay todo tipo de animales marinos y reptiles raros. Y no hay depredadores.

Una tortuga de las islas Galápagos

Prepárate para el examen

↻ To review, see **Vocabulario 1.**

↻ To review, see **Vocabulario 2.**

Vocabulario

1 **Completa.** Complete.

1. Mis padres tienen dos hijos. Yo soy Eduardo y mi _____ es Anita.

2–3. Yo soy el _____ de mis padres y Anita es su _____.

4. Mi padre tiene una hermana. Es mi _____ Isabel.

5. El _____ de Isabel es mi tío Enrique.

6. Tienen tres _____: Carlos, Susana y Teresa.

7. Sus hijos son mis _____.

8. Carlos tiene diez años y Susana y Teresa tienen quince. Las dos hermanas son _____.

9–10. Los padres de mis padres son mis _____ y yo soy su _____.

11. Mi hermana Anita es también su _____.

12. La esposa de mi abuelo es mi _____.

13. Nosotros somos todos _____ de la misma familia.

14–15. Mi primo tiene _____ castaño y _____ azules.

2 **Identifica.** Identify. Use **el** or **la.**

Gramática

3 **Contesta.** Answer.

23. ¿Cuántos años tienes?

24. ¿Cuántos hermanos tienes?

25. ¿Tienes una mascota?

🔄 To review, see **El verbo tener.**

4 **Crea una frase nueva.** Rewrite each sentence with the correct form of **tener** to agree with the new subject.

26. Elena tiene muchos primos.
    Sus amigos _____.

27. Ustedes tienen un jardín bonito.
    Nosotros _____.

28. Yo tengo un profesor muy bueno.
    Ella también _____.

29. Ellos tienen un perro.
    Ustedes _____.

30. Ella tiene dieciséis años.
    Tú _____.

31. Nosotros tenemos ojos verdes.
    Usted también _____.

5 **Completa.** Complete with the correct possessive adjective.

32. Nosotros tenemos un apartamento. _____ apartamento es bastante pequeño.

33. Yo tengo un hermano. _____ hermano tiene quince años.

🔄 To review, see **Los adjetivos posesivos.**

34. Mi tío tiene hijos. _____ hijos son mis primos.

35. —Carlos y María, ¿tienen _____ padres un carro nuevo o viejo?

36. —José, ¿es de Puerto Rico _____ profesora de español?

37. Nosotros tenemos una casa en las afueras de la ciudad. Hay un muro alrededor de _____ casa.

Cultura

6 **Identifica.** Identify.

38. la capital de Ecuador

39. montañas altas de Sudamérica

40. un volcán cerca de Quito

🔄 To review this cultural information, see the **Lectura cultural.**

Prepárate para el examen

1 Tu familia

Discuss families

Conduct an interview with a friend. One of you will ask questions to get the following information and the other will answer. Then reverse roles. Be sure to use the proper intonation when asking questions.

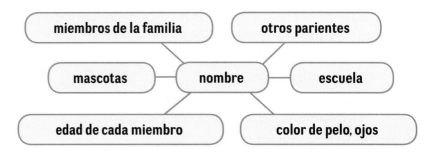

miembros de la familia — otros parientes

mascotas — nombre — escuela

edad de cada miembro — color de pelo, ojos

2 ¿Cuál prefieres?

Talk about housing

You are a realtor. You show your client (your partner) these two ads and describe the two properties. Your partner asks you questions about each of the dwellings.

ZONA RESIDENCIA
Piso 3 dormitorios, salón, cocina, baño nuevo.
Exterior. Reformado y amueblado.
99,165 €

ENTRADA CHICLANA
Chalet , 3 dorm, salón, cocina, baño.
87,000 €

3 Fotos de un álbum

Describe families

Bring in a photo of a family from a magazine. Give them a family name. Identify the various members of the family. Then describe them.

4 Tu casa o apartamento

Talk about your house or apartment

With a partner, describe your house or apartment. Ask each other questions. Compare and contrast the two homes.

Tarea

Write about your house or a house you dream of having someday—**la casa de mis sueños.**

Writing Strategy

Spatial ordering Always remember that when you write in the early stages of foreign language learning you have to "stick to" what you know how to say. Even though you may only be able to write a little, you have to give your writing some order.

One type of ordering is called "spatial ordering." This means that you will describe things as they actually appear from left to right, front to back, or top to bottom. You may wish to use spatial ordering for the topic you will now write about.

CULTURA
Una casa en el lago Cuicocha en el norte de Ecuador

❶ Prewrite

Here are some suggestions to help you organize your writing.

- Draw a sketch of your dream house. Include the outside and the rooms on the inside. You will refer to this as a visual aid to organize your writing. Ask yourself, **¿Cómo es?**
- Begin to think of adjectives to describe your house. Begin with the outside. You may want to use the expressions **delante de, detrás de,** and **al lado de** with **hay.**
- Then move into your house. Make a list of the rooms. Go from room to room in a logical order. Think of words to use to describe each room. Include the furniture in each room.

❷ Write

- Begin with a good introductory sentence, such as **La casa de mis sueños es...**
- Be sure your writing has a logical order. For example, do you describe the house in a logical fashion as you move through it?
- Give your composition a title.
- When you finish writing your description, proofread your work. Does it include the new vocabulary and the verbs **tener, ser, hay?** Did you use the right verb forms? Are the adjective endings correct? Did you check your spelling?
- You may wish to share your work with a classmate to have him or her edit your composition.

Evaluate

Don't forget that your teacher will evaluate you on your ability to organize your writing, to use correct grammar, and to present a vivid picture of your house that your readers will clearly understand.

Repaso del Capítulo 2

El verbo tener

Review the forms of the verb **tener.**

tener			
yo	tengo	nosotros(as)	tenemos
tú	tienes	*vosotros(as)*	*tenéis*
Ud., él, ella	tiene	Uds., ellos, ellas	tienen

Los adjetivos posesivos

Review the forms of the possessive adjectives.

mi abuelo	mi abuela	mis abuelos	mis abuelas
tu abuelo	tu abuela	tus abuelos	tus abuelas
su abuelo	su abuela	sus abuelos	sus abuelas
nuestro abuelo	nuestra abuela	nuestros abuelos	nuestras abuelas

Note that **nuestro** has four forms rather than two.

CULTURA
Las mascotas son populares en Madrid. ¿Son grandes o pequeños los perros que tienen las señoras?

Andrew Payti

Juego There are a number of cognates in this list. See how many you and a partner can find. Who can find the most? Compare your list with those of your classmates.

Go Online!

connectED.mcgraw-hill.com

Vocabulario

Describing family members

la familia	el/la tío(a)	el/la gato(a), el/la gatito(a)
el miembro	el/la primo(a)	menor
los parientes	el/la abuelo(a)	mayor
el padre	el/la nieto(a)	cariñoso(a)
la madre	el/la hijo(a) (único[a])	el pelo castaño (rubio, negro)
los padres	el/la sobrino(a)	los ojos castaños (azules, verdes)
el/la esposo(a)	el/la gemelo(a)	tener
el marido	el nombre	tener...años
la mujer	la mascota	
el padrastro	el/la perro(a),	
la madrastra	el/la perrito(a)	
el/la hermano(a)		
el/la hermanastro(a)		

Discussing housing

la casa	la casa de apartamentos	privado(a)
los cuartos	el apartamento	viejo(a)
la sala	el piso	la ciudad
el comedor	los muebles	las afueras
la cocina	el sofá	los suburbios
el cuarto de dormir,	la silla	
la recámara	la mesa, la mesita	
el cuarto de baño	la lámpara	
el jardín	la cama	
la flor	el garaje	
el árbol	el carro	
el edificio		

Other useful words and expressions

la bicicleta	al lado de
hay	delante de
cada	detrás de
otro(a)	alrededor de

Repaso cumulativo

Repasa lo que ya has aprendido

These activities will help you review and remember what you have learned so far in Spanish.

1 **¿Sí o no?** Look at the photo below. Listen to each statement and indicate on a separate sheet of paper whether or not it describes the photo.

2 **Completa.** Complete with **ser** or **tener.**

1. ¡Hola! Yo _____ Emilia Castro. _____ quince años y _____ alumna en una escuela secundaria de Miami.

2. Mi hermano _____ alumno en la misma escuela que yo. Pero él _____ menor que yo. Él _____ trece años.

3. Mi hermano y yo _____ buenos amigos. _____ alumnos en la misma escuela. Nosotros _____ una mascota. ¿_____ ustedes una mascota también? ¿Qué _____?

4. Y tú, ¿quién _____? ¿De dónde _____? ¿_____ hermanos? ¿Cuántos _____? ¿_____ ustedes alumnos en la misma escuela?

3 **Escribe en el singular.** Write the sentences in the singular. Pay attention to the adjectives and the verb forms.

1. Los alumnos son inteligentes.

2. Las clases son pequeñas.

3. Los cursos son interesantes.

4. Pero los cursos son difíciles.

5. Las casas son bonitas.

6. Los edificios son altos.

④ **Parea la pregunta con la(s) persona(s).**
Match the question and person(s).

a.   b.   c.

1. ¿De dónde eres?

2. ¿De qué nacionalidad es usted?

3. ¿Tiene usted hijos?

4. ¿Cuántos hermanos tienes?

5. ¿Son ustedes amigas?

6. ¿De dónde son ustedes?

7. ¿Cuántos años tienes?

8. ¿Tienen ustedes un apartamento en la capital?

⑤ **Parea los contrarios.** Match the opposites.

rubio   serio   alto   difícil   cómico

delante   bueno   diferente   bajo

detrás   moreno   menor   feo

pequeño   mismo   GRANDE

fácil   malo   guapo   mayor

⑥ **Personaliza.** Answer and tell all about yourself.
Make a diagram like the one below to help organize
your thoughts.

¿de dónde soy? ¿quién soy?
el color de mi pelo yo el color de mis ojos
¿cómo soy? mi edad

En clase y después

Larry Hamill

Go Online!
connectED.mcgraw-hill.com

Audio

Video

Práctica

Repaso

Diversiones

eScape

ePals

Aquí y Allí

Vamos a comparar Think about your school day. What do you do during school and after school? As you study this chapter, you'll discover some things that you have in common with students in Spanish-speaking countries and some things that are different.

Objetivos

You will:

- talk about what you do in school
- identify some school clothes and school supplies
- talk about what you and your friends do after school
- compare school and after-school activities in Spanish-speaking countries and the United States

You will use:

- present tense of **-ar** verbs
- the verbs **ir, dar,** and **estar**
- the contractions **al** and **del**

◀ Los amigos son alumnos en la misma escuela en la República Dominicana.

En clase y después

Look at these photographs to acquaint yourself with the theme of this chapter—school life in Spain and Latin America. You will learn about what students do in school and after school. As you proceed through the chapter, think about the many things that you and the students of the Spanish-speaking world have in common.

España

El colegio San José es un colegio privado en Estepona, España, en la Costa del Sol. El colegio San José es un colegio mixto para muchachos y muchachas.

Argentina

Las muchachas van a la escuela a pie en Buenos Aires. Llevan uniforme a la escuela—una blusa y una falda.

México

Son alumnos de un colegio en Tepoztlán, México. Observa que los alumnos llevan sus materiales escolares en una mochila.

Ecuador

Los dos amigos son alumnos en la misma escuela en Manta, Ecuador. Como las muchachas en Argentina, ellos también llevan uniforme a la escuela—un pantalón, una camisa y un suéter.

Ecuador

Como en Estados Unidos, muchos alumnos toman un bus escolar a la escuela. Aquí tenemos un minibus escolar en El Bosque, una zona residencial de Quito, Ecuador.

Perú

Cuando los alumnos necesitan
un libro que no tienen, van a una biblioteca.
La biblioteca aquí está en Barranco, una
zona o barrio interesante de Lima, Perú.

Chile

Muchos alumnos pasan tiempo después de
las clases en esta librería en Punta Arenas.

Colombia

Los alumnos están en el pasillo de su escuela
en Barranquilla, Colombia. En su escuela no
tienen que llevar uniforme.

Guatemala

Los muchachos conversan un poco en
un parque antes de regresar a casa.
Como muchos alumnos en los países
hispanos, llevan una mochila.

Nicaragua

Es un colegio moderno
en Masaya, Nicaragua.

(c)Lori Ernfridsson, (cr)Kelli Drummer-Avendaño, (others)Andrew Payti

En la sala de clase 🎧

enseñar

prestar atención

estudiar

el pupitre

Los alumnos están en la sala de clase.
La profesora enseña (el) español.
Los alumnos prestan atención cuando ella habla.

¡Así se dice!

- When you want to get a friend's attention to look at something, you can say **¡Mira!**
- **¿Qué pasa?** is a good expression you can use when you want to find out what's happening or what's going on.

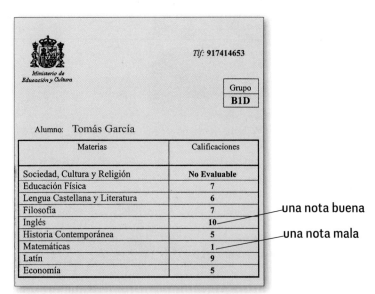

Ministerio de
Educación y Cultura

Tlf: 917414653

Grupo
B1D

Alumno: Tomás García

Materias	Calificaciones
Sociedad, Cultura y Religión	**No Evaluable**
Educación Física	7
Lengua Castellana y Literatura	6
Filosofía	7
Inglés	10
Historia Contemporánea	5
Matemáticas	1
Latín	9
Economía	5

una nota buena

una nota mala

Tomás saca una nota buena en inglés.
Saca una nota mala en matemáticas.

Federico Gil

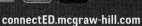

levantar la mano

Julia tiene una pregunta.
Levanta la mano.
El profesor contesta la pregunta.

La profesora da un examen
(una prueba).
Los alumnos toman el examen.

una camisa

una blusa

un pantalón

una falda

Los alumnos llevan uniforme a la escuela.
Los muchachos llevan un pantalón y una camisa.
Las muchachas llevan una falda y una blusa.

Carlos lleva una mochila. ¿Qué lleva en la mochila?

los materiales escolares

una hoja de papel

un libro

una calculadora

un bolígrafo

un lápiz

un cuaderno

la mochila

¡Ojo!

- Note that **la mano** ends in **o,** but it is feminine and takes the article **la.**
- The verb **llevar** can mean *to wear* or *to carry.*

En otras partes

The most common terms for *ballpoint pen* are **el bolígrafo** and **el lapicero.** In some countries you will hear **la pluma,** but **la pluma** is more frequently a *fountain pen.* Ask Spanish speakers in your class what word they use for *pen.*

ESCUCHAR

1 **Escucha y escoge.** Match each statement you hear with the photo it describes.

a.

b.

c.

d.

e.

LEER • HABLAR

2 **Parea.** Match the items below to describe José's busy day.

1. José estudia	**a.** en un laboratorio
2. José estudia biología	**b.** una nota mala
3. José contesta	**c.** español
4. José saca	**d.** la mano
5. José lleva	**e.** un pantalón y una camisa
6. José levanta	**f.** la pregunta

HABLAR • ESCRIBIR

3 **Mira y contesta.** Look at the photo and, based on what you see, answer **sí** or **no.**

1. ¿Está en clase la profesora?
2. ¿Miran los alumnos a la profesora?
3. ¿Prestan atención los alumnos?
4. ¿Da la profesora un examen?
5. ¿Levanta una muchacha la mano?
6. ¿Llevan los alumnos uniforme a la escuela?

EXPANSIÓN

Now, without looking at the questions, tell all you remember about the classroom. Your partner will add anything you forgot.

CULTURA

Son alumnos en una escuela en Guadalajara, México. Prestan mucha atención, ¿no?

levantar la mano

Julia tiene una pregunta.
Levanta la mano.
El profesor contesta la pregunta.

La profesora da un examen
(una prueba).
Los alumnos toman el examen.

una camisa

una blusa

un pantalón

una falda

Los alumnos llevan uniforme a la escuela.
Los muchachos llevan un pantalón y una camisa.
Las muchachas llevan una falda y una blusa.

Carlos lleva una mochila. ¿Qué lleva en la mochila?

los materiales escolares

una hoja de papel

un libro

una calculadora

un bolígrafo

un lápiz

un cuaderno

la mochila

¡Ojo!

- Note that **la mano** ends in **o**, but it is feminine and takes the article **la.**
- The verb **llevar** can mean *to wear* or *to carry.*

En otras **partes**

The most common terms for *ballpoint pen* are **el bolígrafo** and **el lapicero.** In some countries you will hear **la pluma,** but **la pluma** is more frequently a *fountain pen.* Ask Spanish speakers in your class what word they use for *pen.*

(tl tr)Federico Gil, (c)Larry Hamill, (b)McGraw-Hill Education

ESCUCHAR

① Escucha y escoge. Match each statement you hear with the photo it describes.

a.

b.

c.

d.

e.

LEER • HABLAR

② Parea. Match the items below to describe José's busy day.

1. José estudia
2. José estudia biología
3. José contesta
4. José saca
5. José lleva
6. José levanta

a. en un laboratorio
b. una nota mala
c. español
d. la mano
e. un pantalón y una camisa
f. la pregunta

HABLAR • ESCRIBIR

③ Mira y contesta. Look at the photo and, based on what you see, answer **sí** or **no.**

1. ¿Está en clase la profesora?
2. ¿Miran los alumnos a la profesora?
3. ¿Prestan atención los alumnos?
4. ¿Da la profesora un examen?
5. ¿Levanta una muchacha la mano?
6. ¿Llevan los alumnos uniforme a la escuela?

EXPANSIÓN

Now, without looking at the questions, tell all you remember about the classroom. Your partner will add anything you forgot.

CULTURA

Son alumnos en una escuela en Guadalajara, México. Prestan mucha atención, ¿no?

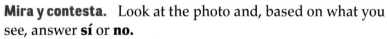

(tl)Fuse/Getty Images, (tr)BananaStock/PictureQuest, (cl)Tetra Images/Getty Images, (cl)Blend Images/Alamy Images, (cr)Photodisc/Getty Images, (b)Mitch Diamond/Alamy

ESCUCHAR • LEER

4 Escoge. Choose the correct completion.

1. Los alumnos que estudian mucho sacan (notas buenas, notas malas).
2. Los alumnos llevan (sus uniformes, sus materiales escolares) en una mochila.
3. Los alumnos (hablan, prestan atención) cuando la profesora habla.
4. (El pupitre, La silla) es un tipo de mesa.
5. Cuando un alumno tiene una pregunta, el profesor (levanta, contesta) la pregunta.

HABLAR • ESCRIBIR

5 Contesta. Make up answers about this •·············
classroom in the Dominican Republic.

1. ¿Quiénes están en la sala de clase?
2. ¿Quién enseña?
3. ¿Enseña geografía o matemáticas?
4. ¿Cuándo levanta la mano un alumno?
5. ¿Qué llevan los muchachos a la escuela?
6. ¿Qué llevan los alumnos en su mochila?

CULTURA

La profesora está delante de su clase en Santo Domingo en la República Dominicana.

Comunicación

6 Ask if your partner has a certain item in his or her backpack. Your partner will answer and show you the item if it's there. Take turns.

7 Say something about one of your friends or several friends using the following words.

estudiar   sacar   llevar   tomar   hablar

Comparaciones

An important difference between English and Spanish is that in English we say *after school.* In Spanish we say **después de las clases** or **después de los cursos.**

HABLAR

8 **Juego** Put school supplies in your backpack. With eyes closed, your partner takes out one item at a time and guesses what it is. Take turns.

Larry Hamill

Después de las clases 🎧

Los alumnos regresan a casa.
Van en el bus escolar.
Van en bus porque su casa está
lejos de la escuela.

En la tienda

¿Cuánto cuesta
la carpeta?

Noventa pesos.

la empleada

el dinero

la carpeta

José y María están en la tienda.
Compran una carpeta.
Dan el dinero a la empleada.
Pagan en la caja.
La empleada trabaja en la tienda.

Los alumnos van a casa a pie porque
su casa está cerca de la escuela.
Primero, van a una tienda.
Necesitan materiales escolares.

Para conversar

¿Adónde van
José y María?

Van a una tienda.
Y luego van a casa.

¿Por qué van
a la tienda?

Porque necesitan
materiales escolares.

(tl)Andrew Payti, (tr,b)Federico Gil

En casa

mirar un DVD

escuchar música

hablar en su móvil

usar la computadora

navegar la red (el Internet)

enviar correos electrónicos

En otras partes

La computadora is used throughout Latin America to express *computer*. **El ordenador** is used in Spain.

Andrés está en su cuarto.
Navega la red.
Busca información en el Internet.

McGraw-Hill Education

ESCUCHAR

1 **Determina cuándo.** You will hear a series of statements. On a sheet of paper make a chart like the one below. As you listen, determine when the activities take place.

antes de las clases	durante las clases	después de las clases

Conexiones

La tecnología

Cuando navegas el Internet tienes acceso al mundo entero. Es posible buscar información sobre la historia, el arte, la música—todo. Es posible enviar correos electrónicos y conversar con amigos en todas partes del mundo.

Con tu móvil además de hablar con amigos es posible sacar fotografías y bajar *(download)* música. Las posibilidades son infinitas.

HABLAR

2 **Contesta.** Answer using a word from the **banco de palabras.**

un DVD	un correo electrónico	su móvil
información	música	el dinero

1. ¿Qué busca José cuando navega la red?
2. ¿Qué compra Elena en la tienda de videos?
3. ¿Qué da a la empleada?
4. ¿Qué escucha Teresa?
5. ¿Qué envía Carlos a un amigo?
6. ¿Qué usa Mari cuando habla con sus amigos?

LEER

3 **Escoge.** Choose the correct word to complete each sentence.

1. Jorge _____ música en su MP3.
   a. escucha   **b.** envía   **c.** mira   **d.** navega

2. Mi hermana _____ la red.
   a. estudia   **b.** levanta   **c.** navega   **d.** habla

3. Elena _____ en su móvil.
   a. trabaja   **b.** mira   **c.** busca   **d.** habla

4. Mis amigos _____ correos electrónicos.
   a. envían   **b.** escuchan   **c.** compran   **d.** regresan

5. Ellos _____ información en el Internet.
   a. hablan   **b.** buscan   **c.** van   **d.** están

6. El empleado _____ en la tienda.
   a. paga   **b.** compra   **c.** trabaja   **d.** regresa

LEER • HABLAR • ESCRIBIR

4 **Pregunta.** Make up questions using the question words from the **banco de palabras.** The words in italics will help you figure out which question word to use.

¿Qué?	¿Cuándo?	¿Cómo?	¿Por qué?
¿Quiénes?	¿Quién?	¿Dónde?	¿Adónde?
¿Cuánto?			

1. Los alumnos van *a casa*.
2. Los amigos están *en la sala*.
3. *José* necesita una camisa nueva.
4. *Los amigos* van a una tienda.
5. Van a una tienda *después de las clases*.
6. Luis habla *muy bien* el español.
7. Luis compra *una carpeta*.
8. La carpeta cuesta *ocho pesos*.
9. Los alumnos regresan a casa a pie *porque su casa está cerca de la escuela*.

5 *Comunicación*

Get together with a classmate. He or she will take the role of a newly arrived exchange student from Nicaragua. Tell him or her what your friends typically do after school.

Después de las clases mis amigos...

CULTURA

Las muchachas regresan a casa después de sus clases en Managua, Nicaragua.

ESCUCHAR • LEER • HABLAR

6 **Parea.** Match the first part of each sentence with the best completion. Use **porque.**

1. Rafael va a la tienda
2. Teresa saca notas buenas
3. Enrique va a la caja
4. Él presta atención
5. Carlota levanta la mano
6. Sarita toma el bus escolar a casa

a. estudia mucho
b. el profesor habla
c. tiene una pregunta
d. necesita materiales escolares
e. tiene que pagar
f. su casa está lejos

Andrew Payti

Presente de los verbos en -ar

1. Action words are verbs. Most verbs in Spanish belong to a family or conjugation. Verbs that have an infinitive *(to speak, to study)* that ends in **-ar (hablar, estudiar)** are called **-ar** verbs or first conjugation verbs. In this chapter you have learned the following **-ar** verbs:

> **estudiar, enseñar, levantar, contestar, hablar, tomar, mirar, escuchar, sacar, llevar, regresar, necesitar, navegar, buscar, enviar, comprar, pagar, trabajar**

2. All Spanish verbs change their endings according to the subject. Study the following forms of the verbs **hablar** and **mirar.**

infinitive	hablar		
stem	habl-		
yo	hablo	nosotros(as)	hablamos
tú	hablas	vosotros(as)	habláis
Ud., él, ella	habla	Uds., ellos, ellas	hablan

infinitive	mirar		
stem	mir-		
yo	miro	nosotros(as)	miramos
tú	miras	vosotros(as)	miráis
Ud., él, ella	mira	Uds., ellos, ellas	miran

3. Study the following.

Hablo español.

When you talk about yourself, you use the ending **-o.**

José, hablas muy bien.

When you speak to a friend, you use the ending **-as.**

Habla español.

When you talk about someone, you use the ending **-a.**

Comparaciones

El inglés

In English, it is necessary to use a subject such as *I, you, we.* However, in Spanish, you can often omit the subject because the verb ending indicates who the subject is.

Hablamos español.

Hablan español.

Hablan español.

When you speak about yourself and someone else, you use the ending **-amos**.

When you talk about two or more people, you use the ending **-an**.

When you speak to two or more people, you also use the ending **-an**.

Práctica

LEER • HABLAR • ESCRIBIR

1 **Forma frases.** Make up complete sentences by putting the words in order.

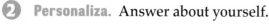

   1. español / Juan / estudia
   2. el mismo curso / los amigos / toman
   3. en la clase de español / habla / el profesor / español
   4. Anita / la red / navega / en casa
   5. su música favorita / en su MP3 / escucha / Enrique
   6. los amigos / miran / navegan / la red / un DVD / después de las clases / y
   7. busca / Manuel / escolares / en la tienda / materiales
   8. en / pagan / la caja

ESCUCHAR • HABLAR • ESCRIBIR

2 **Personaliza.** Answer about yourself.

   1. ¿Estudias español?
   2. ¿Hablas español en clase?
   3. ¿Hablas bien?
   4. ¿Usas la computadora?
   5. ¿Navegas la red?
   6. ¿Tomas cuatro o cinco cursos?
   7. ¿Sacas notas buenas o malas?
   8. ¿Llevas uniforme a la escuela?

ESCUCHAR • HABLAR

3 **Conversa.** You didn't hear what your friend said. As in the model, ask your friend to repeat the information.

MODELO —Necesito un lápiz.
—Perdón, ¿qué necesitas?
—Un lápiz.

1. Busco mi cuaderno.
2. Necesito mi libro de español.
3. Escucho mi música favorita.
4. Necesito un bolígrafo.
5. Miro un DVD.
6. Compro una carpeta.

ESCRIBIR

4 **Juego** Compete with a partner. Copy this chart and see who can finish first with no mistakes. Correct each other's chart.

yo	tú	usted	él	nosotros	ellas
miro					
				estudiamos	
		paga			
	buscas				
					escuchan
			levanta		

La geografía

La geografía es el estudio de la Tierra y sus características— los océanos, las montañas, los desiertos, las junglas, etcétera. Cuando necesitas información sobre un punto geográfico, ¿navegas el Internet?

ESCUCHAR • HABLAR • ESCRIBIR

5 **Contesta.** Answer about yourself and a friend. Remember to use the **nosotros** form of the verb.

1. ¿Estudian ustedes geografía?
2. ¿Toman ustedes cuatro o cinco cursos?
3. ¿Navegan ustedes la red?
4. ¿Buscan ustedes información en la red?
5. ¿Toman ustedes muchos exámenes?
6. ¿Sacan ustedes notas buenas?

EXPANSIÓN

Now ask a classmate these same questions. Remember to use **tú.**

CULTURA

Amigos del mismo colegio en Oaxaca, México

ESCUCHAR • HABLAR

6 **Conversa.** Speak with some friends as in the model.

MODELO —Ustedes necesitan estudiar.
—Oye. ¿Hablas en serio? La verdad
es que estudiamos.

1. Ustedes necesitan estudiar mucho.
2. Ustedes necesitan escuchar.
3. Ustedes necesitan sacar notas buenas.
4. Ustedes necesitan prestar atención.

LEER

7 **Parea.** Read each sentence and determine to whom it refers.

1. Hablo en mi móvil.   **a.** *myself*
2. Ellos llevan muchos libros.   **b.** *you (a friend)*
3. Estudias mucho.   **c.** *you (an adult)*
4. Navegamos la red.   **d.** *other people*
5. Ustedes escuchan
   música clásica.   **e.** *you (several people)*
       f. *myself and others*
6. Siempre presta atención.   **g.** *another person*
7. Usted habla muy bien.

8 **Completa.** Complete the following story about a student in Barcelona. You will now use all forms of the **-ar** verbs. **¡Cuidado!** Pay careful attention to the endings.

CULTURA 🏳

Barcelona, la ciudad de Emilio, es una ciudad grande en Cataluña en el nordeste de España. En Barcelona, Emilio habla español y catalán. En las escuelas los profesores enseñan en catalán.

Emilio ___1___ (ser) un muchacho español. Él ___2___ (estudiar) en un colegio en Barcelona. Los amigos de Emilio ___3___ (llevar) uniforme a la escuela. Uno de sus amigos ___4___ (hablar):

—Sí, todos nosotros ___5___ (llevar) uniforme a la escuela. ¿___6___ (Llevar) ustedes uniforme a la escuela en Estados Unidos?

Los amigos de Emilio ___7___ (tomar) muchos cursos. Y Emilio también ___8___ (tomar) muchos cursos. Unos cursos ___9___ (ser) fáciles y otros ___10___ (ser) difíciles. Los amigos de Emilio ___11___ (hablar):

—Nosotros ___12___ (tomar) nueve cursos. En algunos cursos nosotros ___13___ (sacar) notas muy buenas y en otros ___14___ (sacar) notas bajas.

Un amigo ___15___ (preguntar):

—¡Oye, Emilio! ¿En qué cursos ___16___ (sacar) tú notas buenas y en qué cursos ___17___ (sacar) tú notas malas?

Emilio ___18___ (contestar):

—Cuando yo ___19___ (estudiar) yo ___20___ (sacar) notas buenas en todos mis cursos.

9 **Escribe.** You will be leaving soon for a one-month immersion program in Puerto Rico. Write a brief letter to your Puerto Rican coordinator to ask what classes you are taking and what kind of school supplies you need.

Andrew Payti

Los verbos ir, dar, estar

1. The verbs **ir, dar,** and **estar** are irregular, because they have a different form with **yo.** All the other forms are the same as those of a regular **-ar** verb.

	ir	dar	estar
yo	voy	doy	estoy
tú	vas	das	estás
Ud., él, ella	va	da	está
nosotros(as)	vamos	damos	estamos
vosotros(as)	vais	dais	estáis
Uds., ellos, ellas	van	dan	están

2. You use **estar** to tell how you feel.

—¿**Cómo estás?**
—**Estoy bien, gracias.**

You also use **estar** to tell where you are.

—¿**Dónde estás?**
—**Estoy en la escuela.**

CULTURA

Los alumnos dan un paseo con su profesor durante una excursión escolar en la Ciudad de Panamá. Están en el casco viejo (histórico) de la capital.

Andrew Payti

Práctica

Diego es un alumno en una escuela en Venezuela. Va a la escuela a pie. Lleva sus libros en la mochila.

ESCUCHAR • HABLAR • ESCRIBIR

10 Personaliza. Answer about yourself.

1. ¿Cómo estás hoy?
2. ¿Estás en la escuela ahora o estás en casa?
3. ¿En qué clase estás?
4. ¿Vas a casa después de las clases?
5. ¿Vas a casa a pie o en el bus escolar?

ESCUCHAR • HABLAR

11 Conversa. You didn't hear what your friend said. Have him or her repeat as in the models.

MODELOS —Voy a la escuela.
—¿Adónde vas?

—Vamos a la escuela.
—¿Adónde van ustedes?

1. Voy a la clase de español.
2. Voy al laboratorio de biología.
3. Voy a la cocina.
4. Voy al café.
5. Voy al gimnasio.
6. Voy a la tienda.

HABLAR • ESCRIBIR

12 Forma frases. Make up sentences using the following cues. You will use all forms of the verbs.

1. nosotros / ir / a la cocina
2. mis padres / estar / en la sala
3. yo / ir / a mi cuarto
4. mi computadora / estar / en mi cuarto
5. yo / navegar / la red / y / dar la información a mi hermanito
6. el profesor / dar / un examen
7. usted / ir / a la tienda
8. tú / estar / lejos de tu casa

InfoGap For more practice using **-ar** verbs and **ir, dar,** and **estar,** do Activity 3 in the Student Resource section at the end of this book.

Las contracciones al y del

1. The preposition **a** means *to* or *at*. **A** contracts with **el** to form one word—**al. A** does not contract with **la, las,** or **los.**

Él va al cuarto.	**Voy a la tienda.**
Vamos al gimnasio.	**Ellos van a la sala.**

2. The preposition **a** has another important use. Whenever the direct object of a verb is a person, you must put **a** before it. This **a** is not translated. It is called the **a personal.** Observe the following sentences.

Miro la televisión.	**Miro al amigo de Teresa.**
Escucho la música.	**Escucho a la profesora.**
Busco un bolígrafo.	**Busco a mis amigas.**

3. The preposition **de** means *of* or *from*. **De** contracts with **el** to form **del.** It does not contract with **la, las,** or **los.**

Es el libro del profesor.
Es la escuela de la amiga de Pablo.

4. De also forms a part of many other prepositions.

delante del jardín	**antes de los exámenes**
cerca del carro	**detrás de la casa**
después de las clases	**lejos de la tienda**

CULTURA

Los alumnos guatemaltecos regresan a casa después de las clases.
Son amigos muy buenos.

Lori Ernfridsson

ciento siete **107**

Práctica

13 Conversa. With a partner, prepare a conversation based on the model.

MODELO **el laboratorio →**
—**¡Oye! ¿Adónde vas?**
—**¿Quién? ¿Yo?**
—**Sí, tú.**
—**Pues, voy al laboratorio.**

1. el gimnasio
2. la cafetería
3. el auditorio
4. la tienda

14 Completa. Complete each sentence with the correct form of the preposition **de.**

1. Ellos hablan _____ familia de José.
2. El profesor está delante _____ clase.
3. Cerca _____ casa hay un patio.
4. Detrás _____ patio hay un garaje.
5. ¿Qué opinión tienes _____ profesor?
6. Después _____ clases vamos a casa.

15 Contesta. Answer.

1. ¿Miras la televisión?
2. ¿Miras a la profesora también?
3. ¿Escuchas un CD?
4. ¿Escuchas al profesor cuando él habla?
5. ¿Contestas la pregunta?
6. ¿Contestas a tu amigo?

16 Forma frases. Make up two sentences using each verb. Be sure to use the **a personal** when it is necessary.

yo	**mirar**	**el profesor**
tú	**escuchar**	**los alumnos**
él	**enseñar**	**la lección**
usted	**buscar**	**un pantalón**
nosotros		**mi amigo**
ellas		**la música**
		un DVD
		mi hermana
		el muchacho
		la profesora

POCKET BOOK See the Foldables section of the Student Handbook at the beginning of this book for help with making this foldable. Organize your new vocabulary. Label the pockets with topics such as school activities, after-school activities, and school supplies. Then with a partner make index cards with the words and phrases you have learned. Add to these pockets as you learn new words.

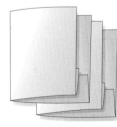

ESCRIBIR

⑰ **¡Te toca a ti!** E-mail your key pal in Mexico. Tell about what you do in school and after school.

HABLAR • ESCRIBIR

⑱ **Juego** Have a contest and see who can make up the most sentences in three minutes using the following verbs.

tomar   escuchar
hablar   ir   mirar

PRONUNCIACIÓN 🎧

La consonante t

You pronounce the **t** in Spanish with the tip of the tongue pressed against your upper teeth. No puff of air follows the **t** sound. It is very clear. Repeat the following.

ta	te	ti	to	tu
nota	Teresa	tío	toma	tú
está	interesante	tiene	levanto	estudia
carpeta	siete	tipo	momento	

 **Dictado**

Pronounce the following sentences carefully. Then write them to prepare for a dictation.

> Tito presta atención.
> Tu tío Tito es simpático.
> Tus tíos tienen tres tacos.
> Tu gato Tigre está detrás de la terraza.

Refrán

Can you guess what the following proverb means?

Libro cerrado, no saca letrado.

CULTURA

Es la casa de la familia Duarte en Cotacachi, en el norte de Ecuador. Delante de la casa hay un jardín con flores bonitas.

¡Bravo!

You have now learned all the new vocabulary and grammar in this chapter. Continue to use and practice all that you know while learning more cultural information. **¡Vamos!**

Dos amigos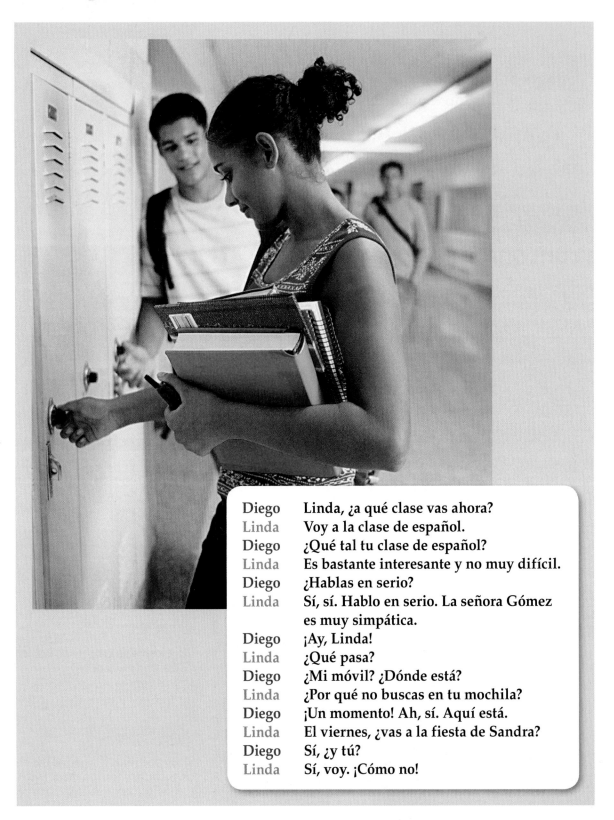

Diego	Linda, ¿a qué clase vas ahora?
Linda	Voy a la clase de español.
Diego	¿Qué tal tu clase de español?
Linda	Es bastante interesante y no muy difícil.
Diego	¿Hablas en serio?
Linda	Sí, sí. Hablo en serio. La señora Gómez es muy simpática.
Diego	¡Ay, Linda!
Linda	¿Qué pasa?
Diego	¿Mi móvil? ¿Dónde está?
Linda	¿Por qué no buscas en tu mochila?
Diego	¡Un momento! Ah, sí. Aquí está.
Linda	El viernes, ¿vas a la fiesta de Sandra?
Diego	Sí, ¿y tú?
Linda	Sí, voy. ¡Cómo no!

Comstock/Age Fotostock

¿Comprendes?

A ¿Quién es? Tell whether each statement is talking about Diego and/or Linda.

	Diego	Linda
1. Va a su clase de español.		
2. Probablemente no toma un curso de español. No estudia español.		
3. Busca su móvil.		
4. Su móvil está en su mochila.		
5. Va a la fiesta de Sandra.		

B Contesta. Answer based on the information in the conversation.

1. ¿A qué clase va Linda?
2. ¿Cómo es la clase de español?
3. ¿Cómo es la profesora?
4. ¿Quién es la profesora?
5. ¿Qué busca Diego?
6. ¿Dónde está?

C Llegando a conclusiones What does Linda say to Diego that surprises him? What tells you that he is surprised?

CULTURA
Una vista bonita de Miami, Florida

Andrew Payti

Lectura
CULTURAL

READING STRATEGY

Antes de leer

Think of some cognates that you have already learned.

☑ **READING CHECK**

¿Está Magalí ahora en Perú o en Estados Unidos?

☑ **READING CHECK**

¿Qué es una escuela mixta?

Durante la lectura

As you read, write down all the cognates you recognize.

☑ **READING CHECK**

¿Cuáles son otras palabras para «escuela secundaria»?

Después de leer

How many cognates did you find? Was it easy to guess their meaning?

RECOGNIZING COGNATES When you read in Spanish, it is possible that you will come across some new words. There are several strategies you can use to guess the meaning of these new words. One is to recognize cognates—words that look alike and mean the same thing in Spanish and English. In Spanish they are called **palabras afines.**

Escuelas aquí y en Latinoamérica 🎧 ↺

Magalí es una alumna de intercambio[1]. Ella es de Arequipa, Perú, pero pasa un año con una familia en Nueva York. Ella va a la escuela con sus nuevos «hermanos». Magalí observa que hay diferencias entre su escuela en Perú y su nueva escuela en Nueva York.

En Perú muchos alumnos van a una escuela privada. La mayoría[2] de las escuelas privadas no son mixtas. Los muchachos van a una escuela y las muchachas van a otra. Pero la mayoría de las escuelas públicas son mixtas. Los alumnos de las escuelas privadas y públicas llevan uniforme. No van a clase en un blue jean y T-shirt.

Las escuelas en Perú como en muchas partes de Latinoamérica tienen nombres diferentes de las escuelas en Estados Unidos. Por ejemplo, un colegio es una escuela secundaria. Una academia es una escuela primaria o secundaria. En la lengua de los alumnos o estudiantes, la escuela secundaria o *high school* es la prepa, una forma corta o abreviada de «la preparatoria».

[1]de intercambio *exchange*   [2]mayoría *majority*

CULTURA 🇵🇪
Plaza de Armas en Arequipa, Perú

Andrew Payti

¿Comprendes?

A **Buscando información** Indicate which place(s) each statement refers to.

	Latinoamérica	Estados Unidos	los dos
1. La mayoría de los alumnos llevan uniforme a la escuela.			
2. Hay escuelas públicas y privadas.			
3. Un gran número de alumnos van a escuelas privadas.			
4. Son los profesores que enseñan.			
5. Un colegio es una escuela secundaria.			

B **Aumentando tu vocabulario** Complete each statement.

1. Otras palabras que significan «escuela» son _____, _____ y _____.
2. Otra palabra que significa «alumno(a)» es _____.
3. Otra expresión que significa «la mayoría» es _____.
4. Otra palabra que significa «elemental» es _____.

C **Contrastando** ¿Cuáles son unas diferencias entre las escuelas en Perú y en Estados Unidos?

Cultura

En muchas escuelas de Latinoamérica y también en España los alumnos no van de una sala a otra para cada clase. Son los profesores que van de una sala a otra.

Antes de leer

You are going to read about the jobs or work of young people in the Spanish-speaking world. Before reading this selection, consider the answers to the following personal questions:

¿Trabajas después de las clases? ¿Qué tipo de trabajo tienes? ¿Cuántas horas trabajas? Y tus amigos, ¿trabajan muchos de ellos después de las clases o no?

¿Quiénes trabajan?

En Estados Unidos En Estados Unidos muchos alumnos trabajan después de las clases. Trabajan, por ejemplo, en un café, en un restaurante o en una tienda. No trabajan a tiempo completo, solo a tiempo parcial.

En los países hispanos Hay jóvenes que trabajan en los países hispanos también. Son los jóvenes que terminan su educación después de la primaria o escuela elemental. Por lo general, los alumnos que van a la secundaria o prepa no trabajan. En unos colegios las clases no terminan hasta bastante tarde[1]. Y los alumnos de las escuelas secundarias toman muchos cursos en un semestre. Ellos trabajan mucho—pero no en un restaurante o una tienda. Trabajan en la escuela. Y de noche[2] cuando regresan a casa preparan sus tareas.

A veces unos alumnos trabajan durante el *weekend* o el fin de semana o durante sus vacaciones.

[1]bastante tarde   *rather late*   [2]de noche   *at night*

Do you know what this is? Can you understand what it says?

Andrew Payti

¿Comprendes?

Escoge. Choose the correct answer or completion.

1. ¿Quiénes trabajan en Latinoamérica?
   a. los alumnos de la secundaria
   b. los alumnos que no van a la secundaria
   c. los jóvenes en la escuela primaria
   d. por lo general, todos los jóvenes latinoamericanos

2. ¿Por qué no trabajan los alumnos que van a la secundaria en Latinoamérica?
   a. No trabajan.
   b. Sus clases terminan bastante tarde.
   c. Terminan con su educación.
   d. Solo trabajan a tiempo parcial.

3. ¿Qué es la prepa?
   a. una escuela elemental o primaria
   b. una escuela privada
   c. una escuela secundaria
   d. un trabajo a tiempo parcial

4. De noche los alumnos hispanos _____.
   a. llevan uniforme
   b. van a clase
   c. trabajan a tiempo completo
   d. estudian y preparan sus tareas

CULTURA

Unos alumnos de la secundaria en un pasillo *(hallway)* de su escuela en León, en el norte de Nicaragua

Andrew Payti

Prepárate para el examen

↺ To review, see **Vocabulario 1**.

Vocabulario

1 **Identifica.** Identify. Use **el** or **la.**

2 **Escoge.** Choose the correct word to complete each sentence.

va	toma	mira	compra
lleva	presta	escucha	da

9. José _____ un DVD en la tienda.

10. Él _____ el DVD en la sala.

11. Un alumno bueno _____ atención cuando el profesor habla.

12. Ella _____ uniforme a la escuela.

13. Elena _____ su música favorita.

14. El profesor _____ un examen hoy.

15. ¿Adónde _____ tu amigo?

↺ To review, see **Vocabulario 1** and **Vocabulario 2**.

Gramática

3 **Completa.** Complete with the correct form of the indicated verb.

16. Yo _____ una nota buena en español. (sacar)

17. Nosotros _____ un examen. (tomar)

18. ¿En qué _____ (tú) tus materiales escolares? (llevar)

19. Todos ustedes _____ muchos materiales escolares en su mochila, ¿no? (llevar)

20. Ella _____ la computadora en clase. (usar)

21. Yo _____ la red. (navegar)

22. Ellos _____ información en el Internet. (buscar)

↺ To review, see **Presente de los verbos en -ar.**

(l)Comstock/PictureQuest, (r)BananaStock/JupiterImages

④ **Contesta.** **Answer.**

23. ¿Vas a la escuela en el bus escolar?

24. ¿Das tus tareas a la profesora?

25. ¿Estás en casa o en la escuela?

26. ¿Están ustedes en la escuela ahora?

27. ¿Van ustedes a casa a pie o en el bus escolar?

⟲ To review, see **Los verbos ir, dar,** and **estar.**

⑤ **Escribe frases.** **Write a sentence using the following words.**

28. nosotros / ir / tienda / después de / clases

29. alumnos / peruano / ir / colegio

⟲ To review, see **Las contracciones al y del.**

⑥ **Completa.** **Complete with the correct form of a or de.**

30–31. Es el libro _____ profesor, no _____ profesora.

32. Ellos van _____ tienda, ¿no?

33. ¿Vas _____ colegio Bolívar?

34. Es la casa _____ familia Salas.

⑦ **Completa.** **Complete with the a personal when necessary.**

35. Miro _____ la televisión.

36. Escucho _____ profesor.

⟲ To review this cultural information, see the **Lectura cultural.**

Cultura

⑧ **¿Sí o no?** **Indicate whether the following statements are true or false.**

37. En Perú la mayoría de las escuelas privadas son mixtas.

38. Una prepa es una escuela primaria.

39. En Latinoamérica los alumnos de muchas escuelas públicas llevan uniforme.

40. Cuando los alumnos hablan, usan formas cortas de palabras como «la prepa» y «la tele».

CULTURA
Unos muchachos ecuatorianos

Andrew Payti

Prepárate para el examen

1 La clase de español

Talk about your Spanish class

Tell a friend all the things you do in Spanish class. Tell him or her what you think about your Spanish class.

2 Un alumno bueno o malo

Describe different types of students

Work with a partner. Give some traits of a good student and a bad student. Think about the traits and tell what type of student you are. Find out if your partner agrees.

CULTURA

Unos alumnos dominicanos en su escuela en Santo Domingo

3 Después de las clases

Talk about what you do after school

Work with a partner. Discuss the things you do after school.

4 En clase

Talk about what you and your classmates do in school

Look around your classroom and tell all that is going on. Tell some things your classmates are doing. Give your opinions about the class. Use the expression **a mi parecer** to introduce your opinions.

5 ¿Adónde vamos?

Discuss your plans for the evening

You and a friend (your partner) are planning to get together tonight. Discuss where you are going and how you are going to get there.

Go Online! +

connectED.mcgraw-hill.com

Tarea

Interview and write a report about an exchange student in your school.

Writing Strategy

Preparing for an interview
An interview is a good way to gather information for a story or a report. Like any good interviewer you have to prepare questions ahead of time. To prepare the questions, think about what you want to learn from the person. Your questions should be open-ended, not just *yes/no* questions.

The following diagram gives you question words you can use to prepare your interview.

❶ Prewrite

Here are some suggestions to help you prepare for your interview.

• Make a list of the verbs you know that you can use in your questions.

• Write the questions you want to ask him or her using the question words in the diagram.

• Look at the chart below for ideas about the information you want.

personal	actividades escolares
su familia	su escuela
su casa	un día típico en su escuela
su apariencia física	actividades con sus amigos
su personalidad	

❷ Write

• After you have prepared your questions, conduct the interview with a classmate.

• Write down his or her answers to your questions.

• Then organize the answers to your questions to write your article based on the interview.

• If your school has a blog or social media page, you can post your report there.

• **Expansion:** As you continue with your study of Spanish, you will have more language available to you so you will be able to conduct an interview in Spanish. Make a list of questions that you would like to ask someone of interest in your community. How many of these are you able to express in Spanish now? Set goals that you would like to achieve with regard to your questions. Then, later in the year, prepare another set of questions in Spanish to ask in an interview. Compare the two sets of questions to track your progress.

Evaluate

Don't forget that your teacher will evaluate you on your ability to write meaningful, open-ended interview questions and on your ability to write a well-organized, grammatically correct article based on the person's answers to your questions.

Presente de los verbos en -ar

Study the following forms of the present tense of a regular **-ar** verb.

hablar			
yo	hablo	nosotros(as)	hablamos
tú	hablas	*vosotros(as)*	*habláis*
Ud., él, ella	habla	Uds., ellos, ellas	hablan

Presente de ir, dar, estar

These three irregular verbs have the same endings as a regular **-ar** verb in all forms except **yo.** Study the following.

	ir	dar	estar
yo	voy	doy	estoy
tú	vas	das	estás
Ud., él, ella	va	da	está
nosotros(as)	vamos	damos	estamos
vosotros(as)	*vais*	*dais*	*estáis*
Uds., ellos, ellas	van	dan	están

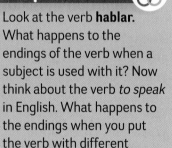

Comparaciones

Look at the verb **hablar.** What happens to the endings of the verb when a subject is used with it? Now think about the verb *to speak* in English. What happens to the endings when you put the verb with different subjects?

Las contracciones al y del

The prepositions **a** and **de** contract with **el** to form one word—**al, del.**

>**Yo voy al colegio.**
>**Es el libro del profesor.**

A personal

Whenever the direct object of a verb is a person, you must put **a** before it. This **a** is not translated.

>**Miro al amigo de Teresa.**

CULTURA

La muchacha está en una librería en León, Nicaragua. Ella compra libros de historia. Ella da el dinero al empleado.

Andrew Payti

Juego There are a number of cognates in this list. See how many you and a partner can find. Who can find the most? Compare your list with those of your classmates.

Go Online!

connectED.mcgraw-hill.com

Vocabulario

Talking about school and school activities

la escuela	estudiar	dar un examen, una	ir
la sala de clase	escuchar	prueba	dar
el pupitre	mirar	tomar un examen	estar
una pregunta	prestar atención	sacar una nota	
enseñar	levantar la mano	buena (alta)	
hablar	contestar	mala (baja)	

Identifying some school supplies

una mochila	un libro	un cuaderno	una calculadora
los materiales	un bolígrafo	un lápiz, unos	una carpeta
escolares	una hoja de papel	lápices	

Identifying some clothing

el uniforme	la camisa	la blusa
el pantalón	la falda	llevar

Talking about after-school activities

el móvil	la computadora,	ir a pie	enviar un correo
el MP3	el ordenador	en el bus escolar	electrónico
la música	regresar	navegar la red,	
un DVD		el Internet	

Talking about shopping

una tienda	la caja	buscar
un(a) empleado(a)	trabajar	comprar
el dinero	necesitar	pagar

Other useful words and expressions

antes de	¿adónde?	¡Mira!
durante	¿cuándo?	¿Cuánto cuesta?
después de	¿por qué?	¿Qué pasa?
cerca de	porque	usar
lejos de		

LA PRACTICE Refer to the Language Arts Practice section and use your Spanish to practice Language Arts skills.

📖 Literary Reader

You may wish to read about the epic poem *El Cid*, found in the Literary Reader at the end of this book.

Repaso cumulativo

Repasa lo que ya has aprendido

These activities will help you review and remember what you have learned so far in Spanish.

1 **Escucha y escoge.** Listen to each statement and identify the character it describes.

Felipe   Carlos   Ana   Mari   Diego   Sara

2 **Describe a tu profesor(a).** Describe your teacher. Answer the following questions.

1. ¿Quién es?
2. ¿De dónde es?
3. ¿Cómo es?
4. ¿Tiene una computadora en clase?

3 **Personaliza.** Answer about yourself.

1. ¿Quién eres?
2. ¿De qué nacionalidad eres?
3. ¿Cuántos años tienes?
4. ¿Tienes el pelo rubio, castaño o negro o eres pelirrojo(a)?
5. ¿Tienes ojos azules, castaños o verdes?
6. ¿Dónde eres alumno(a)?
7. ¿Cuántos cursos tienes?
8. ¿Eres hijo(a) único(a)?
9. ¿Tienes hermanos? ¿Cuántos?
10. ¿Quiénes son?
11. ¿Cómo son tus hermanos?
12. ¿Hay gemelos en tu familia?

CULTURA

El joven está en la plaza principal en Mérida en la península Yucatán en México. En el centro de la plaza está la bandera mexicana.

Andrew Payti

4 **Personaliza.** Describe your house or apartment.

5 **Da lo contrario.** Give the opposite.

1. serio
2. alto
3. bueno
4. rubio

5. ambicioso
6. antes de
7. delante de
8. grande

6 **Completa.** Complete with the verb **tener.**

1. Yo _____ mucho trabajo.
2. Mi hermano _____ cinco cursos.
3. Mi hermano y yo _____ una mascota.
4. Nuestra mascota _____ solo dos meses.
5. ¿_____ tú hermanos?
6. ¿_____ ustedes una mascota también?

CULTURA

Es una casa de estilo colonial en Antigua, Guatemala. Las casas coloniales son muy bonitas. Tienen solamente un piso.

7 **Crea preguntas.** Make up questions.

1. *Los alumnos* hablan mucho.
2. *La profesora* enseña.
3. Los alumnos van *a la cafetería.*
4. Son *de Nueva York.*
5. Son *inteligentes.*
6. Tienen *cuatro* libros.

8 **Rompecabezas**

Choose the word in each group that does not belong. Then think of another word that fits the category.

1. ¡Buenos días! ¡Hasta luego! ¡Buenas tardes! ¡Hola!

2. alto bajo ambicioso guapo

3. la historia el francés el inglés el español

4. la profesora el curso la clase el amigo

5. estadounidense chilena Venezuela guatemalteco

Lori Ernfridsson

CAPÍTULO

4

¿Qué comemos y dónde?

Daniel Salsgiver

Go Online!
connectED.mcgraw-hill.com

Audio 　　Video 　　Práctica 　　Repaso 　　Diversiones 　　eScape

ePals

Vamos a comparar ¿Tienes una idea de lo que come la gente en otros países? En este capítulo vas a aprender lo que comen unas familias hispanas y donde. Compara la comida que comen las familias latinas con la comida que tu familia come.

Objetivos

You will:

- identify foods and discuss meals
- talk about places where you eat
- order food or a beverage at a café
- compare eating habits in Spain, Latin America, and the United States

You will use:

- present tense of regular **-er** and **-ir** verbs
- expressions with the infinitive— **ir a, tener que, acabar de**

◀ Las tapas son raciones pequeñas de comida que pica la gente entre las comidas regulares. Acompañan las tapas casi siempre con una bebida. Aquí vemos una selección de tapas en un café de Barcelona.

¿Qué comemos y dónde?

Look at these photographs to acquaint yourself with the theme of this chapter—what we eat and where. You will notice here and throughout the chapter that in the Spanish-speaking world there is a great variety of interesting and delicious foods. What people eat in one area is different from what people eat in another area, just as in the United States. Do you recognize any of the foods you see here? Of all the foods, which would be your favorite?

Argentina

Son unas comidas típicas de Argentina. El delicioso bife argentino es famoso en el mundo entero. La Argentina produce mucho bife del ganado que pace en las pampas argentinas.

España

La paella es un plato delicioso que lleva arroz, carne, mariscos y otros ingredientes. Aquí los señores preparan una paella grande durante una fiesta en Tenerife en las islas Canarias.

España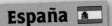

Hay una gran variedad de tapas o pinchos como indica el menú en un restaurante de Barcelona.

TXIKITEO PINCHOS DEL DÍA

tomate ★Clásico confitado de tomate ★huevo ★tortilla de ★surimi de cangrejo ★morcilla con con queso con jamón, ★Revueltos patata, con cebolla con de cabra, ibérico pimiento mayonesa, caramelizada

(t)Richard Brommer, (c)Andrew Payti, (b)Daniel Salsgiver

Perú 🇵🇪

La muchacha tiene un puesto en Huanchaco, Perú, donde prepara y vende raspadillas—un refresco de hielo granizado y el jugo de una fruta tropical.

Puerto Rico 🇵🇷

Una deliciosa sopa de cangrejos va acompañada de una ración de tostones o plátanos duros.

Guatemala

Hay restaurantes humildes aún en los mercados como vemos aquí en el mercado de Chichicastenango. Los compradores comen en el mercado porque muchos viven bastante lejos.

Guatemala

Las señoras aquí venden muchos tipos de frijoles. Los frijoles son importantes en la preparación de muchas comidas guatemaltecas.

Las comidas

El desayuno

el panecillo, la mantequilla

las tostadas, el pan tostado

el cereal

el tocino, el bacón

los huevos

El almuerzo

una hamburguesa

un sándwich de jamón y queso, un bocadillo

una pizza

una ensalada de lechuga y tomates

La cena

un helado

el pollo

el pescado

el postre

el flan

las legumbres, los vegetales, las verduras

las papas, las patatas fritas

la carne

arroz y frijoles

Las bebidas

una gaseosa, una cola

un vaso de leche

un vaso de agua fría

una taza de chocolate caliente

una taza de café

un vaso de jugo de naranja

En otras partes

Las papas is used throughout Latin America and **las patatas** is used in Spain. *Dessert* is usually **el postre,** but **la sobremesa** is used as well. In addition to **los frijoles,** you will also hear **las habichuelas. La torta** usually means *cake,* but you also hear **el pastel, la tarta,** and **el bizcocho.** In Mexico, **una torta** is a sandwich.

Para conversar

Tengo mucha sed.
Tengo que beber algo.

Tengo mucha hambre.
Voy a comer algo.

¿Dónde comemos?

Lidia toma el desayuno en casa.
¿Qué come para el desayuno?
Come cereal y bebe un vaso de
  jugo de naranja.

Los alumnos toman el almuerzo
  en la cafetería.
Comen un bocadillo o una pizza.

La familia Valdés es de Colombia.
Viven en Bogotá.
Esta noche cenan en casa.

Los Valdés reciben una sorpresa.
Abuelita llega con una torta grande.
¡Qué deliciosa!

McGraw-Hill Education

TAB BOOK See the Foldables section of the Student Handbook at the beginning of this book for help with making this foldable. Use this study organizer to tell what you do or do not eat and drink. Share your results with a partner. Find out if you have similar tastes.

Como
No como
Bebo
No bebo

ESCUCHAR

1 **Escucha y escoge.** Match each statement you hear with the photo it describes.

a.

b.

c.

d.

HABLAR

2 **Completa.** Tell at what meal José eats the following.

MODELO **José come un sándwich de queso. →**
**José come un sándwich de queso para
el almuerzo.**

1. José come cereales.
2. José come carne, un bistec.
3. José come un bocadillo de jamón.
4. José come pan tostado.

HABLAR • ESCRIBIR

3 **Contesta.** Look at the picture of Anita. Make up answers about her.

1. Cuando Anita tiene hambre, ¿come algo o bebe algo?
2. Cuando Anita tiene sed, ¿come algo o bebe algo?
3. Anita es vegetariana. ¿Come ella carne? ¿Come arroz y frijoles?
4. ¿Qué come Anita cuando tiene hambre?
5. ¿Qué bebe Anita cuando tiene sed?
6. ¿Qué come Anita ahora?
7. ¿Dónde viven Anita y su amiga?

Anita come un helado con una amiga. Anita y su amiga son de México. Viven en Guadalajara.

4 **¿Sí o no?** Carmen doesn't know if she has put the following items in the correct categories. Create a chart similar to the one below on a piece of paper to record your answers. Put a check under **sí** if she is correct and **no** if she is wrong. Then help her out by indicating the correct categories for your **no** responses.

	sí	no	la categoría correcta
1. La naranja es una fruta.	✓		
2. El café es una bebida.			
3. La leche es una comida.			
4. El bistec es una carne.			
5. La lechuga es una fruta.			
6. El tocino es una carne.			
7. El helado es un pescado.			
8. La torta es un postre.			

HABLAR • ESCRIBIR

5 **Personaliza.** Tell what your favorite foods are for the following meals.

1. tu desayuno favorito
2. tu almuerzo favorito
3. tu cena favorita en casa
4. tu cena favorita en un restaurante
5. tu bebida favorita

ESCRIBIR

6

Join two pieces to form a word. When you have finished, you should have nine words. Do not use any piece more than once.

Conexiones

La salud

Es muy importante comer comidas que contienen vitaminas. Mira la tabla. Luego analiza tu dieta. ¿Contiene tu dieta vitaminas suficientes? ¿Qué comes para tener las vitaminas necesarias?

Vitamina

A	vegetales, leche, algunas frutas
B	carne, huevos, leche, cereales, vegetales verdes
C	frutas cítricas, tomates, lechuga
D	leche, huevos, pescado
E	vegetales, huevos, cereales

En otras partes

Jugo de naranja means *orange juice* and is universally understood in the Spanish-speaking world. **Zumo de naranja** is used exclusively in Spain. You will hear **jugo de china** in Puerto Rico. Ask Spanish speakers in your class if they use any other words to express *orange juice*.

En el café

Los refrescos

unos batidos de
jugos tropicales

el agua mineral
con gas

Las meriendas

Tapas, Antojitos

los camarones

las albóndigas

las aceitunas

las empanadas

los tostones

los pinchitos

el mesero

una mesa
ocupada

una mesa libre

Los amigos van al café.
Marisol ve una mesa libre.

el menú

José Luis abre el menú.
Marisol lee el menú.

Antes de comer

Go Online!

connectED.mcgraw-hill.com

Para conversar

Sí, señores. ¿Qué desean tomar?

Y para mí, una cola y una empanada de carne. Tengo hambre.

Para mí, un batido de papaya.

Los amigos hablan con el mesero.
El mesero escribe la orden.

En otras partes

Small snacks are called **tapas** or **pinchos** in Spain and in other countries. They are called **botanas** in Mexico and **antojitos** or **bocaditos** as well in parts of Latin America. **Tostones** in the Caribbean are called **patacones** in many areas of Latin America. **El mesero** is used throughout Latin America and **el camarero** is used in Spain.

Después de comer

Para conversar

La cuenta, por favor.

Sí, señorita. Enseguida.

¿Está incluido el servicio?

Sí, señorita.

Café Estrella

Mesa nº __4__   Fecha __3 oct__

D. _____

Cantidad	CONCEPTO	
1	batido	
1	empanadas	12
1	gaseosa	24
		10

SERVICIO INCLUIDO

T O T A L   46

LEER

1 Escoge. Draw a chart similar to the one below. Indicate whether each item of food is a beverage, snack, or meal.

	refresco	merienda	comida
1. una limonada			
2. antojitos			
3. una empanada			
4. carne y legumbres			
5. un batido			
6. huevos y jamón			

InfoGap For more practice using your new vocabulary, do Activity 4 in the Student Resource section at the end of this book.

ESCUCHAR • HABLAR • ESCRIBIR

2 Corrige. Work with a partner. Read each sentence aloud and have your partner correct the wrong information. Take turns.

1. Los amigos buscan una mesa ocupada.
2. Anita escribe el menú en el café.
3. Jorge desea unos pinchitos porque tiene sed.
4. Los clientes escriben la orden.
5. Una empanada es una bebida con una fruta tropical.
6. Sarita lee el menú y luego abre el menú.

Pinchitos con papas fritas

LEER • HABLAR

3

Choose the word in each group that does not belong. Then think of another word that fits the category.

1. el batido | la cola | el pan | el agua mineral
2. el menú | la cuenta | la sorpresa | el mesero
3. las aceitunas | el pinchito | el tostón | el pollo
4. el helado | el flan | el refresco | la torta

HABLAR • ESCRIBIR

4 **Contesta.** Answer the questions to tell a story about some friends in a café in Uruguay.

1. ¿Van los amigos al café antes de las clases o después de las clases? ¿Viven ellos en Uruguay?
2. Antes de comer, ¿qué tienen todos en la mano? ¿El menú o la cuenta?
3. ¿Leen el menú?
4. Carlos no tiene hambre. ¿Desea una merienda o solo un refresco?
5. Teresa tiene hambre. ¿Va a comer algo? ¿Qué va a comer?
6. ¿Habla el mesero con los amigos?
7. ¿Escribe él su orden?

EXPANSIÓN

Now, without looking at the questions, tell all you remember about the friends from Uruguay.

CULTURA

Hay muchos cafés en España y Latinoamérica. Aquí vemos un café típico en una calle de Colonia, Uruguay.

HABLAR • ESCRIBIR

5 **Pregunta.** Make up questions using words from the **banco de palabras.** Be sure to pay attention to the italicized words so you choose the correct question word.

¿Qué?	¿Quién?	¿Quiénes?	¿Cómo?
¿Cuándo?	¿Dónde?	¿Adónde?	

1. *Los amigos* van al café.
2. Ellos van *al café.*
3. Van al café *después de las clases.*
4. Ven una mesa libre *en el café.*
5. Toman *una merienda.*
6. *Felipe* no come.
7. El mesero es *muy simpático* y *da un servicio bueno.*
8. *El servicio* está incluido en la cuenta.

6 **Comunicación**

Get together in small groups as if you were at a café in a Spanish-speaking country. Talk all about your school activities, but don't forget to look at the menu and tell the server what you want.

¡Así se dice!

When you want to find out a friend's opinion about something, you can ask:

¿Qué crees?

You respond with:

Creo que sí. or

Creo que no.

When you think someone should do something, you can say:

Debes estudiar.

Debes aprender el español.

Presente de los verbos en -er, -ir

1. You have already learned the present tense of regular **-ar** verbs. There are two other families or conjugations of regular verbs. Verbs whose infinitives end in **-er** are second conjugation verbs. Verbs whose infinitives end in **-ir** are third conjugation verbs. Some verbs of the second and third conjugations that you will use frequently are **comer, beber, leer, ver, comprender** (to understand), **aprender** (to learn), **abrir, recibir, escribir,** and **vivir.**

2. Study the following forms of **-er** and **-ir** verbs.

infinitive	comer		
stem	com-		
yo	como	nosotros(as)	comemos
tú	comes	vosotros(as)	coméis
Ud., él, ella	come	Uds., ellos, ellas	comen

infinitive	vivir		
stem	viv-		
yo	vivo	nosotros(as)	vivimos
tú	vives	vosotros(as)	vivís
Ud., él, ella	vive	Uds., ellos, ellas	viven

Note that all forms of **-er** and **-ir** verbs are the same except **nosotros(as)** and **vosotros(as).**

3. Note also the forms of the verb **ver.**

ver	
veo	vemos
ves	veis
ve	ven

CULTURA

La familia Gómez vive en Ecuador. Esta noche la familia come en un café popular en Pujilí.

Andrew Payti

Práctica

ESCUCHAR

1 **Escucha y escoge.** Listen to the sentences. Determine whether each one refers to one person or more than one person. Make a chart like the one below to indicate your answers.

one person	more than one person

ESCUCHAR • HABLAR • ESCRIBIR

2 **Cambia según el modelo.** Redo each sentence using the new subject. Pay particular attention to the verb ending.

MODELO   Juan come en la cafetería. (Juan y Ana) →
Juan y Ana comen en la cafetería.

1. María vive en California. (ellas)
2. Ella asiste a una escuela pública. (su hermano y ella)
3. Ella aprende español en la escuela. (ellas)
4. Ella lee y escribe mucho. (sus amigas)
5. A veces ella ve la televisión. (ellas)

HABLAR • ESCRIBIR

3 **Personaliza.** Answer about yourself.

1. ¿Qué comes para el desayuno?
2. ¿Qué bebes para el desayuno?
3. Cuando tienes sed, ¿bebes agua caliente o agua fría?
4. ¿Lees mucho?
5. ¿Recibes muchos correos electrónicos?
6. ¿A qué escuela asistes?
7. ¿Qué aprendes en la escuela?

HABLAR • ESCRIBIR

4 **Escribe tu nombre y dirección.** Write the information about yourself on a card like the one below. Trade cards with classmates. Present the information on your card to the class.

Nombre
Calle/Avenida
Pueblo/Ciudad
Estado
Zona postal
País

¡Ojo!

The verb **asistir** is a false cognate. It means *to attend*, not *to assist*.

Cultura

El ceviche
Comen ceviche en muchos países latinoamericanos cerca de la costa. El ceviche es pescado crudo marinado en limón y otras hierbas y especias. ¡Qué rico! Donde tú vives, ¿es popular el ceviche?

Gramática

Comunidades

Un restaurante mexicano

Aquí vemos un restaurante mexicano en Miami. Como en Estados Unidos, los restaurantes mexicanos son populares en España y Latinoamérica también. ¿Hay un restaurante mexicano donde vives? ¿Vas al restaurante? ¿Qué comes?

HABLAR

5 Conversa según el modelo. Work with a partner and make up a conversation according to the model.

MODELO

—Oye, ¿qué ves?
—Veo la televisión.

1.　　　　　　　2.

3.　　　　　　　4.

HABLAR

6 Conversa. Work with a group of friends and find out who eats what as in the model.

MODELO

—¿Comen ustedes una hamburguesa cuando tienen hambre?
—Sí, (No, no) comemos una hamburguesa cuando tenemos hambre.

1.　　　2.　　　3.　　　4.

(t)Kelli Drummer-Avendaño, (c bl bcl br)McGraw-Hill Education

HABLAR

7 **Personaliza.** Work with a partner and talk about yourself and some friends. Remember to use **nosotros.**

1. ¿Dónde viven ustedes?
2. ¿A qué escuela asisten ustedes?
3. ¿Reciben notas buenas o malas?
4. ¿Qué aprenden ustedes en la escuela?
5. ¿Leen ustedes muchos libros?
6. ¿Escriben muchos correos electrónicos?

LEER • ESCRIBIR

8 **Completa.** Complete with the correct form of the indicated verb. You will now use all forms of the verb.

Yo __1__ (vivir) en Colorado y mi amigo Alonso __2__ (vivir) en Colorado también. Nosotros __3__ (asistir) a la misma escuela. Nosotros __4__ (aprender) mucho.

Nosotros __5__ (comer) el almuerzo en la cafetería. Alonso __6__ (comer) ensaladas y yo __7__ (comer) bocadillos. Después de las clases vamos a un café. Yo __8__ (ver) al mesero en el café. Yo __9__ (leer) el menú y doy la orden al mesero. El mesero __10__ (escribir) la orden.

Cuando mis amigos regresan a casa ellos __11__ (leer) los correos electrónicos que __12__ (recibir). __13__ (Ver) la televisión también. Y tú, ¿__14__ (recibir) muchos correos electrónicos? Y, ¿__15__ (ver) la televisión?

9 ### Comunicación

You received an e-mail from a key pal in Spain in which he describes an afternoon with friends. Respond and let him know what you do after school. Do you go to a café or a fast-food restaurant **(restaurante de comida rápida)**? Tell him what you and your friends talk about.

CULTURA

Las hermanas compran un refresco antes de regresar a casa después de las clases en Ecuador.

Expresiones con el infinitivo

¿Te acuerdas?

Remember that you have already learned the verbs **tener** and **ir**.

1. You have already learned that the infinitive of a verb in Spanish ends in **-ar, -er,** or **-ir.** The infinitive often follows another verb or expression. You have already seen the infinitive used in the following sentences.

¿Qué desean ustedes tomar?
Debes estudiar y aprender más.

No tengo hambre porque acabo de comer.

2. Here are some other useful expressions that are followed by the infinitive.

tener que   *to have to*
ir a   *to be going to*
acabar de   *to have just (done something)*

—**Tengo que comer algo. Voy a ir a la cafetería.**
—**Yo no. Acabo de comer y no tengo hambre.**

CULTURA

Las alumnas de un colegio de León en Nicaragua toman una merienda en un puesto de comida cerca de su escuela.

Andrew Payti

Práctica

HABLAR • ESCRIBIR

10 **Personaliza.** Answer the questions to tell what you are going or not going to do after school.

1. Después de las clases, ¿vas a ir a un café con tus amigos?
2. ¿Vas a regresar a casa?
3. ¿Vas a comer un bocadillo?
4. ¿Vas a tomar un refresco?
5. ¿Vas a enviar o recibir correos electrónicos?
6. ¿Vas a hablar en tu móvil?

ESCUCHAR • HABLAR

11 **Entrevista a un(a) amigo(a).** Work with a classmate. Interview each other. Ask the following questions.

1. ¿Tienes que estudiar?
2. ¿Tienes que prestar atención cuando la profesora habla?
3. ¿Tienes que leer y escribir mucho en clase?
4. ¿Tienes que llevar uniforme a la escuela?
5. ¿Tienes que recibir notas buenas?

HABLAR • ESCRIBIR

12 **Sigue el modelo.** Make up a sentence as in the model.

MODELO **ver la televisión / trabajar →**
No vamos a ver la televisión porque tenemos que trabajar.

1. escuchar un CD / estudiar
2. hablar por teléfono / ver un programa importante
3. tomar seis cursos / sacar notas buenas
4. hablar / escuchar
5. ir a la fiesta / estudiar para un examen

13 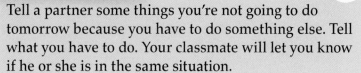 **Comunicación**

Tell a partner some things you're not going to do tomorrow because you have to do something else. Tell what you have to do. Your classmate will let you know if he or she is in the same situation.

Gramática

HABLAR • ESCRIBIR

14 **Contesta.** Answer telling what you or your friends have or have not just done.

1. ¿Acaban de comer ustedes?
2. ¿Acabas de hablar con tus abuelos?
3. ¿Acaban ustedes de tomar un examen?
4. ¿Acabas de ver un programa de televisión?
5. ¿Acaban tus amigos de navegar el Internet?

Comunicación

15 Tell your friends some things you're not going to do because you just did them. Take turns.

16 You and a friend decide to go to your favorite café. Look at the menu and tell each other what you are going to eat.

17 You have missed a few days of school because you have the flu. Write an e-mail to your Spanish teacher to ask what you should study.

CULTURA

Los alumnos no estudian más hoy porque acaban de tomar un examen y ahora conversan en una calle de Quito, Ecuador.

El Paseo

Ensaladas
Ensalada de Lechuga y Tomate 1.25
Ensalada Mixta (por persona) 2.95

Huevos
.... 2.95
Tortilla de Queso 3.95
Tortilla de Chorizo 2.95
Tortilla de Papas 3.25
Tortilla de Jamón 3.50
Tortilla Combinación (2)
Dos Huevos Fritos ó Revueltos
con Papas 1.75
Dos Huevos con Tostadas 1.75

Postres
ESPECIALIDADES DE LA CASA
.... 1.25
Flan 1.25
Pastel de Manzana 1.25
Helados
Fresa, Vainilla, Chocolate

CULTURA

En muchos países hispanos hay cafés como el café que vemos aquí en Puebla, México. La gente va al café a tomar una merienda, un refresco o una comida completa.

Andrew Payti

PRONUNCIACIÓN

La consonante d

The pronunciation of **d** in Spanish varies according to its position in the word. When a word begins with **d** (initial position) or follows the consonants **l, n,** or **r,** the tongue gently strikes the back of the upper front teeth. Repeat the following.

da	de	di	do	du
da	debo	día	domingo	duda
falda	desayuno	diciembre	cuando	durante
merienda	depende	difícil	comprendo	verduras

When **d** appears within the word between two vowels (medial position), **d** is extremely soft. Your tongue should strike the lower part of your upper teeth, almost between the upper and lower teeth. Repeat the following.

da	de	di	do	du
tostada	modelo	estudio	helado	educado
ensalada	idea	adiós	sábado	educación
enchilada	decide	bocadillo	pescado	

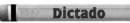

Dictado

Pronounce the following sentences carefully. Then write them to prepare for a dictation.

> Diego da el helado a Donato.
> David Dávila debe dar el dinero a Diana.
> Debes comer una ensalada de verduras.
> Es un domingo de diciembre.

Refrán

Can you guess what the following proverb means?

Cuatro ojos ven más que dos.

¡Bravo!

You have now learned all the new vocabulary and grammar in this chapter. Continue to use and practice all that you know while learning more cultural information. **¡Vamos!**

Cultura

El mate

El mate es una bebida muy popular en Argentina, Uruguay y Paraguay. Es un té herbal. La gente bebe o toma el mate de una bombilla. ¿Beben tus padres de una bombilla? Para ver más fotos y aprender el origen de la tradición de beber el mate, debes buscar en el Internet.

Karolina Maliszewska/Alamy

Al teléfono 🎧 ↻

McGraw-Hill Education

¿Comprendes?

A Contesta. Answer based on the information in the conversation between Diego and Adela.

1. ¿Hablan por teléfono Diego y Adela?
2. ¿Quién acaba de comer?
3. ¿Qué va a ver?
4. ¿Tiene ella tareas?
5. ¿Por qué tiene que navegar el Internet Diego?
6. ¿Para qué clase es?
7. ¿Quién tiene hambre?
8. ¿Por qué no tiene hambre Adela?

B Escoge. Choose the correct answer.

1. ¿Dónde está Adela?
   a. en la escuela
   b. en casa

2. ¿Quién es Diego?
   a. el amigo de Adela
   b. el hermano de Adela

3. ¿Por qué usa la computadora Diego?
   a. porque tiene que buscar información sobre un héroe latinoamericano
   b. porque tiene que escribir una composición para su clase de historia

4. ¿Qué va a comer Diego?
   a. una comida completa
   b. una merienda

C Comparando Make a diagram similar to the one below. Fill in the diagram with statements that apply to Diego, Adela, and both.

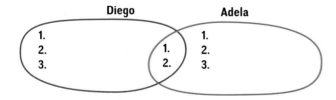

Diego

1.
2.
3.

1.
2.

Adela

1.
2.
3.

D Resumiendo Work with a partner. Summarize what you learned about Adela and Diego.

Conexiones

La historia

Diego indica en la conversación que tiene que buscar información sobre Simón Bolívar—el héroe latinoamericano que lucha contra España por la independencia de los países de la América del Sur. Simón Bolívar es el gran libertador de los países del norte del continente tales como Venezuela, Colombia, Ecuador, entre otros. ¿Quién es un héroe en la historia de Estados Unidos?

Kelli Drummer-Avendaño

Lectura

CULTURAL

Antes de leer

Look at the photographs that go with this story. What do you think the story might be about?

☑ **READING CHECK**

¿Dónde viven las dos familias?

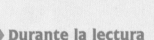

Durante la lectura

Look at the photograph that goes with the section you are reading. How does it help you understand what you are reading?

Después de leer

Were you correct in your predictions about the story based on what you saw in the photos?

☑ **READING CHECK**

¿Cenan todos a la misma hora en las diferentes partes del mundo hispano?

USING VISUALS Before you start to read, be sure to look at any illustrations, photographs, or graphic images that accompany the selection. Visuals provide clues to help you understand content. So remember, make it easy on yourself: look before you read.

La comida en otras partes 🎧 ↺

La familia de José Luis Aparicio vive en Madrid, la capital de España. La familia de Catalina Ayerbe vive en Granada, Nicaragua.

El desayuno Por la mañana, cada familia toma el desayuno. Los Aparicio en España comen pan con mantequilla o mermelada. A veces comen churros. Los padres toman café con leche y José Luis y sus hermanos toman chocolate caliente.

Los Ayerbe en Nicaragua también comen pan con mantequilla o mermelada. Y un plato muy popular es el gallopinto—una combinación de arroz con frijoles. Mucha gente come gallopinto con huevos para el desayuno. Y beben un jugo de una deliciosa fruta tropical.

El almuerzo Los Aparicio y los Ayerbe no regresan a casa a tomar el almuerzo. Los jóvenes comen en la cafetería de la escuela o en un café o cafetería cerca de la escuela o en un puesto o tenderete[1] de comida. Para el almuerzo comen simplemente una pizza o un bocadillo. En España comen a veces una tortilla a la española. No es como una tortilla mexicana. Es un tipo de *omelet* de patatas, cebolla[2] y huevos. A veces Catalina y sus amigos comen carne asada[3] con arroz y frijoles o unas bocas (tapas) como tostones con queso.

La cena Por lo general los Aparicio y los Ayerbe cenan en casa. Pero, ¿a qué hora? Pues, en España no cenan hasta las diez o diez y media. En Nicaragua como en otros países latinoamericanos cenan a eso de[4] las ocho.

[1]puesto, tenderete   *stand*
[2]cebolla   *onion*
[3]asada   *roasted*
[4]a eso de   *at about*

CAPÍTULO 4

¿Comprendes?

A **Recordando hechos** Answer based on the information in the reading.

    1. ¿Dónde vive la familia de José Luis Aparicio?

    2. ¿Dónde viven los Ayerbe?

    3. ¿Dónde toman los jóvenes el desayuno?

    4. ¿Dónde toman el almuerzo?

B **Describiendo** Tell what you learned about the following.

    1. el desayuno típico de una familia en España

    2. el desayuno típico de una familia en Nicaragua

    3. una tortilla a la española

    4. un almuerzo típico de Catalina en Nicaragua

CULTURA

Aquí vemos unos edificios bonitos en Granada, Nicaragua. La familia de Catalina vive en Granada, una ciudad colonial.

C **Comparando** Create a chart like the one below and then discuss your answers with your classmates. You may check more than one column for each sentence.

	en España	en Nicaragua	donde vivo yo
1. Tomamos el desayuno por la mañana.			
2. Comemos churros.			
3. El gallopinto es un plato típico.			
4. Comemos tortillas de huevos, patatas y cebolla.			
5. Cenamos a las diez de la noche.			
6. Cenamos a eso de las ocho.			
7. A veces tomamos el almuerzo en un puesto de comida.			

D **Comparando y contrastando** Cuando comparas algo, citas cosas que son similares. Cuando contrastas algo, das diferencias. En la lectura, ¿cuáles son unas actividades de las familias de José Luis y de Catalina que son similares? Y, ¿cuáles son diferentes? ¿Cuáles de las actividades de las dos familias son similares o diferentes de las actividades de tu familia?

Andrew Payti

Lectura
UN POCO MÁS

Antes de leer

Vas a aprender adonde van los jóvenes en España y Latinoamérica a tomar algo. Cuando tienes sed o hambre y deseas tomar algo, ¿adónde vas?

Una merienda ¿Dónde?

En un café Después de las clases en España y Latinoamérica muchos alumnos van a un café o una cafetería. Muchos cafés tienen una terraza al aire libre[1]. Cuando hace buen tiempo buscan una mesa libre en la terraza.

En el café toman un refresco si solo tienen sed o toman una merienda si tienen hambre. En el café ven a sus amigos y conversan con ellos. Hablan de muchas cosas.

En un mesón Los universitarios van a un mesón. Los mesones son muy populares en España pero hay mesones en Latinoamérica también. En el mesón los estudiantes hablan con sus amigos y comen tapas en España o antojitos en Latinoamérica. No tienen que leer un menú porque ven los antojitos o tapas en platos en una barra[2] y seleccionan los antojitos que desean comer.

Los tunos A veces entra en el mesón un grupo de tunos. Los tunos son músicos que tocan[3] la guitarra y cantan[4]. Los estudiantes cantan con ellos. Los tunos son populares sobre todo en España y en Guanajuato, México.

[1]al aire libre *outdoors*
[2]barra *counter*
[3]tocan *play*
[4]cantan *sing*

CULTURA

Los tunos tocan la guitarra y cantan.
Son populares en España y México.

Andrew Payti

¿Comprendes?

Escoge. Select the correct answer or completion based on the information in the reading.

1. ¿Adónde van muchos alumnos después de las clases?
   a. al café
   b. a casa
   c. a la escuela

2. La terraza del café está _____.
   a. en el interior del café
   b. delante del café
   c. en la cocina del café

3. ¿Quiénes toman una merienda?
   a. los alumnos que tienen un menú
   b. los alumnos que tienen hambre
   c. los universitarios

4. «Conversar» significa _____.
   a. leer
   b. tomar
   c. hablar

5. ¿Dónde comen tapas los universitarios?
   a. en el café
   b. en un mesón
   c. con los tunos

6. ¿Por qué no tienen que leer los universitarios un menú en el mesón?
   a. No comprenden el menú.
   b. No necesitan comida en el mesón.
   c. Ven los platos de tapas en la barra.

7. ¿Qué son los tunos?
   a. meseros
   b. mesones
   c. músicos

CULTURA

La gente toma una merienda y un refresco en un café en la Plaza Mayor en Madrid.

Andrew Payti

Prepárate para el examen

↻ To review, see **Vocabulario 1.**

Vocabulario

1 **Completa.** Complete.

1. Yo tengo _____. Voy a tomar una gaseosa.
2. Elena tiene _____. Va a comer algo.
3. Paco es vegetariano. No come _____.
4. Normalmente los alumnos toman el desayuno en casa, pero toman _____ en la escuela.
5. Viven cerca de la costa. Así comen mucho _____.

2 **Contesta.** Answer.

6. ¿Cuáles son tres cosas que comemos para el desayuno?
7. ¿Cuáles son tres cosas que comemos para el almuerzo?
8. ¿Cuáles son tres cosas que comemos para la cena?

3 **Parea.** Match each statement with the illustration it describes. Then fill in the missing words.

↻ To review, see **Vocabulario 2.**

a.

b.

c.

d.

e.

9. Los amigos van _____.
10. Teresa ve _____ libre.
11. Tomás lee _____.
12. Tomás tiene sed. Toma _____.
13. El mesero escribe _____.

Gramática

To review, see **Presente de los verbos en -er, -ir.**

4 **Completa.** Complete with the correct form of the verb.

14. Ellos _____ muchas legumbres. (comer)

15. Nosotros _____ en Estados Unidos. (vivir)

16. Nosotros _____ español en la escuela. (aprender)

17–18. Yo _____ y _____ mucho. (leer, escribir)

19. ¿Qué _____ tú en la televisión? (ver)

20. ¿Qué _____ ustedes? (beber)

21. ¿_____ (tú) una sorpresa a veces? (recibir)

22. Los amigos _____ el menú. (leer)

23. José tiene que estudiar. Él _____ su libro. (abrir)

24. Todos los parientes _____ a la fiesta. (asistir)

25. El mesero _____ la orden. (escribir)

To review, see **Expresiones con el infinitivo.**

5 **Completa.** Complete with the correct form of **ir a, tener que,** or **acabar de.**

26. Yo no tengo hambre porque _____ comer.

27. Es necesario. Yo _____ estudiar porque mañana tengo un examen importante.

28. Voy al café donde _____ tomar un refresco.

To review, see **Presente de los verbos en -er, -ir** and **Expresiones con el infinitivo.**

6 **Escribe con nosotros.** Write with **nosotros.**

29–33. Después de las clases tengo que ir a casa. Voy a usar la computadora porque recibo muchos correos electrónicos. Leo los correos. Luego escribo muchos correos electrónicos.

Cultura

To review, see the **Lectura cultural.**

7 **Contesta.** Answer.

34. ¿Cuál es un desayuno típico en España?

35. ¿Cuál es un desayuno típico en Nicaragua?

36. ¿Dónde toman los alumnos el almuerzo en España y Nicaragua?

37. ¿En qué país cenan muy tarde?

8 **Corrige.** Correct the following false statements.

38. La tortilla mexicana lleva huevos, patatas y cebolla.

39. El gallopinto es una mezcla de papas y frijoles.

40. Los jóvenes toman el desayuno en la cafetería o en un café.

Prepárate para el examen

1 **¿Qué comes?**

Talk about eating habits
Work in groups of three or four. Find out what each of you eats for different meals.

2 **En un café**

Tell about your friends and school
Get together with several friends and pretend you are chatting in a café. Have a lively conversation talking about typical topics such as your friends, your teachers, your school activities, your after-school activities, etc. Then make plans for where you are going to meet tomorrow and what you are going to do.

CULTURA 🏳
Los alumnos y los profesores toman el almuerzo en la cafetería de una escuela en Barranquilla, Colombia.

3 **En otras partes**

Compare eating habits in Spanish-speaking countries with your own
Get together with several friends. Discuss what you learned about some of the eating habits in Spain and Nicaragua. Are they similar to yours or different?

4 **Debo, pero no voy a...**

Tell what you should do and what you have to do
Tell some things you should do but aren't going to do because you have to do something else.

5 **Ahora no, porque...**

Tell what you have just done and what you are going to do
Tell some things you don't have to do now because you just did them. Continue by telling some things you are going to do.

Kelli Drummer-Avendaño

Go Online! ➕

connectED.mcgraw-hill.com

Tarea

Write an essay in Spanish comparing and contrasting some foods and eating habits of Hispanic families you have learned about. Then think about your family's eating customs and discuss ways your family's habits are similar to or different from those of the families in Spain and Nicaragua.

Writing Strategy

Organizing To present ideas you must give some organization to what you write. Here are two possible choices as to how to organize your writing.

- Write all the information you know about a particular person or group before moving on to the next one.
- Write about one topic and compare the people or groups before going on to the next topic.

CULTURA 🇪🇸

¿Qué es esta comida deliciosa? Es un producto muy importante de España. Hay grandes olivares por muchas partes del sur de España.

❶ Prewrite

Remember to write using only Spanish you have learned. Stick to what you know. Here are some ideas to help you. You may wish to use charts similar to the ones below to help you organize.

- List the Spanish verbs that you will want to use.
- List the meals and foods you plan to discuss.
- List the habits or customs you plan to discuss.

❷ Write

- Create sentences using words in your lists.
- Organize your sentences following one of the suggestions given in the Writing Strategy.
- Prepare a draft. Read it and correct any errors.
- Give your composition an attention-grabbing title.

Evaluate

Don't forget that your teacher will evaluate you on organization, use of vocabulary, correctness of grammar, and completeness of information.

Repaso del Capítulo 4

Gramática

Presente de los verbos en -er, -ir

Verbs of the second and third conjugations have the same endings in all forms except **nosotros(as)** and **vosotros(as).**

comer			
yo	como	nosotros(as)	comemos
tú	comes	vosotros(as)	coméis
Ud., él, ella	come	Uds., ellos, ellas	comen

escribir			
yo	escribo	nosotros(as)	escribimos
tú	escribes	vosotros(as)	escribís
Ud., él, ella	escribe	Uds., ellos, ellas	escriben

Note the forms of the verb **ver.**

ver			
yo	veo	nosotros(as)	vemos
tú	ves	vosotros(as)	veis
Ud., él, ella	ve	Uds., ellos, ellas	ven

Expresiones con el infinitivo

Ir a *(to be going to)*, **tener que** *(to have to)*, and **acabar de** *(to have just)* are frequently used expressions in Spanish that are followed by the infinitive—the form of the verb that ends in **-ar, -er,** or **-ir.**

> **Acabo de llegar a Masaya. Yo voy a ir al café.**
> **Tengo que comer algo.**

CULTURA

Aquí vemos un café interesante en Masaya, Nicaragua. El café ofrece deliciosos batidos de muchas frutas tropicales. Si tienes hambre, ofrece meriendas también.

Andrew Payti

154

Juego There are a number of cognates in this list. See how many you and a partner can find. Who can find the most? Compare your list with those of your classmates.

Vocabulario

Talking about meals

la comida	vegetariano(a)	comer
el desayuno	tener hambre	beber
el almuerzo	tener sed	cenar
la cena	tomar	

Identifying some foods

las tostadas, el pan tostado	el jamón	los frijoles	el postre
el panecillo	el queso	las legumbres, los vegetales, las verduras	el helado
la mantequilla	una ensalada		el flan
el cereal	una pizza	la lechuga	la torta
el huevo	una hamburguesa	el tomate	
el tocino, el bacón	la carne	las papas, las patatas fritas	
un sándwich, un bocadillo	el pollo		
	el pescado		
	el arroz		

Identifying some drinks

el refresco	la gaseosa	el chocolate	el vaso
la bebida	el agua (mineral) (con gas)	el café	la taza
un jugo de naranja		el batido	caliente
la leche		la cola	frío(a)

Talking about a café

la merienda	los camarones	el/la cliente(a)	abrir
las tapas, los antojitos	las aceitunas	el menú	recibir
la empanada	las albóndigas	la orden	escribir
los tostones	una mesa ocupada	la cuenta	¿Qué desean tomar?
los pinchitos	una mesa libre	ver	¿Está incluido el servicio?
	el/la mesero(a)	leer	

Other useful words and expressions

una sorpresa	tener que	aprender	deber
enseguida	ir a	comprender	vivir
llegar	acabar de	creer que sí (que no)	

Repaso cumulativo

Repasa lo que ya has aprendido

These activities will help you review and remember what you have learned so far in Spanish.

Aquí vemos a una madre con su bebé durante una fiesta en Cotacachi, Ecuador.

1 **¿Sí o no?** Look at the family tree below of **la familia Hernández.** Listen to each statement and indicate on a separate sheet of paper whether each statement is true or false.

Pedro — Catalina

Amelia — Juan   Ricardo — Selena

Paco   Miguel   Josefa   Alicia

2 **Personaliza.** Answer the questions giving information about yourself.
1. ¿Cuántos años tienes?
2. ¿Cuántos hermanos tienes?
3. ¿Cuántos años tienen ellos?
4. ¿Tiene tu familia una casa privada o un apartamento?
5. ¿Cuántos cuartos tiene tu casa o apartamento?
6. ¿Tienen ustedes una mascota?
7. ¿Qué tienen? ¿Un perro o un gato?

3 **Escribe cada frase de nuevo.** Rewrite each sentence with the new subject. Pay particular attention to the verb ending.
1. Yo estudio español. (nosotros)
2. Ellos sacan notas buenas. (tú)
3. Los alumnos prestan atención. (el alumno)
4. Tú hablas mucho. (ustedes)
5. Nosotros miramos un DVD. (yo)
6. Carlos escucha un CD. (ellos)

Unas alumnas colombianas regresan a casa después de las clases.

Andrew Payti

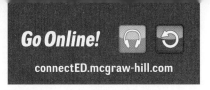
4 **Lee y escribe.** Read the story and then redo it changing Carlos to your own name. Tell all about yourself.

Yo soy Carlos. Soy de Caracas, Venezuela. Tengo diecisiete años. Ahora estoy en clase. Después de las clases voy a un café con mis amigos.

5 **Escribe.** Rewrite Activity 4 changing **yo** to **él**.

6 **Personaliza.** Answer about yourself.
1. ¿Quién eres?
2. ¿De dónde eres?
3. ¿Cómo eres?
4. ¿Quién es tu amigo(a)?
5. ¿Cómo es él o ella?

7 **Inventa.** Look at the illustrations of a typical day in the life of Rafael and his younger brother, Jaime. Describe their day. Include as many details as possible.

¿QUÉ COMEMOS Y DÓNDE?

Deportes

Corbis/age fotostock.

Go Online!

connectED.mcgraw-hill.com

Audio   Video   Práctica   Repaso  Diversiones   eScape

ePals

Aquí y Allí

Vamos a comparar Los deportes son populares en casi todas partes del mundo. Pero la popularidad o importancia de cierto deporte puede variar de un país a otro. En unas culturas son muy apreciados los deportes de equipo y en otras los deportes individuales. ¿Juegan un papel o rol importante los equipos deportivos en tu escuela? ¿Qué deporte es muy popular? Vas a aprender si los mismos deportes que nos interesan mucho a nosotros son populares también en España y en Latinoamérica.

Objetivos

You will:

- talk about sports
- describe a soccer uniform
- identify colors
- compare team sports in the U.S. and Spanish-speaking countries

You will use:

- present tense of stem-changing verbs
- verbs such as **interesar, aburrir,** and **gustar**

◀ Un grupo de aficionados al fútbol andan por una calle de Madrid para celebrar la victoria de su equipo. Como buenos aficionados llevan la bandera de su equipo.

Deportes

Look at these photographs to acquaint yourself with the theme of this chapter—sports. In this chapter you will learn to discuss sports that are played throughout Spain and Latin America. What do these photos tell you about sports in Spanish-speaking countries? Are the same sports popular in the United States? Can you think of a major sport in the United States that is not shown here?

Argentina

La cartelera informa de los muchos deportes que pueden practicar los turistas en esta región popular cerca de San Carlos de Bariloche.

Chile

Es una entrada a un juego de fútbol en que juega la Universidad de Chile.

Paraguay

La fuente de fútbol delante del edificio de la Confederación Sudamericana de Fútbol en Asunción, Paraguay

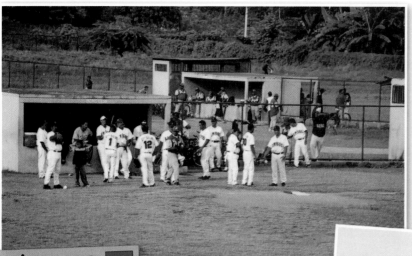

Nicaragua

Un grupo de jugadores de béisbol en Granada, Nicaragua. El béisbol es un deporte muy popular en Nicaragua.

Guatemala

Los jóvenes juegan fútbol en el patio de su escuela en Chichicastenango, Guatemala.

Chile

Un grupo de jóvenes juegan un partido espontáneo de fútbol en Valparaíso.

España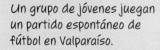

Uno puede participar en muchos deportes en el famoso destino turístico de San Sebastián de los Reyes, un suburbio de Madrid.

Edificio de piscinas
Recepción →

Frontones →

Pistas de tenis y padel →

Parque de escalada →

Pabellón tenis de mesa →

Acceso minusválidos y carritos bebés →

AYUNTAMIENTO DE San Sebastián de los Reyes

(tc)Andrew Payti, (tr)Lori Ernfridsson, (b)Daniel Salsgiver

El fútbol

¿Te acuerdas?

In Chapter 3 you learned the expressions **ir a pie** and **levantar la mano.** Do you remember the meanings of **el pie** and **la mano?**

la portería · el equipo · el portero · lanzar el balón

Los jugadores juegan (al) fútbol.
El portero guarda la portería.
El jugador puede lanzar (tirar) el balón con el pie.
Pero no puede tocar el balón con la mano.

el campo de fútbol

TIGRES 40:00 TOROS · el tanto · 0 · 2 · 0

Hay dos tiempos en el partido de fútbol.
Cuando empieza el segundo tiempo, los jugadores vuelven al campo.

meter un gol · los aficionados

El portero no puede bloquear el balón.
El balón entra en la portería.
El jugador marca un tanto.
Los aficionados aplauden.

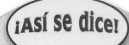

Cada equipo quiere ganar el partido.
Pero no puede ser.
Un equipo pierde.

TIGRES 00:00 TOROS
1   2   0

la jugadora

la camiseta

el pantalón corto

los calcetines largos

las zapatillas

¿De qué color es?

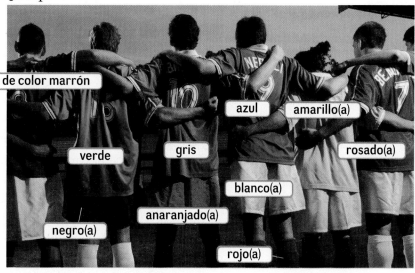

de color marrón

azul   amarillo(a)

verde   gris   rosado(a)

blanco(a)

anaranjado(a)

negro(a)

rojo(a)

El uniforme de cada equipo tiene su propio color o colores.

Para conversar

A mí me gusta el fútbol. Y a ti, ¿te gusta también? ¿Te interesa o no?

No, no me interesa el fútbol, pero me gusta el tenis.

(t)Federico Gil. (r)Corbis Super RF/Alamy. (b)Brand X Pictures/PunchStock

Comunidades

¿Viven muchos hispanos o latinos en tu comunidad o cerca de tu comunidad? ¿Son ellos muy aficionados al fútbol? ¿Qué tipo de fútbol juegan más—el fútbol americano o el soccer? ¿Hay brasileños donde vives? ¡Los brasileños son fanáticos del fútbol!

ESCUCHAR

1 **Escucha y decide.** Listen to each statement. Indicate whether each one is correct or not. Make a chart similar to the one below to indicate your answers.

correcto	incorrecto

HABLAR • ESCRIBIR

2 **Identifica.** Identify the clothing that the player is wearing and give the correct color.

ESCUCHAR • HABLAR • ESCRIBIR

3 **Contesta.** Answer the questions about a sporting event.

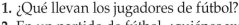

1. ¿Qué llevan los jugadores de fútbol?
2. En un partido de fútbol, ¿quiénes vuelven al campo cuando empieza el segundo tiempo?
3. ¿Cuándo mete un gol o marca un tanto un jugador?
4. En un juego de fútbol, ¿con qué pueden lanzar el balón los jugadores?
5. ¿Son futbolistas los jugadores?
6. ¿Quieren ganar los dos equipos?
7. ¿Pueden ganar los dos equipos?

EXPANSIÓN

Now, without looking at the questions, tell all you remember about the game. Your partner will add any information you forgot.

HABLAR

4 **Conversa.** Ask your partner these questions. Develop brief conversations by giving your own opinions as well. When you agree with your partner's opinion, you can add **Estoy de acuerdo.**

1. ¿Qué piensas del fútbol?
2. ¿Qué piensas del equipo de fútbol de tu escuela?
3. ¿Qué piensas de tu clase de español?
4. ¿Qué piensas de tus amigos?
5. ¿Qué piensas de tus profesores?

LEER • HABLAR

5 **Lee y completa.** Cuando los equipos juegan en la Copa Mundial, todos los jugadores del equipo son de la misma nacionalidad. Cada equipo tiene la bandera de su país. Da los colores de las banderas de los siguientes países.

México

Argentina

Chile

Perú

LEER • ESCRIBIR

6 **Lee y completa.** Eres un(a) estudiante de intercambio con una familia en Madrid. Tus «hermanos» piensan ir a un campamento de fútbol. Tú también quieres participar. Completa la solicitud *(application)* con toda la información necesaria.

CLUB Deportivo

Hoja de inscripción
PASO 1 : Datos personales del participante

Primer apellido:
Segundo apellido:
Nombre:
Edad:
Sexo: Masculino / Femenino
Nacionalidad / País:
• Estatura (cm):   Peso (kg):
Teléfono móvil:
Correo electrónico:
¿Eres socio(a) (miembro) de un club deportivo? Sí / No   ¿Cuál?
¿Juegas con un equipo deportivo de tu escuela? Sí / No   ¿Cuál?

7 **Comparaciones**

Con un(a) amigo(a), compara y contrasta el fútbol americano y el fútbol que juegan en Europa y Latinoamérica.

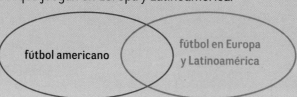

fútbol americano

fútbol en Europa y Latinoamérica

El béisbol 🎧

la jardinera

lanzar

la pelota

la pícher, la lanzadora

el bate

la bateadora

batear

la cátcher, la receptora

el plato

La pícher lanza la pelota.

La bateadora batea.

el guante

atrapar

correr

el campo de béisbol

El jugador (beisbolista) corre de una base a otra.

El jugador atrapa la pelota.
Atrapa la pelota con el guante.

El básquetbol, El baloncesto

driblar con el balón

El jugador dribla con el balón.

el cesto, la canasta

la cancha

El jugador tira el balón.
Cuando mete el balón en el cesto, encesta.

El tenis

la pelota

por encima de

la raqueta

la red

una cancha de tenis

Las amigas juegan (al) tenis.
Una jugadora golpea la pelota.
Otra jugadora devuelve la pelota.
La pelota tiene que pasar por encima de la red.
Juegan individuales. No juegan dobles.

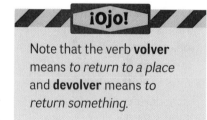

¡Ojo!

Note that the verb **volver** means *to return to a place* and **devolver** means *to return something.*

¡Así se dice!

When you think something is really great you can say **¡Bárbaro!**

(tl)Paul Simcock/Getty Images, (tr)Realistic Reflections, (r)Richard Hutchings

ESCUCHAR

1 **Escucha y escoge.** Match each statement you hear with the sport being played in the photo.

a.

b.

c.

LEER • ESCRIBIR

2 **Escoge y completa.** Choose the correct word from the **banco de palabras** to complete each sentence.

atrapa	devuelve	marca
corre	dribla	batea

1. La jugadora _____ un jonrón.
2. El beisbolista _____ la pelota con un guante.
3. El beisbolista _____ de una base a otra.
4. Cuando el jugador de básquetbol mete el balón en el cesto, _____ un tanto.
5. El jugador de básquetbol _____ con el balón.
6. En un juego de tenis un jugador _____ la pelota al otro.

ESCUCHAR • HABLAR • ESCRIBIR

3 **Contesta.** Answer the questions about a basketball game.

1. ¿Es el baloncesto un deporte de equipo o un deporte individual?
2. ¿Cuántos jugadores juegan en un equipo de básquetbol? ¿Cinco o nueve?
3. Durante un partido de baloncesto, ¿driblan los jugadores con el balón o lanzan el balón con el pie?
4. ¿El jugador de básquetbol tira el balón en el cesto o en la portería?
5. ¿Marca un tanto el jugador cuando encesta?
6. Cuando marca un tanto, ¿aplauden los aficionados?

Conexiones

La arqueología

La arqueología es el estudio de los artefactos de las civilizaciones antiguas. En Copán, Honduras, y en Chichén Itzá, México, hay ruinas de una cancha de pelota de los mayas—los indígenas de gran parte de Centroamérica. La cancha data del año 755 después de Cristo. Para jugar la pelota los mayas usan una pelota muy grande y pesada *(heavy)* y no pueden tocar la pelota con las manos.

(tl b)Andrew Payt. (tc)©SW Productions/Brand X/Corbis. (tr)C. Lee/PhotoLink/Getty Images

4 Rompecabezas

Choose the word in each group that does not belong.
Then switch the wrong words to make each group correct.

1. campo · guardar · raqueta · portero
2. receptor · plato · guante · portería
3. pelota · canasta · red · golpear
4. bate · cesto · balón · driblar

ESCUCHAR • HABLAR • ESCRIBIR

5 Confirma. Correct the false statements.

1. Los beisbolistas juegan con un balón.
2. Los beisbolistas juegan en una cancha.
3. Los futbolistas llevan un guante.
4. Juegan básquetbol con una pelota.
5. El jugador de básquetbol mete el balón en un guante para marcar un tanto.
6. En el tenis la pelota tiene que tocar (rebosar) la red.
7. Hay dos tenistas en un partido de dobles.

LEER • ESCRIBIR

6 Completa. Complete with the correct color.

1. Las zapatillas del jugador de béisbol son _____.
2. El guante de béisbol es de color _____.
3. La camiseta del jugador de básquetbol es _____.
4. El pantalón corto del jugador de básquetbol es _____.
5. Los calcetines del jugador de tenis son _____.
6. La camiseta del jugador de tenis es _____.

7 Comunicación

Work with a partner. Give some information about a sport. Your partner will tell what sport you're talking about. Take turns.

Cultura

El jai alai

El jai alai, o la pelota vasca, es un juego del País Vasco (Euskadi) en el norte de España. Los jugadores de jai alai, «los pelotaris», usan una cesta para lanzar y atrapar la pelota. Mira el uniforme que lleva un jugador de jai alai.

Los verbos de cambio radical e → ie

1. Some verbs in Spanish are called stem-changing verbs. The verbs **empezar, pensar, perder, querer,** and **preferir** are examples of stem-changing verbs. All forms, except the **nosotros** (and **vosotros**) forms, change the **e** of the infinitive to **ie.** The endings of these verbs are the same as those of a regular verb.

querer		
yo quiero	nosotros(as)	queremos
tú quieres	vosotros(as)	queréis
Ud., él, ella quiere	Uds., ellos, ellas	quieren

2. Read the following verbs across. Observe the stem change and note that the endings are the same as those of a regular verb.

	empezar	perder	preferir
yo	empiezo	pierdo	prefiero
tú	empiezas	pierdes	prefieres
Ud., él, ella	empieza	pierde	prefiere
nosotros(as)	empezamos	perdemos	preferimos
vosotros(as)	empezáis	perdéis	preferís
Uds., ellos, ellas	empiezan	pierden	prefieren

Práctica

ESCUCHAR • HABLAR • ESCRIBIR

1 Personaliza. Answer about yourself and some friends.

1. ¿Quieren ustedes jugar fútbol?
2. ¿Empiezan ustedes a jugar a las tres y media?
3. ¿Quieren ustedes ganar?
4. ¿Pierden ustedes a veces?
5. ¿Dónde prefieren ustedes jugar?

LEER • HABLAR • ESCRIBIR

2 Forma frases. Form sentences.

1. los jugadores / empezar a jugar
2. los dos equipos / querer ganar
3. el equipo de Javier / querer ganar
4. Javier / querer meter un gol
5. el portero / querer bloquear el balón
6. el equipo de Javier / perder

> **¿Lo sabes?**
>
> **Empezar** and **comenzar** *(to begin)* require **a** before an infinitive.
>
> **Empiezan a jugar.**
> **Comienzan a jugar.**

3 *Comunicación*

You're at a school sporting event. A friend calls you on your cell phone and asks about how things are going for the team. Try to use the following verbs.

empezar   pensar   perder   querer   preferir

HABLAR • ESCRIBIR

4 Personaliza. Answer about yourself.

1. ¿Prefieres jugar béisbol o fútbol?
2. ¿Prefieres jugar con un grupo de amigos o con un equipo organizado?
3. ¿Prefieres jugar o ser espectador(a)?
4. ¿Siempre quieres ganar?
5. ¿Pierdes a veces?

LEER • ESCRIBIR

5 Completa. Complete with the correct form of the verb(s).

1. Tú no _____ perder y no _____. (querer, perder)
2. Ustedes _____ ganar y nosotros _____ ganar también. (preferir, preferir)
3. ¿Qué _____ usted? ¿_____ empezar ahora o no? (pensar, querer)

CULTURA

El padre y su hijo no quieren jugar en el parque. Prefieren jugar en una calle cerca de su casa en Cádiz, España.

Andrew Payti

Los verbos de cambio radical o → ue

1. The verbs **poder, volver, devolver,** and **dormir** *(to sleep)* are also stem-changing verbs. The **o** of the infinitive changes to **ue** in all forms except **nosotros** (and **vosotros**).

poder			
yo	puedo	nosotros(as)	podemos
tú	puedes	*vosotros(as)*	*podéis*
Ud., él, ella	puede	Uds., ellos, ellas	pueden

2. Read the following verbs across. Observe the stem change and note that the endings are the same as those of a regular verb of the same conjugation.

	volver	dormir
yo	vuelvo	duermo
tú	vuelves	duermes
Ud., él, ella	vuelve	duerme
nosotros(as)	volvemos	dormimos
vosotros(as)	*volvéis*	*dormís*
Uds., ellos, ellas	vuelven	duermen

CULTURA

Los alumnos son de León, Nicaragua. Ellos vuelven a casa después de las clases.

¿Lo sabes?

Jugar is sometimes followed by **a** when a sport is mentioned. Both of the following are acceptable.
Juegan al fútbol.
Juegan fútbol.

3. The **u** in the verb **jugar** also changes to **ue** in all forms except **nosotros** (and **vosotros**).

jugar			
yo	juego	nosotros(as)	jugamos
tú	juegas	*vosotros(as)*	*jugáis*
Ud., él, ella	juega	Uds., ellos, ellas	juegan

Andrew Payti

Práctica

ESCUCHAR • HABLAR • ESCRIBIR

6 **Personaliza.** Answer about yourself and some friends.

1. ¿Juegan ustedes tenis?
2. ¿Pueden ustedes jugar tenis en la escuela?
3. Cuando juegan tenis, ¿prefieren ustedes jugar individuales o dobles?
4. ¿Duermen ustedes bien después de muchas actividades físicas?

LEER • ESCRIBIR

7 **Personaliza.** Answer about yourself.

1. ¿A qué hora empieza tu clase de español?
2. ¿Puedes hablar inglés en la clase de español?
3. A veces, ¿juegas bingo en la clase de español?
4. ¿Duermes en clase?
5. Cuando tomas un examen, ¿devuelve tu profesor(a) los exámenes pronto?
6. ¿A qué hora vuelves a casa después de las clases?

HABLAR • ESCRIBIR

8 **Sigue el modelo.** Make up sentences as in the model.

MODELO   ellas / jugar básquetbol →
              Ellas juegan básquetbol.

1. juego / empezar ahora
2. jugadoras / volver a la cancha
3. tú / tener que driblar
4. Catalina / querer encestar
5. su equipo / no poder perder
6. nosotros / tener que ganar

HABLAR

9 **Dramatiza.** Stand up and act out soccer, basketball, baseball, and tennis moves. Have someone tell you what you're doing.

CULTURA

Es una cancha de básquetbol detrás de un colegio privado en Estepona, España. Los amigos pueden jugar básquetbol aquí después de las clases.

Andrew Payti

Gramática

FORWARD-BACKWARD BOOK See the Foldables section of the Student Handbook at the beginning of this book for help with making this foldable. Use this study organizer to talk about sports. Work with a partner. You and a partner will each create a Forward-Backward Book with terminology and pictures for two sports. Then ask questions about the content of your partner's book.

front

El fútbol

LEER • ESCRIBIR

10 **Completa.** Complete with the correct form of the indicated verb. You will use all verb forms.

Yo ___1___ (jugar) mucho al fútbol y mi amiga Carla ___2___ (jugar) mucho también pero ahora no ___3___ (poder).

Vamos a hablar con Carla.

— Carla, ¿por qué no ___4___ (poder) jugar con nosotras?

— Yo ___5___ (querer) pero no ___6___ (poder). ___7___ (Querer) volver a casa.

— ¿Por qué ___8___ (querer) ir a casa?

— Porque ___9___ (tener) dos amigos que ___10___ (volver) hoy de España y ___11___ (querer) estar en casa.

EXPANSIÓN

Now, without looking at the conversation, tell all you remember about it. Your partner will add anything you forgot.

11 *Comunicación*

A classmate will ask you if you want to do something or go somewhere. Tell him or her that you want to but can't because you have to do something else. Take turns asking and answering the questions. Remember to use **querer, poder,** and **tener que.**

HABLAR

12 **Juego** Work with a partner. The people below all want to play a certain sport, but there is a problem. Tell why they cannot do what they want to do. Take turns.

Quiero jugar básquetbol.

Quiero jugar béisbol.

Quiero jugar fútbol.

Quiero jugar tenis.

Los verbos interesar, aburrir, gustar

1. The verbs **interesar** and **aburrir** function the same in English and in Spanish. Study the following examples.

¿Te aburre el béisbol?	*Does baseball bore you?*
No, el béisbol me interesa.	*No, baseball interests me.*
¿Te aburren los deportes?	*Do sports bore you?*
No, los deportes me interesan.	*No, sports interest me.*

2. The verb **gustar** in Spanish functions the same as **interesar** and **aburrir**. **Gustar** conveys the meaning *to like*, but its true meaning is *to please*. The Spanish way of saying *I like baseball* is *Baseball pleases me.*

> **¿Te aburre el béisbol? No. Me interesa.**
> **¿Te gusta el béisbol? Sí, me gusta mucho el béisbol.**
> **¿Te gustan los deportes en general? Sí, me gustan todos.**

3. **Gustar** is often used with an infinitive to tell what you like to do.

> **¿Te gusta ganar? Sí. No me gusta perder.**
> **¿Te gusta comer? Sí, me gusta comer.**

¿Lo sabes?

Mí and **ti** are used after a preposition: **a mí** and **a ti**. You will frequently use **a mí** and **a ti** to add emphasis.
— **A mí me gusta. ¿A ti también?**
— **Sí, a mí también.**
— **A mí no me gusta. ¿Y a ti?**
— **(No.) Ni a mí tampoco.**

CULTURA

Aquí vemos a unos miembros del equipo de básquetbol de una escuela secundaria en Mérida, Venezuela.

Kelli Drummer-Avendaño

Práctica

Los alumnos tienen mucho interés en la biología. ¿A ti te interesa también?

HABLAR • ESCRIBIR

13 **Personaliza.** Answer about yourself.

1. ¿Te gusta el fútbol?
2. ¿Qué te gusta más? ¿El fútbol o el béisbol?
3. En general, ¿te gustan los deportes o no?
4. ¿Te gustan el tenis y el golf?
5. ¿Te gusta más practicar un deporte o ser espectador(a)?

ESCUCHAR • HABLAR • ESCRIBIR

14 **Contesta según el modelo.** Answer according to the model.

MODELO —¿Te gustan los tomates?

—Sí, a mí me gustan y como muchos. ¿Y a ti?

1. ¿Te gustan las hamburguesas?
2. ¿Te gusta la carne?
3. ¿Te gustan los cereales?
4. ¿Te gusta el helado?
5. ¿Te gustan las frutas?
6. ¿Te gusta el arroz?

ESCUCHAR • HABLAR • ESCRIBIR

15 **Personaliza.** Answer about yourself.

1. ¿Te interesa el curso de historia? ¿Te gusta la historia?
2. ¿Te interesa el curso de español? ¿Te gusta el español?
3. ¿Te interesa la biología? ¿Te gustan las ciencias?

16 **Comunicación**

Work with a partner. Tell which courses interest you and which courses bore you. Also, tell which ones you really like and the ones you don't like very much. Take turns.

InfoGap For more practice using **interesar, aburrir,** and **gustar,** do Activity 5 in the Student Resource section at the end of this book.

HABLAR • ESCRIBIR

17 **¡Te toca a ti!** Tell your classmates all the things you like to do.

18 **¡Manos a la obra!** Make a collage of some things you like and don't like. Use your collage to explain your likes and dislikes to the class. You may want to include pictures of the following: **comidas, deportes, actividades**.

Go Online!

connectED.mcgraw-hill.com

PRONUNCIACIÓN

Las consonantes s, c, z

The consonant **s** is pronounced the same as the *s* in *sing*. Repeat the following.

sa	se	si	so	su
sala	seis	sí	sobre	su
pasa	base	decisión	solo	Susana
mesa	serio	siete	ambicioso	suburbio
interesa	mesero	siento	curso	
rosado	camiseta	televisión		
piensa	segundo	física		

The consonant **c** in combination with **e** or **i** (**ce, ci**) is pronounced the same as an **s** in all areas of Latin America. In many areas of Spain, **ce** and **ci** are pronounced like the *th* in English. Likewise, the pronunciation of **z** in combination with **a, o, u** (**za, zo, zu**) is pronounced as an **s** throughout Latin America and as *th* in most areas of Spain. Repeat the following.

za	ce	ci	zo	zu
lanza	cesto	cinco	empiezo	Venezuela
empieza	cena	recibe	lanzo	azul
zapatillas	necesita	aficionado	perezoso	zumo
comienza	calcetines	encima	almuerzo	
		ciento	venezolano	

 **Dictado**

Pronounce the following sentences carefully. Then write them to prepare for a dictation.

> El señor González enseña en la sala de clase.
> El aficionado lleva una camiseta, zapatillas y calcetines largos.
> Toma el almuerzo a las doce y diez en la cocina.
> Los venezolanos empiezan a volver al campo.
> Sí, Susana recibe seis camisetas.

Refrán

Can you guess what the following proverb means?

Perro que ladra no muerde.

¡Bravo!

You have now learned all the new vocabulary and grammar in this chapter. Continue to use and practice all that you know while learning more cultural information. **¡Vamos!**

¿Quiénes juegan?

Sara	Hola, Esperanza. ¿Qué hay?
Esperanza	¿Qué piensas? ¿Quieres jugar fútbol?
Sara	¡Bárbaro! Me gusta mucho el fútbol. ¿Cuándo jugamos? ¿Ahora?
Esperanza	Ahora, sí.
Sara	¡Oye, Esperanza! ¿Puede jugar mi amiga Teresa? Es muy buena jugadora.
Esperanza	Ay, ¡qué pena! Lo siento mucho pero ya tenemos las once jugadoras. Ella puede jugar mañana si quiere.
Sara	¡Cómo no! ¿A qué hora empiezan a jugar mañana?
Esperanza	A la misma hora.

Federico Gil

¿Comprendes?

A Contesta. Answer based on the conversation.

1. ¿Quiénes hablan?
2. ¿Quiere jugar Sara?
3. ¿Qué piensa? ¿Es una buena idea?
4. ¿Cuándo van a jugar?
5. ¿Quién más quiere jugar?
6. ¿Puede o no?
7. ¿Por qué no puede?
8. ¿Cuándo puede jugar?

B Resumiendo Retell the events in the conversation in your own words.

C Analizando Trabaja con un(a) compañero(a). En la conversación hay un problema. ¿Cuál es? ¿Cómo resuelven el problema las muchachas?

CULTURA

El fútbol es un deporte muy popular en Perú. Aquí vemos el Estadio Nacional en Lima, la capital.

Andrew Payti

Lectura
CULTURAL

READING STRATEGY

Antes de leer

Think about sports teams and sporting events in your school. Does your school have organized teams? What sports are popular?

☑ **READING CHECK**

¿Dónde practican los deportes los jóvenes en Latinoamérica?

☑ **READING CHECK**

¿Qué deporte es muy popular en España y Latinoamérica?

Durante la lectura

Think about the role of school sports in Hispanic countries compared with the role of sports in your school.

☑ **READING CHECK**

¿Dónde es popular el béisbol?

Después de leer

Can you relate to the information in the reading? Do sports play a role in your life?

MAKING CONNECTIONS You will become more involved with what you read if you relate the information in the reading to your own life. Connecting is finding the links between what you read and your own experience.

Los deportes de equipo

Como en Estados Unidos, los deportes de equipo tienen muchos aficionados en España y Latinoamérica también.

El fútbol El deporte número uno en la mayoría de los países hispanos es el fútbol—el *soccer* en Estados Unidos. Cuando no hay clases, grupos de amigos organizan un partido espontáneo de fútbol en un parque, en la calle o en el patio de la escuela. Cada vez que un jugador mete un gol los otros miembros del equipo aplauden. Son ellos sus mismos porristas[1].

CULTURA
Un grupo de jóvenes juega un partido espontáneo de fútbol en la Ciudad de Guatemala.

El fútbol profesional El fútbol profesional es muy popular. Muchas ciudades tienen su propio equipo como el Real Madrid, por ejemplo. Y cada país tiene su equipo nacional. Cada equipo tiene sus colores. Cuando el equipo de un país juega contra el equipo de otro país, van miles de aficionados al estadio para ver el partido.

El béisbol El béisbol es muy popular en el Caribe—Puerto Rico, Cuba, la República Dominicana—y también en Venezuela, Panamá y Nicaragua. El pequeño pueblo de San Pedro de Macorís en la República Dominicana es el pueblo que produce más beisbolistas de las Grandes Ligas que cualquier[2] otro pueblo.

[1]mismos porristas *own cheerleaders*   [2]cualquier *any*

Lori Emfridsson

¿Comprendes?

A **Confirmando información** ¿Correcto o no?

1. En Latinoamérica el fútbol tiene muchos aficionados. Es muy popular.
2. Los jóvenes en los países hispanos solo juegan partidos organizados de fútbol en la escuela.
3. El fútbol que juegan en España y Latinoamérica es el mismo fútbol que jugamos en Estados Unidos.
4. No hay equipos de fútbol profesionales en Latinoamérica.
5. El béisbol es muy popular en varios países latinoamericanos.

B **Recordando hechos** Contesta.

1. ¿Dónde juegan fútbol los jóvenes?
2. ¿Dónde juegan los equipos profesionales?
3. ¿Cuál es el deporte número uno en muchas partes de Latinoamérica?
4. ¿En qué países es el béisbol el deporte número uno?

C **Analizando**

¿Por qué es el pequeño pueblo de San Pedro de Macorís un pueblo importante y famoso?

D **Infiriendo**

An inference is something that is not explicitly stated; it is a hidden message. Based on what you just read, how would you answer the following? **¿Dónde son más populares o importantes los deportes escolares organizados? ¿En Estados Unidos o en España y Latinoamérica? ¿Por qué contestas así?**

Lectura

Antes de leer

Vas a leer una biografía corta del famoso beisbolista puertorriqueño Roberto Clemente. Piensa en unos jugadores de béisbol famosos. Hay unos que son héroes. Vas a leer sobre las hazañas, o buenas acciones, de Roberto Clemente. Luego decide si él es héroe.

Roberto Clemente

Roberto Clemente es de Carolina, Puerto Rico. Cuando tiene solo diecisiete años ya es jugador profesional de béisbol. Clemente juega con los Piratas de Pittsburgh. Cuatro veces es campeón de los bateadores y diez veces recibe el premio[1] del Guante de Oro por ser el mejor jardinero derecho[2] de su liga.

Es diciembre en Puerto Rico. Hace calor en la isla tropical. Clemente va a Puerto Rico donde pasa unas vacaciones con su familia. Pero algo ocurre. En Managua, la capital de Nicaragua, hay un terremoto desastroso. Clemente recibe las noticias del desastre el día de Nochebuena[3]. Tiene que actuar. Organiza ayuda[4] para sus hermanos nicaragüenses. Los puertorriqueños contribuyen generosamente. Clemente busca un avión[5]. Solo puede encontrar un avión viejo. Llena el avión de medicinas, comida y otras provisiones para las víctimas del terremoto. Clemente está en la cabina de mando con el piloto. El avión despega[6]. Momentos después—otro desastre. El avión cae[7] en las aguas del Caribe. Clemente muere — pierde su vida.

Aquí tenemos el comentario de un famoso entrenador[8]: «Es imposible producir un filme sobre la vida de Roberto. No hay otro Roberto. No hay actor para tomar el papel (el rol) de Roberto Clemente».

Hoy hay un gran centro deportivo para los jóvenes de Puerto Rico que lleva el nombre de Roberto. La calle donde está la casa de Roberto lleva su nombre. Pero la señora de Clemente y sus hijos prefieren el nombre original. Cuando la calle lleva el nombre original, Clemente vive.

[1]premio   *prize*
[2]mejor jardinero derecho   *best right fielder*
[3]Nochebuena   *Christmas Eve*
[4]ayuda   *help*
[5]avión   *airplane*
[6]despega   *takes off*
[7]cae   *falls*
[8]entrenador   *manager*

¿Comprendes?

Escoge. Choose the correct completion or answer.

1. Roberto Clemente es de _____.
   a. Pittsburgh
   b. Puerto Rico
   c. Nicaragua
   d. Estados Unidos

2. ¿Qué son los Piratas?
   a. aficionados de Pittsburgh
   b. hombres malos
   c. un equipo profesional de béisbol
   d. un premio

3. Clemente juega en la posición de _____.
   a. pícher
   b. jardinero
   c. cátcher
   d. bateador

4. Un terremoto es _____.
   a. una ocurrencia
   b. un desastre natural
   c. un accidente
   d. ¡Bárbaro!

5. ¿Por qué busca Clemente un avión?
   a. Busca ayuda.
   b. Quiere estar en la cabina de mando.
   c. Quiere enviar provisiones a Nicaragua.
   d. Quiere comprar un avión.

6. ¿Cuál es la idea principal de las palabras del famoso entrenador?
   a. Roberto Clemente es Roberto Clemente.
   b. Roberto Clemente es un actor muy bueno.
   c. No hay otro hombre como Roberto Clemente.
   d. No hay filme sobre su vida.

CULTURA
La catedral de Managua, Nicaragua, escena de mucha destrucción durante el terremoto en diciembre de 1972

Andrew Payti

Prepárate para el examen

↻ To review, see **Vocabulario 1** and **Vocabulario 2.**

↻ To review, see **Vocabulario 2.**

Vocabulario

1 **Completa.** Complete.

1. Los beisbolistas atrapan la pelota en _____.
2. Los calcetines pueden ser _____ o cortos.
3. El béisbol y el básquetbol son dos _____.
4. _____ guarda la portería.
5. Un equipo _____ y otro equipo pierde.
6. El jugador _____ un gol y marca un tanto.
7–8. El _____ de básquetbol mete el balón en el _____.

2 **Identifica el deporte.** Identify the sport.

9. Corren de una base a otra.
10. Tienen que driblar con el balón.
11. La pelota tiene que pasar por encima de la red.
12. El balón tiene que entrar en la portería.

3 **Identifica.** Identify.

13.

14.

15.

16.

(t)IC Squared Studios/Getty Images, (tr br)Jules Frazier/Getty Images, (bl)Doug Martin

Gramática

4 Completa. Complete.

17. Los jugadores _____ al campo. (volver)

18–19. Nosotros _____ jugar pero no _____. (querer, poder)

20. Nuestro equipo no _____. (perder)

21. ¿Cuándo _____ tú? (empezar)

22. Ustedes _____ bastante bien. (jugar)

23. Yo lo _____ mucho. (sentir)

24. ¿_____ usted jugar béisbol o fútbol con sus amigos? (preferir)

25. Después del partido, tú _____ bien. (dormir)

26. Nosotros _____ a formar un equipo de béisbol. (comenzar)

27. Yo _____ la pelota pero no pasa por encima de la red. (devolver)

To review, see **Los verbos de cambio radical e → ie** and **Los verbos de cambio radical o → ue.**

5 Completa. Complete.

28–29. ¿A ti _____ gust_ los deportes?
—Sí, a mí _____ gust_ mucho.

30–31. A ti _____ gust_ la ensalada y comes mucha. Pero a mí no _____ gust_.

32. Me gust_ comer frijoles.

33. El arte me interes_ mucho.

34. No me interes_ las matemáticas.

35–36. —¿A ti _____ aburr_ tus clases?
—No, a mí _____ interes_ todas.

To review, see **Los verbos interesar, aburrir, gustar.**

Cultura

6 Corrige. Correct any wrong information.

37. El deporte número uno en todas partes de España y Latinoamérica es el béisbol.

38. Los jóvenes latinoamericanos organizan partidos espontáneos de fútbol en el gimnasio de su escuela, no en un parque o en la calle.

39. El béisbol es muy popular en Puerto Rico, Cuba y Venezuela.

40. El Real Madrid es un equipo de béisbol.

To review this cultural information, see the **Lectura cultural.**

Prepárate para el examen

① El uniforme del equipo

Discuss team uniforms

Your team is choosing its uniform and you have to decide on the colors for the shirts, shorts, socks, and shoes. Find out what a friend thinks of your choices. He or she will respond with **Me gusta(n) (mucho)…** or **No me gusta(n)… Prefiero…**

② ¿Qué piensas?

Ask for an opinion

Have a conversation with a friend. Ask the friend what he or she thinks about certain sports. Your friend will answer and will ask you what you think.

③ Intereses

Talk about your interests

Work with a classmate. Share some things that interest and/or bore you.

④ Un deporte favorito

Describe a sport

Describe your favorite sport to a friend. Then ask your friend about his or her favorite sport.

CULTURA

Aficionados en un evento deportivo en Argentina

⑤ Un reportaje televisivo

Announce a sporting event

You are a sports announcer for a Spanish-speaking television station. Give a brief description of a sporting event that you are attending at your school. Make sure your body language and intonation reflect your enthusiasm!

Flat Earth Images

Go Online! +

connectED.mcgraw-hill.com

Tarea

Describe one of your school's sports teams. You may want to include the number of players, the captains, the team's colors, and the team's win-loss record. Also, tell what happens during a typical game.

Writing Strategy

Clustering Think about the information you want to include. "Brainstorm" by writing down whatever ideas come into your mind. Then organize these random ideas into groups or "clusters" such as the one below. Clustering helps you present your information in a clear and organized fashion.

El jugador está listo para darle un puntapié al balón durante un entrenamiento de fútbol.

❶ Prewrite

- Write your brainstorming ideas in Spanish. Write the verbs, adjectives, and nouns that you have learned and that you want to include in your essay.
- Create a cluster similar to the one below.
- Decide on the order of your paragraphs.

nombre de equipo

❷ Write

- Begin with a brief introduction to capture the reader's attention. You could start with a question or an interesting fact about the team.
- Start each paragraph with a topic sentence. Then write sentences that focus and expand on that information.

- Write a brief conclusion to summarize or to express your opinion about the team.
- Give your composition an interest-grabbing title.
- Proofread your work. Did you use the correct words and endings? Did you spell correctly?
- Read your composition one final time. You may want another student to read it also.
- **Expansion:** As you continue with your study of Spanish, you will have more language available to you so you will be able to better describe a sporting event. If you are a sports enthusiast, you may wish to make a list of several of your favorite sports teams and describe them as your knowledge of Spanish increases. Set a list of goals that you would like to achieve with regard to your writing. Then, as the year progresses, write additional descriptions of your favorite sporting events. Compare the writing in all of them to track your progress.

Evaluate

Don't forget that your teacher will evaluate you on your organization, spelling, correct use of vocabulary and grammar, and completeness of your message.

Daniel Salsgiver

Repaso del Capítulo

Gramática

Los verbos de cambio radical e → ie, o → ue

Review the forms of stem-changing verbs. Note that in all forms except **nosotros** (and **vosotros)** the **e** of the infinitive changes to **ie** and the **o** of the infinitive changes to **ue.**

querer (e → ie)	
quiero	queremos
quieres	*queréis*
quiere	quieren

poder (o → ue)	
puedo	podemos
puedes	*podéis*
puede	pueden

Los verbos interesar, aburrir, gustar

The verbs **interesar** and **aburrir** function the same in English and Spanish. **Gustar** in Spanish conveys the meaning *to like,* but its literal meaning is *to please.* Therefore, it functions the same as **interesar** and **aburrir.**

—**Me interesa el béisbol. ¿Te interesa a ti también?**
—**A mí, no. Me aburre.**
—**A mí me gustan todos los deportes.**

Note that **mí** and **ti** are used following a preposition.

A mí me gusta el tenis.
¿A ti te gusta?

CULTURA

Es un gimnasio polideportivo en San Sebastián de los Reyes, España. «Polideportivo» significa que ofrece la oportunidad de practicar muchos deportes diferentes.

Daniel Salsgiver

Juego

There are a number of cognates in this list. See how many you and a partner can find. Who can find the most? Compare your list with those of your classmates.

Go Online!

connectED.mcgraw-hill.com

Vocabulario

Identifying sports

los deportes	el béisbol	el básquetbol,	el tenis
el fútbol		el baloncesto	

Talking about a sporting event in general

el partido, el juego	el/la espectador(a)	volver	perder
el equipo	el tanto	poder	ganar
el/la jugador(a)	jugar (a)	querer	aplaudir
el/la aficionado(a)	empezar, comenzar	marcar (un tanto)	

Describing a soccer (el fútbol) game

el campo de fútbol	la portería	guardar	volver
el tiempo	el gol	entrar	meter (un gol)
el balón	lanzar	bloquear	
el/la portero(a)	tocar		

Describing a baseball game

el campo de béisbol	el/la cátcher,	el guante	batear
el/la beisbolista	el/la receptor(a)	el plato	correr
el/la bateador(a)	el/la jardinero(a)	la base	atrapar
el/la lanzador(a),	la pelota	el jonrón	
el/la pícher	el bate		

Describing a basketball game

la cancha	el balón	driblar (con)	
el cesto, la canasta	tirar	encestar	

Describing a tennis game

la cancha	la red	golpear	por encima de
la raqueta	individuales	pasar	
la pelota	dobles	devolver	

Identifying a soccer team uniform

la camiseta	el pantalón corto	los calcetines largos	las zapatillas

Identifying colors

¿De qué color es?	anaranjado(a)	de color marrón	rojo(a)
el color	azul	gris	rosado(a)
amarillo(a)	blanco(a)	negro(a)	verde

Expressing likes and dislikes

gustar	interesar	aburrir

Other useful words and expressions

pensar	preferir	¡Qué pena!	¿Qué piensas de...?
dormir	propio(a)	Lo siento (mucho).	¡Bárbaro!

189

Repaso cumulativo

Repasa lo que ya has aprendido

These activities will help you review and remember what you have learned so far in Spanish.

1 **Escucha.** Look at the illustrations. You will hear two statements about each one. On a separate sheet of paper, indicate whether the statement accurately describes the illustration.

a.

b.

c.

2 **Contesta.** Answer.

1. ¿Qué comes para el desayuno?
2. ¿Qué come tu familia para la cena?
3. ¿Qué comida toman tú y tus amigos en la cafetería?
4. ¿Qué aprendes en la escuela?
5. ¿Comprendes bien cuando tu profesor(a) habla en español?
6. ¿Reciben tú y tus amigos notas buenas?

3 **Completa con el adjetivo posesivo.** Complete with the possessive adjective.

1. Nosotros tenemos un buen equipo. El equipo de _____ escuela gana muchos partidos.
2. Me gusta mucho el básquetbol. Es _____ deporte favorito.
3. Oye, Enrique. ¿Cuál es _____ deporte favorito?
4. Aprendemos mucho en la clase de español. _____ profesor es muy bueno.
5. La familia de José tiene un carro nuevo. _____ carro está en el garaje.
6. Yo tengo muchos amigos. _____ amigos son muy simpáticos.
7. María, ¿tienes muchos primos? ¿Dónde viven _____ primos?

CULTURA

Los jóvenes comen y conversan (charlan) en la cafetería de su escuela en Barranquilla, Colombia. Una muchacha chequea (verifica) mensajes en su móvil.

Kelli Drummer-Avendaño

4 **Habla con la señora Vargas.** Change the questions to speak with Mrs. Vargas. Remember to use **usted.**

1. ¿Vas con Juan?
2. ¿Hablas español?
3. ¿Usas la computadora?
4. ¿Tienes un carro nuevo?
5. ¿Lees mucho?
6. ¿Ves la televisión?
7. ¿Dónde vives?
8. ¿Puedes ir?
9. ¿Quieres comer ahora?
10. ¿Qué piensas?

5 **Personaliza.** Get together with a classmate. Tell your partner all about yourself. Some information you may want to give is:

6 **Parea los contrarios.** Match the opposites.

1. bonito, guapo
2. gracioso
3. ambicioso
4. alto
5. grande
6. difícil
7. interesar
8. interesante

a. pequeño
b. aburrir
c. serio
d. aburrido
e. feo
f. bajo
g. perezoso
h. fácil

7 **Juego** Tell if each of the following takes place **en casa** or **en la escuela.** **¡Cuidado!** Some might happen in more than one place.

escuchar la música   mirar un DVD   tomar un examen   hablar en el móvil

tomar el desayuno   escuchar a la profesora   prestar atención   preparar la comida

usar la computadora   enviar correos electrónicos   cenar con la familia   llevar uniforme

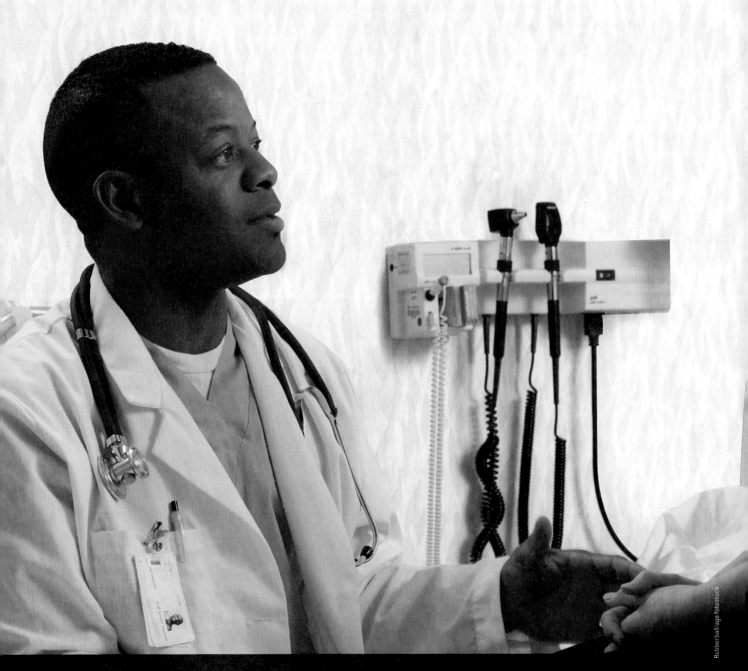

Rubberball/age fotostock

Go Online!
connectED.mcgraw-hill.com

Audio Video Práctica Repaso Diversiones  eScape

ePals

Vamos a comparar Vas a aprender unas características de personalidad y unas emociones que tenemos de vez en cuando. En general no hay grandes diferencias en la personalidad y las emociones entre los seres humanos de las muchas partes del mundo. Las generalizaciones sobre tales aspectos de la naturaleza humana son casi siempre estereotípicas. Pero sabemos que las personas en todas partes del mundo quieren estar contentas y gozar de buena salud.

Objetivos

You will:

- describe people's personality, conditions, and emotions

- explain minor illnesses

- talk about a doctor's appointment

- learn about a literary genre—the picaresque novel

You will use:

- **ser** and **estar**

- indirect object pronouns

◀ El médico le da su diagnóstico a la paciente quien le presta mucha importancia. A ella le importan mucho su salud y bienestar.

Introducción al tema

El bienestar

Look at these photographs to acquaint yourself with the theme of this chapter—well-being. In this chapter you will talk about your and others' personality, emotions, and health. What emotions do you see on the girl's face at the left? Personality, emotions, and health are universal themes. It doesn't matter who we are or where we're from—we all have personalities, feel emotions, and strive for good health.

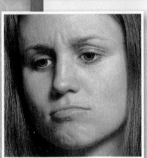

Venezuela

¿Cómo está la muchacha venezolana?
¿Qué expresiones tiene en la cara?

Estados Unidos

Todos los alumnos que vemos aquí están contentos, ¿no? ¿De dónde son? Pues son de muchos países pero ahora están en Estados Unidos. Cuatro de ellos son hispanos o latinos.

Perú 🇵🇪

En los países latinoamericanos hay pequeñas clínicas como la que vemos aquí en Collazos, Perú. Estas clínicas proveen asistencia médica a los habitantes de zonas rurales.

España 🇪🇸

Es una farmacia antigua en la Gran Canaria, una de las islas Canarias. Las Canarias son islas españolas en el Atlántico al oeste de África. En las farmacias tradicionales venden solo medicamentos. No venden productos cosméticos. Pero en las farmacias modernas venden productos de belleza también.

Ecuador 🇪🇨

Esta farmacia moderna está en Quito, la capital de Ecuador. En Latinoamérica y en España hay farmacias o apotecarios tradicionales que despachan solamente medicinas. Pero hay también farmacias modernas como esta donde despachan medicinas y venden productos cosméticos como muchas farmacias en Estados Unidos.

Chile 🇨🇱

Las médicas son muy ambiciosas, ¿no? Como todos los médicos ellas tienen muchas responsabilidades.

contento, alegre

triste, deprimida

de mal humor

de buen humor

energética

cansado

José está muy contento. Acaba de recibir una A en español.
Elena está triste porque acaba de recibir una nota mala.

Susana está de buen humor.
Tiene una sonrisa en la cara.
Tiene también un buen sentido del humor.
Julia está de mal humor. Está enojada (enfadada).

Tomás está lleno de energía y tiene mucho entusiasmo.
Felipe está cansado.

David H. Brennan

obstinado, terco

flexible

Alejandro no es flexible. Es muy terco y obstinado. Es un tipo muy difícil.

Lupe es ambiciosa. Siempre quiere tener éxito—quiere tener buenos resultados.

Maripaz es bien educada. Siempre tiene buena conducta. Pero su hermano es mal educado. Tiene malos modales.

Para conversar

A Rubén le falta paciencia. Es muy impaciente. A veces su comportamiento me molesta (enfada, enoja).

¿Lo sabes?

Muchas palabras relacionadas con la personalidad y las emociones son palabras afines.

calmo	paciente
tranquilo	dinámico
nervioso	la energía

ESCUCHAR • HABLAR

1 Personaliza. Da respuestas personales.

1. ¿Eres flexible o terco(a)?
2. Por lo general, ¿estás de buen humor o estás de mal humor?
3. ¿Estás cansado(a) cuando no duermes bien?
4. ¿Estás lleno(a) de energía hoy?
5. ¿Siempre quieres tener éxito?

LEER • HABLAR • ESCRIBIR

2 Escoge la palabra correcta.

1. Una persona (paciente, impaciente) pierde control con frecuencia.
2. Una persona (de buen humor, de mal humor) está contenta.
3. Cuando una persona está enojada, (está de buen humor, está de mal humor).
4. Una persona está (contenta, triste) cuando recibe notas buenas.
5. Él duerme bien y está (cansado, lleno de energía).
6. Le gusta mucho el plan y está muy (deprimido, entusiasmado).
7. Él es un tipo (flexible, terco) y siempre toma en cuenta los deseos y opiniones de otros.
8. Él es muy (bien educado, mal educado). Tiene buena conducta.

CULTURA

Los amigos están en una plaza en la Ciudad de Guatemala. Uno de los amigos tiene una sonrisa en la cara, pero los otros tienen una expresión más seria.

LEER

3 Parea los contrarios.

1. contento	a. energético
2. cansado	b. perezoso
3. tranquilo	c. terco
4. ambicioso	d. triste
5. flexible	e. nervioso
6. positivo	f. negativo

4 Rompecabezas

Make as many words as possible from the letters below.

t	i	m	a	r	e	j
o	s	n	d	u	c	h

LEER

5 Parea los sinónimos.

1. calmo
2. enojado
3. contento
4. molestar
5. comportamiento
6. terco

a. alegre
b. conducta
c. enfadado
d. tranquilo
e. enojar
f. obstinado

ESCRIBIR

6 Categoriza. Haz una lista de características positivas y características negativas.

características	
positivas	negativas

CULTURA 🇺🇸

Marisa es bastante graciosa, ¿no? Tiene una sonrisa bonita en la cara. ¿De dónde es Marisa? Es de California y es de ascendencia mexicana.

ESCRIBIR

7 Personaliza. Prepara una autoevaluación. ¿Cuáles consideras unas características de tu personalidad?

HABLAR • ESCRIBIR

8 Da la característica de cada persona.

1. Él tiene buena conducta. Es _____.
2. Las opiniones de otros no le tienen mucha importancia. Es _____.
3. Ella siempre tiene una _____ agradable en la cara.
4. Siempre quiere ir en adelante y tener éxito. Es _____.
5. Él escucha a todos y luego toma una decisión. Es muy _____.
6. Ella es bastante cómica. Tiene un buen _____ del humor.

9 Trabajen en grupos. Hagan una encuesta. Hablen de las características que buscan o consideran importantes en un(a) amigo(a) bueno(a). Indiquen las respuestas en una tabla como la de al lado. Compartan los resultados con la clase. •••••••

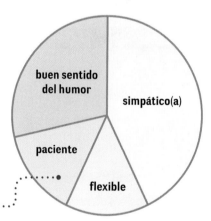

buen sentido del humor

simpático(a)

paciente

flexible

10 *Comunicación*

Work with a classmate. Tell some typical things people do. Each of you will determine whether you think it's **buen comportamiento** or **mal comportamiento**.

En la consulta del médico 🎧

Está bien.

Está enferma.

En otras partes

In addition to **la consulta** you will also hear **el consultorio**. **El paciente** is also referred to as **el enfermo**. Another word for **un catarro** is **un resfrío**.

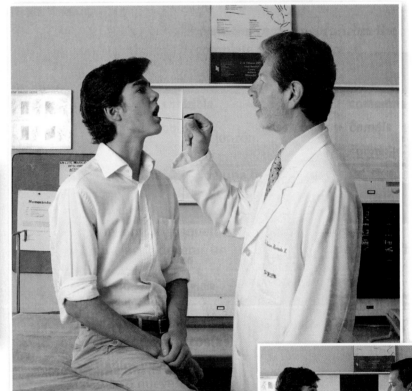

Pablo está en la consulta del médico.
¿Está enfermo? No.
Necesita un examen físico.
El médico le da un examen.
Pablo abre la boca.
Todo está normal.

El enfermero le toma la tensión arterial.
También toma el pulso.

Federico Gil

¿Estás bien o no?

Enrique tiene fiebre.
Tiene que guardar cama.

Inés tiene catarro.
Está resfriada.

Adolfo tiene mucho estrés.
Tiene dolor de cabeza.

Lupe tiene dolor de estómago.
Le duele el estómago.

Luis tiene tos.
Tose mucho.

Teresa tiene dolor de garganta.
Le duele la garganta.

La médica le da una receta.
Le receta una medicina para la tos.

Teresa y su madre van a la farmacia.
En la farmacia venden medicamentos (medicinas).

Federico Gil

201

ESCUCHAR

1 Escucha. Indica si la frase es correcta o no.

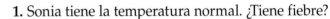

correcta	incorrecta

ESCUCHAR • HABLAR • ESCRIBIR

2 Contesta.

1. Sonia tiene la temperatura normal. ¿Tiene fiebre?
2. Sonia quiere jugar en el equipo de fútbol. ¿Por qué tiene que ir a la consulta del médico?
3. ¿Qué le da el médico?
4. ¿Quién le toma el pulso?
5. ¿Cuál es el diagnóstico del médico?

EXPANSIÓN

Ahora, sin mirar las preguntas, cuenta la información en tus propias palabras. Si no recuerdas algo, un(a) compañero(a) te puede ayudar.

LEER • HABLAR • ESCRIBIR

3 Completa.

1. El niño tiene que _____ porque tiene fiebre.
2. Tiene _____. Tose mucho.
3. Le duele la cabeza. Tiene _____ de cabeza.
4. El enfermero le toma la _____ arterial.
5. El médico examina a sus pacientes en _____.
6. El médico le da un examen completo. Le da un examen _____.
7. Tiene que ir a la farmacia porque el médico le da una _____.

HORARIO DE FARMACIA
DE LUNES A SABADO
DE: 9 A.M. A 9 P.M.
DOMINGOS
DE: 8 A.M. A 8 P.M.

CULTURA

Es una farmacia típica en Baños, Ecuador. En la farmacia venden muchos productos médicos. Si tienes una pregunta sobre tu salud, la farmacéutica te puede ayudar. En España y Latinoamérica los farmacéuticos les dan atención médica a sus clientes para condiciones no muy graves.

(t)Kerri Galloway, (b)Andrew Payti

4 **Dramatiza.** Dramatize some of the ailments and activities in the vocabulary. Call on a friend to tell what you are doing.

5 Da una palabra o expresión relacionada.

    1. duele
    2. la medicina
    3. toser
    4. enfermo
    5. consultar
    6. resfriado

6 **¡Manos a la obra!** Work in groups of three. Draw your own **Para conversar.** Include a doctor, a nurse, and a patient. Write at least one speech bubble for each. Then perform your dialogue for the class.

Para conversar

Conexiones

La salud mental

La salud física es muy importante y también es muy importante la salud mental. Todos tenemos emociones y a veces estamos tristes o enojados si nos ocurre algo desagradable. Es normal. Pero si un individuo está muy triste o deprimido con frecuencia, tiene que identificar el porqué. Es importante hablar de nuestros problemas emocionales y buscar ayuda. En el ambiente escolar podemos hablar con un(a) consejero(a). Nos puede ayudar.

7

¡Qué pena! Letters have broken off these words. Can you put them back where they belong?

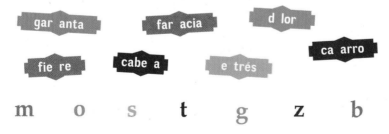

m   o   s   t   g   z   b

Ser y estar
Características y condiciones

1. Spanish has two verbs that mean *to be.* They are **ser** and **estar.** These verbs have distinct uses. **Ser** expresses an inherent trait or characteristic that does not change.

> **El edificio es muy alto.**
> **Ella es sincera.**

2. **Estar** expresses a temporary state, emotion, or condition.

> **Juan no está bien hoy. Está enfermo.**
> **La joven está cansada.**
> **José, ¿por qué estás nervioso?**
> **El agua está fría.**

3. You can often use either **ser** or **estar** depending upon what you mean to say. Note the different messages in the following.

Él es agresivo.	*He is naturally an aggressive type.*
Él está muy agresivo.	*He's not normally that way but now he's acting in an aggressive way.*
Ella es muy obstinada.	*She's a very obstinate type.*
Ella está muy obstinada.	*She's being very obstinate now.*

Práctica

ESCUCHAR

 Escucha las frases. Indica si es una característica o una condición.

característica	condición

ESCUCHAR • HABLAR • ESCRIBIR

Personaliza. Da una respuesta personal.

1. ¿Es grande o pequeña tu casa?
2. ¿Es bonita?
3. ¿De qué color es tu casa?
4. ¿Es nuevo o viejo el carro de tu familia?
5. ¿Es bien educada o mal educada tu mascota?
6. ¿Cómo es tu hermano(a)?

La casa está en el Pueblito. El Pueblito es un museo al aire libre en la Ciudad de Panamá. La casa es de madera. En el Pueblito hay casas típicas de todas las regiones de Panamá.

Andrew Payti

ESCUCHAR • HABLAR • ESCRIBIR

3 Personaliza. Da una respuesta personal.

1. ¿Cómo estás hoy? ¿Estás bien o estás enfermo(a)?
2. ¿Estás contento(a)?
3. ¿Estás triste?
4. ¿Estás nervioso(a)?
5. ¿Estás de buen humor o de mal humor?

LEER • HABLAR • ESCRIBIR

4 Completa con la emoción o característica apropiada.

1. Ramón _____ porque acaba de marcar un tanto.
2. Luisa _____ porque acaba de dormir mucho.
3. Lucas _____ porque su abuelo está enfermo.
4. Su padre _____ porque tiene mucho estrés.
5. Maricarmen _____ y siempre quiere trabajar
   y tener éxito.

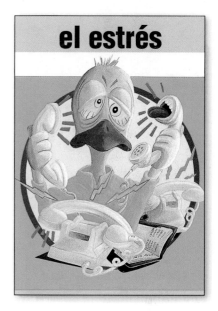

el estrés

5

Comunicación

Create a chart like the one below on a separate sheet of paper. List some emotions similar to the ones below. Give an instance of when you feel a certain way. Present your results to the class.

Estoy enojado(a) cuando…

HABLAR • ESCRIBIR

6 **Juego** Compete with a partner. In one minute, list as many adjectives as you can that use **ser.** Then do the same for **estar.** Check each other's lists. The one with the most correct words wins. Then compare your adjectives and how many you found with those of the others in the class.

Ser y estar
Origen y colocación

1. You use **ser de** to tell where someone or something is from and what something is made of.

> **La profesora es de Puerto Rico.**
> **El café es de Colombia.**
> **La casa es de adobe.**

2. You use **estar** to express where someone or something is located. It is important to remember that **estar** expresses both temporary and permanent location.

> **Los alumnos están en la escuela.**
> **Madrid está en España.**

CULTURA

El joven es de San Juan, Puerto Rico.

CULTURA

Las casas están en una aldea de los emberá—un grupo indígena de Panamá. La aldea está en una zona tropical. Las casas de los indígenas de las zonas tropicales son de paja.

Práctica

ESCUCHAR • HABLAR • ESCRIBIR

7 ¿De dónde es? Contesta según el modelo.

MODELO —¿Es cubano el muchacho?
—Sí, creo que es de Cuba.

1. ¿Es colombiana la muchacha?
2. ¿Es guatemalteco el joven?
3. ¿Es puertorriqueña la señora?
4. ¿Es española la profesora?
5. ¿Es peruano el médico?
6. ¿Son venezolanos los amigos?
7. ¿Son chilenas las amigas?
8. ¿Son costarricenses los jugadores?

(l)Larry Hamill, (r)Andrew Payti

Go Online!

connectED.mcgraw-hill.com

ESCUCHAR • LEER • HABLAR

8 Practica la conversación y presta atención al uso de **ser** y **estar**.

—¿Es de Nicaragua Nora?

—No, Teresa. Creo que es venezolana.

—¿Ella es de Venezuela? Yo también soy de Venezuela y ahora aquí estamos en la Florida.

—Nora está en tu clase de inglés, ¿no?

—Sí, y es muy inteligente. Y algo más que me gusta, siempre está de buen humor.

HABLAR • ESCRIBIR

9 Contesta según la conversación.

1. ¿Es de Nicaragua Nora?
2. ¿De qué nacionalidad es?
3. ¿Quién más es de Venezuela?
4. ¿Dónde están las dos muchachas ahora?
5. ¿Están ellas en la misma clase de inglés?
6. ¿Cómo es Nora?
7. ¿Siempre está contenta?

EXPANSIÓN

Ahora, sin mirar las preguntas, relata la información en la conversación en tus propias palabras. Si no recuerdas algo, un(a) compañero(a) te puede ayudar.

InfoGap For more practice using **ser** and **estar**, do Activity 6 in the Student Resource section at the end of this book.

CULTURA
Es una plaza bonita en San Juan, Venezuela.

Kelli Drummer Avendaño

10 ¿De dónde es y dónde está ahora? Contesta. Presta atención a la diferencia entre el uso de **ser** y **estar.**

1. Bernardo es de Argentina pero ahora está en España.
   ¿De dónde es Bernardo?
   ¿Dónde está ahora?
   ¿De dónde es y dónde está?

2. Linda es de Estados Unidos pero ahora está en Colombia.
   ¿De dónde es Linda?
   ¿Dónde está ahora?
   ¿De dónde es y dónde está?

3. La señora Martín es de Cuba pero ahora está en Puerto Rico.
   ¿De dónde es la señora Martín?
   ¿Dónde está ahora?
   ¿De dónde es y dónde está?

CULTURA

Los jóvenes están en una placita en La Palma, una de las islas Canarias. Las islas Canarias están en el océano Atlántico al oeste de África.

ESCUCHAR • HABLAR • ESCRIBIR

11 Personaliza. Da una respuesta personal.

1. ¿Dónde está tu escuela?
2. ¿Está tu escuela cerca o lejos de tu casa?
3. ¿Estás en la escuela a las diez de la mañana?
4. ¿En qué clase estás después del almuerzo?
5. ¿De dónde es tu profesor(a) de español?
6. ¿Y de dónde eres tú?
7. ¿Cómo estás hoy?
8. Y el/la profesor(a), ¿cómo está?

FOLDABLES
Study Organizer

PAPER FILE FOLDER See the Foldables section of the Student Handbook at the beginning of this book for help with making this foldable. Make two folders, one with **ser** on the tab and **estar** on the other. Write sentences using each verb. On the back, explain your reason for your verb choice. Place the sentences in the correct folders. Trade folders with a friend and check each other's work.

LEER • HABLAR

12 Parea el verbo con la expresión.

ser estar	enfermo
	en casa
	inteligente
	cerca de
	sincero
	enojado
	en México
	de Madrid
	alto

Andrew Payti

Los pronombres me, te, nos

1. In Chapter 5 you learned the pronouns **me** and **te** with the expressions **me gusta, te interesa, te aburre.** Note that **nos** is the object pronoun that corresponds to **nosotros.**

> **No nos aburre el curso. Nos gusta.**
> **Nos interesa bastante.**

2. Me, te, and **nos** are object pronouns. They can be used as either direct or indirect objects. Note that, unlike in English, you put the object pronoun right before the verb.

> **El médico me ve. Me examina.**
> **¿Te habla el médico?**
> **Sí, me habla.**
> **El médico nos examina y nos da una receta.**

Práctica

HABLAR • ESCRIBIR

13 Personaliza. Da una respuesta personal.

1. A veces, cuando estás enfermo(a), ¿tienes que ir al médico?
2. Cuando estás en su consultorio, ¿te habla la recepcionista?
3. ¿Te examina el médico?
4. ¿Te habla también?
5. ¿Qué te duele?
6. ¿Te da un diagnóstico el médico?
7. ¿Te da una receta?
8. ¿Te receta medicina?

ESCUCHAR • HABLAR • ESCRIBIR

14 Crea frases según el modelo.

MODELO   ver →
    Cuando estamos enfermos, el médico nos ve.

1. examinar
2. mirar
3. hablar
4. dar una receta

HABLAR • ESCRIBIR

15 Trabaja con un(a) compañero(a) de clase.
Forma frases con las siguientes expresiones.

 me molesta   me enoja    me enfada   me duele

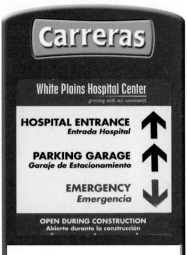

Carreras

White Plains Hospital Center
growing with our community

HOSPITAL ENTRANCE ↑
Entrada Hospital

PARKING GARAGE ↑
Garaje de Estacionamiento

EMERGENCY ↓
Emergencia

OPEN DURING CONSTRUCTION
Abierto durante la construcción

Aquí vemos las señales para una sala de emergencia en un hospital en Nueva York. Los anuncios son en inglés y español. Si te interesa una carrera en la profesión médica hay muchas oportunidades para usar tu español.

CULTURA

Una muchacha le habla a su amiga en Antigua, Guatemala. Parece ser una conversación seria.

Los pronombres le, les

1. **Le** and **les** are indirect object pronouns. That means they are the indirect receivers of the action of the verb. They answer the question *to whom* or *for whom*.

La médica le da una receta.
La médica les habla.

2. The indirect object pronouns **le** and **les** are both masculine and feminine. **Le** and **les** are often used with another phrase to clarify to whom they refer.

El profesor le habla ⎰ **al muchacho.**
⎱ **a la muchacha.**

El profesor les explica la lección ⎰ **a los alumnos.**
⎱ **a las alumnas.**

Le hablo ⎰ **a usted.** / **a él.** / **a ella.**

Les hablo ⎰ **a ustedes.** / **a ellos.** / **a ellas.**

Práctica

HABLAR • ESCRIBIR

16 Contesta las preguntas sobre el pobre Nando que está enfermo.

1. ¿Está Nando en el consultorio?
2. ¿Le habla el médico?
3. ¿Nando le explica sus síntomas?
4. ¿Le duele la garganta?
5. ¿El médico le examina la garganta?
6. ¿El médico le da una receta?
7. ¿Le receta unos medicamentos?

17 Prepara una conversación según el modelo.

MODELO —A mí me gusta mucho el arte.
—Y a tu amiga Rosa le gusta también, ¿verdad?

1. los deportes
2. la clase de español
3. el color verde
4. las legumbres
5. el helado
6. la comida mexicana

18 **Comunicación**

Make a list of things you like. Interview some friends and find out if they like them, too. Report the results to the class.

HABLAR • ESCRIBIR

19 **Juego** **¿Es una frase?** These words are all mixed up! Can you rearrange them to make logical sentences?

1. una receta médico da me el
2. les habla madre sus la a hijos
3. casa nos su gusta
4. profesor le a usted el lección la explica
5. ¿enfada te hermana tu?
6. dan perro un ellos ella a le

PRONUNCIACIÓN

Las consonantes c, g

The consonant **c** in combination with **a, o, u (ca, co, cu)** has a hard **k** sound. **C** changes to **qu** with **e** or **i (que, qui)** in order to maintain the hard **k** sound. Repeat the following.

ca	que	qui	co	cu
cama	que	aquí	como	cubano
casa	queso	equipo	cocina	cuando
cámara	parque	quiero	médico	Cuzco
cancha	raqueta	tranquilo	terco	
catarro	pequeño		físico	

 **Dictado**

Pronounce the following sentences carefully. Then write them to prepare for a dictation.

> **Yo practico el básquetbol en el parque pequeño.**
> **El cubano come el queso aquí en el parque.**
> **Él es muy terco y físico, no tranquilo.**

The consonant **g** in combination with **a, o, u (ga, go, gu)** is pronounced somewhat like the **g** in **go.** To maintain this same sound **g** changes to **gu** before **e** or **i (gue, gui).** Repeat the following.

ga	gue	gui	go	gu
paga	guerra	amiguito	juego	guante
gana			golpea	seguro

Dictado

Pronounce the following sentences carefully. Then write them to prepare for a dictation.

> **Góngora gana el Guante de oro.**
> **El amiguito quiere jugar.**
> **El médico examina la boca y la garganta.**

Refrán

Can you guess what the following proverb means?

Entre salud y dinero, salud quiero.

¡Bravo!

You have now learned all the new vocabulary and grammar in this chapter. Continue to use and practice all that you know while learning more cultural information. **¡Vamos!**

¿Comprendes?

A Contesta según la información en la conversación.

    1. ¿De dónde es Luis?
    2. ¿En qué clase está con Elena?
    3. ¿A qué clase tiene que ir ahora?
    4. ¿Qué piensa Elena de Luis?
    5. ¿Qué le gusta a Magalí?
    6. ¿Qué te parece? ¿Les interesa Luis a las muchachas?

B Cuenta lo que pasa en la conversación en tus propias palabras.

C Da la siguiente información.

características positivas de Luis	la apariencia de Luis

D **Interpretando** ¿Qué piensas?

¿Tiene Magalí mucho interés en Luis? ¿Por qué?
¿Y Elena? ¿Tiene ella interés también? ¿Por qué?

Kelli Drummer-Avendaño

CULTURA
Santa Marta es una ciudad colombiana muy popular con los turistas.
Está situada entre el mar Caribe y la Sierra Nevada de Santa Marta.

Lectura
CULTURAL

READING STRATEGY

Antes de leer

Skim the selection by looking for key words and reading the first and last sentence of each paragraph. Determine what you think this reading is about.

☑ READING CHECK

¿Qué es un pícaro?

Durante la lectura

Think about those characteristics of Periquillo that make him un antihéroe.

☑ READING CHECK

¿Dónde trabaja Periquillo?

Después de leer

Did skimming the reading give you a general sense of what the reading would be about?

SKIMMING Skimming is looking over an entire reading selection quickly to get a general idea of what it is about. Once you have a general idea of the reading, you can go back and read it again to find out more of the details.

El Periquillo Sarniento

La literatura picaresca La literatura tiene sus héroes y también sus antihéroes. En la literatura hispana hay un antihéroe especial—el pícaro. El pícaro es un muchacho humilde que no tiene dinero. Como es muy pobre su vida es una lucha[1] continua.

El Periquillo Sarniento *El Periquillo Sarniento* es del autor mexicano Fernández de Lizardi. Periquillo no es como los otros pícaros típicos. Él no es pobre y asiste a la universidad. Pero no le gusta trabajar. Le falta ambición. Es perezoso y pasa de una aventura a otra.

Trabaja como criado[2] en casa de un médico. Habla mucho con el médico y lee sus libros sobre la medicina. Decide que el médico no es bueno y que no les trata bien a sus pacientes. Periquillo le roba al médico. Toma sus libros, una cantidad de dinero y su mula. En la mula va a un pueblo pequeño donde no hay médico. Finge[3] ser médico y muy pronto tiene muchos pacientes. Creen que Periquillo es un médico auténtico.

Un día ve a un señor que está muy enfermo. Su familia está muy deprimida. Para aliviar el dolor de estómago que tiene el enfermo, Periquillo prepara una mezcla[4] de cosas horribles. El enfermo bebe. Y, ¿qué pasa? El señor abre los ojos, reconoce a su familia y les habla. La familia está muy alegre y todos le dan las gracias a su «médico».

Periquillo tiene otras aventuras pero poco a poco él cambia[5] su mala conducta y vive como una persona responsable.

[1]lucha *struggle*
[2]criado *housekeeper*
[3]Finge *He pretends*
[4]mezcla *mixture*
[5]cambia *changes*

¿Comprendes?

A Confirmando información Corrige la información que no es correcta.

  1. El pícaro es un héroe.
  2. *El Periquillo Sarniento* es una novela romántica.
  3. Como todos los pícaros, Periquillo es pobre.
  4. No tiene educación.
  5. Periquillo trabaja como médico en casa de un criado.

B Describiendo Describe los defectos que tiene Periquillo.

C Recordando hechos Contesta.

  1. ¿Qué lee Periquillo en casa del médico?
  2. ¿Qué piensa Periquillo del médico?
  3. ¿Cuáles son tres cosas que Periquillo toma del médico?
  4. ¿Adónde va Periquillo?

D Describiendo Describe.

  1. a la familia del paciente
  2. la condición del paciente
  3. el tratamiento que le da Periquillo

E Analizando Contesta.

  1. ¿Por qué cree Periquillo que el médico no es bueno?
  2. Cuando Periquillo llega al pueblo, ¿por qué tiene muchos pacientes inmediatamente?
  3. ¿Por qué creen que Periquillo es un buen médico?
  4. ¿Debe Periquillo tratar de curar a los enfermos? Explica por qué contestas que sí o que no.

F Relatando ¿Cuál es la idea principal de la lectura?

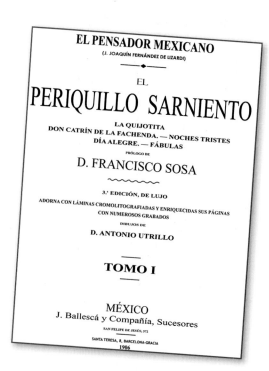

EL PENSADOR MEXICANO
(J. JOAQUÍN FERNÁNDEZ DE LIZARDI)

EL
PERIQUILLO SARNIENTO

LA QUIJOTITA
DON CATRÍN DE LA FACHENDA. — NOCHES TRISTES
DÍA ALEGRE. — FÁBULAS

PRÓLOGO DE

D. FRANCISCO SOSA

3.ª EDICIÓN, DE LUJO

ADORNA CON LÁMINAS CROMOLITOGRAFIADAS Y ENRIQUECIDAS SUS PÁGINAS
CON NUMEROSOS GRABADOS

DIBUJOS DE

D. ANTONIO UTRILLO

TOMO I

MÉXICO
J. Ballescá y Compañía, Sucesores
SAN FELIPE DE JESÚS, 572

SANTA TERESA, 8, BARCELONA-GRACIA
1906

Lectura
UN POCO MÁS

Antes de leer

Vas a leer un episodio en la vida de Lazarillo, un pícaro español. Como todos los pícaros, Lazarillo tiene que ser muy astuto. Es una característica importante para los pícaros. Vas a ver por qué.

Durante la lectura

Al leer la selección, identifica y describe a los personajes principales, el argumento o idea principal del relato y el escenario o ambiente en que tiene lugar.

Lazarillo de Tormes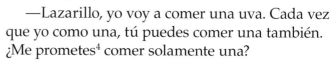

La primera novela picaresca es *Lazarillo de Tormes* de un autor anónimo español. Lazarillo es un niño pobre de Salamanca. No tiene dinero y siempre tiene que confrontar muchos obstáculos. Pero el joven no pierde su sentido del humor.

La madre de Lazarillo no tiene marido. Es viuda[1]. Ella gana muy poco dinero. Un día, llega al hotel donde trabaja un señor ciego[2]. La pobre madre está muy triste pero como ella no tiene dinero le da a su hijo al señor ciego.

Lazarillo es muy astuto y no tiene confianza en el ciego. Es un hombre cruel y trata muy mal a Lazarillo.

Un día un señor le da al ciego un racimo de uvas[3]. El ciego le habla a Lazarillo.

—Lazarillo, yo voy a comer una uva. Cada vez que yo como una, tú puedes comer una también. ¿Me prometes[4] comer solamente una?

—Sí, señor.

El ciego empieza a comer. Y, ¿cuántas uvas come? ¿Una? ¡No! Come dos.

Luego el ciego le da el racimo a Lazarillo, y Lazarillo empieza a comer. ¿Cuántas uvas come? ¿Una? ¿Dos? ¡No! Lazarillo come tres.

—Lazarillo, tú no comes solamente una uva. Comes tres.

—No, señor.

—Lazarillo, tú ves que yo como dos uvas y no me dices nada[5]. Por eso, estoy seguro de que tú comes tres y rompes[6] nuestra promesa.

—Sí, señor. Pero, ¿quién rompe nuestra promesa primero? ¡Yo, no! ¡Usted, sí!

[1]viuda   *widow*
[2]ciego   *blind*
[3]racimo de uvas   *bunch of grapes*
[4]prometes   *do you promise*
[5]dices nada   *you say nothing*
[6]rompes   *break*

CULTURA
Una vista de la Plaza Mayor en Salamanca, la ciudad natal de Lazarillo

©Pixtal/age Fotostock

¿Comprendes?

A Escoge.

1. Lazarillo tiene que confrontar muchos obstáculos en la vida porque es _____.
   a. ciego
   b. pobre
   c. perezoso

2. Lazarillo siempre está _____.
   a. de buen humor
   b. de mal humor
   c. triste

3. La pobre madre le da a su hijo al ciego porque _____.
   a. no le gusta
   b. no tiene dinero y está desesperada
   c. el ciego es un buen hombre

4. ¿Por qué come Lazarillo tres uvas a la vez?
   a. porque quiere romper la promesa que tiene con el ciego
   b. porque tiene mucha hambre
   c. porque el ciego rompe su promesa primero

5. ¿Por qué tienen que ser astutos los pícaros?
   a. Son bastante maliciosos.
   b. No son muy inteligentes.
   c. Son pobres y viven solos.

B Analizando Explica por qué el primero que rompe la promesa es el ciego y no Lazarillo.

CULTURA
Una vista de Salamanca

Emily Lowry

Prepárate para el examen

↺ To review, see **Vocabulario 1** and **Vocabulario 2.**

CULTURA 🔊

La señora indígena trabaja duro y vende dulces en su tenderete en Antigua, Guatemala. Está cansada después de pasar el día en su tenderete.

Vocabulario

1 **Parea.**

a b c d e f

1. Le duele la cabeza.
2. Está cansada.
3. Está triste.
4. Tose.
5. Es dinámico y ambicioso.
6. Tiene catarro.

2 **Parea.**

7. Él no es flexible.
8. Es mal educado.
9. Es perezoso.
10. Siempre está enojado.
11. Le examina la garganta.
12. Tiene que guardar cama.
13. Le falta paciencia.

a. No le gusta trabajar.
b. Tiene que abrir la boca.
c. Es terco.
d. Está enfermo. Tiene fiebre.
e. No me gusta su conducta.
f. Todo le molesta.
g. Es un tipo impaciente.

3 **Completa con una palabra apropiada.**

14. Ella siempre tiene una _____ en la cara. Siempre está de buen humor.
15. Tiene mucho estrés y tiene dolor de _____.
16. Tiene _____ y le duele la garganta.
17. El médico ve a sus pacientes en _____.
18. Siempre come cosas malas y después tiene dolor de _____.
19. _____ me toma el pulso y la tensión arterial.
20. En la farmacia _____ muchos medicamentos.

Lori Ernfridsson

Gramática

4 Completa con **ser** o **estar**.

21. Lima _____ en Perú.

22. Nuestra escuela _____ grande.

23. Él no trabaja. _____ perezoso.

24. Ella _____ nerviosa porque tiene un examen.

25–26. Sus amigos _____ de México pero ahora _____ en la Florida.

27. José _____ enfermo.

28. Clara, ¿_____ cansada porque acabas de jugar tenis?

29. Yo tengo mucha energía hoy. _____ muy energético(a).

30. Yo _____ ambicioso(a) y quiero sacar buenas notas.

↻ To review, see **Ser y estar.**

5 Completa con el pronombre apropiado.

31. —¿_____ va a hablar Juan?
    —Sí, siempre me habla.

32–33. —¿_____ explica (a ustedes) la lección la profesora?
    —Sí, ella _____ explica la lección.

34. El médico _____ da una receta a su paciente.

35–36. —¿A ustedes _____ enoja su conducta?
    —Sí, _____ molesta.

↻ To review, see **Los pronombres me, te, nos** and **Los pronombres le, les.**

Cultura

6 Describe.

37. Describe a Periquillo Sarniento.

7 ¿Sí o no?

38. *El Periquillo Sarniento* es de un autor español.

39. Periquillo tiene su doctorado en medicina y es un médico excelente.

40. Todos los pícaros cambian su mala conducta.

↻ To review this cultural information, see the **Lectura cultural.**

Prepárate para el examen

1 ¿Quién es sincero(a)?

Talk about personality traits

Con un(a) compañero(a) de clase discute quien o quienes tienen las siguientes características. ¿Qué indica que tiene las siguientes características?

> **Es muy energético(a).**
> **Tiene mucha paciencia.**
> **Es bastante perezoso(a).**
> **Es bien educado(a).**
> **Es dinámico(a) y ambicioso(a).**

2 Mis emociones

Talk about your feelings

Indica cuando tienes las siguientes emociones o sentimientos. Puedes incluir otras.

> **Estoy nervioso(a) cuando...**
> **Estoy contento(a) cuando...**
> **Me enoja cuando...**

El joven está contento y siempre está de buen humor. Tiene una personalidad agradable. A todos les gusta su sonrisa.

3 ¡A tu éxito!

Tell how you are going to be successful

Habla de como vas a tener éxito.

> **Como quiero tener éxito, voy a...**

4 ¿Qué tienes?

Role-play a visit to a doctor's office

Estás en la consulta del médico. Habla con el/la médico(a) (tu compañero[a]) de tus enfermedades. Luego cambien de rol.

Tarea

Write a complete description of yourself. If you prefer, however, you can write about a fictitious character—someone you read about or made up.

Writing Strategy

Writing a personal essay One of the best ways to start to write something personal is to sit down and begin to jot down random ideas. Write down what comes to your mind about yourself or your fictitious person. Be sure that you use only words and grammar you have learned in Spanish.

❶ Prewrite

Fill in a chart similar to the one below. Give as much information about yourself or your fictitious person as you can under each category. Feel free to create additional categories. Use as much of this chapter's vocabulary as possible. Include details to make your description interesting and lively and maybe even funny.

❷ Write

- Begin with an introduction that explains whom you are describing.
- Decide the order you wish to give to the categories suggested in the chart. Use a separate paragraph for each category.
- Give your composition a title that will grab the readers' attention.
- Edit your work. Check spelling, grammar, punctuation, and sentence structure.

Evaluate

Don't forget that your teacher will evaluate you on your organization, correct use of vocabulary and grammar, understandability, ability to hold the interest of the reader, and completeness of your message.

Image Source/PunchStock

Repaso del Capítulo 6

Ser y estar

The verbs **ser** and **estar** have distinct uses.

Característica	**Él es** muy ambicioso.
Origen	**Ella es** de la República Dominicana.
Condición	**Ella está** muy cansada hoy.
Colocación	**Él está** en San Juan esta semana.
	San Juan está en Puerto Rico.

Los pronombres me, te, nos

The object pronouns **me, te,** and **nos** can be either a direct object or an indirect object.

direct object	*indirect object*
El médico **me** ve.	El médico **me** habla.
El médico **te** examina.	El médico **te** da una receta.

Los pronombres le, les

Review the indirect object pronouns **le** and **les**.

Le hablo ⎰ a usted. a él. a ella.   **Les escribo** ⎰ a ustedes. a ellos. a ellas.

Comparaciones

Object pronouns
In English, does the object pronoun precede or follow the verb? And in Spanish?

Ser How many verbs for *to be* does English have? Remember, Spanish has two and they are not interchangeable.

CULTURA

El niño les da de comer a las palomas en la Plaza Grande de Mérida, México. En muchas plazas y parques de España y Latinoamérica, a los niños les encanta dar de comer a las palomas.

Andrew Payti

Go Online!

connectED.mcgraw-hill.com

Vocabulario

Describing emotions and feelings

alegre	deprimido(a)	energético(a)	cansado(a)
contento(a)	enojado(a)	calmo(a), tranquilo(a)	de mal (buen) humor
triste	enfadado(a)	nervioso(a)	

Discussing personality and behavior

la personalidad	el entusiasmo	paciente	agradable
el comportamiento	la paciencia	impaciente	bien (mal) educado(a)
la conducta	dinámico(a)	flexible	
los modales	ambicioso(a)	terco(a), obstinado(a)	
la energía	perezoso(a)		

Describing some minor health problems

la salud	el examen físico	la farmacia	examinar
un catarro	la tensión arterial	el/la farmacéutico(a)	abrir
una fiebre	el pulso	la receta	toser
una tos	la consulta	el medicamento, la	doler
el estrés	el/la médico(a)	medicina	recetar
el dolor	el/la enfermero(a)	enfermo(a)	vender
de garganta	el/la paciente	resfriado(a)	
de estómago			
de cabeza			

Other useful words and expressions

la sonrisa	lleno(a) de	guardar cama
la cara	me falta	tener éxito
la boca	me enfada	ser
el/la niño(a)	me enoja	estar
el tipo	me molesta	

LA PRACTICE Refer to the Language Arts Practice section and use your Spanish to practice Language Arts skills.

Literary Reader

You may wish to read the Mexican legend *Iztaccíhuatl y Popocatépetl* found in the Literary Reader at the end of this book.

Repaso cumulativo

Repasa lo que ya has aprendido

These activities will help you review and remember what you have learned so far in Spanish.

1 Escucha las frases. Indica en una tabla como la de abajo si las frases son correctas o no.

sí	no

2 Completa con el verbo ser.

1. Yo _____ alumno(a) en la clase de la señora Lugones.
2. La clase _____ bastante grande.
3. Los alumnos de la señora Lugones _____ bastante buenos.
4. Nosotros _____ alumnos serios.
5. ¿Tú _____ un(a) alumno(a) serio(a) también?
6. ¿En qué escuela _____ ustedes alumnos?

3 Escribe frases. Presta atención a las terminaciones *(endings)* de los adjetivos.

1. muchacha / rubio
2. clase / pequeño
3. lecturas / fácil
4. edificio / alto
5. departamentos / grande
6. carro / viejo
7. jardín / bonito
8. flores / bonito

4 Personaliza. Da respuestas personales.

1. ¿Cuántos años tienes?
2. ¿Cuántos años tienen tus hermanos si no eres hijo(a) único(a)?
3. ¿Tienen ustedes una mascota? ¿Qué tienen?
4. ¿Cuántos cuartos tiene su casa o apartamento?
5. ¿Tienes muchos primos?
6. ¿Tienen ustedes una familia grande o pequeña?

CULTURA

Muchas personas tienen como mascota un loro como el loro aquí de Antigua, Guatemala.

Lori Ernfridsson

5 **Completa personalmente.**

1. Soy de _____.

2. Tengo el pelo _____.

3. Tengo ojos _____.

4. Soy _____.

5. Y estoy _____.

6 **Da el antónimo.**

1. alto

2. cansado

3. feo

4. ambicioso

5. malo

6. interesante

7. contento

8. pequeño

9. mucho

10. antes de

11. interesar

12. delante de

7 **Contesta según el dibujo.**

1. ¿Qué muebles hay en la sala?

2. ¿Qué muebles hay en el comedor?

3. ¿Qué muebles hay en los cuartos de dormir?

8 **Forma preguntas.**

1. *El joven* es ambicioso.

2. El joven es *ambicioso*.

3. Él es *médico*.

4. Vive *en Salamanca*.

5. Tiene *dos* hijos.

6. Él va *a su consultorio*.

7. Él va a su consultorio *de lunes a viernes*.

CAPÍTULO

7

De vacaciones

Go Online!

connectED.mcgraw-hill.com

Audio

Video

Práctica

Repaso

Diversiones

eScape

ePals

Aquí y Allí

Vamos a comparar ¿Cuándo tiene tu escuela las grandes vacaciones? ¿En verano o en invierno? En unos países hispanos las vacaciones— de unos dos o tres meses—coinciden con la Navidad. Vas a ver como pasan unos jóvenes sus vacaciones. Muchas veces depende del clima de la región donde viven.

Objetivos

You will:

- talk about summer and winter weather and activities
- discuss summer and winter resorts in Spanish-speaking countries

You will use:

- preterite tense of regular **-ar** verbs
- preterite of **ir** and **ser**
- direct object pronouns

◀ Aquí vemos el puerto bonito de Ciutadella (en mallorquín) o Ciudadela (en español) en la idílica isla de Menorca en las Baleares.

De vacaciones

Look at these photographs to acquaint yourself with the theme of this chapter. Who doesn't enjoy taking a summer or winter vacation? In this chapter you will learn that the opportunities for a fabulous vacation in the Spanish-speaking world are limitless. Which of these vacation spots do you find the most enticing? All kinds of wonderful experiences await you. **¡Vamos!**

México

Es una playa bonita en Puerto Vallarta, México.

Puerto Rico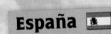

La gente va a nadar en el agua. Disfruta de la vista de una cascada en El Yunque.

España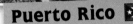

Es la playa de Illetas en la isla de Mallorca en España. El mar Mediterráneo es famoso por sus aguas cristalinas.

República Dominicana

Aquí vemos muchas planchas de vela en una playa de la costa norte de la República Dominicana. La plancha de vela es un deporte acuático popular en muchas partes del mundo.

Uruguay

La capital de Uruguay tiene muchas playas bonitas que son muy populares en los meses de verano, de diciembre a marzo. Aquí vemos la playa Ramírez con una vista parcial de la ciudad de Montevideo al fondo. De noche a los montevideanos les gusta dar un paseo a lo largo del malecón.

Argentina

Cerro Bayo es una estación de esquí en la provincia de Neuquén en la Patagonia argentina no muy lejos de Bariloche. Tiene veinticuatro pistas, algunas para cada nivel: principiantes, medios y expertos. La estación más apropiada para el esquí es entre el 15 de junio y el 30 de octubre.

Chile

Puerto Varas es uno de los pueblos más placenteros de Chile. Por todo el pueblo se ve la influencia alemana en la arquitectura. Del centro se puede disfrutar de una vista maravillosa del volcán Osorno cubierto de nieve.

Bienvenido a
CERROBAYO
Centro de ski boutique

El verano

¿Qué tiempo hace en el verano?

Hace buen tiempo.
Hace (Hay) sol.
Hace calor.

A veces llueve.
Cuando llueve está nublado.
Hay nubes.

En otras partes

Tomar fotos is used throughout Latin America. **Sacar fotos** is used in Spain. In Spain and other countries you will hear **la piscina**. In Mexico it is **la alberca**. You will also hear **la pila**.

la playa, el balneario
el mar
tomar el sol
la ola
una cámara digital
el traje de baño, el bañador
la toalla
la arena

Los amigos fueron a la playa.
Pasaron el fin de semana en la playa. Tomaron el sol.
Elena tomó (sacó) fotos con su cámara digital.

practicar la plancha de vela

el surfing
la tabla hawaiana

el buceo
bucear

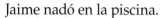

los anteojos de sol, las gafas para el sol

la piscina, la alberca

una crema solar, una loción bronceadora

Jaime nadó en la piscina.

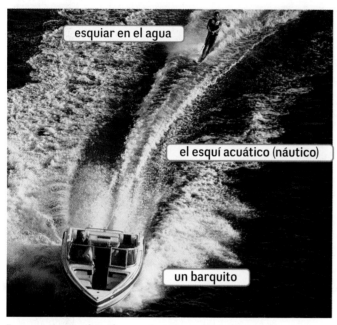

esquiar en el agua

el esquí acuático (náutico)

un barquito

Los amigos alquilaron (rentaron) un barquito.
Carlos esquió en el agua.

la cancha de voleibol

Hay una cancha de voleibol en la playa.
Un jugador lanza el balón.
Otro jugador del equipo contrario lo devuelve.

ESCUCHAR

1 Escucha las frases. Parea cada frase con la foto que describe.

a.

b.

c.

d.

¡Así se dice!

When you want to say something is not worthwhile, you can say **No vale.**

No vale ir a la playa cuando llueve.

HABLAR • ESCRIBIR

2 Contesta sobre unos amigos que pasaron un rato (unos momentos) en la playa.

1. ¿Fueron los amigos a la playa ayer?
2. ¿Pasaron el fin de semana en la playa?
3. ¿Nadó José en el mar?
4. ¿Tomó Adela el sol?
5. ¿Usó una loción bronceadora protectora?
6. ¿Buceó ella o esquió en el agua?

EXPANSIÓN

Ahora, sin mirar las preguntas, da toda la información en tus propias palabras. Si no recuerdas algo, un(a) compañero(a) te puede ayudar.

¿Lo sabes?

The following are some time expressions you will want to use when referring to the present and the past.

PRESENTE	PASADO
hoy	ayer
esta noche	anoche
esta tarde	ayer por la tarde
este año	el año pasado
esta semana	la semana pasada

ESCUCHAR • HABLAR • ESCRIBIR

3 Confirma. ¿Sí o no?

1. Hay playas en un balneario.
2. Hay olas grandes en una piscina.
3. El Caribe es un mar y el Pacífico es un océano.
4. A todos les gusta ir a la playa cuando está nublado y llueve.
5. Es importante usar una crema o loción bronceadora protectora cuando uno toma el sol.
6. Una persona lleva un traje de baño cuando juega tenis.
7. Alquilaron un barquito porque van a nadar.

ESCUCHAR • HABLAR • ESCRIBIR

4 Con un(a) compañero(a) de clase, prepara una conversación según el modelo.

MODELO —¿Qué compró Elisa?
—Compró un traje de baño.
—Y, ¿cuánto le costó?
—Ni idea.

1.

2.

3.

4.

5 *Comunicación*

Tú y un(a) amigo(a) planean una excursión a la playa. ¿Qué tienen que llevar a la playa? ¿Cómo van a pasar la tarde en la playa?

HABLAR • ESCRIBIR

6 Contesta sobre un grupo de amigos en la playa.

1. ¿Hay una cancha de voleibol en la playa?
2. ¿Juegan los amigos voleibol?
3. ¿Cuántas personas hay en la cancha?
4. ¿Golpeó Luis el balón?
5. ¿Pasó por encima de la red el balón?
6. ¿Marcó él un tanto?

El invierno 🎧

¿Qué tiempo hace en el invierno?

Hace frío. Nieva.
A veces hay mucha nieve.
Ayer la temperatura bajó a cero.

el pico
la montaña
una estación de esquí
el telesquí, el telesilla
la pista

el gorro
el bastón
el esquí
la esquiadora

la snowboarder
el casco
la chaqueta de esquí, el anorak
los guantes
la bota

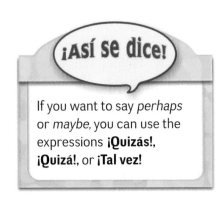

¡Así se dice!

If you want to say *perhaps* or *maybe,* you can use the expressions **¡Quizás!,** **¡Quizá!,** or **¡Tal vez!**

234 *doscientos treinta y cuatro*

(t)Image Source/Getty Images. (tr)ImageSource/age fotostock. (b)Thinkstock Images

el boleto, el ticket

EL PICO
19 FEB
09:30 am
Todo día
No alquilar

la ventanilla, la boletería

Los amigos compraron los tickets para el telesquí.
Los compraron en la ventanilla.

Tomaron el telesilla.
Lo tomaron para subir la montaña.

Hugo tiene miedo.
No quiere bajar la pista avanzada.
Prefiere las pistas para principiantes.

el/la patinador(a)

la pista de patinaje
al aire libre

el patín

Julio y su amiga fueron a patinar sobre el hielo ayer.

En otras partes

El boleto is used throughout Latin America to mean *ticket*. In Spain it is **un billete.** A small ticket such as for a lift, bus, or subway is called **un ticket.** Variations are **el tiquete, el tique.**

La niña toma una lección de esquí en una pista de esquí.

HABLAR • ESCRIBIR

1 Identifica todo lo que ves en la foto. ¿Qué tiempo hace?

LEER

2 Categoriza. ¿Son palabras relacionadas con el esquí, el patinaje o los dos?

	esquí	patinaje	los dos
1. el pico			
2. el invierno			
3. la ventanilla			
4. el patín			
5. el hielo			
6. la pista			
7. el telesilla			
8. el bastón			

HABLAR • ESCRIBIR

3 Contesta sobre un grupo de amigos en una estación de esquí.

1. ¿Fueron los amigos a una estación de esquí?
2. ¿Compraron tickets para subir la montaña en el telesilla?
3. ¿Tomaron el telesilla para subir?
4. Cuando llegan al pico de la montaña, ¿ven muchas pistas?
5. ¿Hay pistas para expertos y principiantes?
6. ¿Tiene miedo Guillermo?
7. ¿Qué no quiere bajar?

EXPANSIÓN

Ahora, sin mirar las preguntas, da toda la información en tus propias palabras. Si no recuerdas algo, un(a) compañero(a) te puede ayudar.

HABLAR • ESCRIBIR

4 Prepara una lista de todo lo que necesitas cuando vas a esquiar. Luego prepara una lista de lo que necesitas cuando vas a la playa.

Comunidades

¿En qué parte de Estados Unidos vives? ¿Hay balnearios o estaciones de esquí? ¿Qué atracciones hay? ¿Visitan muchos turistas tu estado? ¿Qué quieren ver o visitar? Si de vez en cuando hay unos turistas que hablan español, les debes hablar para practicar tu español.

Kelli Drummer-Avendaño

ESCUCHAR • HABLAR • ESCRIBIR

5 Personaliza. Da respuestas personales.

1. Donde tú vives, ¿es popular el patinaje sobre hielo?
2. ¿Hay pistas de patinaje?
3. ¿Hay pistas al aire libre o cubiertas?
4. ¿Tienes patines?
5. ¿Hace mucho frío donde vives?
6. ¿Tienes miedo a veces cuando participas en ciertas actividades?
7. ¿Cuándo tienes miedo?

HABLAR • ESCRIBIR

6 Describe una de las fotografías.

LEER • ESCRIBIR

7 Rompecabezas

Work in pairs to solve the puzzle. Unscramble the words.
Then, unscramble the circled letters. The first to
discover the secret word wins.

LIHOE   ___ ___ ___ ⦾ ___

TANÓBS   ⦾ ___ ___ ___ ___

YEAR   ___ ___ ⦾ ___

MOPITE   ___ ___ ___ ___ ⦾

APTSI   ___ ___ ___ ⦾ ___

SOCCA   ___ ___ ___ ___ ⦾

    Palabra secreta: _____

Pretérito de los verbos en -ar

1. To express an action that began and ended at a specific time in the past you use the preterite tense. The endings of the preterite tense are different from those of the present tense.

2. You form the preterite of regular **-ar** verbs as follows.

infinitive	mirar		
stem	mir-		
yo	miré	nosotros(as)	miramos
tú	miraste	vosotros(as)	mirasteis
Ud., él, ella	miró	Uds., ellos, ellas	miraron

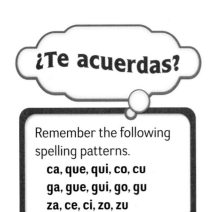

¿Te acuerdas?

Remember the following spelling patterns.
**ca, que, qui, co, cu
ga, gue, gui, go, gu
za, ce, ci, zo, zu**

infinitive	nadar		
stem	nad-		
yo	nadé	nosotros(as)	nadamos
tú	nadaste	vosotros(as)	nadasteis
Ud., él, ella	nadó	Uds., ellos, ellas	nadaron

3. Note the spelling of the **yo** form of verbs that end in **car, gar,** and **zar.**

c → qué   g → gué   z → cé
¿Marcaste un tanto?   Sí, **marqué** un tanto.
¿Llegaste a tiempo?   Sí, **llegué** a tiempo.
¿Empezaste a bucear?   Sí, **empecé** a bucear.

CULTURA
Aquí en Puerto Madryn, Argentina, puedes rentar todos los artículos necesarios para el buceo.

Andrew Payti

Práctica

ESCUCHAR

1 Escucha y determina si es el presente o el pretérito. Indica tus respuestas en una tabla como la de abajo.

presente	pretérito

ESCUCHAR • HABLAR

2 Contesta sobre Gustavo quien pasó una tarde en la playa.

1. Ayer, ¿pasó Gustavo la tarde en la playa?
2. ¿Con quiénes pasó la tarde?
3. ¿Tomó Gustavo mucho sol?
4. ¿Usó una loción bronceadora protectora?
5. ¿Nadó en el mar?
6. ¿Esquió en el agua?
7. ¿Tomó fotos con su cámara digital?

EXPANSIÓN

Ahora, sin mirar las preguntas, cuenta la información en tus propias palabras. Si no recuerdas todo, un(a) compañero(a) te puede ayudar.

ESCRIBIR

3 Forma frases en el pasado.

MODELO **amigos / comprar / raqueta →**
Los amigos compraron una raqueta.

1. jóvenes / jugar / tenis
2. ellos / jugar / cancha cubierta
3. ellos / golpear / pelota
4. jóvenes / jugar / dobles
5. Alicia y Paco / marcar / primer tanto
6. ellos / ganar / partido

EXPANSIÓN

Ahora, sin mirar las frases que formaste, relata toda la información en tus propias palabras.

Los dos amigos jugaron individuales en una cancha de tenis al aire libre.

Carreras

ME ENCANTA NEW YORK

New York City
GUIA Y MAPA
PARA VISITANTES

Si hablas español hay muchas oportunidades para usar la lengua en la industria del turismo. ¿Por qué? Pues, porque hay mucha gente de ascendencia latina que vive en Estados Unidos y hay muchos turistas de España y Latinoamérica que visitan nuestro país.

4 Personaliza. Da una respuesta personal.

1. Ayer, ¿a qué hora llegaste a casa?
2. ¿Preparaste la comida?
3. ¿Estudiaste?
4. ¿Escuchaste música?
5. ¿Miraste la televisión?
6. ¿Hablaste con un(a) amigo(a)?
7. ¿Le hablaste por teléfono en tu móvil?
8. ¿Te gustó la conversación?

5 Trabajando en grupos, preparen una conversación sobre un juego de básquetbol según el modelo.

MODELO —¿Jugó Pablo?
—A ver, Pablo. ¿Jugaste?
—Sí, jugué.

1. ¿Jugó Pablo básquetbol?
2. ¿Dribló con el balón?
3. ¿Pasó el balón a un amigo?
4. ¿Tiró el balón a su amigo?
5. ¿Entró el balón en el cesto?
6. ¿Marcó un tanto?

6 Cambia **nosotros** a **yo.** Presta atención a la ortografía.

Ayer nosotros llegamos a la playa y empezamos a jugar fútbol. Jugamos muy bien. No tocamos el balón con las manos. Lo lanzamos con el pie o con la cabeza. Marcamos tres tantos.

CULTURA

Los jóvenes jugaron fútbol en una playa de Puerto Vallarta en México.

Kerri Galloway

HABLAR

7 Conversa con un grupo de amigos que fueron a una fiesta anoche.

MODELO hablar →
—¿Hablaron ustedes durante la fiesta?
—Sí, hablamos.

1. jugar juegos de video
2. tomar una merienda
3. sacar fotos
4. rentar un DVD
5. tomar un refresco
6. escuchar música

LEER • ESCRIBIR

8 Completa con el pretérito. Tienes que usar todas las formas de los verbos.

Un grupo de amigos y yo __1__ (pasar) unos días en un balneario. Nosotros __2__ (llegar) el viernes por la noche y __3__ (pasar) dos noches en la casa de nuestro amigo Andrés.

En la playa todos nosotros __4__ (tomar) el sol. Yo __5__ (nadar) en el mar pero a Teresa no le gusta el mar y ella __6__ (nadar) en la piscina. Rubén __7__ (alquilar) un barquito y él y yo __8__ (esquiar) en el agua.

Y tú, ¿__9__ (nadar) la última vez que __10__ (pasar) algunos días en la playa? Y tus amigos, ¿__11__ (nadar) ellos también o solo __12__ (tomar) el sol?

LEER • HABLAR • ESCRIBIR

9 Rompecabezas

First choose the word in each group that does not belong. Then think of another word that fits the category. Using all four words, create a sentence in the preterite.

1. el mar | la ola | el invierno | la playa

2. la toalla | las gafas | la crema protectora | la bota

3. el bañador | el gorro | los guantes | el anorak

4. nadar | patinar | bucear | tomar el sol

CULTURA

Un anuncio publicitario en Valencia, España

InfoGap For more practice using the preterite of **-ar** verbs, do Activity 7 in the Student Resource section at the end of this book.

Andrew Payti

Pretérito de **ir** y **ser**

The verbs **ir** and **ser** are irregular in the preterite. Note that they have the same forms. You can determine the difference in meaning by the context of the sentence.

ir, ser	
yo	fui
tú	fuiste
Ud., él, ella	fue
nosotros(as)	fuimos
vosotros(as)	*fuisteis*
Uds., ellos, ellas	fueron

CULTURA

Los alumnos fueron a la escuela a pie en Oaxaca, México.

Yo fui a la playa y él fue también.
I went to the beach and he went, too.

Yo fui presidente y él fue vicepresidente.
I was president and he was vice president.

CULTURA

Aquí vemos una escuela de esquí en Cerro Catedral, Argentina. Cerro Catedral es una estación de esquí popular en el Parque Nacional Nahuel Huapi cerca de Bariloche. ¿Qué puedes hacer en esta escuela?

Práctica

ESCUCHAR

10 Escucha y determina quién habla.

yo	él, ella

HABLAR • ESCRIBIR

11 Personaliza. Da una respuesta personal.

1. Ayer, ¿fuiste a la escuela?
2. ¿Cómo fuiste? ¿En carro, en bus o a pie?
3. ¿Fuiste a las montañas el invierno pasado?
4. ¿Fuiste a una estación de esquí?
5. ¿Fuiste a la playa el verano pasado?
6. ¿Fuiste a un balneario?
7. ¿Fuiste al partido de fútbol el sábado pasado?

EXPANSIÓN

Ahora, sin mirar las preguntas, relata toda la información en tus propias palabras. Si no recuerdas algo, un(a) compañero(a) te puede ayudar.

ESCRIBIR

12 Completa con el pretérito de **ir.**

1. Yo _____ a la escuela ayer.
2. Mis amigos _____ también.
3. Nosotros _____ juntos.
4. Nosotros _____ a las ocho de la mañana.
5. Yo _____ a la cafetería para tomar el almuerzo pero Elena no _____.
6. ¿_____ (tú) a la cafetería ayer también?

13 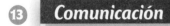 **Comunicación**

Get together in groups of three or four. You will ask one another where you went in the past year. After you all have given your answers, determine how many of you went to the same places. Present your results to the class.

Los pronombres lo, la, los, las

1. The direct object is the word in the sentence that receives the direct action of the verb. It answers the question *what* or *whom*. The direct object can be either a noun or a pronoun. **Lo, la, los,** and **las** are direct object pronouns.

2. The direct object pronouns can replace either a thing or a person. The pronoun must agree with the noun it replaces and it comes right before the verb.

<table>
<tr><td>Ella compró el casco.</td><td>Ella lo compró.</td></tr>
<tr><td>Compró los guantes.</td><td>Los compró.</td></tr>
<tr><td>¿Miró Juan la pelota?</td><td>Sí, la miró.</td></tr>
<tr><td>¿Miró las raquetas?</td><td>Sí, las miró.</td></tr>
<tr><td>¿Invitaste a Juan?</td><td>Sí, lo invité.</td></tr>
<tr><td>¿Invitaste a María?</td><td>Sí, la invité.</td></tr>
<tr><td>¿Invitaste a sus amigos?</td><td>Sí, los invité.</td></tr>
</table>

¿Te acuerdas?

Remember that you must use the **a personal** before a direct object when it is a person.

Invité a Carlos.
Invité a sus amigos también.

CULTURA

La señora vende anteojos de sol. Los vende en una calle de Baños, Ecuador. Ahora no tiene clientes y charla con una amiga.

Andrew Payti

Práctica

Go Online!

connectED.mcgraw-hill.com

ESCUCHAR • HABLAR

14 Con un(a) compañero(a), prepara una conversación según el modelo.

MODELO el bañador →
—¿Tienes el bañador?
—Sí, lo tengo. Lo compré ayer.

1. los anteojos de sol
2. el boleto
3. la toalla
4. el gorro
5. las botas
6. los guantes
7. la chaqueta de esquí
8. el casco

ESCUCHAR • HABLAR • ESCRIBIR

15 Contesta con el pronombre apropiado.

1. ¿Tienes tus botas nuevas?
2. ¿Tienes tu raqueta nueva?
3. ¿Tienes tu bañador nuevo?
4. ¿Tienes tus patines nuevos?
5. ¿Tienes tu cámara nueva?
6. ¿Tienes tu móvil nuevo?

LEER • HABLAR

16 Rompecabezas

Work with a partner and see who can solve each riddle first.

1. la usas cuando sacas fotos
2. la usas después de nadar
3. la necesitas cuando practicas el surfing
4. lo alquilas para esquiar en el agua
5. lo tomas para subir la montaña
6. la llevas cuando hace frío
7. lo debes comprar si quieres tomar el telesquí
8. los lleva una persona que patina

Comstock Images/age fotostock

LARGE SENTENCE STRIPS
See the Foldables section of the Student Handbook at the beginning of this book for help with making this foldable. Practice using direct object pronouns. On the front of each flap, write sentences with direct objects. Trade sentence strips and under the flaps replace the objects with pronouns. Check each other's work.

HABLAR

17 Piensa en cosas que quieres comprar. Luego, con un(a) compañero(a) de clase, prepara una conversación según el modelo.

MODELO   —¿Cuándo compraste los esquís?
—Los compré ayer.
—Me gustan. ¿Dónde los compraste?
—Los compré en la tienda Galerías.
—¿Cuánto te costaron?
—Me costaron 150 pesos.

LEER • ESCRIBIR

18 Completa con un pronombre.

Ayer yo fui a buscar una raqueta de tenis para Elena. __1__ compré en el Corte Inglés. A Elena le gustó mucho. Ella __2__ usó ayer cuando jugamos tenis. Ella me enseñó unas fotos. José __3__ sacó con su nueva cámara digital. Él __4__ compró ayer porque él también fue al Corte Inglés.

HABLAR

19 Work with a partner. Make up a conversation based on what you see in the photograph and use as many object pronouns as you can.

PRONUNCIACIÓN

Las consonantes b, v

There is no difference in pronunciation between a **b** and a **v** in Spanish. The **b, v** sound is somewhat softer than the sound of an English *b*. When making the sound, the lips barely touch.

Since **b** and **v** sound the same, people very often have trouble spelling words with a **b** or a **v.** They will often ask:

¿B de burro?   ¿V de vaca?

ba	be	bi	bo	bu
balón	béisbol	bien	recibo	bus
base	bebe	recibimos	árbol	aburre
batea	recibe	biftec	bonito	abuela
bajo	bebida	billete	fútbol	buceo
bárbaro	nube		boleto	
bastón			bota	

va	ve	vi	vo	vu
va	vela	vive	vosotros	vuelve
nieva	verano	vivimos	huevo	vuestro
nueva	verde	viejo	volver	
vamos	joven	vista	voy	
vaso	ventanilla	invierno	voleibol	
	venezolano		nuevo	

Dictado

Pronounce the following sentences carefully. Then write them to prepare for a dictation.

> Va a visitar a sus abuelos en Bolivia.
> No nieva en Venezuela donde vivimos.
> Bárbara bebe un batido en el bus.
> Víctor ve la televisión.
> David vive en una casa nueva, no vieja.
> El joven alquila un barco de vela en verano.
> Lleva bañador cuando bucea.

Refrán

Can you guess what the following proverb means?

A invierno lluvioso, verano abundoso.

¡Bravo!

You have now learned all the new vocabulary and grammar in this chapter. Continue to use and to practice all that you know while learning more cultural information. ¡Vamos!

Un día en la playa

Nando	¿Fuiste a la playa ayer?
Teresa	Sí, fui con Naida. Pasamos una tarde agradable. Naida nadó mucho y yo tomé el sol.
Nando	¿Esquiaron en el agua?
Teresa	No, yo tomé (llevé) mi plancha de vela pero no la usé.
Nando	¿No la usaste? ¿Por qué?
Teresa	Poco viento.
Nando	Ah, verdad. Si no hay mucho viento no puedes practicar la plancha de vela. No vale.
Teresa	¡Quizás, mañana!
Nando	Debes ir a Rincón. Allí las olas son más grandes y hay más viento.

¿Comprendes?

A Contesta según la información en la conversación.

1. ¿Quién fue a la playa?
2. ¿Con quién fue?
3. ¿Cómo pasaron la tarde?
4. ¿Quién nadó?
5. ¿Quién tomó el sol?
6. ¿Usó su plancha de vela Teresa?
7. ¿Adónde debe ir Teresa para practicar la plancha de vela?
8. ¿Cuáles son dos cosas necesarias para poder practicar la plancha de vela?

> **Cultura**
>
> Se celebra en las playas de Puerto Rico el solsticio de verano de una manera especial. Puedes aprender de esta celebración si visitas el sitio Web **eScape.**

B **Resumiendo** Cuenta lo que pasó en la conversación en tus propias palabras.

C **Analizando** Si estás en Puerto Rico y quieres practicar la plancha de vela, ¿adónde debes ir? ¿Por qué?

CULTURA

Una playa en la costa norte de Puerto Rico durante una tempestad. El mar está bastante revuelto.

Richard Brommer

Lectura
CULTURAL

READING STRATEGY

> **Antes de leer**
>
> *Before reading the selection, look at the two subtitles. Make a chart with a subtitle at the top of each column.*

> **Durante la lectura**
>
> *As you read, fill in your chart with information you want to remember. You don't need to use complete sentences.*

> ☑ **READING CHECK**
>
> ¿Adónde fueron a comer los amigos?

> ☑ **READING CHECK**
>
> ¿Para quiénes es un paraíso Tarifa?

> **Después de leer**
>
> *Use your notes to help with the ¿Comprendes? activities. Were your notes helpful?*

TAKING NOTES As you read, you learn new information. Taking notes helps you remember and organize that information. Your notes can be in the form of an outline, a chart, or a list of phrases with key words.

Un día en una playa de España 🎧 ↻

La playa de Estepona El otro día Juan Carlos y un grupo de sus amigos del colegio fueron a Estepona donde pasaron el día entero en la playa. Estepona tiene muchos balnearios y cuando el día está muy claro, es posible ver la costa de África.

Los amigos lo pasaron muy bien en la playa. Conversaron de muchas cosas. Nadaron y tomaron el sol. Sandra y Felipe alquilaron un barquito y esquiaron en el agua. Y Tomás practicó la plancha de vela.

A eso de las tres y media todos fueron a un chiringuito—un restaurante pequeño al aire libre en la playa. Como[1] están en la costa tienen que comer pescado y mariscos. Todos picaron de varios platos—gambas al ajillo[2], arroz con camarones, calamares[3]—y una tortilla a la española. La tortilla fue para Maripaz porque a ella no le gustan los mariscos ni el pescado.

CULTURA 🇪🇸

Un chiringuito en Estepona

Tarifa Durante el almuerzo habló Fernando. Les habló a sus amigos de su día en Tarifa. Tarifa no está muy lejos de Estepona. En Tarifa el Mediterráneo entra en el Atlántico. Hay mucho viento y el mar está casi siempre bravo[4]. Las olas son muy grandes y por consecuencia Tarifa es un paraíso para los aficionados a la plancha de vela.

[1]Como   *As, Since*
[2]gambas al ajillo   *shrimp in garlic sauce*
[3]calamares   *squid*
[4]bravo   *rough*

Andrew Payti

¿Comprendes?

A **Recordando hechos** Contesta.

    1. ¿Adónde fueron Juan Carlos y un grupo de sus amigos?
    2. ¿De qué hablaron los amigos?
    3. ¿En qué actividades participaron?
    4. ¿Adónde fueron a eso de las tres y media?
    5. ¿Qué platos picaron?
    6. ¿A quién no le gustan los mariscos ni el pescado?

B **Describiendo** Describe.

    1. un chiringuito
    2. Tarifa
    3. Estepona

C **Analizando** Contesta.

    ¿Por qué a los aficionados a la plancha de vela les gusta ir a Tarifa?

CULTURA

El joven esquió en el agua en Puerto Banús, Marbella, España.

Lectura
UN POCO MÁS

Antes de leer

Vas a leer sobre una estación de esquí. Antes de leer piensa en la información que ya tienes de tus cursos de ciencias sobre las estaciones en las diferentes partes del mundo.

Julio en Argentina

Es el mes de julio y Miguel y sus amigos de su colegio en Buenos Aires están de vacaciones. No hay clases porque tienen sus vacaciones de invierno. Miguel y varios amigos fueron a Bariloche a esquiar. Bariloche es un pueblo en los Andes de Argentina.

Pero, una pregunta: ¿Esquiaron en julio? ¿Cómo es posible? ¿Hay nieve en julio? Como Argentina está en el hemisferio sur, las estaciones son contrarias a las estaciones del hemisferio norte.

Bariloche está en el distrito de los famosos lagos[1] en la frontera de Argentina y Chile. Cerro Catedral está a 20 kilómetros de Bariloche y es la estación de esquí más popular de Argentina. Tiene una infinidad de pistas para todos los niveles[2] de esquiadores.

No importa si no te gusta esquiar. Tienes que visitar la región de Bariloche. Si no te fascinan las pendientes nevadas[3] seguramente te va a encantar el panorama magnífico que puedes observar de un telesilla que te sube hasta los 2.400 metros de altura. ¿Vas a tener miedo?

[1]lagos   *lakes*   [3]pendientes nevadas   *snow-covered slopes*
[2]niveles   *levels*

CULTURA

Es una calle que sale de San Carlos de Bariloche en Argentina. Al fondo hay una vista panorámica de las montañas. De todas partes de Bariloche hay magníficas vistas de montañas y lagos.

Andrew Payti

¿Comprendes?

Escoge.

1. «Las estaciones son contrarias» significa que son _____.
   a. las mismas
   b. cortas
   c. opuestas
   d. al mismo tiempo

2. «Cerro Catedral tiene una infinidad de pistas» significa que _____.
   a. las pistas en Cerro Catedral son infinitas
   b. hay muchas pistas
   c. hay un número definido de pistas
   d. las pistas en Cerro Catedral son famosas

3. ¿Por qué debe uno visitar la región de Bariloche aun si no le gusta esquiar?
   a. Hay pistas para todos los niveles de esquiadores.
   b. Cerro Catedral no está muy lejos de Bariloche.
   c. Bariloche está en los Andes en la frontera de Argentina y Chile.
   d. Las vistas son estupendas y les encantan a todos.

4. ¿Quién puede tener miedo?
   a. una persona a quien no le gusta la nieve
   b. una persona que no puede esquiar
   c. una persona a quien no le gusta el invierno
   d. una persona a quien no le gusta subir muy alto

CULTURA

El campanario de una escuela de esquí y snowboard en el Cerro Catedral cerca de San Carlos de Bariloche, Argentina

Andrew Payti

Prepárate para el examen

↻ To review, see **Vocabulario 1** and **Vocabulario 2**.

Vocabulario

1 **Identifica.**

1.

2.

3.

4.

5.

2 **Contesta.**

6. ¿Qué tiempo hace en verano?

7. ¿Qué tiempo hace en invierno?

3 **Contesta.**

8. ¿Qué lleva una persona cuando va a la playa?

9. ¿Qué lleva una persona que esquía?

10. ¿Dónde puede nadar una persona?

11. ¿Dónde puede esquiar una persona?

12. ¿Dónde puede patinar una persona?

Gramática

4 Completa con el pretérito.

13. Carlos _____ en el agua. (esquiar)

14. Ellos _____ un barquito. (alquilar)

15. La temperatura _____ a cero. (bajar)

16. ¿_____ (tú) fotos? (tomar)

17. Yo _____ español con mis amigos. (hablar)

18–19. Nosotros _____ las fotos que Elena _____. (mirar, tomar)

20. Yo _____ un CD. (escuchar)

To review, see **Pretérito de los verbos en -ar** and **Pretérito de ir y ser.**

5 Escribe en el pretérito.

21–22. Yo voy y él va también.

23. Yo llego a la playa.

24. Empiezo a jugar voleibol con mis amigos.

25. Yo marco tres tantos.

26. Y tus amigos, ¿juegan bien también?

27. Vamos a la playa después del almuerzo.

6 Contesta con un pronombre.

28. ¿Tiene José el gorro?

29. ¿Compró María la crema solar?

30. ¿Tiene Carolina los boletos?

31. ¿Alquilaron los amigos el barquito?

32. ¿Alquilaron las planchas de vela también?

33. ¿Ves a los gemelos en el telesilla?

34. ¿Escucharon los niños a sus padres cuando esquiaron?

35. ¿Miraste a tu hermana en la piscina?

36. ¿Invitaron los amigos a Alicia a la playa?

To review, see **Los pronombres lo, la, los, las.**

Cultura

7 Completa.

37. De Estepona en la Costa del Sol es posible ver la costa de _____.

38. _____ es un restaurante pequeño al aire libre en la playa.

39. En los restaurantes en la playa comen mucho _____ porque están en la costa.

40. Tarifa está en un punto de tierra donde el mar Mediterráneo entra en _____.

To review this cultural information, see the **Lectura cultural.**

Prepárate para el examen

1 El tiempo

Describe the weather where you live
What are the summers like? What are the winters like?
Which do you prefer? Why?

2 Mis vacaciones de verano

Talk about a summer vacation
Work with a classmate. Tell him or her where you like to go
on a summer vacation. Tell what you do and give some
reasons why you like it so much. Your classmate will then tell
what he or she does. Are your summer vacations similar?

3 Donde vivo yo

Tell about vacations where you live
Work with a classmate. He or she will take the role of an
exchange student from Argentina. Tell him or her where
people from your area tend to vacation. Give reasons. Your
classmate will then tell what they do in Argentina based on
what you have learned in this chapter. Argentina also has
many beaches such as Mar del Plata.

CULTURA
La estación de esquí de
Pradollano en la Sierra Nevada
en España

CULTURA
Una playa tranquila en la isla
Taboga en Panamá

4 Un paraíso

Discuss two beautiful resorts
Look at this ski resort in the Sierra Nevada mountains in
Spain and this beach resort in Taboga Island, Panama. Which
one do you prefer for a vacation? Explain why.

5 Ayer

Tell what you did
Work with a classmate. Tell the things you did yesterday.
Compare and see whether you did the same things. Use the
following verbs.

estudiar	trabajar
mirar un DVD	escuchar música
hablar	tomar
sacar	nadar
esquiar	llevar

6 Un problema

Tell about a travel mishap
You and your family took a ski trip to Argentina.
Unfortunately, the airline lost your skis. Explain the situation
to the airline's customer service representative (your partner).

Go Online! ➕

connectED.mcgraw-hill.com

Tarea

Write an e-mail to an ePal about what you did during a real or imaginary vacation in a Spanish-speaking country.

Writing Strategy

Writing an e-mail You often write an e-mail to a friend or family member to tell them about something you did. You want to give them information that will interest them. So that they can share and enjoy your experience, remember to write with enthusiasm using expressions such as **¡Bárbaro! ¡Fabuloso! ¡Estupendo!**

CULTURA 🇪🇸

El malecón a lo largo de la playa en Cádiz, España

❶ Prewrite

- Decide on the resort you are going to say you visited. You may want to re-read some information about the place in your textbook.

- Since you're going to describe what you did, you must use the past tense. Make a list of all the **-ar** verbs you know that relate to your vacation. You will also want to use **ir** and **ser.**

- Use the verbs in your list to write sentences about what you did or what others did who were with you. Use the diagram below to help organize your sentences.

❷ Write

- Begin the e-mail with an attention-grabbing introduction that tells where, when, and with whom you went.

- Organize your writing. You may want to write about your itinerary in chronological order, or you may prefer to organize by activity or people involved.

- Write a conclusion. End by telling why you had a great time. **Lo pasé muy bien porque...**

- Read over your e-mail and correct any errors you find. Errors in grammar or spelling could lead to confusion on the part of the reader.

- Click SEND!

Evaluate

Don't forget that your teacher will evaluate you on the correct use and spelling of the verbs in the past tense as well as on how organized, understandable, and interesting your e-mail is.

Andrew Payti

Repaso del Capítulo

Gramática

Pretérito de los verbos en -ar

The preterite tense is used to express actions that began and ended at a specific time in the past. Review the forms of the preterite of regular **-ar** verbs.

hablar			
yo	hablé	nosotros(as)	hablamos
tú	hablaste	*vosotros(as)*	*hablasteis*
Ud., él, ella	habló	Uds., ellos, ellas	hablaron

Pretérito de ir y ser

Review the preterite forms of **ir** and **ser**. Note that their forms are identical.

ir, ser			
yo	fui	nosotros(as)	fuimos
tú	fuiste	*vosotros(as)*	*fuisteis*
Ud., él, ella	fue	Uds., ellos, ellas	fueron

Pronombres lo, la, los, las

The direct object pronouns lo, la, los, las can replace either a thing or a person. The pronoun comes right before the verb.

¿Ves a Juan? ¿**Lo** ves?

¿Tienes el móvil? ¿**Lo** tienes?

Tengo los tickets. **Los** tengo.

¿Invitaste a Marisol? ¿**La** invitaste?

¿Quieren la cámara? ¿**La** quieren?

José compró las botas. **Las** compró.

CULTURA

Los jóvenes pasaron una tarde agradable en una de las isletas en el lago de Nicaragua.

Andrew Payti

Go Online!

connectED.mcgraw-hill.com

Vocabulario

Describing weather

el verano	la nieve	Nieva.	Hace (Hay) sol.
el invierno	la nube	Hace buen (mal) tiempo.	nublado(a)
la temperatura	Llueve.	Hace calor (frío).	

Describing the beach and summer activities

el balneario	la piscina, la alberca	el esquí acuático	pasar
la playa	el surfing	(náutico)	nadar
la arena	la plancha de vela	el barquito	bucear
el mar	la tabla hawaiana	el voleibol	
la ola	el buceo	practicar	
el sol		alquilar, rentar	

Identifying beach gear

la toalla	los anteojos de sol, las	una crema (loción) solar,	una cámara digital
el traje de baño,	gafas para el sol	una loción	
el bañador		bronceadora	

Describing a ski resort and winter activities

una estación de esquí	el/la esquiador(a)	el patinaje sobre el hielo	esquiar
la montaña	el/la snowboarder	la pista de patinaje	subir
el pico	la ventanilla, la boletería	el/la patinador(a)	bajar
la pista	el boleto, el ticket	el/la experto(a)	patinar
el telesquí, el telesilla	el hielo	el/la principiante	

Describing winter gear and equipment

el esquí	las botas	la chaqueta de esquí	el snowboard
el bastón	los guantes	el anorak	el patín
el gorro	el casco		

Other useful words and expressions

ayer	este año	tener miedo
esta noche	el año pasado	No vale.
anoche	esta semana	¡Quizás! ¡Quizá!
esta tarde	la semana pasada	¡Tal vez!
ayer por la tarde	el fin de semana	

Repaso cumulativo

Repasa lo que ya has aprendido

These activities will help you review and remember what you have learned so far in Spanish.

HORARIO DE FARMACIA
DE LUNES A SABADO
DE: 9 A.M. A 9 P.M.
DOMINGOS
DE: 8 A.M. A 8 P.M.

① Escucha las frases. Indica si la frase es correcta o no según la información en el anuncio.

② Contesta.
1. ¿Van ustedes a veces a la playa?
2. ¿A ti te gusta la playa?
3. ¿Nadas? ¿Dónde nadas?
4. ¿Tomas el sol? ¿Usas una loción bronceadora?
5. ¿Vas a la playa con tus amigos?
6. ¿Toman tus amigos una merienda en la playa?
7. ¿Esquían ustedes en el agua?
8. ¿Pasan ustedes un día agradable en la playa?

③ Cambia al presente.
1. Esquié en las montañas.
2. Mi amigo Carlos compró los tickets para el telesilla.
3. Tomamos el telesilla para subir la montaña.
4. Yo llevé un casco.
5. Bajé una pista avanzada.
6. Carlos bajó una pista más fácil.

④ Rompecabezas

Choose the word in each group that does not belong and tell why it is **el intruso.** Then think of another word that could replace **el intruso.**

1. la madre — el sobrino — el postre — la prima
2. driblar — toser — patinar — correr
3. perezoso — sincero — paciente — pelirrojo
4. el otoño — la profesora — el médico — la mesera

5 Completa con el presente.

1. Ricardo _____ en una tienda. (estar)

2. Unos amigos _____ con él. (estar)

3. Ricardo _____ una camisa. (necesitar)

4. Él _____ una camisa blanca. (buscar)

5. Ricardo, yo también _____ una camisa. (necesitar)

6. Ricardo y yo _____ con la empleada. (hablar)

7. La empleada _____ en la tienda. (trabajar)

8. Ella nos pregunta, «¿Qué _____ ustedes?» (desear)

9. Ricardo y yo _____ la camisa que _____. (comprar, necesitar)

10. Luego nosotros _____ a la caja y _____. (ir, pagar)

6 ¡Te toca a ti!

Crea frases con las siguientes expresiones.

Me gusta   **Me interesa**   **Me enoja**

7 Mira los dibujos de un día que Marta y Juan pasaron en la playa. Describe el día.

Andrew Payti

En tu tiempo libre

Go Online!
connectED.mcgraw-hill.com

Audio

Video

Práctica

Repaso

Diversiones

eScape

ePals

Aquí y Allí

Vamos a comparar Los eventos culturales como *shows* o espectáculos folklóricos, conciertos y exposiciones artísticas son muy populares en los países hispanos. La gente asiste con frecuencia a los eventos culturales. ¿Qué piensas? ¿Son populares aquí en Estados Unidos también?

Objetivos

You will:

- talk about a birthday party
- discuss concerts, movies, and museums
- discuss Hispanic art and music

You will use:

- preterite of **-er** and **-ir** verbs
- the verbs **oír** and **leer**
- affirmative and negative words

◀ El Parque Güell en Barcelona es un gran jardín con elementos arquitectónicos del famoso arquitecto catalán Antoni Gaudí.

En tu tiempo libre

Look at these photographs to acquaint yourself with the theme of this chapter. We all love free time, **¿no?** In this chapter you'll see some of the things your counterparts in the Spanish-speaking world do when they have free time. You will learn that culture plays an important role in their activities. Do you see activities on this page that you also enjoy during your free time?

Argentina

Una pareja joven baila el famoso tango en una calle de San Telmo en Buenos Aires.

España

La Gran Vía es una de las avenidas principales de Madrid. En la Gran Vía hay muchos cines y teatros.

Argentina

La Boca en Buenos Aires es un barrio o zona pintoresca de la ciudad donde hay muchos artistas. La Boca es famosa por sus casas de muchos colores.

México

El museo de la famosa artista mexicana Frida Kahlo está en Coyoacán al sur de la Ciudad de México. El museo es la antigua casa de la familia de Frida Kahlo. Ella vivió en la casa también durante los años de su matrimonio con Diego Rivera, el famoso pintor y muralista mexicano.

MUSEO
Nº 13376
Frida Kahlo
LONDRES Nº 247
COL. DEL CARMEN
COYOACAN

INSTITUTO ESTATAL DE LA CULTURA DE GUANAJUATO
Museo Casa Diego Rivera
Positos No. 47
Guanajuato, Gto., México
COOPERACIÓN $. 15.00

Chile

Las muchachas dan un espectáculo de bailes folklóricos en Poconchile, un pueblo en el desierto de Atacama en Chile.

Guatemala

Aquí vemos a una artista que pinta un cuadro en su taller en Antigua, Guatemala.

Guatemala

El Museo Nacional de Arqueología y Etnología en la Ciudad de Guatemala

Nicaragua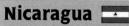

El Palacio Nacional es un museo en el centro de Managua, Nicaragua.

Una fiesta en casa 🎧

la torta, la tarta, el pastel

las velas

el regalo

Felipe dio una fiesta en casa para el cumpleaños de Sarita.
Todos los amigos dieron regalos a Sarita.
Ella recibió muchos regalos y los abrió.
Carlos le dio boletos (entradas) para un concierto.

En otras **partes**

Cacahuates (or **cacahuetes**) is used in most areas of Latin America; in Spain it is **cacahuetes. El maní** is used in Puerto Rico.

las galletas

los vegetales crudos

los cacahuates, el maní

Durante la fiesta, los jóvenes picaron.
Comieron vegetales crudos, galletas con queso y cacahuates.

(t)David H. Brennan, (c bl br)McGraw-Hill Education

Un concierto

Sarita salió ayer.
Ella asistió a un concierto.

la banda

los músicos

los cantantes

un conjunto, un grupo musical

Sarita oyó el concierto.
La banda tocó bien.
Los cantantes cantaron bien.

Después del concierto,
Sarita volvió a casa.
Volvió a casa a pie.

PARE

(t b)David H. Brennan. (c)Kelli Drummer-Avendaño

1 Escucha y parea. Parea lo que oyes con el dibujo que describe.

a.

b.

HABLAR

2 Contesta sobre un concierto según se indica.

1. ¿A qué asistió Tomás? (un concierto)
2. ¿Quiénes dieron el concierto? (su grupo favorito)
3. ¿Fue un concierto de jazz, rock o pop? (pop)
4. ¿Qué recibieron los músicos y cantantes? (muchos aplausos)
5. ¿Cómo volvió Tomás a casa? (a pie)
6. ¿Por qué volvió a pie? (perdió el bus)

EXPANSIÓN

Ahora, sin mirar las preguntas, cuenta la información en tus propias palabras. Si no recuerdas algo, un(a) compañero(a) te puede ayudar.

HABLAR

3 Contesta según las fotos.
¿Qué comió José?

¿Te acuerdas?

You have already learned the verb **perder** meaning *to lose.*
   Perdieron el juego.
Perder can also mean *to miss.*
   Perdió el autobús.

1.

2.

3.

HABLAR • ESCRIBIR

4 Personaliza. Da respuestas personales.

Los nombres de muchos instrumentos musicales son palabras afines. Aquí tienes unos ejemplos: **el piano, el violín, la viola, la guitarra, la trompeta, el clarinete, la flauta.** ¿Tocas un instrumento musical? ¿Cuál? ¿Tocas en una orquesta o banda? ¿Qué tipo de orquesta o banda es?

LEER • ESCRIBIR

5 Da una palabra apropiada.

1. los que cantan
2. los que tocan instrumentos musicales
3. lo que da o presenta un grupo musical
4. un grupo o conjunto de músicos
5. algo que puedes comer
6. lo que recibes para tu cumpleaños
7. lo que hay sobre una torta de cumpleaños

la guitarra

el violín

CULTURA

La Banda Municipal de Las Palmas de Gran Canaria de España dio un concierto al aire libre.

Cultura

Durante la celebración de un cumpleaños casi siempre cantamos «¡Feliz cumpleaños!», ¿no? En español hay más de una versión de esta canción popular. Investiga para determinar cuantas versiones puedes descubrir. ¿Son similares a la canción que cantamos aquí en Estados Unidos? Toda la clase puede cantar una versión española cada vez que un(a) compañero(a) de clase celebra su cumpleaños.

El cine

la taquilla

una película

Ana fue al cine.
Ana compró las entradas en la taquilla.

En otras partes

You will also hear **la boletería** for **la taquilla.** In addition to **una película,** you will also hear **un filme** or **un film.**

Vio una película.
Ella la vio en español.

¡Así se dice!

If suddenly something comes to your mind and you want to say *by the way* you can say **¡A propósito!**
¡A propósito! ¿Te interesa ir al museo?

Para conversar

¿Comprendió (Entendió) Ana la película?

Sí, la entendió bastante bien. Pero su amigo no entendió nada.

David H. Brennan

El museo

un cuadro

una estatua de bronce

En otro salón vieron una estatua de bronce.

Los amigos visitaron el museo.
Vieron una exposición de arte hispano.

Eduardo siempre va al museo.
Le gusta mucho el arte.

Pero a su amigo José no le gusta nada.
Él no va casi nunca al museo.

La pintora tiene algo en la mano.

Ahora no tiene nada en la mano.

Anita ve a alguien. Ve a su amiga.

Ahora Anita no ve a nadie.

Comunidades

El Museo del Barrio en la Ciudad de Nueva York tiene exposiciones sobre muchos aspectos de la cultura puertorriqueña.

En el *Hispanic Institute* en Nueva York hay una exposición permanente de los cuadros de artistas famosos de España.

Si hay un museo cerca de donde vives, debes visitarlo para ver y apreciar el arte del mundo hispanohablante.

ESCUCHAR • HABLAR • ESCRIBIR

1 Escucha las frases. Indica en una tabla como la de abajo si cada frase es verdad o no.

verdad	falso

LEER

2 Escoge la palabra apropiada.
1. La muchacha (vio, oyó) un filme.
2. La muchacha (vio, oyó) el concierto.
3. El artista pinta (un cuadro, una estatua).
4. Vieron una exposición en (el cine, el museo).
5. (El pintor, El escultor) pinta.

HABLAR • ESCRIBIR

3 Contesta.
1. ¿Qué visitó la clase del señor Salas?
2. ¿Qué vieron?
3. ¿Qué tipo de exposición fue?
4. ¡A propósito! ¿Fue Ana al cine?
5. ¿Qué vio?
6. ¿Entendió la película?

CULTURA

El Museo de los Niños en la Ciudad de Guatemala ofrece un espacio donde los chicos pueden descubrir, jugar y aprender. Tiene más de cincuenta exhibiciones permanentes sobre historia, ciencias, salud, nutrición y deportes.

Lori Ernfridsson

ESCRIBIR

4 Da el contrario.

1. siempre
2. alguien
3. algo
4. nada
5. nunca
6. nadie

HABLAR • ESCRIBIR

5 **Personaliza.** Da respuestas personales.

1. ¿Te gusta el arte?
2. ¿Eres aficionado(a) al arte?
3. ¿Vas con frecuencia a un museo?
4. ¿Qué puedes ver en un museo?
5. ¿Vas con frecuencia al cine?
6. ¿Te gustan las películas?
7. ¿Puedes entender películas en español?
8. ¿Entiendes películas en inglés?

6

Can you figure out what the following movie titles are in English?

Rompiendo el Hielo   Lo que el viento se llevó

Piratas del Caribe

La Guerra de las Galaxias   El Señor de los Anillos

El Rey León

La Bella y La Bestia   Blanca Nieves

CULTURA

Un museo de arte moderno en Palma de Mallorca

Comunicación

7 Tell the class whether you prefer to go to an art museum or a movie theater. Explain why.

8 In small groups, discuss activities you like to do in your free time. In addition to going to a party, movie, concert, or museum, you may wish to discuss some of your other activities.

9 In small groups, investigate some of the ways that teenagers from Spanish-speaking countries spend their free time. Take notes in Spanish about the activities that your peers in other countries do that interest your group. Plan a day filled with those that interest you most. When your day is over, be sure to share with the other groups in your class what you enjoyed most.

InfoGap For more practice using your new vocabulary, do Activity 8 in the Student Resource section at the end of this book.

Andrew Payti

Pretérito de los verbos en -er, -ir

1. You have already learned the preterite forms of regular **-ar** verbs. Study the preterite forms of regular **-er** and **-ir** verbs: **-í, -iste, -ió, -imos, -isteis, -ieron.** The preterite endings of regular **-er** and **-ir** verbs are the same.

infinitive	comer		
stem	com-		
yo	comí	nosotros(as)	comimos
tú	comiste	vosotros(as)	comisteis
Ud., él, ella	comió	Uds., ellos, ellas	comieron

infinitive	asistir		
stem	asist-		
yo	asistí	nosotros(as)	asistimos
tú	asististe	vosotros(as)	asististeis
Ud., él, ella	asistió	Uds., ellos, ellas	asistieron

2. The preterite forms of the verbs **dar** and **ver** are the same as those of regular **-er** and **-ir** verbs. However, note that there are no accent marks.

	dar	ver
yo	di	vi
tú	diste	viste
Ud., él, ella	dio	vio
nosotros(as)	dimos	vimos
vosotros(as)	disteis	visteis
Uds., ellos, ellas	dieron	vieron

3. Remember that the preterite is used to tell about an event that began and ended at a specific time in the past.

Ellos salieron anoche.
Ayer no comí en casa. Comí en el restaurante.
¿Viste una película la semana pasada?

Kelli Drummer-Avendaño

Práctica

HABLAR • ESCRIBIR

1 Contesta sobre una fiesta de cumpleaños que dio Miguel.

1. ¿Dio Miguel una fiesta?
2. ¿La dio para celebrar el cumpleaños de Alejandra?
3. ¿Escribió Miguel las invitaciones?
4. ¿Vio Alejandra a todos sus amigos en la fiesta?
5. ¿Le dieron regalos a Alejandra?
6. ¿Recibió ella muchos regalos?
7. ¿A qué hora salieron sus amigos de la fiesta?
8. Según sus padres, ¿volvieron a casa bastante tarde?

EXPANSIÓN

Ahora, sin mirar las preguntas, relata toda la información en tus propias palabras. Si no recuerdas algo, un(a) compañero(a) te puede ayudar.

HABLAR • ESCRIBIR

2 Personaliza. Da respuestas personales.

1. ¿A qué hora saliste de casa esta mañana?
2. ¿Perdiste el bus escolar o no?
3. ¿Aprendiste algo nuevo en español?
4. ¿Comprendiste lo que aprendiste?
5. ¿Viste un DVD en clase?
6. ¿A qué hora saliste de la escuela?
7. ¿A qué hora volviste a casa?

ESCUCHAR • HABLAR

3 Con un(a) compañero(a) de clase, prepara una miniconversación según el modelo.

MODELO   ir al cine →
　　　　　　—¿Fuiste al cine?
　　　　　　—Sí, fui al cine.

1. ver una película americana
2. entender la película
3. salir del cine a las diez
4. perder el autobús
5. volver a casa a pie

Comparaciones

Un cumpleaños importante para los jóvenes latinos es el de los quince años. ¿Cuál es el significado de los quince años y cómo se celebran? ¿Tienen los jóvenes estadounidenses un cumpleaños especial? ¿Se celebra igual que en Latinoamérica?

CULTURA

Dos amigos compraron una bebida y luego vieron una película en un cine en Santiago de Chile.

FOLDABLES
Study Organizer

SENTENCE STRIP HOLDER
See the Foldables section of the Student Handbook at the beginning of this book for help with making this foldable. Practice the preterite form of verbs by making flashcards of verbs. Then, with a partner, take turns using these verbs in sentences. Ask each other questions about the sentences.

LEER

4 Completa en el pretérito sobre una visita a un restaurante mexicano.

—¿ __1__ ustedes a un restaurante mexicano? (Ir)

—Sí.

—¿Qué __2__ ustedes? (comer)

—Pues, todos nosotros no __3__ la misma cosa. Yo __4__ tacos y otros __5__ enchiladas. Pero todos nosotros __6__ arroz y frijoles. (comer)

—¿A qué hora __7__ ustedes del restaurante? (salir)

— __8__ a eso de las ocho y media. (Salir)

—¿ __9__ ustedes una propina al mesero? (Dar)

—Sí, le __10__ una propina porque él nos __11__ un servicio bueno. (dar)

EXPANSIÓN

¡Adivina! Según el contexto, ¿qué es una propina?

ESCRIBIR

5 Cambia el párrafo al pretérito.

Esta mañana, José sale de casa y ¡qué pena! Pierde el bus escolar. Así va a la escuela a pie. En la escuela yo como en la cafetería. José y yo no comemos juntos porque él sale de la escuela y come en un café cerca de la escuela. Hoy la profesora nos enseña una lección difícil. Los alumnos no la comprenden enseguida. La profesora nos da otra explicación y luego todos la comprendemos. Aprendemos mucho en su clase. ¿Y tú? ¿Aprendes mucho en tu clase de español? ¿Qué aprendes?

6 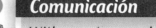 **Comunicación**

With a partner, make up a conversation telling what you did in the past week. Find out if you did the same things.

Los verbos oír, leer

1. Note the forms of the present and preterite of **oír.** Pay particular attention to the spelling.

oír		
	presente	**pretérito**
yo	oigo	oí
tú	oyes	oíste
Ud., él, ella	oye	oyó
nosotros(as)	oímos	oímos
vosotros(as)	*oís*	*oísteis*
Uds., ellos, ellas	oyen	oyeron

2. The verb **leer** follows the same pattern as **oír** in the preterite.

leer	
leí	leímos
leíste	*leísteis*
leyó	leyeron

Cultura

Shakira es una cantante colombiana de ascendencia libanesa. Sus canciones en español y también en inglés tienen mucho éxito. Shakira es también compositora, instrumentista y bailadora.

Además de ser una figura famosa, es una persona caritativa. Estableció varias escuelas especiales para niños pobres en el norte de Colombia.

Práctica

LEER • ESCRIBIR

7 Completa con la forma correcta del presente de **oír.**

1. Yo ＿＿＿ la música de una guitarra.
2. Nosotros no ＿＿＿ nada.
3. Tú, ¿me ＿＿＿ bien?
4. Él ＿＿＿ todo.
5. Ustedes ＿＿＿ lo que explico, ¿no?

LEER • ESCRIBIR

8 Cambia **yo** a **Raúl.**

1. Yo leí el anuncio del concierto.
2. Lo leí en la revista *Gente.*
3. Yo oí el concierto.
4. Oí a Shakira. Ella cantó muy bien.

EXPANSIÓN

Cambia **yo** a **Raúl y yo.** Luego cambia **yo** a **Raúl y Ana.**

Palabras afirmativas y negativas

1. Study the following affirmative and negative words.

Algo está en la mesa.
Hay **algo** en la mesa.
Vi **algo** allí.

Nada está en la mesa.
No hay **nada** en la mesa.
No vi **nada** allí.

Alguien canta.
Oí a **alguien**.

Nadie canta.
No oí a **nadie**.

Él siempre va al cine.

Ella nunca va al cine.
Ella no va **nunca** al cine.

2. Note that in Spanish you can use more than one negative word in the same sentence.

Él nunca habla mal de nada ni de nadie.

Práctica

¿Tiene algo la muchacha? Sí, tiene un libro y una mochila.

LEER • HABLAR • ESCRIBIR

9 Cambia a la forma negativa.

1. Siempre como comida mexicana.
2. Siempre uso mi móvil.
3. Alguien me enoja.
4. Veo a alguien delante de la clase.
5. Tengo algo en mi mochila.
6. El profesor tiene algo en la mano.

ESCUCHAR • HABLAR • ESCRIBIR

10 Contesta con **no**.

1. ¿Tienes algo en la mano?
2. ¿Hay algo en tu mochila?
3. ¿Ves a alguien?
4. ¿Hay alguien delante de ti?
5. ¿Vas siempre al museo?
6. ¿Siempre lees algo a alguien?
7. ¿Siempre les escribes algo a tus amigos?

PRONUNCIACIÓN

Las consonantes j, g

The Spanish **j** sound does not exist in English. In Spain, the **j** sound is very guttural. It comes from the throat. In Latin America, the **j** sound is much softer. Repeat the following.

ja	je	ji	jo	ju
hija	garaje	Jiménez	José	junio
roja		antojitos	ojo	julio
trabaja			joven	jugar
jardín			frijol	jugo
caja				

In combination with **e** or **i, g** has the same sound as the Spanish **j.** For this reason, you must pay particular attention to the spelling of words with **ge** and **gi.**

ge	gi
gemelos	gigante
gente	biología
generoso	energía

 **Dictado**

Pronounce the following sentences carefully. Then write them to prepare for a dictation.

> **El hijo de José Jiménez trabaja en el garaje.**
> **El joven jugador tiene ojos azules.**
> **La clase de biología cultiva vegetales en un jardín.**
> **Los gemelos José y Julián son dos jóvenes generosos.**
> **El viejo general trabaja con alguien en julio.**

connectED.mcgraw-hill.com

¡Ojo!

Garaje can also be written **garage.**

Refrán

Can you guess what the following proverb means?

Más vale tarde que nunca.

Los jóvenes son gemelos. Son inteligentes los dos y también son muy generosos.

¡Bravo!

You have now learned all the new vocabulary and grammar in this chapter. Continue to use and practice all that you know while learning more cultural information. **¡Vamos!**

Jack Hollingsworth/Getty Images

Anoche

¿Comprendes?

A Contesta según la información en la conversación.

1. ¿Por qué no contestó su móvil Julia?
2. ¿Adónde fue?
3. ¿Qué vio?
4. ¿Le gustó?
5. ¿Lo entendió?
6. ¿Salió Roberto?
7. ¿Qué vio?
8. ¿Con quién vio el DVD?

B **Resumiendo** Cuenta la información de la conversación en tus propias palabras.

C **Analizando** ¿Qué te indica que Julia tiene interés en Roberto?

D **Interpretando** En la conversación, ¿quién es hispano y quién no lo es? ¿Por qué?

CULTURA 🇦🇷
Clientes delante de la taquilla del Cine Corrientes en Buenos Aires, Argentina

Andrew Payti

Lectura

READING STRATEGY

▶ **Antes de leer**

Think about any cultural events you have attended that you enjoyed.

▶ **Durante la lectura**

As you read each section, decide which interests you more and why.

☑ **READING CHECK**

¿Durante qué guerra luchó Zapata?

☑ **READING CHECK**

¿Cuáles son dos instrumentos andinos?

▶ **Después de leer**

What aspect of culture in this reading did you personally find the most or least interesting?

RESPONDING Responding is thinking about or telling what you like, dislike, or find surprising or interesting in a selection. When you react in a personal way to what you read, you'll enjoy a selection more and remember it better.

Un día de cultura latina

Ayer pasaste un día de cultura latina. Viste una exposición de arte hispano. Comiste en una churrasquería—un restaurante argentino donde comiste el famoso bife argentino. Luego oíste un concierto de música latina.

Arte En el museo, viste un cuadro del famoso muralista mexicano José Clemente Orozco— *Zapatistas*. Tiene un motivo político emocionante. Emiliano Zapata fue un líder revolucionario. Durante la Revolución mexicana los zapatistas lucharon[1] con Zapata contra las injusticias del gobierno. En el cuadro, ¿ves como los peones[2] caminan (van a pie) de una manera pausada y laboriosa? ¿Puedes ver la inclinación de los cuerpos[3]? ¿Te parece que los peones participan en una marcha determinada para derrocar[4] a sus opresores?

Música Durante el concierto oíste varios tipos de música latina. Un conjunto de los Andes tocó la flauta y la zampoña—instrumentos populares entre los indígenas andinos.

Un grupo guatemalteco tocó marimbas. En Guatemala las orquestas de marimbas van de un pueblo a otro para tocar durante las fiestas locales.

[1]lucharon *fought*
[2]peones *peasants*
[3]cuerpos *bodies*
[4]derrocar *overthrow*

CULTURA

Un grupo de músicos vestidos tradicionalmente tocando en un hotel en Guatemala

¿Comprendes?

A **Recordando hechos** Contesta.

1. ¿Qué viste en el museo durante tu visita imaginaria?
2. ¿Dónde comiste?
3. ¿Qué comiste?
4. Después de comer, ¿adónde fuiste?
5. ¿Qué oíste?

B **Explicando** Busca (en línea o en un libro de arte) el cuadro *Zapatistas* de José Clemente Orozco. Luego contesta las preguntas.

1. ¿Contra qué lucharon los peones en el cuadro de Orozco?
2. ¿A quiénes quieren derrocar? ¿Por qué?

C **Describiendo**

Describe el cuadro *Zapatistas* en tus propias palabras.

D **Describiendo** Describe.

1. la música indígena andina
2. la música indígena guatemalteca

E **Resumiendo**

Prepara una serie de dibujos (*drawings*) que ilustran las actividades de tu «día de cultura latina». Luego escribe una descripción de cada dibujo.

Lectura

Antes de leer

Vas a leer sobre una excursión escolar. A veces, ¿hay excursiones escolares en tu escuela? ¿Adónde van? ¿Visitan un parque especial, un museo, un teatro? Antes de leer, piensa en una posible excursión con tu clase de español.

CULTURA

La bandera mexicana ondeando en el Zócalo, la plaza principal de la zona histórica de la Ciudad de México

Domingo, día 18 de febrero

La señora Ocampo acompañó a su clase de español a hacer una excursión escolar a su capital, la Ciudad de México. Visitaron muchos sitios de interés histórico en la capital.

¿Por qué fueron el domingo? Fueron el domingo porque los domingos a las nueve y media de la mañana hay un espectáculo del Ballet Folklórico de México en el magnífico Palacio de Bellas Artes. Los alumnos de la señora Ocampo vieron el espectáculo y les gustó mucho. Después subieron al tercer piso donde vieron unos murales de los famosos muralistas mexicanos Rivera, Orozco y Siqueiros. En sus murales de protesta social los artistas critican las injusticias que sufrieron los peones mexicanos.

Cuando salieron del Palacio de Bellas Artes, pasaron por el centro histórico de la capital. En el Zócalo, la plaza principal de la capital y la más grande de Latinoamérica, visitaron la Catedral Metropolitana.

Después de su visita a la catedral, fueron a la famosa Casa de los Azulejos[1] donde tomaron el almuerzo. Casi todos comieron tacos y enchiladas acompañadas de arroz y frijoles refritos. ¡Qué rico!

Cuando volvieron a casa después de pasar un día muy agradable, todos decidieron que quieren volver otra vez a la capital para visitar el Bosque de Chapultepec y el Museo de Antropología. ¡A ver si la señora Ocampo está conforme!

[1]Azulejos   *Tiles*

CULTURA

A la entrada del Bosque de Chapultepec se ve este monumento dedicado a la memoria de los Niños Héroes—seis cadetes que defendieron el Castillo de Chapultepec que en aquel entonces sirvió de colegio militar.

¿Comprendes?

Escoge.

1. ¿Cuál es la profesión de la señora Ocampo?
   a. guía turística
   b. agente
   c. profesora
   d. excursionista

2. ¿Qué es el Palacio de Bellas Artes en México?
   a. un palacio privado
   b. la residencia del presidente
   c. un espectáculo
   d. un museo y un teatro

3. Los grandes muralistas mexicanos critican _____.
   a. el arte surrealista
   b. las injusticias sociales
   c. a los peones y campesinos
   d. la protesta social

4. ¿Qué es la Casa de los Azulejos?
   a. una casa privada
   b. un restaurante
   c. una catedral
   d. un museo de azulejos

5. ¿Qué quieren los alumnos de la señora Ocampo?
   a. volver a visitar la capital una vez más
   b. ver un espectáculo del Ballet Folklórico
   c. pintar unos murales
   d. tomar el almuerzo en un restaurante mexicano

CULTURA

La Casa de los Azulejos en el centro histórico de la Ciudad de México. Es una tienda y un restaurante.

Conexiones

La geografía

La Ciudad de México es una gran metrópoli. Hay muy pocas ciudades con mayor población que la Ciudad de México. ¿Puedes adivinar su población? Pues la zona metropolitana de la ciudad tiene unos veinte millones de habitantes. ¿Cuántos habitantes hay en tu ciudad o pueblo?

Andrew Payti

Prepárate para el examen

↺ To review, see **Vocabulario 1** and **Vocabulario 2.**

Vocabulario

1 **Identifica.**

1.

2.

3.

4.

5.

2 **Corrige.**

6. Dan o presentan una película en un museo.

7. Los pintores dieron un concierto.

8. Ellos bebieron vegetales crudos.

9. Ellos oyeron una exposición de arte.

10. No hay nadie en la mochila.

11. Hay regalos en la torta.

12. Vieron una estatua en el cine.

13. Anoche los cantantes tocaron muy bien.

14. José dio un concierto para su cumpleaños.

15. Los músicos dieron muchos aplausos.

Gramática

3 Completa con el pretérito.

16. Yo _____ una película muy buena. (ver)

17. El público _____ mucho. (aplaudir)

18. Nosotros _____ ir al concierto. (decidir)

19. Los cantantes _____ muchos aplausos. (recibir)

20. ¿A qué hora _____ tú del estadio? (salir)

21. ¿Dónde _____ ustedes? (comer)

22. Teresa _____ el concierto y le gustó mucho. (oír)

23. Ellos _____ la novela *Lazarillo de Tormes*. (leer)

24. Ayer yo les _____ las entradas a mis amigos. (dar)

25. ¿_____ tú al concierto la semana pasada? (asistir)

26. Nosotros _____ muchos regalos para nuestro cumpleaños. (recibir)

27. ¿_____ ustedes el nuevo CD de su grupo favorito? (oír)

28. Sarita _____ tres gaseosas. (beber)

To review, see **Pretérito de los verbos en -er, -ir** and **Los verbos oír, leer.**

4 Da la forma negativa.

29. Ellos oyeron a alguien.

30. Hay algo en la mesa.

31. Ellos van siempre al mismo cine.

32. Ellos siempre hablan a alguien de algo.

33. Hay siempre algo nuevo en el museo.

34. Ella tiene algo en la mano.

35. Alguien habla.

To review, see **Palabras afirmativas y negativas.**

Cultura

5 ¿Sí o no?

36. Una churrasquería es un restaurante mexicano.

37. Muchos murales de los muralistas mexicanos tienen motivos políticos.

38. Orozco es un muralista mexicano.

39. La marimba es un instrumento popular entre los indígenas en los Andes de Sudamérica.

40. Emiliano Zapata pintó el cuadro *Zapatistas*.

To review this cultural information, see the **Lectura cultural.**

Prepárate para el examen

1 Anoche

Talk about a birthday party

Work with a classmate. Each of you went to a different birthday party last night. Tell each other about the party you attended. Whose birthday was it? Who attended? What did you eat and drink? What music did you listen to?

2 Una visita al museo

Discuss a museum visit

Work in groups of three or four. Two of you spent last Saturday at a museum. Your friends have some questions. Describe your museum visit and answer all their questions.

3 Un conjunto musical

Describe a musical group

Work with a classmate. Tell each other about your favorite musical group. Tell why you like their music.

4 Volviste tarde.

Explain why you got home late

You got home really late last night. One of your parents (your partner) wants to know why. He or she will ask how you spent your evening. You'd better have some good answers.

Go Online! +

connectED.mcgraw-hill.com

Tarea

Prepare a poster announcing a cultural event that is going to take place at your school or in your town. You have already seen a preview of the event, so as part of your poster you will write a brief review of what you saw.

Writing Strategy

Writing publicity Publicity includes posters and ads. The first goal of publicity writing is to capture the attention of your audience. Publicity should:

• attract attention

• include all the important information

• get the results you want

CENTRO DE ARTE

OG

FUNDACION ORTIZ-GURDIAN

Casa Dr. Juan Derbyshire
La más amplia colección de arte
latinoamericano en Centroamérica

❶ Prewrite

• Decide the event for which you want to prepare the poster. It can be a movie at your school, a school show, «espectáculo» or «drama», a musical concert, or exposition of work by members of the art club.

• Think about the important information you have to include—event, participants, place, date and time, and price.

❷ Write

• Write an attention-grabbing heading for your poster.

• Give all the necessary information about the event.

• Write your brief paragraph about the preview you saw. Remember to use the preterite.

• Check to make sure your facts are accurate.

• Check to make sure you haven't made any spelling or grammatical errors.

Evaluate

Don't forget that your teacher will evaluate you on your poster's design and completeness of information, and on your paragraph's organization, use of vocabulary, and correctness of spelling and grammar.

Andrew Payti

Repaso del Capítulo

Gramática

Pretérito de los verbos en -er, -ir

The preterite endings of regular **-er** and **-ir** verbs are the same. Review the forms below.

comer			
yo	comí	nosotros(as)	comimos
tú	comiste	*vosotros(as)*	*comisteis*
Ud., él, ella	comió	Uds., ellos, ellas	comieron

escribir			
yo	escribí	nosotros(as)	escribimos
tú	escribiste	*vosotros(as)*	*escribisteis*
Ud., él, ella	escribió	Uds., ellos, ellas	escribieron

The preterite forms of the verbs **dar** and **ver** are the same as those of regular **-er** and **-ir** verbs. Review the following forms.

DAR	**di**	**diste**	**dio**	**dimos**	*disteis*	**dieron**
VER	**vi**	**viste**	**vio**	**vimos**	*visteis*	**vieron**

Los verbos oír, leer

The verbs **leer** and **oír** have a spelling change in the **él** and **ellos** forms of the preterite tense.

Ud., él, ella	leyó	oyó
Uds., ellos, ellas	leyeron	oyeron

Palabras afirmativas y negativas

Review the following words.

AFFIRMATIVE	NEGATIVE
algo	**nada**
alguien	**nadie**
siempre	**nunca**

Él nunca le dio nada a nadie.
Ella no compró nada en la tienda.

CULTURA

El joven camarero escribió la orden en un restaurante de Casares en el sur de España.

Andrew Payti

Juego There are a number of cognates in this list. See how many you and a partner can find. Who can find the most? Compare your list with those of your classmates.

Go Online!

connectED.mcgraw-hill.com

Vocabulario

Describing a concert

el concierto	tocar un instrumento
el/la músico(a)	cantar
el grupo, el conjunto	asistir a un concierto
la banda	oír un concierto
el/la cantante	recibir (muchos)
dar un concierto	aplausos

Going to the movies

el cine	la taquilla
la película	el boleto, la entrada

Describing a museum visit

el museo	una estatua (de bronce)	el/la pintor(a)
el salón	una exposición	el/la escultor(a)
un cuadro	de arte	

Describing a party

el cumpleaños	el regalo	el maní
la fiesta	las galletas	los vegetales crudos
la torta, la tarta,	los cacahuates	picar
el pastel		
las velas		

Other useful words and expressions

todos	algo	salir
casi	alguien	perder (el autobús)
nada	siempre	decidir
nadie	visitar	¡A propósito!
nunca		

Repaso cumulativo

Repasa lo que ya has aprendido

These activities will help you review and remember what you have learned so far in Spanish.

1 Escucha las frases. Indica el dibujo que cada frase describe.

a.

b.

2 Completa con el presente.

1. Nosotros _____ a un concierto. (asistir)
2. Mi grupo favorito _____ el concierto. (dar)
3. Todos los aficionados _____ mucho. (aplaudir)
4. Yo no _____ cacahuates. (comer)
5. Tú _____ una película en español. (comprender)
6. ¿A quién _____ ustedes? (ver)

3 Completa con la letra que falta.

1. Nosotros _i_imos en Estados Unidos.
2. Nosotros _e_emos leche.
3. Él _e la tele_isión.
4. El paciente a_re la _oca.
5. Ellos _an al consultorio y yo _oy también.
6. Ella _ende camisas.

4 Identifica.

a. las cosas que te gustan
b. las cosas que te interesan
c. las cosas que te aburren

5 **Categoriza.** Organiza las palabras en las siguientes categorías.

alto	moreno	triste
bonito	malo	bueno
inteligente	honesto	ambicioso
tímido	guapo	gracioso
nervioso	serio	enfermo
contento	rubio	generoso
bajo	interesante	cansado

personalidad	características físicas	emociones	condiciones físicas o mentales

6 **Describe a un(a) de tus amigos(as).**

7 **Personaliza.** Contesta.

1. ¿Quién eres?

2. ¿De dónde eres?

3. ¿Cómo eres?

4. ¿Cómo estás hoy?

5. ¿Cuántos años tienes?

6. Por lo general, ¿estás de buen humor o estás de mal humor?

8

How many Spanish words of three or more letters can you and a partner make from the letters in **Rompecabezas?**

20+	¡Estupendo!
12–19	¡Excelente!
6–11	¡Bien!
0–5	No muy bien. ☹

Go Online!
connectED.mcgraw-hill.com

Audio   Video   Práctica   Repaso   Diversiones   eScape

ePals

Vamos a comparar Vas a aprender como va de compras la gente en España y Latinoamérica. En los países latinos hay varios tipos de mercados que son muy interesantes. Algunos son muy pintorescos. ¿Qué tipo de tiendas hay cerca de donde tú vives? ¿Dónde va de compras tu familia? ¿En un mercado, un supermercado, tiendas pequeñas o tiendas grandes?

Objetivos

You will:

- talk about buying clothes
- talk about buying food
- compare shopping in Spanish-speaking countries with shopping in the United States

You will use:

- more numbers
- the present tense of **saber** and **conocer**
- comparatives and superlatives
- demonstrative adjectives and pronouns

◀ De compras en un típico mercado de comestibles en Madrid

¡Vamos de compras!

Look at these photographs to acquaint yourself with the theme of this chapter. Shopping is something we all do. We shop for basic everyday needs and we shop for some things that are not so necessary. As you will learn in this chapter, there are many interesting and fun types of shopping venues in Spain and Latin America. At which of the places shown here would you most like to shop?

Chile

El joven vende pescado en una pescadería en Puerto Montt en la Patagonia chilena.

Ecuador

Aquí vemos una tienda en Ecuador. En la tienda venden de todo—máscaras, cerámicas, tejidos, etc.

Guatemala

La señora está hablando con un cliente en esta panadería en Antigua, Guatemala. En Latinoamérica todavía hay tiendas donde se hace y se vende solamente pan y la gente lo compra fresco cada día casi directamente del horno.

Centro Villalobos

super ofertas	4
ofertas	3
maletas y bolsos	2
caballero y niño	1
señora	0
mesa sport	-1

España

¿Quieres comprar algo en el Centro Villalobos en la Gran Canaria? ¿A qué piso tienes que ir para comprar lo que quieres?

Nicaragua

La señora tiene un puesto de frutas y verduras (legumbres) en León, Nicaragua. Tales puestos o tenderetes son populares en todas partes de Latinoamérica.

Panamá

Una señora indígena del pueblo de los emberá en la selva no muy lejos de la Ciudad de Panamá está vendiendo artesanías—todas confeccionadas por los habitantes del pueblo.

Argentina

Un grupo de muchachas argentinas están caminando por un mercado al aire libre en la Recoleta en Buenos Aires. Hay un mercado todos los fines de semana.

Guatemala

La señora está vendiendo verduras en un mercado callejero en Guatemala.

España

La señora está haciendo sus compras en el Mercado central de Valencia.

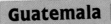

(br)Lori Ernfridsson, (others)Andrew Payti

297

Un centro comercial 🎧

el escaparate

Hay muchas tiendas en un centro comercial.
Mucha gente va de compras en el centro comercial.

La ropa

una camisa de manga corta

una chaqueta

una corbata

un vestido

un blue jean

un pantalón largo

un par de zapatos

un par de tenis

la talla

P 48	M 52	G 54	XG 56	XXG 58	TALLAS ESPAÑOLAS
P	M	L	XL	XXL	TALLAS INGLESAS

el número

José quiere comprar una chaqueta.
Pero no sabe su talla.

Elena habla con la empleada.

¿Cuál es el precio?

Hoy hay un saldo (una liquidación).
Cuando una tienda tiene un saldo, rebajan los precios.
Todo te sale más barato.
Te cuesta menos.

Estas blusas (aquí) cuestan
    500 pesos. Cuestan mucho.
    Son caras.
Aquellas camisetas (allá)
    cuestan 250 pesos. Cuestan
    poco. Son baratas.

¡Así se dice!

When you want to say how lucky you are about something, you can say **¡Qué suerte tengo!**

Go Online!

connectED.mcgraw-hill.com

(l)Andrew Payti; (r)McGraw-Hill Education

El interior de un centro comercial moderno en Managua, Nicaragua

ESCUCHAR

1 Escucha. Escoge la frase correcta. Prepara una tabla como la de abajo para indicar tus respuestas.

a	b

HABLAR • ESCRIBIR

2 Personaliza. Da respuestas personales.

1. ¿Hay un centro comercial donde ustedes viven?
2. ¿Qué hay en este centro comercial?
3. ¿Cuándo rebajan las tiendas los precios?
4. Cuando rebajan los precios, ¿cómo te sale todo?
5. ¿Qué talla necesitas cuando compras una camisa o una blusa?
6. ¿Qué número calzas?

ESCRIBIR

3 Repasa los colores. Indica todos los artículos de ropa de color rojo, amarillo, negro, gris, blanco, verde, anaranjado y azul.

Diego   Teresa   Ernesto   Graciela

HABLAR • ESCRIBIR

4 Personaliza. Da respuestas personales.

1. ¿A ti te gusta mirar en los escaparates de las tiendas?
2. ¿Te gusta ir de compras o no?
3. ¿Prefieres llevar una camisa o una blusa de manga larga o de manga corta?
4. Si eres muchacho, ¿te gusta llevar chaqueta y corbata? Si eres muchacha, ¿te gusta llevar vestido?
5. ¿Prefieres llevar un pantalón más formal y zapatos o un blue jean y tenis a la escuela?

Andrew Payti

LEER • HABLAR

5 Escoge la respuesta correcta del **banco de palabras.**

con la empleada	treinta y ocho
en la caja	ciento cincuenta pesos
una camisa	no, barata
el dinero	

1. ¿Con quién habla Esteban en la tienda de ropa?
2. ¿Qué quiere comprar Esteban?
3. ¿Qué talla usa?
4. ¿Cuánto cuesta la camisa que mira?
5. ¿Es cara?
6. ¿Dónde paga Esteban?
7. ¿Qué le da al cajero?

EXPANSIÓN

Ahora, sin mirar las preguntas, da toda la información en tus propias palabras. Si no recuerdas algo, un(a) compañero(a) te puede ayudar.

6 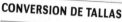 Rompecabezas

Change one letter in each word to form a new word.

habla   par   **cara**   corta   **más**

allá   sale   nada   menor   hoy

ESCRIBIR

7 Quieres comprar unas prendas de ropa y zapatos. Estás en línea y ves unas cosas en una tienda en México. Las quieres comprar pero algo no te permite hacer el pedido (dar la orden). Escribe un correo electrónico a la compañía. Indica lo que quieres comprar. Incluye todos los detalles necesarios—descripción corta, colores, tamaños, etc.

8 *Comunicación*

Con un(a) compañero(a) de clase, preparen una conversación entre los miembros de la familia en la fotografía. Presenten su conversación a la clase.

CONVERSION DE TALLAS

Ropa de señora – Vestidos y abrigos						
Estados Unidos	6	8	10	12	14	16
España	36	38	40	42	44	46
Sudamérica	34	36	38	40	42	44
Ropa de señora – Blusas y jersey						
Estados Unidos	30	32	34	36	38	40
España	38	40	42	44	46	48
Sudamérica	38	40	42	44	46	48
Ropa de caballeros – Trajes						
Estados Unidos	34	36	38	40	42	44
España	44	46	48	50	52	54
Sudamérica	44	46	48	50	52	54
Calzado – señoras						
Estados Unidos	4	5	6	7	8	9
España	34/35	35/36	36/37	38/39	39/40	41/42
Sudamérica	2	3	4	5	6	7
Calzado – caballeros						
Estados Unidos	8	8½	9	9½	10	10½
España	41	42	43	43	44	45
Sudamérica	6	6½	7	7½	8	8½

CULTURA

La familia está mirando mercancías en el escaparate de una tienda de accesorios en Madrid, España.

Daniel Salsgiver

En el mercado

un puesto, un tenderete

En el mercado hay muchos puestos.
En cada puesto los vendedores venden
un producto diferente.

Las señoritas van de compras.
Ellas van de un puesto a otro.

Un puesto de legumbres, una verdulería

las judías verdes

los guisantes

las zanahorias

los pimientos

el maíz

las cebollas

Un puesto de frutas, una frutería

las naranjas

la piña

las uvas

las manzanas

los plátanos

En otras partes

In addition to **el maíz,** you will hear **el elote** in Mexico and parts of Central America. You will hear **el choclo** in areas of South America. **Las judías verdes** are also called **chauchas, porotos,** and, in some areas, **frijoles.**

(t)Daniel Salsgiver, (c)McGraw-Hill Education, (b)Andrew Payti

En el supermercado

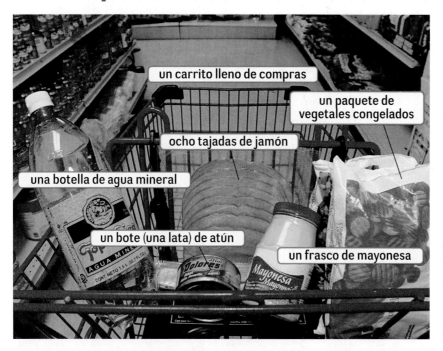

un carrito lleno de compras

un paquete de vegetales congelados

ocho tajadas de jamón

una botella de agua mineral

un bote (una lata) de atún

un frasco de mayonesa

¡Así se dice!

When asking how much something costs, such as fruits and vegetables whose prices vary frequently, you most often ask:

—**¿A cuánto están los tomates?**

—**Están a cincuenta el kilo.**

When a vendor asks if you want something else (**¿Algo más?**), you can say what you want or respond **No, nada más, gracias.**

En un mercado indígena

tejidos

artesanía

sandalias

cerámicas

En el mercado indígena venden de todo.
La clienta no paga el precio que le da el vendedor.
Quiere pagar menos.
Quiere un precio más bajo.
En el mercado todos regatean.

PROJECT BOARD WITH TABS
See the Foldables section of the Student Handbook at the beginning of this book for help with making this foldable. Practice using vocabulary related to shopping. Create an illustrated tab for different shopping venues. Under each tab, list what you would purchase at that particular shopping place. Compare your purchases with a partner's.

ESCUCHAR

1 Escucha las frases. Parea cada frase con la foto que describe.

a.

b.

c.

HABLAR

2 Contesta sobre el mercado y el supermercado.

1. ¿Qué hay en un mercado?
2. ¿Hablan los clientes con los vendedores?
3. ¿Van los clientes con frecuencia a los mismos puestos?
4. ¿Tienen precios buenos?
5. ¿Qué tipo de productos hay en un mercado indígena?
6. ¿Regatean los clientes en un mercado indígena?
7. ¿Vas al supermercado para comprar comida?
8. ¿Usas un carrito cuando estás en el supermercado?

ESCRIBIR

3 Categoriza. Prepara una lista de frutas y legumbres.

frutas	legumbres

CULTURA

Una pastelería en Antigua, Guatemala. Tiene un buen surtido de dulces, ¿no?

LEER • HABLAR

4 Completa la conversación en un mercado o verdulería.

— ¿_____ están los tomates hoy?
— Están a cincuenta _____ kilo.
— Un kilo, por _____.
— ¿_____ más, señora?
— No, _____, gracias.

LEER • ESCRIBIR

5 Escoge del **banco de palabras** para completar las frases.

carnicería	pastelería	panadería
verdulería	pescadería	frutería

1. Necesito pan. Voy a la _____.
2. Vamos a comer sardinas. Voy a la _____.
3. Necesito carne picada para preparar hamburguesas. Voy a la _____.
4. Quiero comprar un postre. Voy a la _____.
5. Quiero guisantes, maíz y brócoli. Voy a la _____.
6. Voy a preparar una ensalada de manzanas, naranjas y plátanos. Voy a la _____.

LEER • ESCRIBIR

6 Completa la lista de compras de la señora Vázquez. •·····

HABLAR

7 **Juego** Play this game with a partner. Name one item you want to buy and your partner will tell you where you can buy it. Choose from the following shopping venues. Take turns.

Conexiones

Las matemáticas
La medida tradicional para peso en Estados Unidos es la libra. En el sistema métrico, la medida para peso está basada en el kilogramo, o kilo. Hay mil gramos en un kilo. El kilo es igual a 2,2 libras. Una libra estadounidense es un poco menos de medio kilo.

Lista de compras

un _____ de tomates frescos

un _____ de atún en aceite

dos _____ de guisantes congelados

un _____ de mayonesa

seis _____ de jamón

dos _____ de agua mineral

Los números

1. **Cien** is used when followed by a noun. When followed by another number it is **ciento.**

   cien euros
   ciento cincuenta pesos

2. The numbers from 200 to 1000 are as follows. Pay particular attention to the spelling of 500, 700, and 900. Numbers, when used as adjectives, must agree with the nouns they modify.

   doscientos
   trescientos
   cuatrocientos
   quinientos
   seiscientos
   setecientos
   ochocientos
   novecientos
   mil

   el año mil cuatrocientos noventa y dos   1492
   el año mil setecientos setenta y seis   1776

3. **Mil** when used in counting does not have a plural form. **Un millón** does. Note the following.

mil dólares	**un millón de dólares**
dos mil dólares	**dos millones de euros**
cien mil dólares	**un millón quinientos mil pesos**
dos mil nueve	

   Note that when stating the year after 2000, you should use the article.

   en el dos mil diez

4. **Mil** has a plural form when not used in counting.

   Miles de turistas visitan Guatemala cada año.

Práctica

HABLAR

1 Cuenta de cien a mil por cientos.

HABLAR

2 Indica el precio según el modelo.

MODELO   **tomates / quinientos pesos / el kilo** →
         Los tomates están a quinientos
         pesos el kilo.

1. huevos / dos euros / la docena
2. papas / doscientos pesos / el kilo
3. manzanas / setecientos pesos / el kilo
4. cebollas / sesenta y dos pesos / el kilo

HABLAR • ESCRIBIR

3 Da las siguientes fechas.

1. 1492	**5.** 1810
2. 1808 a 1814	**6.** 1776
3. 718	**7.** 1898
4. 1936	**8.** 2001

CULTURA

Un puesto de legumbres en un mercado municipal en Guadalajara, México

LEER • HABLAR

4 **Investigación** Look up the important event that took place in each of the years listed in Activity 3. Discuss your findings with the class.

5 ## Comunicación

You work in a clothing store after school. You must do the inventory. Tell another employee (your partner) how many of the following items the store has in stock. Take turns.

vestidos 842	camisas 15.445
pantalones 9.850	blue jean 6.100
zapatos 10.049	chaquetas 577

Kerri Galloway

¡Ojo!

Look what happens when **saber** stands alone.

Lo sé.

You must put **lo** before the verb.

In the negative you have a choice.

No lo sé. Or **No sé.**

Presente de **saber** y **conocer**

1. The verbs **saber** and **conocer** both mean *to know*. Note that like many Spanish verbs they have an irregular **yo** form in the present tense. All other forms are regular.

saber			
yo	sé	nosotros(as)	sabemos
tú	sabes	*vosotros(as)*	*sabéis*
Ud., él, ella	sabe	Uds., ellos, ellas	saben

conocer			
yo	conozco	nosotros(as)	conocemos
tú	conoces	*vosotros(as)*	*conocéis*
Ud., él, ella	conoce	Uds., ellos, ellas	conocen

2. The verb **saber** means *to know a fact* or *to have information about something*. It also means *to know how to do something*.

Yo sé donde está el mercado.
No sabemos a qué hora vamos al mercado.
Ellos saben regatear.

3. The verb **conocer** means *to know* in the sense of *to be acquainted with*. It is used with people and complex or abstract concepts rather than simple facts.

Yo conozco a Luis.
Ella conoce a su hermano.
Los alumnos conocen bien la arquitectura española.

CULTURA

¿Sabes que hay mucha influencia árabe en la arquitectura española? Aquí vemos un ejemplo de la influencia de los moros en Granada.

DAJ/Getty Images

Práctica

Go Online!

connectED.mcgraw-hill.com

HABLAR • ESCRIBIR

6 Personaliza. Da respuestas personales.

1. ¿Sabes el número que calzas?
2. ¿Sabes la talla que usas?
3. ¿Sabes dónde está el mercado?
4. ¿Sabes el número de tu móvil?
5. ¿Conoces España?
6. ¿Conoces la historia de España?
7. ¿Conoces al primo de José Luis?

ESCUCHAR • HABLAR • ESCRIBIR

7 **¡Te toca a ti!** Crea frases originales con **saber** o **conocer.** Usa las siguientes expresiones.

1. a tu amigo
2. donde vive
3. su número de teléfono
4. su dirección de correo electrónico
5. a sus padres
6. a toda la familia de José
7. el precio
8. la talla
9. jugar tenis
10. donde está la cancha
11. a Picasso

CULTURA

Estos tunos en la Ciudad de México saben tocar muy bien la guitarra. ¿Sabes tú tocar un instrumento musical? ¿Cuál?

ESCRIBIR

8 Completa con las formas correctas de **saber** o **conocer.**

1. Yo _____ a Mari y _____ donde vive.
2. ¿_____ si ella tiene el número de tu móvil?
3. Yo no _____ si lo tiene o no.
4. Aquí está Felipe. Tú lo _____, ¿no?
5. Sí, yo lo _____. Y _____ que es el hermano de Mari.

9 **Comunicación**

Trabaja con un(a) compañero(a) de clase. Indiquen todo lo que saben hacer. ¿Saben hacer las mismas cosas o no?

Andrew Payti

LEER • ESCRIBIR

10 Completa con la forma correcta de **saber** o **conocer**.

Pepita Sandra, ¿___1___ tú a Sarita Álvarez?

Sandra Claro que ___2___ a Sarita. Ella y yo somos muy buenas amigas.

Pepita ¿___3___ tú que ella va a Argentina?

Sandra ¿Ella va a Argentina? No, yo no ___4___ nada de sus planes. ¿Cuándo va a salir?

Pepita Pues, ella no ___5___ exactamente qué día va a salir. Pero ___6___ que va a salir en junio.

Sandra ¿Sarita ___7___ Argentina?

Pepita Creo que sí. Yo no ___8___ definitivamente. Pero yo ___9___ que ella ___10___ a mucha gente en Argentina.

Sandra ¿Cómo es que ella ___11___ a mucha gente allí?

Pepita Pues, tú ___12___ que ella tiene parientes en Argentina, ¿no?

Sandra Ay, sí es verdad. Yo ___13___ que tiene familia en Argentina porque yo ___14___ a su tía Lola. Y ___15___ que ella es de Argentina.

Durante los fines de semana hay un mercado al aire libre en el parque de la Recoleta en Buenos Aires. Muchos artistas venden sus cuadros.

11 **Juego** **¿A quién conoces?** Think of someone in the class whom you know quite well. Tell your partner some things you know about this person. Don't say who it is. Your partner will guess. Take turns.

Andrew Payti

Comparativo y superlativo

Go Online!

connectED.mcgraw-hill.com

1. To express the comparative in Spanish, you put **más** or **menos** before the adjective or adverb and **que** after it.

> **Ella es más alta que su hermana.**
> **Es también más ambiciosa que ella.**

After **que**, you use the subject pronouns or **nadie.**

> **Ella sabe más que yo, tú y ella.**
> **Ella sabe más que nadie.**

2. To express the superlative, you use the definite article plus **más. De** always follows the superlative.

> **Ella es la muchacha más simpática de todas.**
> **Su hermano es el más inteligente de la clase.**

El sencillo cuesta menos que el súper y el doble cuesta más que el súper. El doble es el más caro de los tres.

3. Study the comparative and superlative forms of **bueno, malo, bien,** and **mal.**

bueno	mejor	el/la mejor
malo	peor	el/la peor
bien	mejor	
mal	peor	

> **Carlos es el mejor alumno de la clase de español.**
> **Él habla mejor que nadie.**

Práctica

HABLAR • ESCRIBIR

12 Contesta.

1. ¿Es más grande tu clase de historia o tu clase de español?
2. ¿Cuál es tu clase más pequeña de todas?
3. En tu escuela, ¿es más popular el fútbol o el béisbol?
4. ¿Cuál es el deporte más popular de todos?
5. Cuando hay una liquidación, ¿son los precios más bajos o más altos?

HABLAR • ESCRIBIR

13 Forma frases completas según el modelo.

> MODELO   alto   Luis / Jaime / Andrés →
> **Luis es alto. Jaime es más alto que Luis**
> **y Andrés es el más alto de todos.**

1. graciosa   Susana / Adela / Lupe
2. interesantes   los Gómez / los García / los Ramos
3. dinámico   Paco / Tadeo / Carlos

CULTURA

Una joven con su hermana menor en el pueblo pequeño de Subtanjalla en el sur de Perú. Las dos muchachas tienen un gatito.

(t)Kerri Galloway, (b)Andrew Payti

Nota

Mayor and **menor** are comparatives and superlatives that most often refer to age.

Yo soy mayor que mi hermana.

Mi hermana es la menor de la familia.

InfoGap For more practice using the comparative and superlative, do Activity 9 in the Student Resource section at the end of this book.

HABLAR • ESCRIBIR

14 Personaliza. Da respuestas personales.

1. En tu familia, ¿quiénes son mayores que tú?
2. ¿Tienes un(a) hermano(a) menor?
3. ¿Eres tú el/la menor o no?
4. ¿Quién es el/la mejor estudiante?
5. ¿Quién es tu mejor amigo(a)?
6. ¿En qué clase recibes las mejores notas?
7. ¿En qué clase recibes las peores notas?

Demostrativos

1. In Spanish the demonstratives are **este, ese,** and **aquel.** Note that the demonstratives can be either adjectives or pronouns. **Este** *(this, this one)* indicates something close to you. **Ese** *(that, that one)* indicates something close to the person you're speaking with. **Aquel** *(that, that one over there)* indicates something far away from both of you.

2. Study the forms of the demonstratives.

este libro	**estos libros**	**esta mesa**	**estas mesas**
ese libro	**esos libros**	**esa mesa**	**esas mesas**
aquel libro	**aquellos libros**	**aquella mesa**	**aquellas mesas**

esta camisa y esa (que tú tienes)

estas tiendas aquí y aquellas (en las afueras)

Práctica

HABLAR

15 Prepara una conversación con un(a) compañero(a) según el modelo.

MODELO los zapatos →

— ¿Cuál es el precio de los zapatos?

— ¿Cuáles? ¿Estos zapatos aquí?

— No, aquellos allá.

1. los guantes
2. las blusas
3. el vestido
4. los pantalones
5. el gorro
6. las botas
7. la chaqueta
8. la camisa

CULTURA

En este parque de la Ciudad de México, el Bosque de Chapultepec, hay puestos donde venden globos y algodón de azúcar.

Andrew Payti

ESCUCHAR • HABLAR • ESCRIBIR

16 Cambia al singular o viceversa.

1. Estas ideas son muy buenas.
2. Ese carro es nuevo.
3. Esos niños son inteligentes.
4. Aquella casa es moderna.
5. Estos cuadros son interesantes.
6. Aquel museo es fabuloso.

PRONUNCIACIÓN

Las consonantes ñ, ch, x

The **ñ** is a separate letter of the Spanish alphabet. The mark over it is called a **tilde.** Note that it is pronounced similarly to the *ny* in the English word *canyon*. Repeat the following.

señor	otoño	España	niño
señora	pequeño	cumpleaños	compañía
año	mañana	baño	piña

Ch is pronounced much like the *ch* in the English word *church*. Repeat the following.

coche	chaqueta	champú
chocolate	muchacho	churro

An **x** between two vowels is pronounced much like the English *x* but a bit softer. It's like a **gs: examen →
eg-samen.** Repeat the following.

exacto	examen
éxito	próximo

When **x** is followed by a consonant, it is pronounced like an **s.** Repeat the following.

extremo	explicar	exclamar

Dictado

Pronounce the following sentences carefully. Then write them to prepare for a dictation.

**El señor español compra una chaqueta cada año en el otoño.
Va a tener éxito en su próximo examen.
La señora exclama «¡Qué pena!» cuando el señor explica
la situación extrema.**

Refrán

Can you guess what the following proverb means?

Más vale pájaro en mano que cien volando.

¡Bravo!

You have now learned all the new vocabulary and grammar in this chapter. Continue to use and practice all that you know while learning more cultural information. **¡Vamos!**

En una tienda de ropa

¿Comprendes?

A Contesta según la información en la conversación.

1. ¿Con quién habla José en la tienda de ropa?
2. ¿Qué quiere comprar?
3. ¿Sabe su talla?
4. ¿Le queda bien la chaqueta?
5. ¿Qué necesita?
6. ¿Cuánto cuesta la chaqueta?
7. ¿Por qué tiene suerte José?
8. ¿Qué más quiere él?
9. ¿A qué departamento tiene que pasar?

B Resumiendo Cuenta la información en la conversación en tus propias palabras.

C Llegando a conclusiones

1. ¿Qué piensas? Cuando José pasa al departamento de calzados, ¿sabe qué número calza? ¿Tiene el empleado un par de zapatos que le queda bien? ¿Compra José zapatos?
2. ¿Por qué quiere José comprar una chaqueta nueva y un par de zapatos? ¿Por qué los necesita? ¿Adónde va a ir?

CULTURA

Una tienda de ropa para caballeros en la Ciudad de México

Federico Gil

Lectura
CULTURAL

READING STRATEGY

Antes de leer

Think of your family's shopping habits. What types of stores do you and your family prefer for buying food?

✓ READING CHECK

¿Cuándo tienen mercado los pueblos indígenas de Latinoamérica?

✓ READING CHECK

¿Por qué son famosos los otavaleños?

CULTURA 🇬🇹

Esta señora en el mercado de Chichicastenango en Guatemala no tiene un puesto. Vende sus productos de una canasta en el suelo.

Durante la lectura

Compare and contrast these shopping habits with yours. Do you bargain to get the best prices?

COMPARING AND CONTRASTING Comparing and contrasting while you read makes you think about things that are the same and things that are different. Comparing and contrasting brings the reading alive and helps you remember it.

Mercados indígenas 🎧 ↺

Es un domingo y estamos en Chichicastenango, Guatemala. Son las seis de la mañana y llega mucha gente a pie y en bus para ir al mercado. En muchos pueblos indígenas de Latinoamérica hay mercado uno o dos días a la semana.

Los sábados hay un mercado célebre en Otavalo en Ecuador. En Otavalo como en «Chichi» hay muchos puestos en el centro donde venden de todo—artesanía, ropa, tejidos y ¡claro!, comestibles—la comida es muy importante.

En los mercados la mayoría de los vendedores son mujeres y ellas saben que sus compradores nunca quieren pagar el primer precio y van a regatear. Todos quieren un precio más bajo. En los mercados hay unos turistas también que quieren comprar y llevar a casa un buen recuerdo. Y como recuerdo no hay nada mejor que un tejido de Otavalo. Los indígenas otavaleños tienen fama mundial de ser los mejores tejedores y es la comunidad indígena más próspera de toda América.

CULTURA 🇪🇨

Como ves en la foto, hay vendedores que colocan sus productos en el suelo y hay otros que tienen puestos o tenderetes. Este mercado está en Otavalo.

(l)Lori Ernfridsson, (r)Andrew Payti

¿Comprendes?

CULTURA

En Mérida, México, como en muchas otras ciudades, hay un gran mercado municipal y en las calles alrededor del mercado hay más puestos como los que ves aquí.

A Recordando hechos

1. ¿Qué hay en muchos pueblos de Latinoamérica?
2. ¿Cuántas veces a la semana hay mercado?
3. ¿Qué hay en los mercados?

B Confirmando información Corrige.

1. Los mercados indígenas son por la noche.
2. En los mercados indígenas la mayoría de los vendedores son hombres.
3. Los compradores pagan el primer precio que les da la vendedora.
4. Solo los habitantes del pueblo van al mercado.
5. Los indígenas de Chichicastenango son la comunidad más próspera de toda América.

C Describiendo

Describe un mercado indígena.

D Explicando

¿Qué es el regateo? ¿A ti te gusta regatear?

E Analizando

¿Por qué es el mercado en Otavalo, Ecuador, un mercado célebre (famoso)?

Lectura
UN POCO MÁS

Antes de leer

Piensa en como los miembros de tu familia van de compras y el tipo de comidas que ustedes toman.

✓ **READING CHECK**

¿Por qué va mucha gente al mercado municipal?

De compras

CULTURA 🇪🇸
El mercado municipal en Estepona en el sur de España

Mercado municipal En muchas ciudades de España y Latinoamérica hay un mercado municipal. En el mercado hay muchos puestos—carnicerías, panaderías, verdulerías, etc. A mucha gente le gusta ir al mercado municipal porque saben que todo lo que compran es fresco. Y, ¡una cosa más! Como suelen[1] ir de compras a diario (todos los días), conocen a los vendedores y pueden tener confianza en ellos.

CULTURA 🇻🇪
Hay muchos pasillos en este supermercado moderno en Mérida, Venezuela.

Supermercado Además de mercados municipales hay supermercados donde la gente toma un carrito y lo empuja[2] de pasillo a pasillo donde pueden comprar comestibles en paquetes, latas y frascos. Y como no quieren o no pueden ir de compras todos los días compran muchas cosas congeladas.

Centro comercial En las afueras de las ciudades hay grandes centros comerciales modernos. Tienen tiendas de ropa, videojuegos y electrodomésticos. Y si tienes hambre hay también una zona de comedores. ¿Quieres ver una película? Hay cines también.

---

[1]suelen *they are used to*   [2]empuja *push*

(t)Andrew Payti, (b)Kelli Drummer-Avendaño

¿Comprendes?

Escoge.

1. ¿Qué es un mercado municipal?
 a. un mercado de la ciudad
 b. un mercado indígena
 c. un mercado en un centro comercial
 d. un supermercado

2. Las carnicerías, panaderías, etc., en los mercados son _____.
 a. centros
 b. puestos
 c. tiendas
 d. mercados

3. ¿Cuándo va la gente de compras en un mercado municipal?
 a. un día a la semana
 b. casi nunca
 c. casi todos los días
 d. cuando hay mercado

4. Los clientes en un supermercado usan _____.
 a. un pasillo
 b. un carrito
 c. una lata
 d. un puesto

5. En los centros comerciales hay _____.
 a. puestos indígenas
 b. solo ropa
 c. muchas tiendas
 d. comida congelada

Cultura

¿Sabes lo que son arepas? ¿Adónde puedes ir para comprar los ingredientes necesarios para confeccionar o hacer arepas? Puedes verificar la receta en **eScape.**

CULTURA

La fachada del centro comercial Espiral en una calle principal de Quito, Ecuador

Andrew Payti

Prepárate para el examen

↻ To review, see **Vocabulario 1** and **Vocabulario 2**.

Vocabulario

1 **Completa.**

1–2. Esa chaqueta no le _____ bien. Necesita una _____ más grande.

3. ¿Qué _____ calzas?

4–5. Rebajan los precios cuando hay un _____ y todo le sale más _____.

6. Hay muchos _____ en un mercado.

7–8. Él compra _____ de agua mineral y _____ de atún.

9–10. Ayer en el supermercado compré un _____ de mayonesa y cinco _____ de jamón.

11–12. En el carrito de Pablo hay siempre muchas frutas. Le gustan _____ y _____.

13. Yo pregunté al vendedor, «¿_____ están las zanahorias?»

14. Cuando la señora necesita comida, va _____ en el mercado.

15. Hay muchas tiendas de todos tipos en un _____.

2 **Parea los contrarios.**

16. largo   **a.** barato

17. mucho   **b.** compro

18. menos   **c.** más

19. caro   **d.** corto

20. vendo   **e.** poco

Gramática

↻ To review, see **Presente de saber y conocer.**

3 **Contesta.**

21. ¿Sabes quién es?

22. ¿Lo conoces?

23. ¿Sabes dónde vive?

 **Escoge.**

24. Ella _____ que hay una diferencia.

   a. sabe   **b.** conoce

25. Ellos _____ donde vivimos.

   a. saben   **b.** conocen

26. Él me _____ bien.

   a. sabe   **b.** conoce

27. Él _____ que tengo móvil.

   a. sabe   **b.** conoce

28. Le gusta el arte y _____ bien la historia del arte mexicano.

   a. sabe   **b.** conoce

CULTURA 🟥

Cerámicas de México

5 Completa.

29. Este centro comercial es _____ moderno _____ el otro.

30. A mi parecer, este centro comercial es _____ _____ moderno _____ todos.

31. Te va a salir _____ barato si regateas.

32. Él tiene veinte años y yo tengo dieciséis. Él es _____ _____ _____.

33. Ella es muy inteligente. Ella sabe _____ _____ nadie.

↻ To review, see **Comparativo y superlativo.**

6 Cambia al singular.

34. Aquellos pantalones son caros.

35. Estos juegos de computadora me gustan mucho.

36. Esas frutas son muy frescas.

37. ¿Dónde compraste esos?

↻ To review, see **Demostrativos.**

Cultura

7 Contesta.

38. ¿Qué venden en un mercado indígena?

39. ¿Qué pasa cuando el cliente y el vendedor regatean?

40. ¿De qué tienen fama los otavaleños?

↻ To review this cultural information, see the **Lectura cultural.**

Kelli Drummer-Avendaño

¡VAMOS DE COMPRAS!   *trescientos veintiuno* **321**

Prepárate para el examen

El escaparate de una tienda de modas en Ciudadela, Menorca, una de las islas Baleares

1 En una tienda de ropa

• Shop for clothes
Work with a classmate. One will be the shopper and the other the clerk. Make up conversations to buy the items you see in the photo. You may want to use gestures to make yourself understood.

2 De compras

Discuss your shopping preferences
Have a conversation with a friend. Tell whether or not you like to shop. Tell why. When you do shop, what types of things do you buy and what types of stores do you go to? Do you go to individual stores or large ones such as **un supermercado** or **una tienda de departamentos**? As you are talking, make sure your partner knows if you agree or disagree with him or her.

3 En el mercado

Shop in a market
You are spending a summer with a family in Spain. You are going to prepare a dinner for your Spanish family. Decide what you have to buy at the market. Then have a conversation with a classmate who will be the clerk at the store or stores.

Una pescadería en Valencia, España

4 En el centro comercial

Describe a shopping mall
Work with a classmate who will be an exchange student from Chile. Introduce yourself and tell the student about the mall near you that he or she would like to go to.

5 En el mercado indígena

Talk about shopping at an indigenous market
Imagine that you just returned from a visit to Ecuador or Guatemala. Tell a friend all about your experience **en un mercado indígena**. Use as much expression and body language as possible to help convey the meaning of what you are saying.

Andrew Payti

Go Online! ✚

connectED.mcgraw-hill.com

Tarea

You have learned about stores and markets in Spain and Latin America. Write an essay in which you compare and contrast the different types of shopping venues in the Spanish-speaking world. Then continue your essay by comparing and contrasting them with shopping areas and customs that you are familiar with in the United States.

CULTURA 🇪🇸

Una tienda de ropa en Arrecife, Lanzarote, una de las islas Canarias

Writing Strategy

Comparing and contrasting When writing, it is often necessary to compare people, places, or things. To do this you must write in such a way that your readers can be made aware of how they are alike and different. When you compare two things you explain how they are similar. When you contrast two things, you explain how they are different. Before you start, it is often a good idea to make a diagram or list of similarities and differences.

❶ Prewrite

The following diagram will help you organize your ideas. Each circle shows aspects of one shopping venue. Where the circles overlap, write aspects the different venues have in common.

un centro comercial

un supermercado

un mercado indígena

❷ Write

- Begin with an introduction that will explain the purpose of the essay and grab the readers' attention.
- Decide how you want to order your paragraphs.
- Use the information from your diagram to compare and contrast the different shopping venues.
- Choose an interesting title.
- Proofread your essay and correct errors.
- Invite a classmate to read your essay and to edit it or give you feedback.

Evaluate

Don't forget that your teacher will evaluate you on your use of vocabulary, correctness of grammar and sentence structure, ability to compare and contrast shopping venues and customs, and the completeness of your message.

Andrew Payti

Presente de saber y conocer

The verb **saber** means to *know a fact* or *to know how to do something*.
The verb **conocer** means *to know* in the sense of *to be acquainted with*.
Review the forms below.

saber			
yo	sé	nosotros(as)	sabemos
tú	sabes	*vosotros(as)*	*sabéis*
Ud., él, ella	sabe	Uds., ellos, ellas	saben

conocer			
yo	conozco	nosotros(as)	conocemos
tú	conoces	*vosotros(as)*	*conocéis*
Ud., él, ella	conoce	Uds., ellos, ellas	conocen

Comparativo y superlativo

To form the comparative in Spanish, you put **más** or **menos** before
the adjective or adverb and **que** after it.

> **Ella es más inteligente que yo.**   *She is smarter than I am.*
> **Es menos ambiciosa que yo.**   *She is less ambitious than I am.*

To form the superlative in Spanish, you use the appropriate definite
article **el, la, los, las** plus **más** and the adjective followed by **de.**

> **Él es el más serio de todos.**   *He is the most serious of all.*
> **Él es el muchacho más alto de la clase.**   *He is the tallest boy in the class.*

The adjectives **bueno** and **malo** and the adverbs **bien** and **mal** have
irregular comparative and superlative forms.

bueno	mejor	el/la mejor	los/las mejores
malo	peor	el/la peor	los/las peores

bien	mejor
mal	peor

The adjectives **mayor** and **menor** most
often refer to age.

> **Yo soy mayor que mi hermana.**
> **Mi hermana es la menor de la familia.**

Demostrativos

Demonstrative adjectives and pronouns
indicate location. In Spanish there are
three demonstratives: **este, ese,** and **aquel.**

Las frutas en este puesto en Tepoztlán, México, son algunas
de las mejores del mercado.

Juego There are a number of cognates in this list. See how many you and a partner can find. Who can find the most? Compare your list with those of your classmates.

Go Online!

connectED.mcgraw-hill.com

Vocabulario

Identifying some more articles of clothing

una camisa	un pantalón	una chaqueta	un blue jean
de manga corta	un par de zapatos	un vestido	un par de tenis
(larga)	una blusa	una corbata	

Shopping for clothes

el centro comercial	la talla	rebajar	barato(a)
la tienda de ropa	el número	usar	caro(a)
el escaparate	un saldo,	calzar	mucho
el/la empleado(a)	una liquidación	costar	poco
	el precio		

Shopping for food

el mercado	el supermercado	las manzanas	una botella
el puesto,	los guisantes	los plátanos	un frasco
el tenderete	las judías verdes	las uvas	una tajada
el/la vendedor(a)	las zanahorias	la piña	la mayonesa
el producto	las cebollas	un carrito	el atún
el kilo	los pimientos	las compras	congelado(a)
la verdulería	el maíz	un bote, una lata	ir de compras
la frutería	las naranjas	un paquete	

Shopping in an indigenous market

el mercado indígena	los tejidos	las cerámicas
la artesanía	las sandalias	regatear

Other useful words and expressions

la gente	todos(as)	Te sale más barato.	¿A cuánto está(n)?
el/la cliente(a)	Es verdad.	Te queda bien.	¿Algo más?
diferente			Nada más.

LA PRACTICE Refer to the Language Arts Practice section and use your Spanish to practice Language Arts skills.

**Literary Reader**

You may wish to read the adaptation of *La camisa de Margarita* by Ricardo Palma, found in the Literary Reader at the end of this book.

Repaso cumulativo

Repasa lo que ya has aprendido

These activities will help you review and remember what you have learned so far in Spanish.

CULTURA

Un mercado al aire libre en Mérida, Venezuela

1 Escucha las frases. Indica en una tabla como la de abajo si la frase describe la foto o no.

sí	no

2 Completa con el pretérito.

1. Nosotros _____ de compras. (ir)
2. Yo _____ a la tienda de ropa. (ir)
3. (Yo) _____ un blue jean. (buscar)
4. El empleado me _____. (hablar)
5. ¿_____ tú al concierto? (asistir)
6. ¿Te _____ el concierto? (gustar)
7. ¿Quién _____? (cantar)
8. ¿_____ el público? (aplaudir)
9. ¿Dónde _____ ustedes después? (comer)
10. ¿Te _____ el menú el mesero? (dar)

3 Sigue el modelo.

MODELO ¿Quién compró los muebles? →
Yo los compré.

1. ¿Quién compró la computadora?
2. ¿Quién creó la página Web?
3. ¿Quién compró la cámara digital?
4. ¿Quién tomó las fotos?
5. ¿Quién comió los chocolates?
6. ¿Quién vio la telenovela?
7. ¿Quién recibió los correos electrónicos?
8. ¿Quién no comprendió el menú?

Kelli Drummer-Avendaño

4 **Cambia a la forma negativa.**

1. Alguien lo sabe.
2. Ellos conocen a alguien.
3. Ellos compraron algo.
4. Algo está en el pupitre.
5. Ellos van siempre al centro comercial.
6. Ellos siempre compran algo.

5 **Describe el plan del apartamento.**

6 **Completa con expresiones apropiadas.**

1. Yo voy a _____.
2. Tenemos que _____.
3. No puedo _____.
4. No puedo porque tengo que _____.
5. Debes _____.
6. Ellos tomaron lecciones de tenis y saben _____.
7. Empiezan a _____.

7 **Juego** Play this game with a partner. Tell your partner what you do in your free time. Your partner will try to guess where you do it. Take turns. You may use the following as suggestions.

Navego la red. **Ceno con mi familia.** **Miro una película.**

Compro las zapatillas. **Toco la guitarra.**

Corro después de las clases. **Nado con mis amigos(as).**

CAPÍTULO
10

En avión

Go Online!

connectED.mcgraw-hill.com

Audio   Vídeo   Práctica   Repaso   Diversiones   eScape

ePals

Vamos a comparar Los medios de transporte más importantes varían de una región del mundo a otra. En España, por ejemplo, el servicio de trenes es excelente. No lo es en Latinoamérica donde mucha gente toma un autobús para ir de un lugar a otro. Pero vas a aprender por qué el avión es el medio de transporte más importante. Donde tú vives, ¿qué medios de transporte público hay? ¿Tienen muchos usuarios?

Objetivos

You will:

- talk about packing for a trip and getting to the airport
- tell what you do at the airport
- talk about being on an airplane
- discuss air travel in South America

You will use:

- verbs that have **g** in the **yo** form of the present tense
- the present progressive tense

◄ El avión está despegando de la pista del aeropuerto de La Romana en la República Dominicana.

¡PARE!
BARRERA AUTOMATIC
CARROS DE GOLF SOLAM
DESDE ESTE PUNTO

En avión

Look at these photographs to acquaint yourself with the theme of this chapter. Air travel is the most important means of transportation in the world today. As you learn to use your Spanish in an airport and on an airplane, you will also learn why air travel is so extremely important in Latin America.

DEPARTING TO	AIRLINE	FLIGHT	GATE	TIME
CARACAS	American	935	C7	12:30P
HOUSTON-IAH	American	1391	C3	12:07P
SANTO DOMINGO	American	783	C5	1:20P
KEY WEST	American	4987		2:00P
BALTIMORE	American	1060	C7	4:19P
QUITO	American	967	C5	4:30P
INDIANAPOLIS, IN	American	1682	C9	6:21P
SAN JOSE, C.R.	American	3171	C7	6:24P

Estados Unidos 🇺🇸

Aquí vemos una pantalla de salidas. ¿Para qué ciudades latinoamericanas hay vuelos?

Perú 🇵🇪

¡Qué bienvenida más simpática reciben los pasajeros que llegan al aeropuerto de Arequipa en el sur de Perú!

España 🇪🇸

Pasajeros en el nuevo aeropuerto de Barajas en Madrid

Guatemala 🇬🇹

El mostrador de una línea aérea centroamericana en el aeropuerto de la Ciudad de Guatemala. Es de noche y hay muy poca gente.

Perú

El avión está en el aeropuerto de Arequipa en el sur de Perú. En el fondo vemos los Andes.

Argentina

Es una experiencia aterrizar o despegar en el aeropuerto de Ushuaia debido a la proximidad del mar, las montañas y los vientos fuertes que a veces son casi violentos.

Perú

De esta parte del aeropuerto Jorge Chávez de Lima salen y llegan los vuelos que sirven a las otras ciudades y pueblos de Perú.
En la mayoría de los países se llaman «vuelos nacionales», pero a veces se oye «vuelos internos» o «vuelos domésticos». En Argentina son «vuelos de cabotaje».

VUELOS NACIONALES

TRANSIT

mexicana VIP

Antes de salir para el aeropuerto

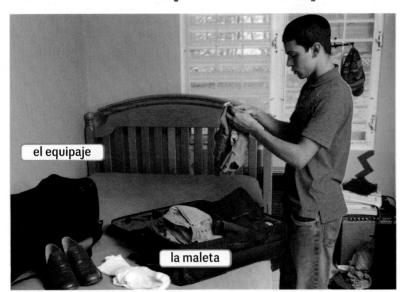

el equipaje

la maleta

Juan va a hacer un viaje.
Antes hace la maleta.
¿Qué pone en la maleta?

Pone la ropa que necesita
para el viaje.

¿Te acuerdas?

You will want to be able
to discuss packing a
suitcase. To review
summer and winter
clothing, see Chapter 7.
To review general
clothing, see Chapter 9.

Al aeropuerto

el baúl, la maletera

el taxi

Juan sale para el aeropuerto en taxi.
Trae su equipaje.

Pone su equipaje en la maletera del taxi.
El taxista lo ayuda con su equipaje.

David H. Brennan

En el aeropuerto

el boleto (billete) electrónico

el agente

el mostrador

¡Así se dice!

When you are in a crowded area and you want to get by someone, you can politely say **¡Con permiso!**

En otras partes

In addition to **la tarjeta de embarque** you will also hear **la tarjeta de abordar** and **el pasabordo.**

la tarjeta de embarque

AEROMEXICO
aeromexico.com

el nombre del pasajero

NOMBRE/NAME
PAYTI/ANDREWMR
ORIGEN/ORIGIN
MEXICO CITY
DESTINO/DESTINATION
OAXACA

el número del vuelo

VUELO/FLIGHT   CLASE   FECHA/DATE
AM 2046   L   04JUN0
SALA/GATE HORA/TIME ASIENTO/SEA
-7A   1140
NON-SMOKING
CONTROL 28   **5C**
FTKT 704.

la hora de salida

el número del asiento

Su tarjeta de embarque sale de un distribuidor automático.

Juan está en el mostrador de la línea aérea.
Está haciendo un viaje internacional en avión.
Tiene que facturar su equipaje.
Pero no tiene que facturar su equipaje de mano.

ESCUCHAR

1 Escucha las frases. Parea cada frase con el dibujo que describe.

a.   b.   c.

d.   e.   f.

CULTURA 🏳️

La señora está en el mostrador de
la línea aérea. Va a volar a México.

HABLAR • ESCRIBIR

2 Contesta sobre un viaje que Teresa va a hacer a México.

1. ¿Hace Teresa un viaje a México?
2. Antes de hacer su viaje, ¿qué pone en la maleta?
3. ¿Para dónde sale Teresa para empezar su viaje?
4. ¿Cómo va al aeropuerto?
5. ¿Quién la ayuda con su equipaje?
6. ¿Dónde lo pone?

EXPANSIÓN

Ahora, sin mirar las preguntas, relata toda la
información en tus propias palabras. Si no recuerdas
algo, un(a) compañero(a) te puede ayudar.

LEER • ESCRIBIR

3 Elisa está en el aeropuerto. Va a las Galápagos. Completa
con una palabra apropiada.

1. En el aeropuerto Elisa tiene que _____ su equipaje.
2. Va al mostrador de la _____.
3. Elisa tiene un _____ electrónico.
4. El agente le da su _____ para poder abordar el avión.

CULTURA 🏳️

Una vista de las islas
Galápagos, Ecuador

(t)Creatas/age fotostock, (b)Richard Brommer

LEER • ESCRIBIR

4 Completa. Escoge del **banco de palabras.**

pone	sale	trae	hace

1. Eduardo _____ un viaje a España.
2. Él _____ su ropa en la maleta.
3. Eduardo no _____ mucho equipaje.
4. _____ solamente una maleta y una mochila.
5. _____ el equipaje en la maletera del taxi.
6. _____ para el aeropuerto.
7. Su vuelo para España _____ a las ocho y media de la tarde.

InfoGap For more practice using your new vocabulary, do Activity 10 in the Student Resource section at the end of the book.

HABLAR • ESCRIBIR

5 Prepara una pregunta sobre cada frase en la Actividad 4. Usa las siguientes palabras.

¿quién?   ¿cuándo?

¿adónde?   ¿qué?   ¿dónde?

LEER • ESCRIBIR

6 Completa la tarjeta de embarque.

7 **Rompecabezas**

Unscramble the letters to reveal words related to airplane travel.

1. a l t a m e
2. n o t i s e a
3. j a q u e p i e
4. r a d o r o m t s
5. s o a r j e p a

En el control de seguridad

hacer cola

el pasaporte

En otras partes

Another word for **cola** is **fila** and the expression is **estar en fila.**

Los pasajeros están pasando por el control de seguridad.
Su equipaje de mano tiene que pasar por el control de seguridad.
Hay que mostrar una forma de identidad con una fotografía.

En la puerta de salida

Gate 7

American
Flight 1416
New York • Kennedy
NON-SMOKING Flight
Departs 1:05

American Gate 7

Departs

¡Así se dice!

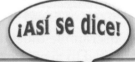

- **Hay que** is a useful expression that means **Es necesario.**
- **A veces** and **de vez en cuando** are expressions to tell what you do every so often.

La pasajera está en la puerta de salida.
Está esperando la salida de su vuelo.
El avión está saliendo a tiempo. No sale tarde.
No hay un retraso (una demora).
Ella va a embarcar (abordar) dentro de poco.

David H. Brennan

A bordo del avión

el compartimiento superior

el servicio

la ventanilla

el pasillo

el asistente de vuelo

abrochados

el cinturón de seguridad

el asiento

Los pasajeros tienen que poner su equipaje de mano en el compartimiento superior o debajo del asiento.

Durante el despegue y el aterrizaje, los pasajeros tienen que tener sus cinturones abrochados.

la señal de no fumar

la máscara de oxígeno

el despegue

el aterrizaje

El avión está despegando.
Está despegando con destino a Madrid.
El avión acaba de despegar de la pista.

El avión está aterrizando.
Es un vuelo (procedente) de Lima.

(t)David H. Brennan, (bl br)Andrew Payti

ESCUCHAR • HABLAR • ESCRIBIR

1 Personaliza. Da respuestas personales.

1. ¿Tomas un vuelo de vez en cuando?
2. ¿Te gusta volar?
3. ¿Quieres tomar un vuelo un día?
4. ¿Quieres hacer un viaje nacional o internacional?
5. ¿Adónde quieres ir?
6. ¿Hay un aeropuerto cerca de tu casa? ¿Cuál?
7. ¿Es un aeropuerto nacional o internacional?
8. Si tienes que tomar un vuelo, ¿prefieres un asiento en el pasillo o en la ventanilla?

LEER

2 Escoge la palabra apropiada.

1. Los pasajeros hacen cola en (el asiento, la puerta) de salida.
2. Están (esperando, haciendo) la salida del vuelo.
3. El avión sale con un retraso de cinco minutos. Sale (tarde, a tiempo).
4. Los pasajeros toman su (pasillo, asiento) en el avión.
5. El avión despega de la (cola, pista).
6. Un vuelo (procedente de, con destino a) Panamá llega ahora.

LEER

3 Verifica. ¿Sí o no?

1. Los pasajeros tienen que pasar por el control de seguridad a bordo del avión.
2. Los pasajeros esperan la salida de su vuelo en la puerta de salida.
3. Los pasajeros embarcan después del aterrizaje.
4. Los pasajeros desembarcan después del aterrizaje.
5. Los pasajeros pueden poner su equipaje en el pasillo.
6. Los pasajeros tienen que tener sus cinturones de seguridad abrochados durante el despegue y el aterrizaje.
7. Un vuelo que sale tarde sale a tiempo.
8. En una cola o fila hay mucha gente.

CULTURA

Una señora aborda una avioneta en el aeropuerto de San José, Costa Rica.

Richard Brommer

④ **Comunicación**

Habla con un(a) compañero(a). Discutan todo lo que necesitan si hacen un viaje internacional.

LEER • ESCRIBIR

⑤ Pon las actividades en orden.

Llega al aeropuerto.
Toma su asiento.
Pone su ropa en la maleta.
Factura su equipaje y toma su tarjeta de embarque.
Sale de casa para ir al aeropuerto.
Espera el avión en la puerta de salida.
Pone su equipaje en la maletera del taxi.
Pasa por el control de seguridad.
Embarca en el avión.
El avión despega.

⑥ **Comunicación**

You are flying to Mexico to visit your key pal. You have never flown before. Once on the plane, you have some questions for the flight attendant (your partner) about the flight and where to put your things. Take turns.

⑦ ¡Manos a la obra! Make up a name for a Spanish airline. Create a fun and colorful travel poster advertising the airline and where it flies. See how many new words you can include.

Presente de hacer, poner, traer, salir

1. The verbs **hacer** *(to do, to make)*, **poner** *(to put, to place)*, **traer** *(to bring)*, and **salir** *(to leave)* have an irregular **yo** form. The **yo** form has a **g.** All the other forms are regular.

Nota

The verbs **oír** and **caer** *(to fall)* also have a **g** in the **yo** form.

oigo   **caigo**

	hacer	poner	traer	salir
yo	hago	pongo	traigo	salgo
tú	haces	pones	traes	sales
Ud., él, ella	hace	pone	trae	sale
nosotros(as)	hacemos	ponemos	traemos	salimos
vosotros(as)	*hacéis*	*ponéis*	*traéis*	*salís*
Uds., ellos, ellas	hacen	ponen	traen	salen

2. Remember that the verb **tener** has a **g** in the **yo** form. The verb **venir** *(to come)* follows the same pattern. Note the **g** and the stem change.

venir			
yo	vengo	nosotros(as)	venimos
tú	vienes	*vosotros(as)*	*venís*
Ud., él, ella	viene	Uds., ellos, ellas	vienen

CULTURA 🇵🇷

Las señoritas tienen equipaje porque van a hacer un viaje de Puerto Rico a Nueva York. Salen pronto pero antes toman un refresco en un café en San Juan.

Rebecca Smith

Práctica

HABLAR • ESCRIBIR

1 Imagina que vas a hacer un viaje a Ecuador. Contesta las preguntas.

1. ¿Haces un viaje?
2. ¿Haces un viaje a Ecuador?
3. ¿Haces el viaje con un grupo de tu escuela?
4. ¿Sales para el aeropuerto con tus padres?
5. ¿Traes mucho equipaje?
6. ¿Traes tu cámara digital?
7. ¿Pones tu boleto y tu pasaporte en tu mochila?

EXPANSIÓN

Ahora, sin mirar las preguntas, relata toda la información en tus propias palabras. Si no recuerdas algo, un(a) compañero(a) te puede ayudar.

CULTURA

La Plaza de Armas en el casco antiguo de Quito, Ecuador

HABLAR • ESCRIBIR

2 Personaliza. Da respuestas personales.

Cuando haces un viaje a la playa donde hace calor, ¿qué pones en la maleta? Y cuando haces un viaje a una estación de esquí, ¿qué pones en la maleta?

ESCUCHAR • HABLAR • ESCRIBIR

3 Sigue el modelo. Presta atención a las terminaciones **-emos, -imos.**

MODELO **Ellos hacen un viaje. →**
Sí, ellos hacen un viaje y nosotros también hacemos un viaje.

1. Ellos hacen un viaje a España.
2. Ellos salen para el aeropuerto.
3. Ellos traen mucho equipaje.
4. Ellos salen en el mismo vuelo.
5. Ellos vienen al aeropuerto en autobús.

Richard Brommer

LEER • ESCRIBIR

4 Completa con la forma correcta del presente del verbo. Ahora tienes que usar todas las formas.

Yo __1__ (hacer) un viaje a Palma. Palma __2__ (estar) en la isla de Mallorca en el Mediterráneo. __3__ (Estar) al este de España no muy lejos de Barcelona. Mi amiga Luisa __4__ (hacer) el viaje también. Nosotros __5__ (hacer) el viaje en avión hasta Barcelona y luego __6__ (ir) en barco, un ferry, desde Barcelona a Palma. Claro que podemos __7__ (hacer) el viaje en avión pero preferimos tomar el barco.

—¡Ay, Luisa! Pero tú __8__ (traer) mucho equipaje.

—No, yo no __9__ (traer) mucho. __10__ (Tener) solo dos maletas. Tú exageras. Tú también __11__ (venir) con mucho equipaje.

—¡Oye! ¿A qué hora __12__ (salir) nuestro vuelo para Barcelona?

—No __13__ (salir) hasta las seis y media. Nosotros __14__ (tener) mucho tiempo.

—¡Vamos ya! ¡Con permiso, señora!

5 ## Comunicación

Tell a friend all the things you do the day of a flight from packing your suitcase to boarding the plane. Your friend will then ask you questions.

HABLAR

6 **Juego** Play this **Diez preguntas** game with a partner. Think of something related to airline travel for your partner to guess. If your partner guesses in ten questions or less, he or she wins. Take turns.

CULTURA

Una playa en Palma de Mallorca. Mallorca es una de las islas Baleares en el mar Mediterráneo.

El presente progresivo

1. You use the present progressive tense in Spanish to express an action in progress, an action that is currently taking place.

2. To form the present progressive you use the verb **estar** and the present participle. Study the forms of the present participle.

INFINITIVE	**hablar**	**comer**	**vivir**	**hacer**	**salir**
STEM	**habl-**	**com-**	**viv-**	**hac-**	**sal-**
PARTICIPLE	**hablando**	**comiendo**	**viviendo**	**haciendo**	**saliendo**

The verbs **leer, traer, oír,** and **caer** have a **y.**

leyendo **trayendo** **oyendo** **cayendo**

3. Study the following examples of the present progressive.

José está haciendo un viaje a México.
Ahora está esperando la salida de su vuelo.
José está mirando su tarjeta de embarque.

CULTURA

Una pantalla de llegadas y salidas en el aeropuerto de la Ciudad de Guatemala. Hace buen tiempo hoy y la mayoría de los vuelos salen a tiempo. ¡Qué suerte para todos!

Práctica

ESCUCHAR • HABLAR

7 Con un(a) compañero(a), practica la conversación en voz alta. Presta atención a todos los verbos en el tiempo progresivo.

> Sandra, ¡qué sorpresa! ¿Qué estás haciendo aquí en el aeropuerto?

> Estoy esperando a mi padre. Está volviendo de Puerto Rico. ¿Y tú, Julia? ¿Qué estás haciendo aquí?

> Pues, estoy viajando a Costa Rica.

> ¡A Costa Rica! ¡Qué suerte tienes!

> Sí, toda mi familia está haciendo el viaje para visitar a nuestros abuelos.

> No, no. Son de aquí pero ahora están viviendo en Costa Rica. Les gusta mucho.

> Ah, tus abuelos son de Costa Rica.

HABLAR • ESCRIBIR

8 Contesta según la conversación.

1. ¿Por qué está en el aeropuerto Sandra?
2. ¿De dónde está volviendo el padre de Sandra?
3. Y, ¿para dónde está saliendo Julia?
4. ¿Quién está viajando con ella?
5. ¿A quiénes van a visitar?
6. ¿Qué están haciendo sus abuelos en Costa Rica?

EXPANSIÓN

Ahora, sin mirar las preguntas, relata toda la información en tus propias palabras. Si no recuerdas algo, un(a) compañero(a) te puede ayudar.

ESCUCHAR • HABLAR • ESCRIBIR

9 Contesta según se indica.

1. ¿Adónde están llegando los pasajeros? (al aeropuerto)
2. ¿Cómo están llegando? (en taxi)
3. ¿Adónde están viajando? (a Argentina en la América del Sur)
4. ¿Cómo están haciendo el viaje? (en avión)
5. ¿Dónde están facturando el equipaje? (en el mostrador de la línea aérea)
6. ¿Qué está mirando el agente? (los boletos y los pasaportes)
7. ¿De qué puerta están saliendo los pasajeros para Buenos Aires? (número siete)
8. ¿Qué están abordando? (el avión)

10 **Comunicación**

Use the conversation between Julia and Sandra as a guide to role-play a conversation between two friends who run into each other at an airport. Be sure to use gestures and other nonverbal communication in your conversation.

CULTURA
La Casa Rosada en Buenos Aires. Es aquí donde tiene el presidente argentino sus oficinas.

Richard Brommer

FOLDABLES
Study Organizer

SINGLE PICTURE FRAME
See the Foldables section of the Student Handbook at the beginning of this book for help with making this foldable. Work in groups. Each member of the group will make a foldable with a drawing (or magazine picture) related to airplane travel. Create a story about each picture by passing the picture around, with each person adding a sentence in the present progressive. An alternative would be to do this same activity as a writing activity.

HABLAR • ESCRIBIR

11 Forma frases según el modelo. Escoge palabras del **banco de palabras**.

MODELO   viajar →
          Sí, estoy viajando.
          No, no estoy viajando.

hablar español	usar mi móvil	hacer una tarea
leer una novela	estudiar	jugar fútbol
aprender mucho	salir ahora	comer

HABLAR

12 **Juego** Form small groups. Take turns pantomiming activities that might take place at an airport or on an airplane. The others will guess what you're doing, using the present progressive.

HABLAR • ESCRIBIR

13 Describe lo que ves en los dibujos. Usa el presente progresivo.

PRONUNCIACIÓN 🎧

La consonante r

When a word begins with **r** (initial position), the **r** is trilled in Spanish. Within a word, this trilled **r** sound is spelled **rr**. The Spanish trilled **r** sound does not exist in English. Repeat the following.

ra	re	ri	ro	ru
rápido	receta	Ricardo	Roberto	Rubén
raqueta	red	aterriza	rojo	rubio
párrafo	corre	río	perro	

The sound for a single **r** within a word (medial position) does not exist in English either. It is trilled less than the initial **r** or **rr.** Repeat the following.

ra	re	ri	ro	ru
verano	arena	boletería	número	Perú
maletera	quiere	consultorio	pasajero	Aruba
para		periódico	cinturón	

Dictado

Pronounce the following sentences carefully. Then write them to prepare for a dictation.

El perro de Rubén corre en la arena.

El avión para Puerto Rico aterriza con un retraso de una hora.

El pasajero corre rápido por el aeropuerto.

Ricardo pone su raqueta en la maletera del carro.

Refrán

Can you guess what the following proverb means?

Mal hace quien nada hace.

El avión está aterrizando en el aeropuerto de Buenos Aires, Argentina.

Andrew Payti

¡Bravo!

You have now learned all the new vocabulary and grammar in this chapter. Continue to use and practice all that you know while learning more cultural information. ¡Vamos!

En el aeropuerto 🎧 🔄

Susana	¡Oye, Pedro! Está saliendo nuestro vuelo.
Pedro	Sí, ¡vamos ya! Tenemos que pasar por el control de seguridad y siempre hay una cola larga.
Susana	¿Tienes nuestras tarjetas de embarque?
Pedro	Sí, sí. Las tengo. ¿Necesitas ayuda con tu equipaje de mano?
Susana	No, no traigo mucho. Lo puedo llevar. ¿De qué puerta salimos?
Pedro	De la puerta 11. ¿A qué hora empieza el embarque?
Susana	Ahora mismo. ¡Vamos!

David H. Brennan

¿Comprendes?

A Contesta según la información en la conversación.

1. ¿Dónde están Pedro y Susana?
2. ¿Qué están anunciando?
3. ¿Ya pasaron por el control de seguridad Pedro y Susana?
4. ¿Qué hay siempre en el control de seguridad?
5. ¿Quién tiene las tarjetas de embarque?
6. ¿De qué puerta de salida salen?
7. ¿Está empezando el embarque?

B **Resumiendo** Relata toda la información en la conversación en tus propias palabras.

C **Prediciendo** ¿Piensas que Susana y Pedro van a perder su vuelo? ¿Por qué contestas que sí o que no?

CULTURA

Una vista panorámica de San Juan de Puerto Rico desde el Viejo San Juan hasta el Condado

Glowimages/Age Fotostock

Lectura
CULTURAL

READING STRATEGY

▶ **Antes de leer**

Scan the reading to find the most important idea in each section. Look for topic sentences.

✔ **READING CHECK**

¿Cuál es un medio de transporte muy importante en Sudamérica?

✔ **READING CHECK**

¿Dónde es muy densa la vegetación? ¿En las montañas o en las selvas?

▶ **Durante la lectura**

Note each topic sentence. Think about the one idea that all the sentences and sections are about.

▶ **Después de leer**

What was the main idea of the reading and of each section? What do you think was the author's purpose here?

IDENTIFYING THE MAIN IDEA It is important to identify the main idea of a reading. Topic sentences—usually the first sentence in a paragraph—help you determine the main idea of a reading.

El avión en la América del Sur

El continente sudamericano es vasto. Las distancias entre ciudades son largas. Por eso el avión es un medio de transporte importante. A veces es imposible viajar por tierra[1] de un lugar a otro. ¿Por qué?

Montañas Una gran parte del oeste del continente es montañosa. Los altos picos nevados de los Andes parecen tocar el cielo[2]. Unas ciudades como Bogotá, Quito y La Paz están en los Andes. Y claro que hay también pequeños pueblos aislados en las montañas.

Selvas Al este de los Andes en Colombia, Ecuador, Perú, Bolivia y Brasil hay grandes selvas tropicales del río Amazonas. En las selvas la vegetación es muy densa y una gran parte de la cuenca[3] amazónica es inhóspita e impenetrable.

Desiertos La región a lo largo de la costa desde Perú hasta el centro de Chile es desierto. El Atacama en Chile es el desierto más árido (seco) del mundo—una región de arena y rocas (piedras).

Día y noche los aviones sobrevuelan los picos, selvas y desiertos para enlazar[4] las ciudades y pueblos de Sudamérica.

[1]por tierra *by land*
[2]cielo *sky*
[3]cuenca *basin*
[4]enlazar *connect*

CULTURA
Un pueblo aislado en los Andes de Venezuela

Kelli Drummer-Avendaño

¿Comprendes?

A **Recordando hechos** Contesta.

1. ¿Qué montañas corren del norte al sur a lo largo del océano Pacífico en la América del Sur?
2. ¿Qué hay al este de los Andes?
3. ¿Qué región de Sudamérica es desierto?

B **Describiendo** Describe.

1. los picos andinos
2. las selvas tropicales
3. el desierto

C **Analizando** Contesta.

1. ¿Por qué es el avión un medio de transporte muy importante?
2. En muchas regiones de Sudamérica, ¿por qué es difícil viajar por tierra?

D **Categorizando** Completa la tabla de abajo. Luego, relata la información en la tabla en tus propias palabras.

	a lo largo de la costa peruana y chilena	al este de las montañas	en las montañas
desiertos			
picos cubiertos de nieve			
selvas tropicales			
la cuenca amazónica			
vegetación densa			
tierra árida			
Bogotá, Quito, La Paz			

Lectura
UN POCO MÁS

Antes de leer

Vas a leer sobre un misterio famoso que hay en Perú. ¿Te gustan los misterios? ¿Hay algún misterio donde vives?

✔ **READING CHECK**

¿Qué son las líneas de Nazca?

Un viaje interesante

Un vuelo interesante Si quieres hacer un viaje interesante en avión tienes que sobrevolar las líneas de Nazca. ¿Qué son las líneas de Nazca? Pues, en el desierto árido del sur de Perú hay una serie de dibujos o figuras misteriosas. Hay figuras geométricas—rectángulos, triángulos y líneas paralelas. Hay también representaciones perfectas de varios animales. A pesar de[1] muchas investigaciones el origen de las líneas o figuras que tienen más de 1.500 años queda[2] un misterio.

Y son tan grandes que la única manera de ver las figuras es tomar un vuelo. Las avionetas salen de Lima o del aeropuerto de la pequeña ciudad de Ica, muy cerca de las figuras.

[1]A pesar de   *In spite of*   [2]queda   *remains*

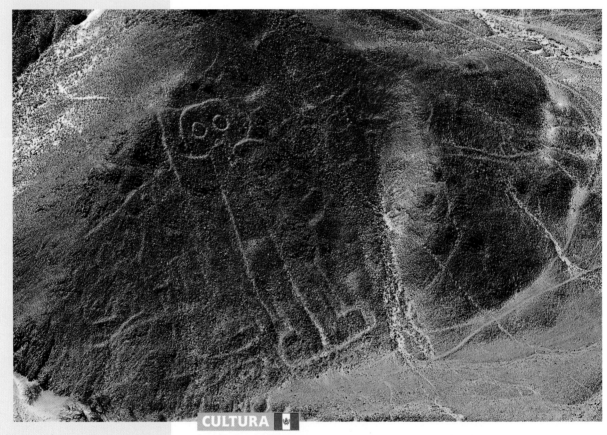

CULTURA
Las líneas de Nazca

Glow Images

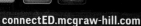
¿Comprendes?

Escoge o completa.

1. Las líneas de Nazca están _____.
   a. en el pico de una montaña
   b. en una selva
   c. en un desierto

2. ¿Qué son las líneas?
   a. animales
   b. figuras misteriosas
   c. solamente figuras geométricas

3. El origen de las líneas de Nazca es _____.

4. ¿Por qué es necesario ver las líneas desde un avión?
   a. porque hay avionetas que salen de Ica y Lima
   b. porque están en un desierto
   c. porque son tan inmensas

5. Un avión pequeño es _____.

CULTURA

Las líneas de Nazca. Además de las líneas de Nazca, los arqueólogos descubrieron otras figuras delineadas en el costado rocoso no muy lejos de Nazca. Se cree que son aún más antiguas que las líneas de Nazca.

CULTURA

Una avioneta que sobrevuela las líneas de Nazca

(t)Glow Images, (b)Andrew Payti

Prepárate para el examen

↺ To review, see **Vocabulario 1** and **Vocabulario 2.**

Vocabulario

1 **Completa.**

1–2. El agente trabaja en el _____ de la línea aérea en el _____.

3. La tarjeta de embarque indica el número del _____ y el número del asiento del pasajero.

4. Antes de ir a la puerta de salida, los pasajeros tienen que pasar por el _____ donde inspeccionan su equipaje de mano.

5. El avión no sale a tiempo. Sale _____.

6. Los pasajeros tienen que _____ una forma de identidad.

7. A bordo del avión, hay que poner el equipaje en el _____.

8. Estamos esperando nuestro vuelo en la _____.

9. Antes de facturar mi equipaje, tomo mi tarjeta de embarque del _____.

10. Estás a bordo del avión. ¿Sabes el número de tu _____?

2 **Identifica.**

11.

12.

13.

14.

15.

Gramática

3 **Contesta.**

16. ¿Haces un viaje?

17. ¿Vienes en junio para mi cumpleaños?

18. ¿Qué pones en tu maleta o mochila?

19. ¿A qué hora sales?

20. ¿Traes mucho equipaje?

🔄 To review, see **Presente de hacer, poner, traer, salir.**

4 **Completa con el presente.**

21. Ellos _____ mañana. (venir)

22. Nosotros _____ mucho trabajo. (hacer)

23. José _____ su mochila debajo del asiento. (poner)

24. Yo lo _____. (oír)

25. ¿Tú _____ tu equipaje de mano? (traer)

26. Señor, ¿usted _____ esta mañana o esta tarde? (salir)

27. Nosotros _____ al aeropuerto con nuestros padres. (venir)

🔄 To review, see **El presente progresivo.**

5 **Escribe en el presente progresivo.**

28. El avión despega.

29. Nosotros hacemos cola.

30. Ellos salen a tiempo.

31. Los pasajeros esperan en la puerta de salida.

32. Yo leo mi libro favorito.

33. Juan y Marisol, ¡ustedes nadan en el mar!

34. Tú vives cerca de mi casa ahora.

35. ¿Qué oyen tus primos?

CULTURA 🇲🇽

Un barquito como este es un medio de transporte importante de la selva tropical en Latinoamérica. El barquito que vemos aquí está en el Amazonas cerca de Iquitos en Perú. Las aguas del Amazonas bajan y suben según la marea.

Cultura

6 **Escoge.**

36. El continente sudamericano es _____.

   a. pequeño   **b.** alto   **c.** inmenso

37. Hay selvas tropicales en _____.

   a. las montañas   **b.** el desierto   **c.** la cuenca amazónica

38. El Amazonas es _____.

   a. un pico andino   **b.** un río   **c.** un desierto

🔄 To review this cultural information, see the **Lectura cultural.**

7 **Contesta.**

39. ¿Por qué es difícil viajar por tierra en muchas partes de la América del Sur?

40. ¿Cuáles son unas características geográficas de la América del Sur?

Dave Moyer

Prepárate para el examen

1 Preparar para un viaje

Tell about packing for a trip

You're getting ready to leave on a trip. Tell what you're going to pack. Will you use a suitcase, carry-on, or backpack? Does the weather where you're going influence what you are going to pack?

2 En el mostrador de la línea aérea

Converse with a ticket agent

You are at the ticket counter at the airport. You are talking with the ticket agent (your partner). You want to find out details about the flight and check your luggage. The ticket agent asks for confirmation of your e-ticket and passport and answers any questions you have.

3 Un billete para Madrid

Buy an airplane ticket

Work with a classmate. You want to fly with your family from somewhere in the United States to Madrid and you will be returning from Barcelona. Call the airline to get a reservation. Your classmate will be the reservation agent. Before you call, think about all the information you will need to provide or get from the airline agent: your name, date of departure, departure time, arrival time in Madrid, flight number, and price.

4 ¿Quién está haciendo qué?

Tell what people are doing in your classroom

Who's doing what? Look around you and tell what everyone is doing.

CULTURA

La profesora está enseñando y los alumnos están prestando atención en una clase de matemáticas en San Juan, Puerto Rico.

5 El continente sudamericano

Tell about travel in South America

Your aunt and uncle are thinking about traveling around South America. You have already been there. Make suggestions about where they should go, how they should get there, and what they should do and see. Tell them why it can be difficult to travel from one place to another by land. They will ask you questions for clarification.

David H. Brennan

Tarea

Write a letter to a service organization interested in international relations. Your goal is to win an all-expense-paid trip to spend two weeks living with a Spanish-speaking family in a country of your choice.

❶ Prewrite

- Think of your overall goal—to convince all concerned why you are the right person to be sent to a foreign country.

- Look at the list of some types of questions you may have to answer. **¿Qué quieres visitar? ¿Por qué quieres ir allí? ¿Qué esperas hacer, ver o aprender allí? ¿Cómo quieres viajar? ¿Qué tipo de persona eres? ¿Qué estás haciendo ahora?**

- Think of other information the organization may want to know about you. Add those questions to the list.

❷ Write

You really want to go on this trip, so be sure to plan your essay carefully.

- Write an introduction that tells the organization a little about you and makes them want to find out more about you.

- Start a new paragraph for the answer to each question.

- When you finish writing, check your work. Check spelling, grammar, and verb endings. Make sure your sentences are complete and understandable.

- Read over your work again to make sure all errors are corrected and to make sure that you have effectively communicated your message to the organization.

Evaluate

Don't forget that your teacher will evaluate you on your organization, use of vocabulary and grammar, and on how clear, complete, and convincing your essay is.

Repaso del Capítulo 10

Gramática

Presente de hacer, poner, traer, salir

The verbs **hacer, poner, traer, salir,** and **oír** have a **g** in the **yo** form. All other forms are regular. Review the following forms.

yo   hago   pongo   traigo   salgo   oigo

Venir has a **g** in the **yo** form as well as a stem change just like the verb **tener,** which you have already learned.

venir	
vengo	**venimos**
vienes	*venís*
viene	**vienen**

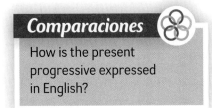

Comparaciones

How is the present progressive expressed in English?

El presente progresivo

The present progressive expresses an action that is taking place at the moment. It is formed with the verb **estar** and the present participle. Review the following forms.

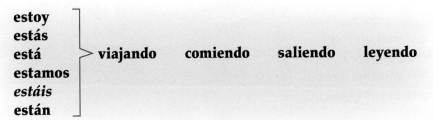

**estoy
estás
está
estamos
estáis
están** ⎤ **viajando   comiendo   saliendo   leyendo**

La señorita está escuchando música en su MP3 mientras regresa a casa después de un viaje.

Juego
There are a number of cognates in this list. See how many you and a partner can find. Who can find the most? Compare your list with those of your classmates.

Vocabulario

Leaving for a trip

el equipaje de mano	el/la taxista	hacer
la maleta	la maletera, el baúl	un viaje
el taxi	poner	la maleta

Describing airport activities

el aeropuerto	la tarjeta de embarque	la puerta de salida
el avión	el pasaporte	facturar el equipaje
el/la agente	el nombre	pasar por el control de
el mostrador	el/la pasajero(a)	seguridad
la línea aérea	el número del vuelo	hacer cola
el boleto, el billete	la hora de salida	mostrar
(electrónico)	la hora de embarque	esperar
el distribuidor	el número del asiento	embarcar, abordar
automático	la forma de identidad	

Describing a flight

el/la asistente(a)	el cinturón de	despegar
de vuelo	seguridad	aterrizar
el asiento	la señal de no fumar	internacional
el pasillo	el servicio	a bordo
la ventanilla	un retraso, una	tarde
el compartimiento	demora	a tiempo
superior	el despegue	con destino a
la máscara de	el aterrizaje	procedente de
oxígeno	la pista	

Other useful words and expressions

hay que	dentro de poco	¡Con permiso!
a veces	debajo de	abrochado(a)
de vez en cuando		

Repaso cumulativo

Repasa lo que ya has aprendido

These activities will help you review and remember what you have learned so far in Spanish.

1 Escucha las expresiones. Indica en una tabla como la de abajo si tienes que usar el verbo **saber** o **conocer**.

saber	conocer

2 Completa con verbos apropiados.

Álvaro Irizarry __1__ un muchacho alto y guapo.
Él __2__ de San Juan, la capital de Puerto Rico. Puerto Rico __3__ una isla tropical en el mar Caribe. En la isla siempre __4__ calor y el tiempo __5__ muy bueno con mucho sol. A Álvaro y a sus amigos les __6__ mucho ir a la playa donde __7__ una tarde agradable. Si __8__ hambre, __9__ a uno de los carritos que __10__ en la playa donde __11__ una empanada deliciosa.

CULTURA
Una playa en la isla de Vieques en Puerto Rico

3 Repasa tu vocabulario. Prepara una lista de todos los artículos de ropa que ya aprendiste en español.

4 Contesta.
1. Va a hacer calor. ¿Qué vas a llevar?
2. Va a hacer frío. ¿Qué vas a llevar?
3. ¿Qué te gusta comer cuando tienes hambre?
4. ¿Qué te gusta beber cuando tienes sed?

5 Escribe las frases y cambia las palabras indicadas por pronombres.
1. Juan vio *a Ana* después de las clases.
2. Él dio *los boletos* a Ana porque es su amiga buena.
3. Habló también *a Mateo y Gabriela*.
4. Ellos compraron un refresco *para Juan*.

Rebecca Smith

6 **Identifica el deporte.**

1. El portero quiere bloquear el balón.

2. Es posible bajar una pista fácil para principiantes o una pista difícil para expertos.

3. Los jugadores corren de una base a otra.

4. El balón tiene que pasar por encima de la red.

5. Juegan con una pelota y una raqueta y la pelota tiene que pasar por encima de la red.

7 Rompecabezas

El intruso Choose the word in each group that does not belong and tell why it is **el intruso.**

1. banda   avión   carro   autobús

2. siempre   a veces   nunca   nadie

3. mar   pelota   ola   piscina

4. cama   silla   falda   mesa

5. leer   patinar   escribir   estudiar

8 **Contesta.**

1. Ellos están jugando voleibol. ¿Tiene que pasar el balón por encima de la red o por debajo de la red?

2. Mi padre está trabajando en nuestro jardín. ¿Él está cerca de nuestra casa o lejos de nuestra casa?

3. La agente trabaja en el mostrador de la línea aérea en el aeropuerto. ¿Está delante del mostrador o detrás del mostrador?

4. La pasajera está facturando su equipaje en el aeropuerto. ¿Está delante del mostrador o detrás del mostrador?

5. A bordo del avión, ¿es necesario poner el equipaje de mano debajo del asiento o sobre el asiento?

CULTURA

Los pasajeros están embarcando un vuelo en el aeropuerto de Bilbao en el País Vasco en el norte de España.

Pixtal/AGE Fotostock

¡Una rutina diferente!

362

Go Online!
connectED.mcgraw-hill.com

Audio
Video
Práctica
Repaso
Diversiones
eScape

ePals

Aquí y Allí

Vamos a comparar ¿Qué haces cada día desde el momento en que te levantas hasta que te acuestas? Muchas cosas de la rutina diaria pueden ser aburridas, ¿no? Vas a ver si los jóvenes en España y Latinoamérica tienen la misma rutina. Pero vas a observar también que hay maneras de cambiar la rutina—sobre todo si decides viajar con un grupo de jóvenes por un país hispano.

Objetivos

You will:

- identify more parts of the body
- talk about your daily routine
- talk about backpacking and camping

You will use:

- reflexive verbs
- commands with **favor de**

◀ Estos mochileros lo están pasando bien dando una caminata en Costa Rica. Pasan unos días sin tener que seguir su rutina ordinaria.

¡Una rutina diferente!

Look at these photographs to acquaint yourself with the theme of this chapter. What activities are part of your daily routine? What activities do you enjoy doing occasionally? What do you think **una rutina diferente** refers to? In this chapter you will learn to talk about daily activities, but you will also see that many fun opportunities in Spain and Latin America await anyone with a spirit of adventure.

México 🇲🇽

La muchacha mexicana se cepilla. Tiene el pelo largo, ¿no?

Perú 🇵🇪

El cartel que vemos aquí se encuentra delante de un albergue juvenil en Barranco, un barrio de Lima, Perú.

México 🇲🇽

Mochileros en Oaxaca, México

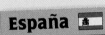

MOCHILEROS BACKPACKERS HOSTEL

España 🇪🇸

Aquí tenemos una vista de los Picos de Europa en Asturias en el norte de España. Es una región muy bonita y mucha gente da paseos o caminatas por la región.

(t)THINKSTOCK/Age Fotostock, (others)Andrew Payti

364

OBELISCO CAMPING

- MOCHILAS
- BOLSAS de DORMIR
- CARPAS
- ART. P/ESCALADA
- ACCESORIOS

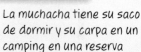

Argentina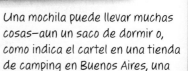

Una mochila puede llevar muchas cosas—aun un saco de dormir o, como indica el cartel en una tienda de camping en Buenos Aires, una bolsa de dormir.

Chile

La muchacha tiene su saco de dormir y su carpa en un camping en una reserva natural en Chile.

Chile

El camping es bastante popular en muchas partes de Latinoamérica. Aquí vemos un campamento con muchas carpas o tiendas de campaña y caravanas en una playa de Arica, Chile.

El cuerpo humano

la cabeza

la espalda

la pierna

la rodilla

el codo

el pie

el brazo derecho

el dedo

la mano izquierda

Para mantenerse en forma, Cristina se estira.

La rutina diaria

despertarse

tomar una ducha

lavarse la cara

lavarse el pelo

cepillarse (lavarse) los dientes

peinarse

el espejo

mirarse

sentarse

Stockbyte/PictureQuest/Jupiter Images

¡Hola!
Me llamo Roberto.
¿Y tú? ¿Cómo te llamas?

El muchacho se llama Roberto.

Ana se levanta temprano.
No se queda en la cama.
Se levanta enseguida. Ella es madrugadora.
Le gusta levantarse temprano.

Roberto se acuesta tarde.
Se acuesta a las once y media de la noche.
Él se duerme enseguida.
Él duerme ocho horas.

Elena tiene frío.
Se pone un suéter.

Elena tiene calor.
Se quita el suéter.

McGraw-Hill Education

trescientos sesenta y siete   **367**

1 Escucha las frases. Parea cada frase con el dibujo que describe.

a.

b.

c.

d.

e.

f.

HABLAR • ESCRIBIR

2 Contesta.

1. Cuando Marisol se despierta, ¿se levanta enseguida?
2. Cuando Carlos se despierta, ¿se queda en la cama?
3. Cuando Vicente se peina, ¿se mira en el espejo?
4. Cuando Juanita se lava el pelo, ¿usa agua caliente?
5. Cuando Tomás toma el desayuno, ¿se sienta a la mesa?
6. Cuando Julia se acuesta, ¿se duerme enseguida?
7. ¿Cuándo se levanta un madrugador? ¿Temprano por la mañana o tarde?
8. Cuando Ricardo se levanta, ¿se estira?

3 Rompecabezas

Cambia una letra en cada palabra para formar una palabra nueva.

1. como
2. dolor
3. cada
4. coche
5. tocar
6. peso
7. gano
8. hola

LEER

4 Parea para hacer una frase larga.

1. Él se pone un suéter
2. Ella se lava las manos
3. Ella se cepilla los dientes
4. Él se mira en el espejo
5. Ella se quita el suéter

a. porque va a comer.
b. porque se peina.
c. porque tiene calor.
d. porque acaba de comer.
e. porque tiene frío.

InfoGap For more practice using your new vocabulary, do Activity 11 in the Student Resource section at the end of this book.

HABLAR • ESCRIBIR

5 **Juego** ¡Corrige todas las frases absurdas!

1. **Cada pierna tiene una mano y la mano tiene un dedo.**
2. **El codo está en la pierna y la rodilla está en el brazo.**
3. **La cara está en la espalda.**
4. Los dientes están en el pelo.
5. **La boca y los ojos están en la rodilla.**

6 **Comunicación**

Pick someone in your family and describe his or her weekday routine to the class.

LEER

7 **Juego** Race with a partner to see who can be the first to put José's activities in the correct order.

José se levanta.

José se duerme enseguida.

José se lava la cara y los dientes en el cuarto de baño.

José va al comedor y toma el desayuno.

José se despierta.

José se acuesta.

José se quita la ropa.

La muchacha se mira en el espejo para ver si el pantalón le queda bien.

©BananaStock/PunchStock

El camping 🎧

una carpa, una tienda de campaña

un saco (una bolsa) de dormir

Los amigos van de camping.
Lo están pasando bien. Se divierten mucho.
Los jóvenes arman (montan) una carpa.

Para conversar

¡Ya voy!

Alex, favor de venir acá. Favor de ayudarme con la carpa.

En otras partes

- In addition to **una barra** you will also hear **una pastilla.** You will also hear **pasta dentífrica** as well as **crema dental.**
- Una **tienda de campaña** is more common in Spain, **una carpa** in Latin America.

¿Qué llevan en su mochila?

una barra de jabón

un peine

un cepillo

un rollo de papel higiénico

el champú

un tubo de crema dental

un cepillo de dientes

(t)Anne Ackerman/Getty Images. (b)McGraw-Hill Education

Los mochileros dan una caminata.
Dan una caminata por un parque nacional.

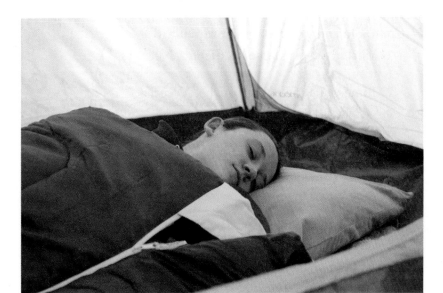

Andrea se acuesta en la carpa.
Duerme en un saco de dormir.

> **¡Así se dice!**
>
> Note that when someone calls and you want to respond *I'm coming* you say: **¡Ya voy!**

Index Stock Imagery, Inc.

ESCUCHAR

1 Escucha las frases. Indica en una tabla como la de abajo si cada frase es correcta o no.

sí	no

CULTURA

Los amigos están de camping en Chile durante el mes de abril. En Chile es el otoño.

HABLAR • ESCRIBIR

2 Contesta sobre un grupo de amigos que van de camping.

1. ¿Van de camping los amigos?
2. ¿Se divierten en el camping?
3. ¿Qué montan (arman)?
4. ¿En qué duermen?
5. ¿Dónde ponen sus sacos de dormir?
6. ¿Quiere José ayuda para montar la carpa?
7. ¿A ti te gusta el camping?

EXPANSIÓN

Sin mirar las preguntas, da toda la información que recuerdas en tus propias palabras. Si no recuerdas algo, un(a) compañero(a) te puede ayudar.

LEER • HABLAR • ESCRIBIR

3 Completa con una palabra apropiada.

1. María va a cepillarse los dientes. Necesita _____ y _____.
2. Tomás va a tomar una ducha. Necesita _____.
3. Carlos quiere peinarse. Necesita _____.
4. Julia quiere lavarse el pelo. Necesita _____.
5. Claudia va a cepillarse el pelo. Necesita _____.

LEER

4 Parea las palabras que significan lo mismo.

1. la carpa
2. armar
3. los que llevan una mochila
4. lo pasa bien
5. el paseo largo

a. los mochileros
b. se divierte
c. la tienda de campaña
d. montar
e. la caminata

Comunicación

5 Vas a ir de camping este fin de semana con unos(as) amigos(as). Investiga unos campings que quieres visitar. Luego les debes escribir un e-mail a tus amigos(as) con una descripción de tu lugar preferido y una lista completa de todas las cosas necesarias para tu aventura.

6 Estás en una farmacia. Quieres comprar los siguientes objetos. Conversa con el/la empleado(a).

ESCRIBIR

7 Rompecabezas

Join two puzzle pieces to form a word. When you have finished, you should have nine words. Do not use any piece more than once.

jo   nata   ce   pa

pú   pillo   espe   ro   cami

ja   cham   recho

car

de   tes   dien   dilla   bón

CULTURA
El mochilero está esperando un autobús en una parada de buses en Valencia, España.

(tl)Ken Cavanagh/McGraw-Hill Education. (tcl)Getty Images. (tcr)Rebecca Smith. (tr b)Andrew Payti

¡UNA RUTINA DIFERENTE!

Verbos reflexivos

1. Read the following sentences as you look at the illustrations.

Federico lava el carro.
Federico lo lava.

Federico se lava.

Conexiones

El inglés

The reflexive construction exists in English too, but it is used in fewer situations than in Spanish. Here are a few examples of the reflexive in English.

I saw myself in the mirror.
The baby fed herself.
They enjoyed themselves.

Julia cepilla al perro.
Julia lo cepilla.

Julia se cepilla.

Pedro mira a su amigo.
Pedro lo mira.

Pedro se mira en el espejo.

In the sentences to the left, one person performs the action and another person or thing receives the action. In the sentences to the right, the same person performs and receives the action of the verb. For this reason the pronoun **se** must be used. **Se** is called a reflexive pronoun because it refers back to the subject—**Federico, Julia, Pedro.**

2. Study the forms of a reflexive verb. Pay particular attention to the pronoun that goes with each form of the verb. It is called a "reflexive pronoun."

lavarse			
yo	me lavo	nosotros(as)	nos lavamos
tú	te lavas	*vosotros(as)*	*os laváis*
Ud., él, ella	se lava	Uds., ellos, ellas	se lavan

levantarse			
yo	me levanto	nosotros(as)	nos levantamos
tú	te levantas	*vosotros(as)*	*os levantáis*
Ud., él, ella	se levanta	Uds., ellos, ellas	se levantan

3. In the negative form, **no** is placed before the reflexive pronoun.

> **¿No te lavas las manos?**
> **La familia Martínez no se levanta tarde.**

4. In Spanish, when you refer to parts of the body and articles of clothing in a reflexive sentence, you often use the definite article, not the possessive adjective.

> **Me lavo la cara.**
> **Ella se cepilla los dientes.**
> **Él se pone el suéter.**

5. Note that the reflexive pronoun is added to the infinitive.

> **El niño quiere acostarse.**
> **Voy a lavarme las manos.**
> **¿Quieres quitarte la chaqueta?**

CULTURA ◆

Aquí vemos la entrada al parque de atracciones La Feria en el Bosque de Chapultepec en la Ciudad de México. La gente va a divertirse mucho.

¡UNA RUTINA DIFERENTE!

trescientos setenta y cinco **375**

Práctica

Conexiones

La salud

Aquí tienes unas sugerencias importantes para mantenerte en buena salud. Debes

• dormir entre siete y ocho horas cada noche
• tomar un buen desayuno
• lavarte las manos antes de comer
• cepillarte los dientes después de comer

Con un(a) compañero(a), habla de lo que puedes hacer para incorporar estas sugerencias en tu rutina diaria.

ESCUCHAR • HABLAR • ESCRIBIR

1 Contesta.

1. ¿Se levanta tarde o temprano Gregorio?
2. ¿Se lava por la mañana o por la noche?
3. ¿Se lava los dientes antes o después del desayuno?
4. ¿Se pone un suéter cuando hace frío?
5. ¿Se quita el suéter cuando tiene calor?

HABLAR • LEER

2 Completa las conversaciones con un pronombre.

1. ¿A qué hora _____ levantas?
   Soy madrugador(a). _____ levanto temprano, a las seis y media.
2. ¿_____ cepillas los dientes con frecuencia?
   Sí, _____ cepillo los dientes unas cuatro veces al día.
3. ¿_____ peinas con frecuencia?
   No, no _____ peino con frecuencia.
4. ¿A qué hora _____ despertaste esta mañana?
   _____ desperté a las siete.
5. Y, ¿a qué hora _____ acostaste anoche?
   Anoche _____ acosté a las diez y media.

HABLAR

3 Trabaja con un(a) compañero(a). Preparen una conversación según el modelo.

MODELO

—¿Te cepillas?
—Sí, me cepillo.

1.

2.

3.

4.

HABLAR • ESCRIBIR

4 Personaliza. Da respuestas personales.

1. ¿Cómo te llamas?
2. Y tu(s) hermano(s), ¿cómo se llama(n)?
3. ¿Cómo se llama tu profesor(a) de español?

CULTURA 🇺🇸

Es una clase de español en Santa Fe, Nuevo México. La profesora se llama señora Brown. Parece que los alumnos se divierten mucho en clase, ¿no?

LEER • ESCRIBIR

5 Completa con un pronombre reflexivo y la forma correcta del verbo.

Hola. Yo __1__ llam__2__ Jorge y mi amigo __3__ llam__4__ Felipe. Felipe y yo no __5__ levant__6__ a la misma hora porque él es madrugador y yo no. Él __7__ levant__8__ temprano y yo __9__ levant__10__ tarde. Y tú, ¿__11__ levant__12__ tarde como yo o __13__ levant__14__ temprano como Felipe?

LEER • ESCRIBIR

6 Completa con un pronombre.

1. Quiero levantar___ temprano.
2. Niño, tienes que peinar___.
3. Vamos a lavar___ las manos.
4. ¿No quieres poner___ un suéter? Está haciendo frío.
5. Tienen que cepillar___ los dientes después de cada comida.

HABLAR

7 **Juego** Think of an object from this chapter. Your partner will ask **sí/no** questions which you will answer in complete sentences. If your partner guesses it in five questions or less, he or she wins. If you stump your partner, you win. Then reverse roles.

BananaStock/PictureQuest/Jupiter Images

trescientos setenta y siete **377**

Verbos reflexivos de cambio radical

1. The reflexive verbs **acostarse (o → ue)**, **dormirse (o → ue)**, **sentarse (e → ie)**, **despertarse (e → ie)**, and **divertirse (e → ie)** are stem-changing verbs.

acostarse			
yo	me acuesto	nosotros(as)	nos acostamos
tú	te acuestas	vosotros(as)	os acostáis
Ud., él, ella	se acuesta	Uds., ellos, ellas	se acuestan

divertirse			
yo	me divierto	nosotros(as)	nos divertimos
tú	te diviertes	vosotros(as)	os divertís
Ud., él, ella	se divierte	Uds., ellos, ellas	se divierten

2. Many verbs in Spanish can be used with a reflexive pronoun. Often the reflexive pronoun gives a different meaning to the verb. Study the following examples.

Ana pone su blusa en su mochila.	*Ana puts her blouse in her backpack.*
Ana se pone la blusa.	*Ana puts on her blouse.*
Ana duerme ocho horas.	*Ana sleeps eight hours.*
Ana se duerme enseguida.	*Ana falls asleep immediately.*
Ana llama a Carlos.	*Ana calls Carlos.*
Ella se llama Ana.	*She calls herself Ana. (Her name is Ana.)*
Ana divierte a sus amigos.	*Ana amuses her friends.*
Ana se divierte.	*Ana amuses herself. (Ana has a good time.)*

CULTURA

La joven ciclista se divierte en el Parque de la Ciudadela en Barcelona.

Práctica

ESCUCHAR • HABLAR • ESCRIBIR

8 Personaliza. Da respuestas personales.

1. ¿Duermes en una cama o en un saco de dormir?
2. Cuando te acuestas, ¿te duermes enseguida?
3. Por la mañana, ¿te quedas en la cama cuando te despiertas?
4. A veces, ¿despiertas a tus hermanos?
5. ¿Ellos se enfadan cuando los despiertas?
6. ¿Te sientas a la mesa para tomar el desayuno?
7. ¿Te diviertes en la escuela?
8. ¿Diviertes a tus amigos?

LEER • ESCRIBIR

9 Completa sobre un día que María pasa en la playa.

1. María _____ su traje de baño en su mochila. Cuando llega a la playa ella _____ el traje de baño.
2. En la playa María ve a un amigo. Su amigo _____ Luis. Ella _____ a su amigo.
3. María y sus amigos lo pasan muy bien en la playa. Ellos _____ mucho y como María es muy cómica ella también _____ mucho a sus amigos.
4. Después de pasar el día en la playa, María está muy cansada. Cuando ella se acuesta, _____ enseguida y _____ más de ocho horas.

LEER • ESCRIBIR

10 Completa.

Cuando yo __1__ (acostarse), yo __2__ (dormirse) enseguida. Cada noche yo __3__ (dormir) ocho horas. Yo __4__ (acostarse) a las once y __5__ (levantarse) a las siete de la mañana. Cuando yo __6__ (despertarse), __7__ (levantarse) enseguida. Pero cuando mi hermana __8__ (despertarse), ella no __9__ (levantarse) enseguida. Y mi hermano, cuando él __10__ (acostarse), no __11__ (dormirse) enseguida. Él pasa horas escuchando música en la cama. Así él __12__ (dormir) solamente unas seis horas.

CULTURA

La playa de Nerja en el sur de España

11 **Comunicación**

Work with a partner and discuss your typical daily routines. Then create a schedule of your activities for the coming week that includes at least three workouts. Share your results with your classmates.

Andrew Payti

Mandatos con favor de

1. The expression **favor de** followed by the infinitive is a very useful way to give a command to tell someone what to do. It is very polite and you can use **favor de** with a friend, an adult, or any group of people.

> **Favor de venir aquí (acá).**
> **Favor de no hablar.**
> **Favor de volver pronto.**

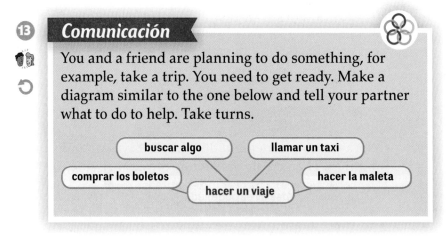
Favor de lavarse las manos

2. Whenever a pronoun is used with the infinitive, the pronoun is attached to it.

> **Favor de ayudarme.**
> **Favor de traerme el menú.**
> **Favor de darme el libro.**
> **Favor de levantarte.** *(to a friend)*
> **Favor de levantarse.** *(to an adult or group of friends)*

Práctica

LEER • HABLAR

12 Escoge.

| un amigo | un adulto o un grupo de personas |

1. Favor de sentarte.
2. Favor de sentarse aquí.
3. Favor de quitarte las botas.
4. Favor de ponerte los zapatos.
5. Favor de quedarse aquí.
6. Favor de lavarte.
7. Favor de levantarse.

EXPANSIÓN

Ahora, usando la expresión «favor de», puedes decirle a un(a) compañero(a) de clase lo que él o ella debe hacer. Tu compañero(a) tiene que seguir tus mandatos. Luego, cambien de rol.

13 *Comunicación*

You and a friend are planning to do something, for example, take a trip. You need to get ready. Make a diagram similar to the one below and tell your partner what to do to help. Take turns.

buscar algo   llamar un taxi

comprar los boletos   hacer un viaje   hacer la maleta

La h, la y y la ll

H in Spanish is silent. It is never pronounced. Repeat the following.

hijo	helado	higiénico	hola
hace	hermano	huevos	hispano

Y in Spanish can be either a vowel or a consonant. As a vowel, it is pronounced exactly the same as the vowel **i.** Repeat the following.

el hijo y el hermano
el hotel y el hospital

Y is a consonant when it begins a word or a syllable. As a consonant, **y** is pronounced similarly to the *y* in the English word *yo-yo.* This sound has several variations throughout the Spanish-speaking world. Repeat the following.

ya	desayuno	ayuda	playa
yo	oye	leyó	

Ll is pronounced as a single consonant in Spanish. In many areas of the Spanish-speaking world, it is pronounced the same as the **y.** It too has several variations. Repeat the following.

llama	botella	taquilla	toalla	lleva
llega	pastilla	llueve	rollo	cepillo

Dictado

Pronounce the following sentences carefully. Then write them to prepare for a dictation.

> La hermana habla hoy con su hermano en el hotel.
> Está lloviendo cuando ella llega a la calle Hidalgo.
> El hombre lleva una botella de agua a la playa bella.
> Él no lo oyó; lo leyó.

Refrán

Can you guess what the following proverb means?

Quien mucho duerme, poco aprende.

¡Bravo!

You have now learned all the vocabulary and grammar in this chapter. Continue to use and practice all that you know while learning more cultural information. **¡Vamos!**

De camping

Rafael	A ti te gusta mucho el camping, ¿no?
Pablo	A mí, sí.
Rafael	La verdad es que no me interesa mucho. ¿Dónde duermes? ¿Te acuestas al aire libre?
Pablo	No. Siempre voy con uno o dos amigos y montamos una carpa. Y dormimos en un saco de dormir.
Rafael	¿Qué hacen para comer?
Pablo	Muy fácil. Preparamos hamburguesas y salchichas en una barbacoa.
Rafael	Hay muchos insectos, ¿no?
Pablo	Pues, hay. Pero, ¡qué va! No nos molestan.
Rafael	¿Cómo pasan el día entero? ¿No se aburren?
Pablo	Al contrario, damos caminatas y nadamos en el lago. Nos acostamos temprano porque nos levantamos temprano también.
Rafael	Me parece que tienen que levantarse cuando se levanta el sol.
Pablo	Sí, pero no me molesta porque soy madrugador. Pero hay una cosa que no me gusta.
Rafael	¿Verdad? ¿Qué?
Pablo	Lavarme en agua fría.

Fuse

¿Comprendes?

A Completa según la información en la conversación.

1. A _____ le gusta el camping.
2. A _____ no le interesa mucho.
3. Cuando Pablo y su(s) amigo(s) van de camping, montan _____.
4. Duermen en _____.
5. Comen _____.
6. Las preparan en _____.
7. _____ no les molestan.
8. Durante el día _____.
9. Se acuestan temprano porque _____.
10. A Pablo no le gusta _____.

B **Resumiendo** Relata la información en la conversación en tus propias palabras.

C **Comparando** Compara y contrasta los gustos de Rafael y Pablo.

D **Dando opiniones** ¿Estás de acuerdo con las opiniones de Rafael o de Pablo sobre el camping? Explica.

CULTURA

Saltos del Petrohué cerca del lago Llanquihue en Chile

Lectura
CULTURAL

READING STRATEGY

USING PRIOR KNOWLEDGE Prior knowledge is what you already know. Using what you have read, seen, or experienced will help you understand what you read.

Antes de leer

Have you ever done any backpacking? When and where? If not, do you think you would like to? Think about it. Would you rather go camping or stay in a youth hostel? Explain why.

✓ **READING CHECK**

¿Llevan maletas los jóvenes?

Durante la lectura

How would you like to travel and make new friends from around the world? Would it be fun?

✓ **READING CHECK**

¿Por qué van a albergues juveniles?

✓ **READING CHECK**

¿Cuáles son unas inconveniencias?

Después de leer

After reading, are your opinions the same about backpacking around the globe?

Los mochileros

Si decides hacer un viaje por España o Latinoamérica con un grupo de amigos, vas a encontrar a muchos jóvenes de muchas nacionalidades haciendo turismo también. Todos tienen el deseo de ver y conocer el mundo. Pero como no tienen mucho dinero, tienen que viajar de una manera económica. ¿Tú no tienes mucho dinero tampoco? Pues, no hay problema. Como los otros aventureros, puedes poner todo lo que necesitas en una mochila grande y salir a ver el mundo.

Vamos a hablar con un mochilero típico. Se llama Antonio. Es de Texas.

—Me encanta viajar y ver el mundo y lo hago sin mucho dinero. Como en restaurantes económicos y a veces mis compañeros y yo vamos a un mercado donde compramos comida para un picnic. Por lo general pasamos la noche en un albergue juvenil. Son muy económicos pero sus facilidades son limitadas. No tienes baño privado. Te levantas por la mañana y a veces tienes que lavarte en agua fría porque no hay agua caliente. Pero a mí no me importan estas pequeñas inconveniencias. Lo importante es poder hacer nuevos amigos de todas partes del mundo y llegar a apreciar sus costumbres y manera de vivir. ¿Qué te parece? ¿Por qué no nos encontramos un día en México o Chile?

—¡Hola! Me llamo Antonio y soy de Texas. Me encanta viajar con mi mochila y ver el mundo. Soy un verdadero trotamundos.

Stockbyte/Getty Images

¿Comprendes?

A **Recordando hechos** Contesta.

    1. ¿De dónde vienen los mochileros que viajan
por España o Latinoamérica?

    2. ¿Cuál es una cosa que tienen en común?

    3. ¿Dónde comen los mochileros?

    4. ¿Dónde se quedan los mochileros?

B **Describiendo** Describe.

    1. un albergue juvenil

    2. a un mochilero

    3. a Antonio

C **Analizando** Contesta.

    ¿Cuáles son las ventajas, o conveniencias,
y desventajas, o inconveniencias, de quedarse
en un albergue juvenil?

D **Explicando** Antonio piensa que los jóvenes se
divierten mucho y al mismo tiempo aprenden
a apreciar a gente de muchas culturas.
Explica el significado de su opinión.

CULTURA

Un hostal o albergue en Punta Arenas en
la Patagonia chilena

Andrew Payti

Lectura

Antes de leer

¿Fuiste de camping una vez? Si contestas que sí, ¿te gustó o no? Piensa en tu experiencia. Si contestas que no, que nunca fuiste de camping, ¿qué crees? ¿Te interesa el camping o no? A ver si tienes la misma opinión después de leer esta lectura.

El camping

Hoy en día muchos turistas, sobre todo los mochileros jóvenes, llevan equipo para hacer camping. En Latinoamérica hay campings en los parques nacionales y reservas naturales. Pasar unas noches en un camping puede ser una experiencia agradable. Tienes la oportunidad de conocer a otros turistas y también a familias locales porque a muchas familias les gusta hacer camping. Es una manera económica de viajar.

Los campers se levantan temprano—cuando se levanta el sol. Pasan el día dando caminatas por unas regiones de una belleza natural increíble.

CULTURA
Carpas en una playa de Arica, Chile

De noche regresan al camping. Se sientan alrededor de una fogata[1] y preparan comida en la fogata o en una barbacoa. Después de un día de mucha actividad física y una buena comida todos están cansados y van a su carpa. Cada uno desenrolla su saco de dormir y enseguida se duerme. Y, ¿mañana? Otro día de experiencias nuevas.

Con solamente mochila, carpa y saco de dormir es posible disfrutar de[2] unas vacaciones estupendas rodeado de un paisaje espectacular.

[1]fogata   *bonfire*   [2]disfrutar de   *to enjoy*

¿Comprendes?

Escoge.

1. ¿Quiénes hacen camping?
   a. solo los mochileros
   b. solo los turistas de otros países
   c. los mochileros y otros turistas
   d. nadie

2. Los campings en Latinoamérica se encuentran en _____.
   a. las ciudades
   b. los alrededores de una ciudad
   c. zonas rurales
   d. caminatas

3. ¿Cuándo se levantan los campers?
   a. temprano por la mañana
   b. cuando regresan al camping
   c. cuando toman el sol
   d. de noche

4. Las montañas y los lagos ofrecen _____.
   a. una experiencia cultural
   b. un paisaje espectacular
   c. un viaje económico
   d. una comida estupenda

CULTURA

Los jóvenes dan una caminata por los Andes no muy lejos de Mérida, Venezuela.

Kelli Drummer-Avendaño

Prepárate para el examen

↻ To review, see **Vocabulario 1.**

↻ To review, see **Vocabulario 1** and **Vocabulario 2.**

↻ To review, see **Verbos reflexivos** and **Verbos reflexivos de cambio radical.**

Vocabulario

WL.K12.NM.2.4

❶ Escoge la palabra apropiada.

1. Hay cinco (dedos, pies) en cada mano.

2. Escribo con la (mano, pierna) izquierda.

3. Ana estira (las piernas, los codos) antes de correr.

4. Cuando tengo dolor de (dientes, cabeza) no puedo leer bien.

WL.K12.NM.2.4

❷ Completa.

5. Los amigos van de camping. Arman una _____.

6. Es mi amiga. ¿Quieres saber su nombre? Ella _____ _____ Susana.

7–8. El joven _____ _____ a las diez y media de la noche. Pero no _____ _____ enseguida porque pasa una hora leyendo en la cama.

9. Necesito _____. Voy a lavarme el pelo.

10. No puedo hacerlo. ¿Me puedes _____?

11. Los mochileros dan una _____ por el parque nacional.

Gramática

WL.K12.NH.3.4

❸ Contesta.

12. ¿Cómo te llamas?

13. ¿A qué hora te levantas?

14. ¿A qué hora te acuestas?

❹ Completa.

15. Yo _____ a la mesa. (sentarse)

16. ¿Tú _____ a qué hora? (acostarse)

17. Ellos _____ Raúl y Magdalena. (llamarse)

18. Nosotros _____ enseguida. (dormirse)

19. Yo _____ las manos. (lavarse)

20. Ustedes _____ en la sala. (sentarse)

21. Ellos _____ mucho. (divertirse)

22. Ella _____ temprano cada día. (despertarse)

5 **Forma frases.**

23. tú / sentarse / para comer

24. usted / acostarse / a las diez de la noche

25. mis primos / llamarse / Carlos y Felipe

26. yo / cepillarse / los dientes

27. nosotros / divertirse / durante una fiesta

28. ustedes / ponerse / los guantes

6 **Completa con un pronombre si es necesario.**

29. Ella _____ mira en el espejo cuando se peina.

30. Ella _____ mira a la profesora.

31. Yo _____ lavo a mi perro.

32. Yo _____ lavo antes de ir a la escuela.

7 **Escribe un mandato con favor de. Sigue el modelo.**

MODELO **No como. →**
Favor de comer.

33. No salgo.

34. No leo las notas.

35. No escribo la tarea.

36. No paso la sal.

To review, see **Mandatos con favor de.**

Cultura

To review this cultural information, see the **Lectura cultural.**

8 **Contesta.**

37. ¿Cómo viajan muchos jóvenes en España y Latinoamérica?

38. ¿Dónde pasan la noche?

39. ¿Cómo son los albergues?

40. ¿Por qué a los jóvenes les gustan los albergues juveniles?

CULTURA

Caballito de Totora es un hostal en Huanchaco, Perú. Es un balneario en el océano Pacífico. Un «caballito de totora» es un tipo de embarcación que usan los pescadores.

Prepárate para el examen

1 **Mi familia**

Talk about family routines

Work with a classmate. Discuss your family routines. What things do you and your family typically do and at what times? Do your families have similar routines or are they quite different?

2 **No es siempre igual.**

Compare your weekday and weekend routines

Most people like a change of pace on the weekend. Compare the things you do or do not do during the week with the things you do or do not do during the weekend.

CULTURA

Están tomando una siesta en hamacas en un camping en las afueras de Santa Marta, Colombia.

3 **Una excursión de camping**

Talk about a camping trip

Work with a classmate. A friend's family invited you both to join them on a camping trip. Discuss the things you will need to take. Also discuss some of the things you'll probably do during the camping trip.

4 **Un día ideal**

Talk about your ideal day

Interview a classmate to find out about his or her ideal day. Take turns. See who can come up with the most original ideas. Share the information with the class.

5 **Favor de...**

Ask someone to do something

Work with a classmate and tell each other to do things. Act out what you're told to do.

Kelli Drummer-Avendaño

Tarea

For the next week keep **un diario** *(diary)* in Spanish. Write down everything you do in the course of each day.

Writing Strategy

Writing in a journal There are many types of personal writing. One example of personal writing is keeping a journal. One type of journal writing involves writing about what you do each day, along with your thoughts and impressions about these events or activities. It's similar to "thinking out loud."

❶ Prewrite

- Find a notebook or journal in which you will feel comfortable writing.
- Decide what time of day you will write in your journal, preferably before you go to bed.
- Remember that journal writing is informal, but in this case you still want to use correct vocabulary, grammar, and sentence structure. Use as many reflexive verbs as you can. Don't try to write anything you haven't learned yet.

❷ Write

Keeping a diary should be an enjoyable, thoughtful experience.

- Write the date at the top of the page. Write down your activities, thoughts, and feelings for each day. Remember that your teacher will be reading it!
- To help refresh your memory, ask yourself questions such as the following: What did I do when I woke up? Did I go to school? What did I do at school? What did I do after school? Did I eat dinner with my family? What homework did I do? Did I wash my hair? Many activities will be different for the weekend days.
- Read over your diary. Check for correct vocabulary, verb forms, and grammar.

- **Expansion:** If you would like to expand this **Tarea** in order to track your progress, make a list of the goals that you would like to set for yourself with regard to this activity. Continue to write in your journal for as long as you would like or until you achieve the goals you want to achieve. Take note of the improvement you made in your writings. The improvements could include better use of descriptive words, increased use of newly learned vocabulary, or any other aspect of writing that you wish to improve. At the end of your journal writing, review your diary and make a note of the areas in which you have improved most and check that against your list of goals you set for yourself.

Evaluate

Don't forget that your teacher will evaluate you on your sequencing of events and activities, use of vocabulary, correctness of grammar and sentence structure, and the completeness of your message.

Brand X Pictures/Alamy

Gramática

Verbos reflexivos

Review the forms of the reflexive verbs. These verbs have an extra pronoun that refers back to the subject because the subject is both the performer (doer) and receiver of the action of the verb.

yo	me lavo	nosotros(as)	nos lavamos
tú	te lavas	*vosotros(as)*	*os laváis*
Ud., él, ella	se lava	Uds., ellos, ellas	se lavan

Verbos reflexivos de cambio radical

Some reflexive verbs have a stem change in the present. Review the following verbs.

acostarse			
yo	me acuesto	nosotros(as)	nos acostamos
tú	te acuestas	*vosotros(as)*	*os acostáis*
Ud., él, ella	se acuesta	Uds., ellos, ellas	se acuestan

divertirse			
yo	me divierto	nosotros(as)	nos divertimos
tú	te diviertes	*vosotros(as)*	*os divertís*
Ud., él, ella	se divierte	Uds., ellos, ellas	se divierten

Mandatos con favor de

You can use the expression **favor de** followed by the infinitive to tell someone what to do. Review the following.

Favor de empezar ahora.

Favor de no poner la ropa aquí.

Remember that when a pronoun is used with the infinitive, the pronoun is attached to it.

Favor de ayudarme.

CULTURA

Los jóvenes se divierten observando y escuchando la Catarata La Paz en Costa Rica. En el parque hay una serie de senderos y miradores de donde los turistas pueden apreciar el paisaje extraordinario.

Richard Brommer

Juego There are a number of cognates in this list. See how many you and a partner can find. Who can find the most? Compare your list with those of your classmates.

Go Online!

connectED.mcgraw-hill.com

Vocabulario

Stating daily activities

la rutina diaria	lavarse	dormirse
despertarse	cepillarse	ponerse (la ropa)
estirarse	peinarse	quitarse (la ropa)
levantarse	mirarse	llamarse
quedarse	sentarse	
tomar una ducha	acostarse	

Identifying articles for grooming and hygiene

el espejo	el peine	la barra de jabón
el champú	el cepillo de dientes	el rollo de papel
el cepillo	el tubo de crema dental	higiénico

Identifying more parts of the body

el cuerpo humano	el brazo	la pierna
la cabeza	el codo	el pie
los dientes	el dedo	
la espalda	la rodilla	

Describing camping

el parque	el saco (la bolsa)	montar, armar
el camping	de dormir	dar una caminata
la carpa, la tienda	el/la mochilero(a)	divertirse,
de campaña	ir de camping	pasarlo bien

Other useful words and expressions

derecho(a)	el suéter	acá
izquierdo(a)	tener frío (calor)	¡Ya voy!
el/la madrugador(a)	Favor de (+ infinitive)	

Repaso cumulativo

Repasa lo que ya has aprendido

These activities will help you review and remember what you have learned so far in Spanish.

1 Escucha las frases. Indica si la frase ocurre en el presente o en el pasado.

en el presente	en el pasado

2 Cambia al presente progresivo.

1. Él compra un juego de computadora.
2. Ellos hacen un álbum de fotografías electrónicas.
3. Compro un regalo para mi papá.
4. ¿Qué lees?
5. No comprendemos nada.
6. Ellos viven en Caracas.
7. ¡Vamos! Sale nuestro vuelo.
8. Hacen cola.

3 Completa con una palabra apropiada.

1. Tengo que _____ una composición para mi clase de inglés.
2. Mañana voy a _____ a la playa donde voy a _____ en el mar.
3. No tengo hambre porque acabo de _____.
4. Mis amigos acaban de _____ de Colombia donde pasaron sus vacaciones.
5. Yo voy a _____ a la tienda porque tengo que _____ un regalo para el cumpleaños de Teresa.

Una playa en la costa del Caribe en Colombia

4 Forma frases en el presente.

1. nosotros / poder
2. nosotros / jugar
3. yo / querer
4. ella / pensar que sí
5. ellos / preferir
6. nosotros / querer
7. nosotros / volver
8. ustedes / volver
9. tú / tener que

Kelli Drummer-Avendaño

5 **Completa con ser o estar.**

1. Quiero acostarme. _____ cansado(a).

2. José tiene que prepararse para un examen. _____ un poco nervioso.

3. Teresa no se siente bien. _____ enferma.

4. La muchacha se baña. El jabón que usa _____ muy bueno.

5. Los alumnos se duermen porque el profesor _____ muy aburrido y ellos _____ aburridos.

6 **Escribe el contrario.**

1. El niño tiene algo en la boca.

2. Ellos siempre se acuestan muy temprano.

3. Yo siempre me duermo enseguida.

4. Alguien va a pie y alguien va en bicicleta.

5. Tenemos algo en la mochila.

7 **Mira los dibujos. Describe todo lo que ves.**

Literary Reader

Contenido

The literary selections in the pages that follow will introduce you to Hispanic literature while helping you to develop reading skills and a better understanding of Hispanic culture. These selections have been carefully adapted to match your developing language skills. As you draw on your knowledge of Spanish grammar and vocabulary and apply the reading strategies you have learned, you will discover that you are able to comprehend and enjoy the selections. **¡A leer!**

Una vista exterior de El Escorial con sus jardines. El Escorial es un monasterio y palacio construido en el siglo XVI cerca de Madrid.

El héroe el Cid es famoso en Estados Unidos también. Aquí el Cid está montado a su caballo, Babieca, en una estatua en San Diego, California.

Vocabulario

Estudia las siguientes palabras y sus definiciones.

el rey   monarca

el siglo   un período de cien años

feliz   contento(a), alegre

triste   contrario de «feliz»

un pueblo   una ciudad muy pequeña

enseguida   inmediatamente, ahora mismo

por fin   finalmente

luchar   tener batallas

Práctica

Completa.

1. No vamos en una hora. Vamos _____, ahora mismo.
2. Estamos en el _____ veintiuno.
3. Es una persona _____. Siempre está contenta.
4. No. Él no es una persona alegre. Es una persona _____.
5. Él no tiene muchos amigos porque _____ con sus amigos.
6. Los reyes católicos son Fernando e Isabel. Fernando es el _____. Isabel es la reina.

INTRODUCCIÓN

El poema de mío Cid es el título del famoso poema épico español. Es de un autor anónimo. El poema canta de las acciones o hazañas del gran héroe el Cid. Pero, ¿quién es el Cid?

Durante la lectura

As you read, identify who the main characters are and what they are like. Try to determine the setting of the story and define the plot as you consider what the characters are doing.

El Cid
~ 1 ~

En el siglo XI nace el señor Rodrigo Díaz de Vivar en un pueblo pequeño cerca de Burgos en Castilla, España. Allí tiene una vida° feliz con su mujer, Jimena, y sus dos hijas.

Rodrigo Díaz de Vivar tiene el título de el Cid. El Cid es una palabra árabe. En aquel entonces° los árabes ocupan una gran parte de España.

Un día el Cid tiene un conflicto con el rey de Castilla, Alfonso. Por eso, tiene que abandonar la ciudad de Burgos. Está muy triste porque tiene que abandonar a su familia también. El Cid sale° de Burgos en su caballo, Babieca. Inmediatamente tiene que luchar contra los árabes. Lucha valientemente y mucha gente ayuda° al Cid en su lucha.

Después de mucho tiempo, llega° a Valencia. Es una ciudad que ocupan los árabes. El Cid tiene unas batallas horribles con los árabes y por fin el Cid y sus hombres conquistan la ciudad. Enseguida el Cid envía por su mujer (esposa) y sus dos hijas. El Cid reina en Valencia hasta su muerte° en mil noventa y nueve (1099).

vida *life*

En aquel entonces *At that time*

sale *leaves*

ayuda *help*

llega *he arrives*

muerte *death*

CULTURA
Una vista de Burgos

Valencia, España

saben *learn*

ven *see*
tienen mucho miedo *they are scared*
entierra *she buries*

~ **2** ~

Cuando los árabes saben° de la muerte del Cid, regresan a Valencia y atacan la ciudad. La mujer del Cid es muy astuta y tiene un plan. Ella embalsama a su marido y coloca su cadáver en su caballo, Babieca. Cuando los árabes ven° al Cid en su caballo tienen mucho miedo° y escapan. Jimena toma la oportunidad de escapar también. Regresa a Burgos donde entierra° a su esposo en la famosa Catedral de Burgos. Hoy turistas de todas partes del mundo visitan las tumbas del Cid y de su valiente mujer, Jimena.

Andrew Payti

¿Comprendes?

A Buscando información Identifica.

    1. el otro nombre del Cid

    2. el nombre de la mujer del Cid

    3. el número de hijas que tienen el Cid y su mujer

    4. la ciudad de donde es el Cid

    5. el nombre del caballo del Cid

B Determinando Escoge.

    1. El Cid tiene que (abandonar, conquistar) la ciudad de Burgos.

    2. El Cid está (feliz, triste) cuando tiene que abandonar a su familia.

    3. Los (árabes, romanos) ocupan una gran parte de España durante la época del Cid.

    4. El Cid sale de Burgos (a pie, en su caballo).

    5. Durante su expedición de conquista el Cid llega a (Burgos, Valencia).

C Confirmando información ¿Sí o no?

    1. Los árabes regresan a Valencia después de la muerte del Cid.

    2. La mujer del Cid es una señora inteligente.

    3. Los árabes toman la ciudad de Valencia cuando saben de la muerte del Cid.

    4. La mujer del Cid regresa a Valencia donde entierra a su marido.

D Describiendo Describe.

    Describe el plan que tiene la mujer del Cid para engañar *(fool, deceive)* a los árabes.

E Analizando Contesta.

    ¿Qué acciones del Cid indican que es una persona buena?

MESON DEL CID

Vista tomada desde la fachada principal de la Catedral

Plaza Santa María, 8
Frente Fachada Principal Catedral

CULTURA

Patio de los Leones de La Alhambra, una maravilla arquitectónica de los moros en Granada

Una leyenda mexicana— Iztaccíhuatl y Popocatépetl

READING TIP

Remember that as you read you should look for cognates—words that look alike in both Spanish and English and have the same meaning. In this selection, you will come across the following cognates. Can you find others?

el volcán	el emperador
la torcha	el origen
la princesa	la montaña
la versión	la batalla
la erupción	el valle
suicidar	omnipotente
severo	posesiones
informar	horrible
flameante	victorioso

Vocabulario

Estudia las siguientes palabras y sus definiciones.

el cacique   el líder, el jefe

el guerrero   una persona que lucha en una batalla o guerra; un soldado

subir   ir hacia la parte superior

casarse   contraer matrimonio, tomar como esposo(a)

desconsolado(a)   muy triste

la leyenda   un cuento tradicional

Práctica

Expresa de otra manera.

1. ¿Es *el líder* de un grupo indígena?
2. Él está *triste* porque su madre está muy enferma.
3. Ellos tienen que *ir a la parte superior.*
4. Ellos van a *ser esposo y esposa.*
5. *Los soldados* luchan mucho. Toman parte en muchas batallas.

Andrew Payti

INTRODUCCIÓN

Cerca de la Ciudad de México hay dos volcanes gigantescos—
el Iztaccíhuatl y el Popocatépetl. Hay una leyenda sobre el origen
de los dos volcanes. Como muchas leyendas, la leyenda sobre
Iztaccíhuatl y «Popo» tiene varias versiones. Aquí tenemos una
versión popular.

Iztaccíhuatl y Popocatépetl
∿ 1 ∿

Antes de la llegada de Cristóbal Colón los aztecas viven en
México. El emperador de los aztecas es un señor omnipotente y
bastante severo. Hay otros grupos indígenas que viven en el valle
de México que no están contentos con él. Están cansados de tener
que dar sus posesiones y dinero a un emperador opresivo. Entre
los grupos que no están contentos con él son los tlaxcaltecas.

El cacique de los tlaxcaltecas tiene una hija bonita, la princesa
Iztaccíhuatl. La princesa está enamorada de° Popocatépetl, uno de
los guerreros más valientes de su padre. Su padre envía a «Popo»
a una batalla contra los aztecas. El padre promete° a Popocatépetl
que puede tener la mano de su hija (tomar como esposa a su hija)
si regresa victorioso. Popo está muy contento. Él va a ganar la
batalla y la princesa va a ser su esposa.

¿Sabes lo que es este
artefacto azteca?

enamorada de *in love with*

promete *promises*

CULTURA ◆

Una ceremonia sacrificial azteca con una
ofrenda al dios de la guerra, Huitzilopochtli

(t)©Brand X Pictures/PunchStock. (b)Library of Congress Prints and Photographs Division [LC-USZC4-743]

CULTURA
Plaza de las Tres Culturas, Ciudad de México

∽ 2 ∾

pretendiente *suitor*
amado *loved one*
muerto *dead*

Mientras Popocatépetl está ausente, otro joven pretendiente° informa a Iztaccíhuatl que su amado° está muerto°; que pierde la vida en una batalla horrible. Él convence a Iztaccíhuatl de casarse con él.

Poco después, Popocatépetl regresa victorioso de la batalla. Está muy feliz porque ahora piensa que va a casarse con Iztaccíhuatl. Cuando la princesa aprende del regreso de su amado, está desconsolada. Ahora no puede casarse con él porque ya tiene esposo. No quiere vivir sin su «Popo». La desconsolada princesa se suicida.

∽ 3 ∾

brazos *arms*
hombros *shoulders*

enciende *lights*

sigue vigilando *keeps watch over*

El padre de la princesa, el cacique, informa al soldado de la muerte de su hija. Popo toma a Iztaccíhuatl en sus brazos°. Levanta a su amada y con su cuerpo cargado en sus hombros° sube varias montañas. Cuando llega cerca del cielo, coloca el cuerpo de Iztaccíhuatl en el pico de una de las montañas y enciende° una antorcha. Empieza a nevar y dentro de poco la nieve cubre los dos cuerpos y forma dos volcanes majestuosos, el Iztaccíhuatl y el Popocatépetl. Aún hoy «Popo» sigue vigilando° a su querida (amada) Iztaccíhuatl, y a veces vemos su antorcha flameante cuando el «Popo» entra en erupción.

©Mark Karrass/Corbis

¿Comprendes?

A Recordando hechos Contesta.

1. ¿Quiénes viven en México antes de la llegada de Cristóbal Colón?
2. ¿Hay otros grupos indígenas también?
3. ¿Todos están contentos con los aztecas?
4. ¿Hay batallas entre los diferentes grupos?

B Describiendo Describe.

1. Describe al emperador de los aztecas.
2. Describe a Iztaccíhuatl.
3. Describe a Popocatépetl.
4. Describe la relación entre Iztaccíhuatl y Popocatépetl.

C Identificando Contesta.

¿Cuáles son las acciones o hazañas profesionales y personales de Popocatépetl?

D Explicando Explica.

1. por qué no puede Iztaccíhuatl ser la esposa de Popocatépetl
2. el origen y formación de los dos volcanes

E Resumiendo Dibuja y escribe.

Prepara una serie de dibujos (*drawings*) que ilustran el contenido de la leyenda. Luego escribe una o dos frases para cada dibujo para identificar o describir el dibujo. Usa tus dibujos y frases para contar la leyenda en tus propias palabras.

Glow Images

Una señora de ascendencia azteca llevando un tocado de plumas

IZTACCÍHUATL Y POPOCATÉPETL

La camisa de Margarita
de Ricardo Palma

CULTURA

La catedral de Lima en la Plaza de Armas en el centro histórico de Lima

Nota

In this story you will come across the following words that describe money used in Peru in the eighteenth century. From the context of the reading you will be able to tell which were of little value and which were of great value. It is not necessary for you to learn these words: **un ochavo, un real, un maravedí, un duro, un morlaco.**

Vocabulario

Estudia las siguientes palabras y sus definiciones.

la guerra   una serie de luchas o batallas

el galán   un señor elegante

la flecha   lo que tira Cúpido en el corazón de una persona

el soltero   un joven que no está casado; que no tiene esposa

el suegro   el padre del marido o de la mujer

el sacerdote   un padre (religioso) católico

el pobretón   un muchacho pobre que no tiene dinero

el chisme   una historieta, un rumor

altivo(a)   arrogante

con mucha plata   que tiene mucho dinero, rico

gallardo(a)   no tiene miedo; valiente

Práctica

A Contesta.

1. ¿Es un galán un tipo elegante o pobre?
2. ¿Tiene esposa un soltero?
3. ¿Tira flechas Cúpido? ¿En dónde entran sus flechas?
4. ¿Tiene un rico mucha o poca plata?
5. ¿Qué tipo de individuo es una persona altiva?

B Expresa de otra manera.

1. Él es un padre religioso.
2. Es el padre de mi mujer.
3. Es un tipo muy arrogante.
4. No es un joven que tiene mucho dinero.
5. No sé si es verdad. Es un rumor.
6. Es una serie de batallas horribles.

Ricardo Palma es uno de los hombres más famosos de letras peruanas de todos los tiempos. Él da origen a un nuevo género literario—la tradición. La tradición es una anécdota histórica.

Ricardo Palma publica sus *Tradiciones peruanas* en diez tomos de 1872 a 1910. Las tradiciones presentan la historia de Perú desde la época precolombina hasta la guerra con Chile (1879–1883). Las tradiciones más interesantes y más famosas son las tradiciones que describen la época colonial. *La camisa de Margarita* es un ejemplo de una tradición de la época colonial.

La camisa de Margarita

～ 1 ～

Cuando las señoras viejas de Lima quieren describir algo que cuesta mucho, ¿qué dicen°? Dicen:—¡Qué! Si esto es más caro que la camisa de Margarita Pareja.

Margarita Pareja es la hija mimada° de don Raimundo Pareja, un colector importante del Callao. La muchacha es una limeñita que es tan bella que puede cautivar° al mismo diablo°. Tiene unos ojos negros cargados° de dinamita que hacen explosión sobre el alma° de los galanes limeños.

Llega de España un arrogante joven llamado don Luis de Alcázar. Don Luis tiene en Lima un tío aragonés, don Honorato. Don Honorato es solterón y es muy rico. Si el tío es rico, no lo es el joven. No tiene ni un centavo.

～ 2 ～

En la procesión de Santa Rosa, don Luis ve a la linda Margarita. La muchacha le flecha el corazón. El joven le echa flores°. Ella no le contesta ni que sí ni que no. Pero con sonrisas y otras armas del arsenal femenino le da a entender al joven que es plato muy de su gusto.

Los enamorados° olvidan° que existe la aritmética. Don Luis no considera su presente condición económica un obstáculo. Va al padre de Margarita y le pide su mano°. Al padre de Margarita, don Raimundo, no le gusta nada la petición del joven arrogante. Le dice que Margarita es muy joven y no puede tomar marido.

Pero la edad de su hija no es la verdadera razón. Don Raimundo no quiere ser suegro de un pobretón. Les dice la verdad a sus amigos. Uno de ellos va con el chisme al tío aragonés. El tío—un tipo muy altivo, se pone° furioso.

—¡Cómo! ¡Desairar° a mi sobrino! No hay más gallardo en todo Lima. Ese don Raimundo va a ver...

dicen *do they say*

mimada *spoiled*

cautivar *captivate, charm*
diablo *devil*
cargados *charged*
alma *soul*

le echa flores *compliments her*

enamorados *lovers*
olvidan *forget*
le pide su mano *asks for her hand*

se pone *becomes*
Desairar *To snub*

～ 3 ～

Y la pobre Margarita se pone muy enferma. Pierde peso° y tiene ataques nerviosos. Sufre mucho. Su padre se alarma y consulta a varios médicos y curanderos. Todos declaran que la única medicina que va a salvar° a la joven no está en la farmacia. El padre tiene que permitir a la muchacha casarse con el hombre de su gusto.

Don Raimundo va a la casa de don Honorato. Le dice:
—Usted tiene que permitir a su sobrino casarse con mi hija. Porque si no, la muchacha va a morir°.

—No puede ser—contesta de la manera más desagradable el tío. —Mi sobrino es un pobretón. Lo que usted debe buscar para su hija es un hombre con mucha plata.

El diálogo entre los dos es muy borrascoso°.

—Pero, tío, no es cristiano matar° a quien no tiene la culpa°—dice don Luis.

—¿Tú quieres casarte con esa joven?

—Sí, de todo corazón, tío y señor.

—Pues bien, muchacho. Si tú quieres, consiento. Pero con una condición. Don Raimundo me tiene que jurar° que no va a regalar un ochavo a su hija. Y no le va a dejar° un real en la herencia—. Aquí empieza otra disputa.

～ 4 ～

—Pero, hombre, mi hija tiene veinte mil duros de dote°.

—Renunciamos a la dote. La niña va a venir a casa de su marido con nada más que la ropa que lleva o tiene puesta°.

—Entonces me permite regalar a mi hija los muebles y el vestido de novia°.

—Ni un alfiler°.

—Usted no es razonable, don Honorato. Mi hija necesita llevar una camisa para reemplazar la que lleva.

—Bien, usted le puede regalar la camisa de novia y se acaba, nada más.

Dice el padre de Margarita:—Juro no dar a mi hija más que la camisa de novia.

Y don Raimundo cumple con° su promesa. Ni en la vida ni en la muerte le da después a su hija un maravedí.

Los encajes° de Flandes que adornan la camisa de la novia cuestan dos mil setecientos duros. Además la camisa tiene muchos diamantes que tienen un valor de treinta mil morlacos.

Ahora sabemos por qué es muy merecida° la fama que tiene la camisa nupcial de Margarita Pareja.

peso *weight*

salvar *save*

morir *to die*

borrascoso *stormy*
matar *to kill*
culpa *blame*

jurar *to swear*
dejar *to leave*

dote *dowry*

tiene puesta *has on*

vestido de novia *wedding dress*
alfiler *pin*

cumple con *fulfills*

encajes *lace*

merecida *deserved*

¿Comprendes?

A **Recordando hechos** Contesta.

    1. ¿Quiénes dicen:—¡Qué! Si esto es más caro
        que la camisa de Margarita Pareja?

    2. ¿Quién es Margarita Pareja?

    3. ¿Cómo es Margarita?

    4. ¿Quién llega a Perú?

    5. ¿De dónde viene?

    6. ¿Quién es?

    7. ¿Cómo es el tío?

    8. ¿Cómo es el sobrino?

B **Buscando información** Completa.

    1. Don Luis conoce a Margarita en _____.

    2. Margarita le _____. Y don Luis le _____.

    3. Don Luis no considera su condición económica _____.

    4. Don Luis va al padre de Margarita y _____.

    5. Al padre no le gusta nada _____.

    6. No le gusta la petición porque _____.

    7. Cuando el tío sabe lo que dice don Raimundo,
        él se pone _____.

C **Interpretando** In English, give your interpretation
of the attitudes and actions of Margarita's father and
Don Luis' uncle.

D **Analizando** Analyze the reasons that people say,
Si esto es más caro que la camisa de Margarita.

E **Llegando a conclusiones** Tell what you think the
consequences would have been if the uncle had not
allowed Margarita to marry Don Luis.

F **Describiendo** Completa con las características de cada
uno de los siguientes personajes.

Margarita Pareja	
don Luis de Alcázar	
don Raimundo	
don Honorato	

CULTURA

Un campanario en una calle de
la zona histórica de Lima

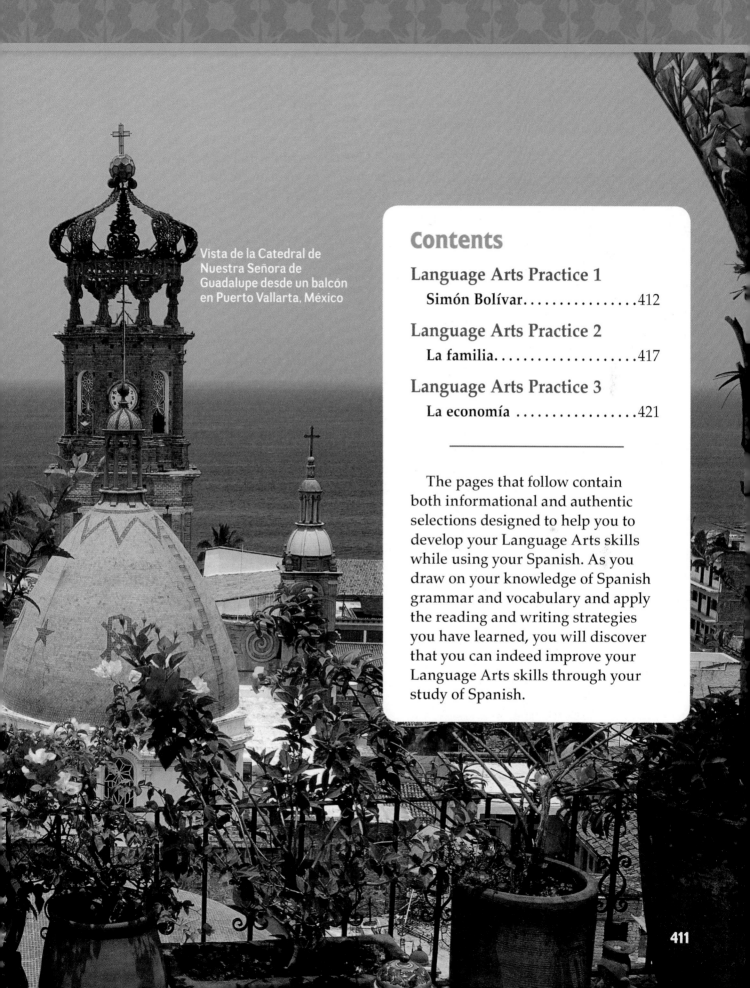

Vista de la Catedral de Nuestra Señora de Guadalupe desde un balcón en Puerto Vallarta, México

Contents

The pages that follow contain both informational and authentic selections designed to help you to develop your Language Arts skills while using your Spanish. As you draw on your knowledge of Spanish grammar and vocabulary and apply the reading and writing strategies you have learned, you will discover that you can indeed improve your Language Arts skills through your study of Spanish.

Simón Bolívar

En todo Latinoamérica Simón Bolívar es una persona famosa, muy célebre. Lleva el nombre o título de «El Libertador».

Simón Bolívar es de Venezuela. Nace en Venezuela en 1783. De niño reside o vive en el campo. El joven Simón está muy contento en el campo. Él es de una familia noble que tiene mucho dinero. Aunque es de una familia noble y rica, el joven Simón pasa mucho tiempo con la gente pobre[1]. Siempre ayuda a los criados[2] con sus tareas.

El padre de Simón muere[3] cuando Simón es muy joven y un tío lleva a su sobrino a la ciudad de Caracas. El tío confía la educación de Simón a los sacerdotes[4].

Su educación

Tampoco en Caracas está impresionado el joven Simón de su origen noble. Siempre escucha historias de la gente pobre y de los héroes de su país, Venezuela. Uno de sus profesores en Caracas es Simón Rodríguez. Es un señor que va a tener mucha influencia en la vida[5] de Bolívar. Rodríguez habla con Bolívar de las ideas liberales que son populares en Francia y en Estados Unidos en aquella época[6]. El profesor explica que el rey[7] de España tiene el poder absoluto y que no trata bien a sus súbditos[8]. Es bastante cruel con ellos. Su tío no está contento con el profesor. Es que no está de acuerdo[9] con sus ideas políticas. El tío da sus órdenes. Bolívar tiene que regresar a España donde reside en el palacio de unos de sus parientes ricos. Continúa con su educación en España pero no olvida[10] las ideas de libertad de su antiguo maestro en Venezuela, Simón Rodríguez.

Simón Bolívar regresa una vez más a Caracas donde se casa[11]. Pero nueve meses más tarde muere su esposa. Después de su muerte Bolívar va a París y luego viaja por Europa y Estados Unidos.

[1]pobre   *poor*
[2]criados   *service people*
[3]muere   *dies*
[4]sacerdotes   *priests*
[5]vida   *life*
[6]en aquella época   *at that time*

[7]rey   *king*
[8]súbditos   *subjects*
[9]no está de acuerdo   *he does not agree*
[10]no olvida   *he does not forget*
[11]se casa   *he gets married*

La guerra de la Independencia

En 1810 Bolívar regresa a Venezuela. Toma parte en la rebelión contra los españoles. Se nombra a Bolívar general en 1812. En solo tres meses echa[12] a los españoles de Venezuela. En 1813 entra triunfante en Caracas y los venezolanos dan a Bolívar el título de «El Libertador».

Pero pronto llegan refuerzos[13] españoles y Bolívar tiene que tomar refugio en Santo Domingo. Organiza un nuevo ejército[14] y regresa una vez más a Venezuela donde es proclamado presidente de la República. La lucha o batalla por la independencia continúa. En 1819 con mucha dificultad Bolívar atraviesa los Andes. Derrota[15] a las fuerzas[16] españolas y funda la República de la Gran Colombia que hoy comprende Colombia, Venezuela y Ecuador. Acepta la presidencia de la nueva República. Luego pasa a Perú donde proclama la independencia sudamericana en las batallas de Junín y Ayacucho en 1824.

Después de la guerra

Después de su triunfo en Perú, el Libertador regresa a Colombia con su gran sueño[17] de ver unido todo el continente sudamericano en una sola confederación tan potente como Estados Unidos. Pero cuando llega a Colombia observa que hay mucha disensión política y la Gran Colombia empieza a desintegrarse en varias repúblicas. Bolívar muere en Santa Marta en la costa caribeña de Colombia. Muere de tuberculosis cuando tiene solo cuarenta y siete años. Bolívar, el gran Libertador, muere en la pobreza y completamente desilusionado por no realizar su ideal de convertir al continente sudamericano en una sola nación.

[12]echa *he expels*
[13]refuerzos *reinforcements*
[14]ejército *army*
[15]Derrota *He defeats*
[16]fuerzas *forces*
[17]sueño *dream*

CULTURA
Caracas, Venezuela

SIMÓN BOLÍVAR

Hisham Ibrahim/Getty Images

Actividades

A Determina la idea o las ideas centrales de esta lectura. Luego compara tu conclusión con la de otros miembros de la clase. ¿Están ustedes de acuerdo?

B En (pequeños) grupos, tengan una discusión sobre la vida de Simón Bolívar y algunas de sus experiencias.

C Escribe una sinopsis de varias características de la personalidad de Simón Bolívar.

D Busca unos recursos secundarios e investiga las ideas de libertad que son imperantes (muy populares) en Francia y Estados Unidos durante la época. Discute las ideas con varios compañeros de clase. ¿Cómo son diferentes las ideas de esta época en España? Presenten un resumen *(summary)* de su discusión a la clase.

E En grupos de tres o cuatro discutan el gran sueño de Simón Bolívar. ¿Qué desea realizar? ¿Por qué muere desilusionado? ¿Qué causa la desilusión? ¿Están ustedes de acuerdo con el sueño de Bolívar o no?

F En la lectura hay varios asuntos importantes. Entablen *(Get involved)* en conversaciones que se dirigen a los asuntos más importantes de la selección.

G Busca el nombre completo actual de Venezuela. ¿Qué opinión tienes? Da tus opiniones. ¿Por qué tiene Venezuela tal nombre?

Bolívar

de Luis Lloréns Torres

INTRODUCCIÓN

Luis Lloréns Torres (1878–1944) es uno de los más famosos poetas de Puerto Rico. Además de otros asuntos dedica muchos de sus poemas a los héroes de la independencia latinoamericana. Su poema *Bolívar* es un magnífico ejemplo.

La Batalla de Ayacucho durante la Guerra de la Independencia

Bolívar

Político, militar, héroe, orador y poeta.
Y en todo, grande. Como las tierras[1] libertadas por él.
Por él, que no nació hijo de patria alguna[2],
sino que muchas patrias nacieron hijas dél.
5   Tenía la valentía del que lleva una espada[3].
Tenía la cortesía del que lleva una flor[4].
Y entrando en los salones, arrojaba[5] la espada.
Y entrando en los combates, arrojaba la flor.
Los picos del Ande no eran más, a sus ojos,
10 que signos admirativos de sus arrojos[6].
Fue un soldado poeta. Un poeta soldado.
Y cada pueblo libertado
era una hazaña[7] del poeta y era un poema del soldado
Y fue crucificado…

[1]tierras   *lands*
[2]patria alguna   *any country*
[3]espada   *sword*
[4]flor   *flower*

[5]arrojaba   *he threw away*
[6]arrojos   *spoils*
[7]hazaña   *deed*

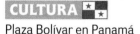

CULTURA
Plaza Bolívar en Panamá

Actividades

A En grupos pequeños van a iniciar y participar en una serie de discusiones con otros compañeros de clase. En las discusiones van a llegar a conclusiones colaborativas sobre los muchos aspectos de la personalidad de Simón Bolívar en este poema de Luis Lloréns Torres.

B Busca en el poema alusiones a Bolívar como un hombre elegante y galán y a Bolívar como un soldado y militar.

C **«Y fue crucificado»** En el poema el autor no indica cómo ni por qué fue *(was)* crucificado Bolívar. Pero usando la lectura *Simón Bolívar* como un recurso secundario explica en uno o dos párrafos *(paragraphs)* por qué Bolívar tiene la opinión que fue crucificado. Justifica tus opiniones. Luego presenta tus ideas a la clase.

PALACIO BOLIVAR

CULTURA
Palacio Bolívar en Panamá

Andrew Payti

La familia

La familia es una de las instituciones básicas de la sociedad. En muchas sociedades, la anglosajona, por ejemplo, es la familia nuclear que tiene mucha importancia. La familia nuclear consta mayormente de abuelos, padres e hijos. En las culturas latinas la familia extendida es importantísima. Además de los abuelos, padres e hijos, la familia extendida incluye también a primos, tíos, yernos y nueras, cuñados, nietos y biznietos. A veces los primos se consideran como hermanos. Cuando hay una fiesta familiar acuden todos los parientes. Cuando un miembro de la familia se casa, la familia se hace más grande porque el matrimonio une o enlaza a dos familias.

CULTURA
Una niña con su abuelito

El compadrazgo

Entre muchas familias latinas, y las de otras etnias, hay una costumbre bastante antigua—el compadrazgo. Esta institución constituye una relación casi de parentesco entre el padrino[1], la madrina[2] y el ahijado o la ahijada. Comienza con la ceremonia del bautizo y perdura por toda la vida. El padrino y la madrina asumen la obligación de complementar a los padres naturales y sustituirlos en caso de muerte, por ejemplo. Los padres naturales, de los más humildes a los más ricos, tratan de seleccionar o escoger a padrinos y madrinas que puedan aceptar la responsabilidad de cuidar de[3] sus hijos si es necesario. A veces escogen a unos parientes y a veces escogen a unos amigos.

[1]padrino   *godfather*
[2]madrina   *godmother*
[3]cuidar de   *caring for*

CULTURA
Unos recién casados en México

(t)Ron Levine/Getty Images, (b)Digital Vision/age fotostock

Cambios sociales

Aunque[4] los lazos familiares continúan muy fuertes hay muchos cambios sociales actuales que tienen una influencia enorme en la estructura familiar en los países hispanos y en Estados Unidos.

La edad[5] legal para contraer matrimonio varía de un país o estado a otro. Actualmente los jóvenes no se casan tan jóvenes como antes. En algunos países el divorcio es ilegal pero en general el número de divorcios está en aumento. También está en aumento el número de familias que consta de solo la madre o el padre, en la mayoría de los casos la madre. La mayoría de los divorciados se casan de nuevo y establecen otra familia— llamada una familia recompuesta. La familia recompuesta es otra consecuencia del divorcio. Los niños de una familia recompuesta tienen que adaptarse a un padrastro o una madrastra, a unos hermanastros y en muchos casos a medios hermanos.

[4]Aunque   *Even though*   [5]edad   *age*

Actividades

A En términos claros explica la mayor diferencia entre la familia nuclear y la familia extendida según la lectura. Piensa en gente que conoces (*know*) que vive como una típica familia nuclear o una típica familia extendida. ¿Cuáles son algunas características diferentes de la manera de vivir entre estos dos tipos de familia? Haz unas investigaciones sobre temas como: con quiénes viven los mayores, cuándo dejan (*leave*) la casa de familia o el hogar familiar los jóvenes, cómo se celebran las fiestas importantes. Con lo que han aprendido (*have learned*) de sus investigaciones, tomen parte en una discusión. Cambien ideas e indiquen sus opiniones sobre las diferentes maneras de hacer la misma cosa. ¿Son las costumbres de tu familia más como las de una familia nuclear o extendida?

CULTURA

Un bautizo en Caracas, Venezuela

B Formen grupos y conversen sobre sus propias (*own*) costumbres. Establezcan quienes tienen una madrina o un padrino. ¿Cuáles son las religiones que practican el bautizo? ¿Hay estudiantes de otras religiones que tienen un rito similar al bautizo? Permítanles describirlo.

Kelli Drummer-Avendaño

C En grupos, reaccionen de una manera seria y den sus ideas pertinentes sobre el compadrazgo. Analícenlo desde diversas perspectivas. Justifiquen sus puntos de vista y defiéndanlos. Al final de la discusión preparen una sinopsis de las ideas—las ideas en pro y en contra.

D Introduce el tema «Cambios en la estructura familiar». Organiza el contenido y prepara titulares *(headlines),* tablas y otros gráficos para ilustrar tus puntos. Escribe una conclusión en que confirmas la información presentada en esta lectura. Luego presenta tu información a la clase.

E Como extensión del tema en esta lectura prepara una lista de otros cambios importantes en la estructura de la familia. Indica cuales consideras positivos y cuales consideras negativos. Cuando posible cita ejemplos que soportan tus opiniones o evaluaciones.

El Cid

INTRODUCCIÓN

No hay amor más perfecto que el amor que existe entre marido y mujer y padres e hijos. El amor familiar es un tema frecuente en la literatura. Aquí tenemos un poema de un poeta anónimo del siglo XIII. Esta adaptación se basa en una versión del poema que se encuentra en la *Colección de poesías castellanas anteriores al siglo XV*, publicada en 1779. El poeta canta las hazañas[1] del famoso héroe castellano Rodrigo Díaz de Vivar, el Cid. El poema revela que el Cid conoce y aprecia ese amor paternal. El rey destierra[2] al Cid. Camino del exilio pasa por donde están su mujer y sus hijos. El poeta describe la despedida[3].

[1]hazañas   *deeds*

[2]destierra   *exiles*

[3]despedida   *farewell*

El Cid

El Cid a doña Jimena	la iba a abrazar[1]
doña Jimena al Cid	la mano va a besar[2]
llorando[3] con los ojos	que no sabe qué hacer.
Y él a las niñas	las tomó a mirar
5 A Dios os encomiendo[4]	y al padre espiritual,
ahora nos partimos[5]	Dios sabe el ajuntar[6].
Llorando de los ojos	como no viste jamás
así parten unos de otros	como la uña[7] de la carne[8].

[1]abrazar   *hug*

[2]besar   *kiss*

[3]llorando   *crying*

[4]os encomiendo   *I give you*

[5]nos partimos   *we leave one another*

[6]ajuntar   *when we'll meet again*

[7]uña   *nail*

[8]carne   *flesh*

Actividades

A Lee el poema más de una vez, en voz alta y en silencio. Cierra los ojos y forma un retrato mental. Luego escribe lo que ves. Enlaza *(Link)* los hechos y emociones importantes y expresa los sentimientos del poema en un tono apropiado.

B Este poema anónimo data del siglo XIII. Escríbelo de nuevo y cambia el escenario del siglo XIII a hoy.

La economía

Se puede describir la economía de varias maneras. La economía es el estudio de las decisiones que se toman en la producción, la distribución y el consumo de bienes o productos y servicios. Es también el estudio de las razones por las cuales se decide producir algo, cómo producirlo y para quiénes. A decidir lo que se va a producir es necesario tomar en cuenta que los recursos[1] que tenemos a nuestra disposición son escasos[2] y limitados. Por eso es a veces imposible producir todo lo que la sociedad, o la gente, quiere. La economía trata de[3] controlar el uso de estos recursos limitados con el propósito de satisfacer al máximo las necesidades de los deseos humanos.

Las necesidades de la sociedad humana apenas[4] tienen límite. Las necesidades pueden ser muy importantes—de primera necesidad—como la comida y el albergue[5]. Al contrario pueden ser necesidades de lujo[6] como los yates, los perfumes y el servicio doméstico. Lo que para una persona es una necesidad, para otra puede ser un lujo. Es necesario recordar[7] siempre que para producir un producto necesario o un producto de lujo se necesitan recursos—y los recursos son limitados. Los recursos pueden dividirse en dos categorías: los recursos de propiedad y los recursos humanos. Los recursos de propiedad incluyen los bienes raíces[8], la materia prima[9] y el capital o el dinero. Los recursos humanos son el personal que se necesita o la mano de obra[10]. La escasez[11] de estos recursos hace imposible proveer[12] todos los bienes y servicios que la sociedad desea. Nos obliga a escoger entre los diferentes bienes y servicios. El economista siempre tiene que tomar decisiones sobre lo que se va a producir o no.

[1]recursos   *resources*

[2]escasos   *scarce*

[3]trata de   *tries to*

[4]apenas   *scarcely*

[5]albergue   *housing*

[6]de lujo   *luxury*

[7]recordar   *to remember*

[8]bienes raíces   *real estate*

[9]materia prima   *natural resources*

[10]mano de obra   *workforce*

[11]escasez   *shortage*

[12]proveer   *to provide*

CULTURA 🇺🇸
Una joven empleada está haciendo una presentación a unos colegas en una oficina en Tampa, Florida.

Actividades

A Alguien que no sabe nada de la economía te pregunta lo que es. Da una definición concisa de la economía.

B Trabaja con un(a) compañero(a) de clase. Preparen una lista de productos o servicios que consideran necesidades o productos de lujo. Escriban por qué los consideran así. Luego compartan lo que escribieron con otros miembros de la clase. Comparen sus listas y discutan las diferencias. Cada uno(a) tiene que defender sus opiniones y explicar por qué está o no está de acuerdo con las opiniones y el razonamiento *(reasoning)* de los otros.

C Imagínate estar en una reunión de una compañía que va a producir una nueva línea de blue jeans. Van a tomar una decisión si van a producir jeans de lujo o jeans económicos. Escribe apuntes *(notes)* sobre la reunión. Luego prepara un resumen escrito de los resultados de la reunión. Indica si estás de acuerdo o no con la decisión final. Defiende tus conclusiones.

Ejemplo de la propiedad que el dinero ha

El Arcipreste de Hita

Juan Ruiz, Arcipreste de Hita

INTRODUCCIÓN

El Arcipreste de Hita nació en Alcalá de Henares en la primera mitad del siglo XIII. Escribió un famoso libro titulado *El libro de buen amor.* En el fragmento del poema que sigue, habla del dinero. ¡A ver lo que dice en el siglo XIII!

Ejemplo de la propiedad que el dinero ha

Mucho hace el dinero y mucho es de amar[1];
Al torpe[2] hace bueno y hombre de prestar[3],
Hace correr al cojo[4] y al mudo hablar;
El que no tiene manos dineros quiere tomar.
5 Sea un hombre necio y rudo labrador;
Los dineros le hacen hidalgo[5] y sabedor,
Cuanto más algo tiene, tanto es de más valor;
El que no ha[6] dineros, no es de sí señor.

[1]amar   *love*
[2]torpe   *no muy inteligente, necio*
[3]hombre de prestar   *one who lends*
[4]cojo   *lame*
[5]hidalgo   *señor importante*
[6]ha   *tiene*

Actividades

A Trabajando en grupos discutan lo que uno considera confirmaciones de las ideas propuestas por el Arcipreste de Hita y lo que otros consideran exageraciones o conclusiones erróneas del autor. Al discutir con un(a) compañero(a), cada uno(a) tiene que tomar en consideración fuerzas y limitaciones en las aserciones de su adversario(a).

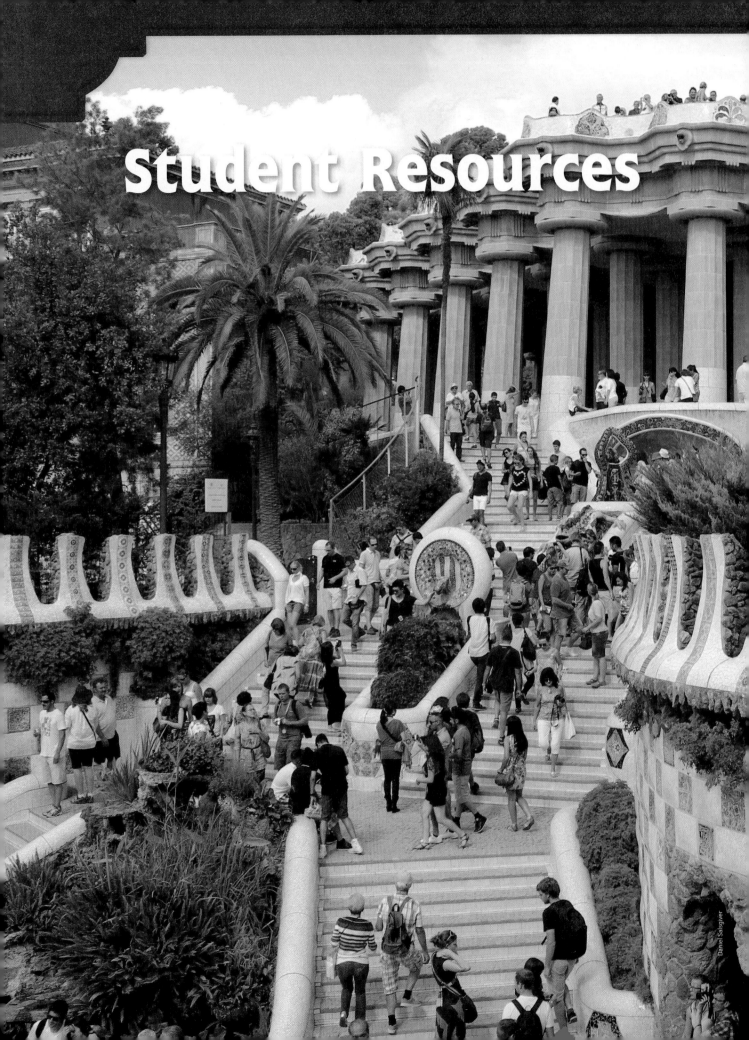

Student Resources

Contents

Muchos barceloneses y turistas acuden al parque Güell donde admiran las muchas formas interesantes diseñadas por el famoso arquitecto catalán Antoni Gaudí.

InfoGap

Alumno A Ask your partner the following questions. Correct answers are in parentheses.

1. ¿Qué día es hoy? (Hoy es lunes.)

2. ¿Cuál es la fecha de hoy? (Hoy es el seis de julio.)

3. ¿Qué hora es? (Son las nueve y cuarenta y cinco.)

4. ¿Qué tiempo hace? (Hace [mucho] calor.) or (Hace sol.)

Alumno A Answer your partner's questions based on the pictures below.

1.

2.

3.

4.

Alumno B Ask your partner the following questions. Correct answers are in parentheses.

1. ¿Qué día es hoy? (Hoy es jueves.)

2. ¿Cuál es la fecha de hoy? (Hoy es el diez de enero.)

3. ¿A qué hora es la clase de español? (La clase de español es a la una y cincuenta.)

4. ¿Qué estación es? (Es el otoño.)

Alumno B Answer your partner's questions based on the pictures below.

1.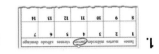

2.

3.

4.

(l to r, t to b)Barbara Salsgiver, C Squared Studios/Getty Images, Mark Burnett, Andrew Payti

Activity 1

Alumno A Ask your partner the following questions. Correct answers are in parentheses.

1. ¿Cómo es Marta, rubia o morena? *(Marta es morena.)*

2. ¿Cómo es Roberto, simpático o antipático? *(Roberto es simpático.)*

3. ¿Es Julio un amigo de Teresa? *(Sí, Julio es un amigo de Teresa.)*

4. ¿Cómo es Elena, cómica o seria? *(Elena es seria.)*

5. ¿Es Teresa una amiga de Julio? *(Sí, Teresa es una amiga de Julio.)*

Alumno A Answer your partner's questions based on the photos below.

Alberto

Diana/Alejandro

Sara

Cristina

Alumno B Answer your partner's questions based on the photos below.

Teresa/Julio

Elena

Roberto

Marta

Alumno B Ask your partner the following questions. Correct answers are in parentheses.

1. ¿Es Alejandro un amigo de Diana? *(Sí, Alejandro es un amigo de Diana.)*

2. ¿Cómo es Sara, graciosa o seria? *(Sara es graciosa.)*

3. ¿Cómo es Cristina, rubia o morena? *(Cristina es rubia.)*

4. ¿Cómo es Alberto, simpático o antipático? *(Alberto es simpático.)*

5. ¿Es Diana una amiga de Alejandro? *(Sí, Diana es una amiga de Alejandro.)*

InfoGap

Activity 2

CAPÍTULO 2, Vocabulario 1

Alumno A Ask your partner the following questions. Correct answers are in parentheses.

1. ¿Quién es la hermana de Juan?
   (Elisa es la hermana de Juan.)

2. ¿Quién es la madre de Carlos?
   (Ana es la madre de Carlos.)

3. ¿Cuántas mascotas tiene Elisa?
   (Elisa tiene dos mascotas.)

4. ¿Tiene nietos Antonio?
   (Sí, Antonio tiene nietos.)

Alumno A Answer your partner's questions based on the photo below.

(from left to right) Lucas Alba, Lila Alba, Marcos Alba, Jorge Alba, Víctor Alba, Duque

Alumno B Ask your partner the following questions. Correct answers are in parentheses.

1. ¿Quién es el padre de Lucas?
   (Jorge es el padre de Lucas.)

2. ¿Tiene Víctor un perro?
   (Sí, Víctor tiene un perro.)

3. ¿Cuántos hijos tienen Lila y Jorge? *(Lila y Jorge tienen tres hijos.)*

4. ¿Quiénes son los hermanos de Marcos? *(Lucas y Víctor son los hermanos de Marcos.)*

Alumno B Answer your partner's questions based on the picture below.

Larry Hamill

Activity 3

Alumno A Ask your partner the following questions. Correct answers are in parentheses.

1. ¿Qué das al profesor? *(Doy un libro al profesor.)*

2. ¿Qué escuchas cuando estás en casa? *(Escucho la música cuando estoy en casa.)*

3. ¿Con quiénes hablan ustedes? *(Hablamos con nuestros amigos.)*

4. ¿Cuándo vas a la tienda? *(Voy a la tienda a las cuatro y veinte.)*

5. Profesores, ¿qué dan ustedes todos los viernes? *(Damos un examen todos los viernes.)* or *(Damos una prueba todos los viernes.)*

Alumno A Answer your partner's questions based on the photos below.

1.

5.

3.

2.

4.

Alumno B Ask your partner the following questions. Correct answers are in parentheses.

1. ¿En qué clase estás a las diez? *(Estoy en la clase de ciencia a las diez.)*

2. ¿Con quiénes hablas cuando regresas a casa a pie? *(Hablo con mis amigas cuando regreso a casa a pie.)*

3. ¿A quién das el dinero? *(Doy el dinero a la empleada.)*

4. ¿Qué compras cuando vas a la tienda? *(Compro una carpeta cuando voy a la tienda.)*

5. ¿Dónde están ustedes y su gato? *(Estamos en la sala.)*

Alumno B Answer your partner's questions based on the photos below.

1.

2.

3.

4.

5.

InfoGap

Activity 4

Alumno A Ask your partner the following questions. Correct answers are in parentheses.

1. ¿Qué toma Jaime? *(Jaime toma un batido de jugos tropicales.)*

2. ¿Qué lee Marisol? *(Marisol lee el menú.)*

3. ¿Qué va a comer Adriana? *(Adriana va a comer unos tostones.)*

4. ¿Quién habla con los amigos? *(El mesero habla con los amigos.)*

5. ¿Qué van a comer los amigos? *(Los amigos van a comer empanadas.)*

Alumno A Answer your partner's questions based on the photos below.

Alumno B Answer your partner's questions based on the photos below.

1.

4.

2.

5.

3.

Alumno B Ask your partner the following questions. Correct answers are in parentheses.

1. ¿Qué va a comer José Luis?
   (José Luis va a comer unos pinchitos.)

2. ¿Qué escribe el mesero?
   (El mesero escribe la orden.)

3. ¿Qué toma Silvia? *(Silvia toma agua mineral con gas.)*

4. ¿Qué desean Ana y Pablo?
   (Ana y Pablo desean unas albóndigas.)

5. ¿Adónde van los amigos?
   (Los amigos van al café.)

Activity 5

CAPÍTULO 5, Gramática

InfoGap

Alumno A Ask your partner the following questions. Correct answers are in parentheses.

1. ¿Te interesa el béisbol?
   (No, no me interesa el béisbol. Me interesan el fútbol y el baloncesto.)

2. ¿Te gustan los camarones?
   (No, no me gustan los camarones. Me gusta la carne.)

3. ¿Te gusta la clase de arte?
   (No, no me gusta la clase de arte. Me gustan las ciencias.)

4. ¿Te gusta comer pizza?
   (No, no me gusta comer pizza. Me gusta comer enchiladas.)

Alumno A Answer **no** to your partner's questions and tell what you like or what interests you instead based on the cues below.

1. tu gato

2. los deportes de equipo

3. camarones

4. los estudios sociales

Alumno B Answer **no** to your partner's questions and tell what you like or what interests you instead based on the cues below.

1. el fútbol y el baloncesto

2. la carne

3. las ciencias

4. enchiladas

Alumno B Ask your partner the following questions. Correct answers are in parentheses.

1. ¿Te gustan mis perros? *(No, no me gustan tus perros. Me gusta tu gato.)*

2. ¿Te interesa el tenis? *(No, no me interesa el tenis. Me interesan los deportes de equipo.)*

3. ¿Te gusta comer carne? *(No, no me gusta comer carne. Me gusta comer camarones.)*

4. ¿Te interesa la clase de biología? *(No, no me interesa la clase de biología. Me interesan los estudios sociales.)*

INFOGAP

SR7

InfoGap

Activity 6

InfoGap

Alumno A Ask your partner the following questions. Correct answers are in parentheses.

1. ¿Cómo es Armando, flexible o terco? *(Armando es terco.)*

2. ¿Cómo está Daniela, contenta o triste? *(Daniela está contenta.)*

3. ¿Está Natalia bien o enferma? *(Natalia está enferma.)*

4. ¿Cómo es Pepe, ambicioso o perezoso? *(Pepe es ambicioso.)*

Alumno A Answer your partner's questions based on the photos below.

Jorge

Elena

Benito

el jugador

Alumno B Answer your partner's questions based on the photos below.

Armando

Daniela

Natalia

Pepe

Alumno B Ask your partner the following questions. Correct answers are in parentheses.

1. ¿Cómo es Elena, bien educada o mal educada? *(Elena es bien educada.)*

2. ¿Cómo está Jorge, cansado o lleno de energía? *(Jorge está cansado.)*

3. ¿Está el jugador bien o enfermo? *(El jugador está bien.)*

4. ¿Está Benito de buen humor o de mal humor? *(Benito está de mal humor.)*

Alumno A Ask your partner who did the following activities. Correct answers are in parentheses.

1. ¿Quién miró el DVD?
   (*Marta miró el DVD.*)

2. ¿Quién ganó el partido?
   (*Nosotros ganamos el partido.*)

3. ¿Quién prestó atención en la clase? (*Todos los alumnos prestaron atención en la clase.*)

4. ¿Quién bajó la pista avanzada?
   (*Yo bajé la pista avanzada.*)

5. ¿Quién tomó el sol?
   (*Tú tomaste el sol.*)

Alumno A Use the chart below to answer your partner's questions.

¿Quién?	Actividad
Raúl y Reina	sacar
la señora López	enseñar
yo	llevar
mi primo y yo	alquilar
tú	nadar

Alumno B Use the chart below to answer your partner's questions.

¿Quién?	Actividad
Marta	mirar
nosotros	ganar
todos los alumnos	prestar
yo	bajar
tú	tomar

Alumno B Ask your partner who did the following activities. Correct answers are in parentheses.

1. ¿Quién sacó fotos ayer? (*Raúl y Reina sacaron fotos ayer.*)

2. ¿Quién enseñó la clase de español? (*La señora López enseñó la clase de español.*)

3. ¿Quién llevó uniforme a la escuela? (*Yo llevé uniforme a la escuela.*)

4. ¿Quién alquiló los esquís? (*Mi primo y yo alquilamos los esquís.*)

5. ¿Quién nadó en el mar? (*Tú nadaste en el mar.*)

InfoGap

Activity 8

Alumno A Ask your partner the following questions. Correct answers are in parentheses.

1. ¿Qué visitó Juanita?
   (Juanita visitó el museo.)

2. ¿Qué vieron los amigos?
   (Los amigos vieron una película.)
   or (Los amigos vieron un filme.)

3. ¿Qué tienen los invitados para Ana? (Los invitados tienen muchos regalos para Ana.) or (Los invitados tienen una torta para Ana.)

4. ¿Quién recibe muchos aplausos?
   (La cantante recibe muchos aplausos.)

Alumno A Answer your partner's questions based on the pictures below.

1.

2.

3.

4.

Alumno B Ask your partner the following questions. Correct answers are in parentheses.

1. ¿Qué perdió Ernesto?
   (Ernesto perdió el autobús.)

2. ¿Fueron al cine las amigas o alquilaron una película? (Las amigas alquilaron una película.)

3. ¿Tiene algo en la mano el cantante? (No, el cantante no tiene nada en la mano.)

4. ¿Qué comen los invitados?
   (Los invitados comen vegetales crudos.)

Alumno B Answer your partner's questions based on the pictures below.

1.

2.

3.

4.

Alumno A Ask your partner the following questions. Correct answers are in parentheses.

1. ¿Quién es más alto que Luis? *(Nadie es más alto que Luis.)*

2. ¿Cuál es la camisa más cara de todas? *(La camisa azul es la más cara de todas.)*

3. ¿Quién juega mejor que Juan? *(Alicia juega mejor que Juan.)*

4. ¿La chaqueta negra me queda mejor que o peor que la otra? *(La chaqueta negra te queda peor que la otra.)*

Alumno A Answer your partner's questions based on the cues below.

1. Ana

2. más caros

3. mejor que

4. menos grande

Alumno B Answer your partner's questions based on the cues below.

1. nadie

2. la camisa azul

3. Alicia

4. peor que

Alumno B Ask your partner the following questions. Correct answers are in parentheses.

1. ¿Quién es el/la más inteligente de la clase? *(Ana es la más inteligente de la clase.)*

2. ¿Son los precios más bajos o más caros en esta tienda? *(Los precios son más caros en esta tienda.)*

3. ¿Enrique esquió mejor que o peor que Armando? *(Enrique esquió mejor que Armando.)*

4. ¿Es la clase de español más grande o menos grande que la clase de química? *(La clase de español es menos grande que la clase de química.)*

InfoGap

Activity 10

CAPÍTULO 10, Vocabulario 1

Alumno A Answer your partner's questions based on the pictures below.

Alumno A Ask your partner the following questions. Correct answers are in parentheses.

1. ¿Es una tarjeta de embarque o un carnet de identidad?
   (Es una tarjeta de embarque.)

2. ¿Qué hace Gil?
   (Gil factura su equipaje.)

3. ¿Quién espera a los pasajeros?
   (El taxista espera a los pasajeros.)

4. ¿Dónde están la madre y su hija? *(La madre y su hija están en el aeropuerto.)*

Alumno B Answer your partner's questions based on the pictures below.

1.
2.
3.
4.

Alumno B Ask your partner the following questions. Correct answers are in parentheses.

1. ¿Dónde pone el padre el equipaje? *(El padre pone el equipaje en la maletera [el baúl].)*

2. ¿Dónde están las pasajeras? *(Las pasajeras están en el mostrador de la línea aérea.)*

3. ¿El avión acaba de despegar o de aterrizar? *(El avión acaba de aterrizar.)*

4. ¿Cuál es el número del asiento del pasajero? *(El número del asiento del pasajero es 1C.)*

(t to b)Kelli Drummer-Avendaño, Andrew Payti, Kelli Drummer-Avendaño, Larry Hamill

la muchacha **Federico**

Elisa **Mateo**

4. ¿Se sienta la joven a la mesa o se cepilla el pelo? *(La joven se sienta a la mesa.)*

3. ¿Qué hace Celia? *(Celia se pone un suéter.)*

2. ¿Se acuesta Mateo o se estira? *(Mateo se acuesta.)*

1. ¿Qué hace Catalina? *(Catalina se cepilla los dientes.)* or *(Catalina se lava los dientes.)*

Alumno A Ask your partner the following questions. Correct answers are in parentheses.

Alumno A Answer your partner's questions based on the photos below.

Alumno B Answer your partner's questions based on the photos below.

la joven **Celia**

Mateo **Catalina**

Alumno B Ask your partner the following questions. Correct answers are in parentheses.

1. ¿Qué hace Elisa? *(Elisa se despierta.)* or *(Elisa se estira.)* or *(Elisa se levanta.)*

2. ¿Qué hace Mateo? *(Mateo se lava la cara.)*

3. ¿Qué hace la muchacha? *(La muchacha se peina.)* or *(La muchacha se mira en el espejo.)*

4. ¿Se mira en el espejo Federico o se lava el pelo? *(Federico se lava el pelo.)*

Grammar Review

Nouns and articles

Nouns and definite articles

A noun is the name of a person, place, or thing. Unlike English, all nouns in Spanish have a gender—either masculine or feminine. Almost all nouns that end in **-o** are masculine and almost all nouns that end in **-a** are feminine. Note that the definite article **el** is used with masculine nouns. The definite article **la** is used with feminine nouns.

MASCULINE	FEMININE
el muchacho	**la muchacha**
el libro	**la escuela**

Nouns that end in **-e** can be either masculine or feminine. It is necessary for you to learn the gender.

MASCULINE	FEMININE
el padre	**la madre**
el billete	**la carne**

Many nouns that end in **-e** and refer to a person can be either masculine or feminine.

el paciente	**la paciente**

It is also necessary to learn the gender of nouns that end in a consonant.

el comedor	**la flor**
el jamón	**la capital**

Note, however, that nouns that end in **-ción, -dad, -tad** are always feminine.

la habitación	**la universidad**	**la dificultad**

Irregular nouns

There are not many irregular nouns in Spanish. So far, you have learned **la mano, el problema,** and **la foto** (*from* **la fotografía**).

Plural of nouns

To form the plural of nouns you add **-s** to nouns that end in a vowel. You add **-es** to nouns that end in a consonant. Note, too, that the definite articles **el** and **la** become **los** and **las** in the plural.

MASCULINE PLURAL	FEMININE PLURAL
los libros	**las novelas**
los coches	**las carnes**
los comedores	**las flores**

Nouns that end in **-ción** drop the accent in the plural.

la estación	**las estaciones**

Indefinite articles

The indefinite articles are *a*, *an*, and *some* in English. They are **un, una, unos, unas** in Spanish. Note that the indefinite article, like the definite article, must agree with the noun it modifies in both gender (masculine or feminine) and number (singular or plural).

SINGULAR		PLURAL	
un alumno	**una** alumna	**unos** alumnos	**unas** alumnas
un café	**una** clase	**unos** cafés	**unas** clases
un árbol	**una** flor	**unos** árboles	**unas** flores

Contractions

The prepositions **a** *(to, at)* and **de** *(of, from)* contract (combine) with the definite article **el** to form one word, **al** or **del.** There is no contraction with **la, los,** or **las.**

Voy al mercado; no vuelvo del mercado.

Es el dinero del empleado, no del cliente.

A personal

Remember that whenever a person is the direct object of the verb, it must be preceded by **a**. This **a personal** also contracts with **el.**

Conozco a Juan.

Pero no conozco al hermano de Juan.

Nouns and adjectives

Agreement of nouns and adjectives

An adjective is a word that describes a noun. An adjective must agree in gender (masculine or feminine) and number (singular or plural) with the noun it describes or modifies.

Adjectives that end in **-o** have four forms, the same as nouns that end in **-o.**

	SINGULAR	PLURAL
MASCULINE	**el muchacho simpático**	**los muchachos simpáticos**
FEMININE	**la muchacha simpática**	**las muchachas simpáticas**

Adjectives that end in **-e** have only two forms—singular and plural.

	SINGULAR	PLURAL
MASCULINE	**un alumno inteligente**	**los alumnos inteligentes**
FEMININE	**una alumna inteligente**	**las alumnas inteligentes**

Adjectives that end in a consonant have only two forms—singular and plural. Note that the plural ends in **-es.**

	SINGULAR	PLURAL
MASCULINE	**un curso fácil**	**dos cursos fáciles**
FEMININE	**una tarea fácil**	**dos tareas fáciles**

Possessive adjectives

A possessive adjective tells who owns or possesses something—*my* book and *your* pencil. Like other adjectives in Spanish, possessive adjectives agree with the noun they modify. Note that only **nuestro** and *vuestro* have four forms.

MASCULINE SINGULAR	FEMININE SINGULAR	MASCULINE PLURAL	FEMININE PLURAL
mi tío	**mi tía**	**mis tíos**	**mis tías**
tu tío	**tu tía**	**tus tíos**	**tus tías**
su tío	**su tía**	**sus tíos**	**sus tías**
nuestro tío	**nuestra tía**	**nuestros tíos**	**nuestras tías**
vuestro tío	*vuestra tía*	*vuestros tíos*	*vuestras tías*

Note that **su** can refer to many different people, as indicated below.

su familia

la familia de Juan	**la familia de él**
la familia de María	**la familia de ella**
la familia de Juan y María	**la familia de ellos**

la familia de usted

la familia de ustedes

Demonstratives

Until recently the demonstrative pronoun had to carry a written accent to differentiate it from a demonstrative adjective. That is no longer the case and the pronouns are the same as the adjectives.

In Spanish there are three demonstrative adjectives: **este** (*this*), **ese** (*that*), and **aquel** (*that, farther away*). Each of the demonstratives has four forms and must agree in gender and number with the noun it modifies.

MASCULINE SINGULAR	FEMININE SINGULAR	MASCULINE PLURAL	FEMININE PLURAL
este libro	**esta chaqueta**	**estos libros**	**estas chaquetas**
ese libro	**esa chaqueta**	**esos libros**	**esas chaquetas**
aquel libro	**aquella chaqueta**	**aquellos libros**	**aquellas chaquetas**

Comparative and superlative

Regular forms

You use the comparative *(more, -er)* and the superlative *(most, -est)* to compare people or things.

To form the comparative in Spanish you use **más** (or **menos**) before the adjective. The comparative is followed by **que: más (menos)... que.**

> **Él es más (menos) inteligente que los otros.**
> **Ella es más ambiciosa que los otros.**

To form the superlative you use the definite article with **más.** Note that **de** follows the superlative: **el/la más... de.**

> **Él es el más ambicioso de todos.**
> **Ella es la alumna más inteligente de todos.**

Irregular forms

The adjectives **bueno** and **malo** and the adverbs **bien** and **mal** have irregular comparative and superlative forms.

	COMPARATIVE	SUPERLATIVE
bueno	mejor	el/la mejor
malo	peor	el/la peor
bien	mejor	el/la mejor
mal	peor	el/la peor

> **Él es mejor jugador que su hermano.**
> **Pero su hermana Teresa es la mejor jugadora de los tres.**
> **La verdad es que ella juega mejor que nadie.**
> **Ella juega mejor que yo.**

Note that the comparative is followed by the subject pronoun or a negative word.

> **más alto que yo (tú, él, nosotros)**
> **más alto que nadie**

(El) mayor and **(el) menor** are also comparative and superlative forms. They most often refer to age and sometimes size.

> **Mi hermano menor tiene trece años.**
> **Y mi hermana mayor tiene diecisiete.**
> **La Ciudad de México tiene el mayor número de habitantes.**

Pronouns

A pronoun is a word that replaces a noun. Review the forms of the pronouns that you have learned so far.

SUBJECT PRONOUNS	DIRECT OBJECT PRONOUNS	INDIRECT OBJECT PRONOUNS	REFLEXIVE PRONOUNS
yo	**me**	**me**	**me**
tú	**te**	**te**	**te**
Ud., él, ella	**lo, la**	**le**	**se**
nosotros(as)	**nos**	**nos**	**nos**
vosotros(as)	*os*	*os*	*os*
Uds., ellos, ellas	**los, las**	**les**	**se**

Remember that an object pronoun comes right before the verb.

> **Ella me ve.**
> **Ella nos habla.**

The direct object pronoun is the direct receiver of the action of the verb. The indirect object is the indirect receiver of the action of the verb.

The direct object pronouns **lo, la, los, las** can refer to a person or a thing.

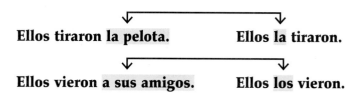

Ellos tiraron la pelota.   **Ellos la tiraron.**

Ellos vieron a sus amigos.   **Ellos los vieron.**

The indirect object pronouns **le, les** refer to people. They are often accompanied by a phrase for clarification.

Ella le habló }
a él.
a ella.
a usted.

Yo les hablé }
a ellos.
a ellas.
a ustedes.

Affirmative and negative expressions

To make a sentence negative, you merely put **no** before the verb or before the object pronoun that precedes the verb.

> **El gato no está en el jardín.**
> **No lo veo.**

Grammar Review

Review the following affirmative and negative expressions.

AFFIRMATIVE	NEGATIVE
algo	**nada**
alguien	**nadie**
siempre	**nunca**

Nadie está aquí.

Note that in Spanish, unlike in English, more than one negative word can be used in the same sentence.

No ves a nadie.
Ellos nunca hablan a nadie de nada.

The negative of **también** is **tampoco.**

A Juan le gusta. A mí también.
A Juan no le gusta. Ni a mí tampoco.

Verbs such as interesar, aburrir, gustar

In Spanish, the verbs **interesar** and **aburrir** take an indirect object.

La historia me interesa.
Me interesa la historia.
} *History interests me.*

Los deportes no les aburren.
No les aburren los deportes.
} *Sports don't bore them.*

Gustar functions the same as **interesar** and **aburrir.** It conveys the meaning *to like,* but it literally means *to please.*

Me			Me		
Te			Te		
Le	}	**gusta el helado.**	Le	}	**gustan los vegetales.**
Nos			Nos		
Les			Les		

Ice cream pleases
me, you, him. . . .

Vegetables please
me, you, him. . . .

Expressions with the infinitive

The infinitive is the form of the verb that ends in **-ar, -er,** or **-ir.** The infinitive often follows another verb.

> **Ellos quieren salir.**
> **Yo debo estudiar más.**
> **Me gusta leer.**

Three very common expressions that are followed by the infinitive are:

> **Tener que** *(to have to)*
> > **Tengo que trabajar y estudiar más.**
> **Ir a** *(to be going to)*
> > **Y voy a trabajar y estudiar más.**
> **Acabar de** *(to have just)*
> > **Acabo de recibir una nota mala.**

You can use the expression **favor de** followed by an infinitive to ask someone in a polite way to do something.

> **Favor de escribir tu nombre.**
> **Favor de ayudarme.**

Note that the object pronoun is added to the end of the infinitive.

Ser and estar

Spanish has two verbs that mean *to be.* They are **ser** and **estar** and each one has distinct uses.

Ser

You use **ser** to express a characteristic, where someone or something is from, or what something is made of.

> **Él es guapo. Es inteligente también.**
> **Ellos son de Nuevo México.**
> **Su casa es de adobe.**

Estar

You use **estar** to express a condition or location.

> **Él está muy cansado y está triste también.**
> **Madrid está en España.**
> **Sus amigos están en Madrid.**

Saber and conocer

Both **saber** and **conocer** mean *to know*.

Saber means to know a fact or to have information about something. With an infinitive it expresses *to know how to do something*.

> **Yo sé su número de teléfono.**
> **Sabemos que ella va a viajar.**
> **Todos saben usar el Internet.**

Conocer means *to know* in the sense of to be familiar with. It is used with people or complex, abstract concepts.

> **Yo conozco a su amigo Tadeo.**
> **Ellos conocen bien la historia de España.**

Reflexive verbs

When the subject is both the doer and receiver of the action of the verb, you have to use a reflexive pronoun with the verb. Study the following examples of the reflexive construction.

REFLEXIVE	NONREFLEXIVE
Ella se levanta.	**Ella levanta al niño.**
Él se divierte.	**Él divierte a sus amigos.**
Me cepillo.	**Cepillo a mi perro.**

When the reflexive is followed by an article of clothing or a part of the body, you use a definite article in Spanish. (In English the possessive adjective is used.)

> **Me lavo la cara y las manos.**
> **Ella tiene frío y se pone el suéter.**

Verbs

See the following charts for the verb forms you have learned.

Verb Charts

Regular verbs			
INFINITIVO	hablar *to speak*	comer *to eat*	vivir *to live*
PRESENTE	hablo hablas habla hablamos *habláis* hablan	como comes come comemos *coméis* comen	vivo vives vive vivimos *vivís* viven
PRETÉRITO	hablé hablaste habló hablamos *hablasteis* hablaron	comí comiste comió comimos *comisteis* comieron	viví viviste vivió vivimos *vivisteis* vivieron
PARTICIPIO PRESENTE	hablando	comiendo	viviendo

Stem-changing verbs (-**ar** and -**er** verbs)				
INFINITIVO	empezar (e→ie)[1] *to begin*	acostar(se) (o→ue)[2] *to go to bed*	perder (e→ie)[3] *to lose*	volver (o→ue)[4] *to return*
PRESENTE	empiezo empiezas empieza empezamos *empezáis* empiezan	acuesto acuestas acuesta acostamos *acostáis* acuestan	pierdo pierdes pierde perdemos *perdéis* pierden	vuelvo vuelves vuelve volvemos *volvéis* vuelven

Stem-changing verbs (-**ir** verbs)		
INFINITIVO	preferir (e→ie) *to prefer*	dormir (o→ue)[5] *to sleep*
PRESENTE	prefiero prefieres prefiere preferimos *preferís* prefieren	duermo duermes duerme dormimos *dormís* duermen

[1]**Comenzar, sentar, pensar** are similar. [2]**Costar** and **jugar** (*u→ue*) are similar. [3]**Querer** and **entender** are similar. [4]**Poder** is similar. [5]**Morir** is similar.

Irregular verbs

The following are the verbs you have already learned that are either irregular or have a spelling change.

conocer *to know, to be familiar with*						
PRESENTE	conozco	conoces	conoce	conocemos	*conocéis*	conocen
dar *to give*						
PRESENTE	doy	das	da	damos	*dais*	dan
PRETÉRITO	di	diste	dio	dimos	*disteis*	dieron
estar *to be*						
PRESENTE	estoy	estás	está	estamos	*estáis*	están
hacer *to do, to make*						
PRESENTE	hago	haces	hace	hacemos	*hacéis*	hacen
ir *to go*						
PRESENTE	voy	vas	va	vamos	*vais*	van
PRETÉRITO	fui	fuiste	fue	fuimos	*fuisteis*	fueron
leer *to read*						
PRETÉRITO	leí	leíste	leyó	leímos	*leísteis*	leyeron
oír *to hear*						
PRESENTE	oigo	oyes	oye	oímos	*oís*	oyen
PRETÉRITO	oí	oíste	oyó	oímos	*oísteis*	oyeron
poner *to put*						
PRESENTE	pongo	pones	pone	ponemos	*ponéis*	ponen
saber *to know (how)*						
PRESENTE	sé	sabes	sabe	sabemos	*sabéis*	saben
salir *to leave, to go out*						
PRESENTE	salgo	sales	sale	salimos	*salís*	salen
ser *to be*						
PRESENTE	soy	eres	es	somos	*sois*	son
PRETÉRITO	fui	fuiste	fue	fuimos	*fuisteis*	fueron
tener *to have*						
PRESENTE	tengo	tienes	tiene	tenemos	*tenéis*	tienen
traer *to bring*						
PRESENTE	traigo	traes	trae	traemos	*traéis*	traen
venir *to come*						
PRESENTE	vengo	vienes	viene	venimos	*venís*	vienen
ver *to see*						
PRESENTE	veo	ves	ve	vemos	*veis*	ven
PRETÉRITO	vi	viste	vio	vimos	*visteis*	vieron

Verb Charts

Spanish-English Dictionary

This Spanish-English Dictionary contains all productive and some receptive vocabulary from the text. The numbers following each productive entry indicate the chapter and vocabulary section in which the word is introduced. For example, **3.2** means that the word is taught in **Capítulo 3, Vocabulario 2.** LP refers to the **Lecciones preliminares.** If there is no number following an entry, this means that the word or expression is there for receptive purposes only.

A

a at
  a eso de las tres (cuatro, diez, etc.) at around three (four, ten, etc.) o'clock
  a la una (a las dos, a las tres) at one o'clock (two o'clock, three o'clock), **LP**
  ¡A propósito! By the way!, **8.2**
  ¿a qué hora? at what time?, **LP**
  a veces at times, sometimes, **6.1**
a bordo aboard, **10.2**
abajo: (ir) para abajo (to go) down
abordar to board, **10.2**
abreviado(a) abbreviated, shortened
el **abrigo** coat
abril April, **LP**
abrir to open, **4.2**
abrochado(a) fastened, **10.2**
la **abuela** grandmother, **2.1**
el **abuelo** grandfather, **2.1**
los **abuelos** grandparents, **2.1**
abundoso(a) abundant
aburrido(a) boring, **1.2**
aburrir to bore
acá here, **11.2**
acabar de to have just (done something), **4.2**
la **academia** school
el **aceite** oil
la **aceituna** olive, **4.2**
el **acento** accent
acompañado(a) de accompanied by
acordarse (ue) to remember
  ¿Te acuerdas? Do you remember?
acostarse (ue) to go to bed, **11.1**
la **actividad** activity
actual present-day, current

actuar to act, to take action
acuerdo: estar de acuerdo con to agree with
adelante ahead
  ir hacia adelante to move forward, ahead
además furthermore, what's more; besides
  además de in addition to
¡Adiós! Good-bye!, **LP**
adivinar to guess
¿adónde? (to) where?, **3.2**
el **aeropuerto** airport, **10.1**
el/la **aficionado(a)** fan, **5.1**
afine: la palabra afine cognate
las **afueras** suburbs, **2.2**
el/la **agente** agent, **10.1**
agosto August, **LP**
agradable pleasant, friendly, agreeable, **6.1**
agresivo(a) aggressive
el **agua** (f.) water, **4.1**
  el agua mineral (con gas) (sparkling) mineral water, **4.2**
ahora now
el **aire** air
  al aire libre open-air, outdoor, **7.2**
aislado(a) isolated
la **alberca** swimming pool, **7.1**
el **albergue juvenil** youth hostel
la **albóndiga** meatball, **4.2**
el **álbum** album
alcanzar to reach
la **alcoba** bedroom, **2.2**
la **aldea** small village
alegre happy, **6.1**
la **alegría** happiness, joy
alemán(ana) German
los **alemanes** Germans
algo something, **8.2;** anything, **9.2**
  ¿Algo más? Anything else?, **9.2**
alguien someone, somebody, **8.2**

algunos(as) some
allá over there, **9.1**
allí there
el **alma** (f.) soul
el **almuerzo** lunch, **4.1**
  tomar el almuerzo to have lunch, **4.1**
alpino: el esquí alpino downhill skiing
alquilar to rent, **7.1**
alrededor de around, **2.2**
los **alrededores** surroundings
altivo(a) arrogant
alto(a) tall, **1.1;** high, **3.1**
la **altura** altitude
el/la **alumno(a)** student, **1.2**
amarillo(a) yellow, **5.1**
la **ambición** ambition
ambicioso(a) hard-working, **1.2**
el **ambiente** atmosphere, environment
la **América del Sur** South America
americano(a) American
el/la **amigo(a)** friend, **1.1**
  el amigo falso false cognate, **2.1**
el **amor** love
amurallado(a) walled
anaranjado(a) orange (color), **5.1**
ancho(a) wide
andino(a) Andean, of the Andes
la **angustia** distress, anguish
animado(a) lively
el **animal** animal
anoche last night, **7.1**
anónimo(a) anonymous
el **anorak** anorak, ski jacket, **7.2**
los **anteojos de sol** sunglasses, **7.1**
antes de before, **3.2**
los **antibióticos** antibiotics
antiguo(a) ancient, old
antipático(a) unpleasant, not nice **1.1**
los **antojitos** snacks, nibbles, **4.2**

anunciar to announce

el **anuncio** announcement

el **año** year, **LP**

    el año pasado last year, **7.1**

    ¿Cuántos años tiene? How old is he (she)?, **2.1**

    cumplir... años to be (turn) . . . years old

la **apariencia** appearance, looks

    ¿Qué apariencia tiene? What does he (she) look like?

el **apartamento** apartment, **2.2**

el **apartamiento** apartment, **2.2**

apetecer to feel like, to crave

aplaudir to applaud, to clap, **5.1**

el **aplauso** applause, **5.1**

    recibir aplausos to be applauded, **5.1**

apreciado(a) appreciated, liked

aprender to learn, **4.2**

aproximadamente approximately

aquel(la) that, **9.1**

aquí here, **9.1**

aragonés(esa) from Aragon (Spain)

el **árbol** tree, **2.2**

la **arena** sand, **7.1**

argentino(a) Argentine

árido(a) dry, arid

la **aritmética** arithmetic

armar to put up (a tent), **11.2**

la **arqueología** archaeology

el **arroz** rice, **4.1**

el **arte** art, **1.2**

la **artesanía** crafts, **9.2**

el/la **artista** artist

la **ascendencia** heritage, background

así thus, so

el **asiento** seat, **10.1**

    el número del asiento seat number, **10.1**

el/la **asistente(a) de vuelo** flight attendant, **10.2**

asistir (a) to attend, **8.1**

astuto(a) astute, smart

la **atención** attention

    ¡Atención! Careful!

    prestar atención to pay attention, **3.1**

el **aterrizaje** landing, **10.2**

aterrizar to land, **10.2**

el/la **atleta** athlete

atrapar to catch, **5.2**

el **atributo** attribute, positive feature

el **atún** tuna, **9.2**

aun even

aún still

ausente absent

auténtico(a) authentic, real

el **autobús** bus, **8.1**

    perder el autobús to miss the bus, **8.1**

automático(a) automatic, **10.2**

    el distribuidor automático boarding pass kiosk, automatic dispenser, **10.2**

la **autopista** highway

el/la **autor(a)** author

avanzado(a) difficult, **7.2;** advanced

la **avenida** avenue

la **aventura** adventure

el **avión** airplane, **10.1**

la **avioneta** small airplane

ayer yesterday, **7.1**

    ayer por la tarde yesterday afternoon, **7.1**

la **ayuda** help, assistance

ayudar to help, **10.1**

azul blue, **2.1**

el **azulejo** glazed tile, floor tile

B

el **bacón** bacon, **4.1**

el/la **bailador(a)** dancer

bailar to dance

bajar to go down, **7.2**

bajo(a) short, **1.1;** low, **3.1**

el **balcón** balcony

el **balneario** seaside resort, beach resort, **7.1**

el **balón** ball, **5.1**

el **baloncesto** basketball, **5.2**

la **banda** band, **8.1**

la **bandera** flag

el **bañador** swimsuit, **7.1**

bañarse to take a bath, to bathe oneself

el **baño** bath

    el cuarto de baño bathroom, **2.2**

barato(a) inexpensive, cheap, **9.1**

    Todo te sale más barato. It's all a lot cheaper (less expensive)., **9.1**

la **barbacoa** barbecue

¡Bárbaro! Great!, Awesome!, **5.2**

el **barquito** small boat, **7.1**

la **barra** bar (of soap), **11.2**

el **barrio** neighborhood, area

la **base** base, **5.2**

el **básquetbol** basketball, **5.2**

    la cancha de básquetbol basketball court, **5.2**

bastante rather, quite, **1.2**

el **bastón** ski pole, **7.2**

la **batalla** battle

el **bate** bat, **5.2**

el/la **bateador(a)** batter, **5.2**

    batear to hit, to bat, **5.2**

    batear un jonrón to hit a home run

el **batido** shake, smoothie, **4.2**

el **baúl** trunk (of a car), **10.1**

beber to drink, **4.1**

la **bebida** beverage, drink, **4.1**

el **béisbol** baseball, **5.2**

    el/la beisbolista baseball player, **5.2**

    el campo de béisbol baseball field, **5.2**

la **belleza** beauty

bello(a) beautiful

la **bicicleta** bicycle, **2.2**

bien well, fine, **LP**

    bien educado(a) polite, well-mannered, **6.1**

    estar bien to be well, fine, **6.2**

    Muy bien. Very well., **LP**

bienvenido(a) welcome

el **bife** beef

el **biftec** steak

el **billete** ticket, **10.1**

    el billete electrónico e-ticket, **10.1**

la **biología** biology

el/la **biólogo(a)** biologist

el **bizcocho** cake

blanco(a) white, **5.1**

blando(a) soft

bloquear to block, **5.1**

el **blue jean** jeans, **9.1**

la **blusa** blouse, **3.1**

la **boca** mouth, **6.2**

el **bocadillo** sandwich, **4.1**

los **bocaditos** snacks

la **bodega** grocery store

la **boletería** ticket window, **7.2**

el **boleto** ticket, **7.2**

    el boleto electrónico e-ticket, **10.1**

el **bolígrafo** pen, **3.1**

el **bolívar** bolivar (currency of Venezuela)

la **bolsa de dormir** sleeping bag, **11.2**

la **bombilla** (drinking) container

Spanish-English Dictionary

bonito(a) pretty, **1.1**
el **bosque** woods
la **bota** boot, **7.2**
el **bote** can, **9.2**
la **botella** bottle, **9.2**
bravo(a) rough, stormy
el **brazo** arm, **11.1**
bronce bronze, **8.2**
bucear to go snorkeling, **7.1;** to scuba dive
el **buceo** snorkeling, **7.1;** scuba diving
bueno(a) good, **1.1**
Buenas noches. Good evening., **LP**
Buenas tardes. Good afternoon., **LP**
Buenos días. Good morning., **LP**
Hace buen tiempo. The weather is nice., **LP**
sacar notas buenas to get good grades, **3.1**
el **burrito** burrito
el **bus** bus
el bus escolar school bus, **3.2**
perder el bus to miss the bus, **8.1**
tomar el bus to take the bus
buscar to look for, to seek, **3.2**

el **caballero** gentleman
el caballero andante knight errant
el **caballo** horse
la **cabeza** head, **6.2**
tener dolor de cabeza to have a headache, **6.2**
la **cabina de mando** cockpit *(airplane)*
el **cacahuate** peanut, **8.1**
el **cacahuete** peanut
el **cacique** leader, chief
cada each, every, **2.2**
caer to fall
el **café** café, **4.2;** coffee, **4.1**
la **cafetería** cafeteria, **4.1**
la **caída** drop
la **caja** cash register, **3.2**
los **calcetines** socks, **5.1**
la **calculadora** calculator, **3.1**
caliente hot, **4.1**
el chocolate caliente hot chocolate, **4.1**

la **calle** street
calmo(a) calm, **6.1**
el **calor** heat
Hace calor. It's hot., **LP**
tener calor to be hot, **11.1**
calzar to wear, to take (shoe size), **9.1**
¿Qué número calzas? What size shoe do you wear (take)?, **9.1**
la **cama** bed, **2.2**
guardar cama to stay in bed *(illness)*, **6.2**
quedarse en la cama to stay in bed, **11.1**
la **cámara digital** digital camera, **7.1**
el/la **camarero(a)** waiter (waitress), server
los **camarones** shrimp, **4.2**
cambiar to change
caminata: dar una caminata to take a hike, **11.2**
el **camino** road
tomar el camino to set out for
la **camisa** shirt, **3.1**
la camisa de manga corta (larga) short-sleeved (long-sleeved) shirt, **9.1**
la **camiseta** T-shirt, **5.1**
el/la **campeón(ona)** champion
el/la **campesino(a)** farmer, peasant
el **camping** camping, **11.2;** campsite
ir de camping to go camping, **11.2**
el **campo** field, **5.1;** country, countryside
el campo de béisbol baseball field, **5.2**
el campo de fútbol soccer field, **5.1**
la **canasta** basket, **5.2**
la **cancha** court, **5.2**
la cancha de básquetbol (tenis) basketball (tennis) court, **5.2**
la cancha de voleibol volleyball court, **7.1**
la **canción** song
el **cangrejo de río** crayfish
cansado(a) tired, **6.1**
el/la **cantante** singer, **8.1**
cantar to sing, **8.1**
la **cantidad** quantity, amount
la **cantina** cafeteria
la **capital** capital

la **cara** face, **6.1**
la **característica** feature, trait
cargado(a) thrown (over one's shoulders)
caribe Caribbean
el mar Caribe Caribbean Sea
cariñoso(a) adorable, affectionate, **2.1**
la **carne** meat, **4.1**
el **carnet de identidad** ID card, **10.2**
caro(a) expensive, **9.1**
la **carpa** tent, **11.2**
armar (montar) una carpa to put up a tent, **11.2**
la **carpeta** folder, **3.2**
la **carrera** career
el **carrito** shopping cart, **9.2**
el **carro** car, **2.2**
la **carta** letter
la **casa** house, **2.2**
en casa at home
regresar a casa to go home, **3.2**
la casa de apartamentos apartment building, **2.2**
casarse to get married
el **casco** helmet, **7.2**
el casco antiguo old (part of) town
casi almost, practically, **8.2**
el **caso** case
castaño(a) brown, chestnut *(eyes, hair)*, **2.1**
catarro: tener catarro to have a cold, **6.2**
el/la **cátcher** catcher, **5.2**
catorce fourteen, **LP**
cautivar to captivate, to charm
el **CD** CD
la **cebolla** onion, **9.2**
celebrar to celebrate
el **celular** cell phone
la **cena** dinner, **4.1**
cenar to have dinner, **4.1**
el **cenote** natural water well
el **centro comercial** shopping center, mall, **9.1**
cepillarse to brush, **11.1**
el **cepillo** brush, **11.2**
el cepillo de dientes toothbrush, **11.2**
las **cerámicas** ceramics, **9.2**
cerca (de) near, **3.2**
el **cereal** cereal, **4.1**
cero zero, **LP**
el **cesto** basket, **5.2**

el **champú** shampoo, **11.2**

¡Chao! Good-bye!, Bye!, **LP**

la **chaqueta** jacket, **9.1**

la chaqueta de esquí ski jacket, anorak, **7.2**

chileno(a) Chilean

el **chiringuito** refreshment stand

el **chisme** rumor, gossip

el **chocolate** chocolate, **4.1**

el chocolate caliente hot chocolate, **4.1**

el **churro** *(type of)* doughnut

ciego(a) blind

el/la **ciego(a)** blind man (woman)

el **cielo** sky

cien(to) one hundred, **LP**

la **ciencia** science, **1.2**

cierto(a) true, certain

cinco five, **LP**

cincuenta fifty, **LP**

el **cine** movie theater, movies, **8.2**

ir al cine to go to the movies, **8.2**

el **cinturón de seguridad** seat belt, **10.2**

la **ciudad** city, **2.2**

la **civilización** civilization

claro(a) clear

claro que of course

la **clase** class, **1.2**

el/la **cliente(a)** customer, **4.2**

el **clima** climate

el **coche** car

la **cocina** kitchen, **2.2;** cooking, cuisine

el **codo** elbow, **11.1**

la **cola** cola (soda), **4.1;** line *(of people)*, **10.2**

hacer cola to wait in line, **10.2**

el **colegio** secondary school

la **colocación** placement

colocar to place, to put

colombiano(a) Colombian, **1.2**

colonial colonial

el **color** color, **5.1**

de color marrón brown, **5.1**

el **comedor** dining room, **2.2**

comenzar (ie) to begin

comer to eat, **4.1**

dar de comer a to feed

cómico(a) funny, comical, **1.1**

la **comida** meal, **4.1;** food

como like, as

¿cómo? how?, **1.1**

¿Cómo es él? What's he like? What does he look like?, **1.1**

¡Cómo no! Sure! Of course!

el/la **compañero(a)** companion

comparar to compare

el **compartimiento superior** overhead bin, **10.2**

compartir to share

completar to complete, to fill in

el **comportamiento** behavior, conduct, **6.1**

la **composición** composition

la **compra** purchase, **9.2**

el/la **comprador(a)** shopper, customer

comprar to buy, **3.2**

compras: ir de compras to shop, to go shopping, **9.1**

comprender to understand, **4.2**

la **computadora** computer, **3.2**

con with

con frecuencia often

el **concierto** concert, **8.1**

el **condominio** condominium

la **conducta** conduct, behavior, **6.1**

tener buena conducta to be well-behaved, **6.1**

conectado(a) on-line, connected

la **conexión** connection

conforme: estar conforme to agree, to be in agreement

confortar to soothe

congelado(a) frozen, **9.2**

el **conjunto** band, musical group, **8.1**

conocer to know, to be familiar with, **9.1;** to meet

conocido(a) known

consecuencia: por consecuencia as a result, consequently

el/la **consejero(a)** counselor

considerar to consider

consiguiente: por consiguiente consequently

la **consonante** consonant

la **consulta** doctor's office, **6.2**

consultar to consult

el **consultorio** doctor's office, **6.2**

contagioso(a) contagious

contar (ue) to tell, to count

contemporáneo(a) contemporary

contento(a) happy, **6.1**

contestar to answer, **3.1**

el **continente** continent

contra against

contrario(a) opposite; opposing

al contrario on the contrary

el equipo contrario opposing team, **7.1**

contrastar to contrast

el **control de seguridad** security (checkpoint), **10.2**

pasar por el control de seguridad to go through security, **10.2**

la **conversación** conversation

conversar to converse

copa: la Copa Mundial World Cup

el **corazón** heart

la **corbata** tie, **9.1**

el **correo electrónico** e-mail, **3.2**

correr to run, **5.2**

la **cortesía** courtesy, **LP**

corto(a) short, **5.1**

el pantalón corto shorts, **5.1**

la **cosa** thing, **3.1**

la **costa** coast

costar (ue) to cost, **9.1**

¿Cuánto cuesta? How much does it cost?, **3.2**

costarricense Costa Rican

la **costumbre** custom

crear to create

creer to believe, to think

Creo que sí (que no). I (don't) think so.

la **crema dental** toothpaste, **11.2**

la **crema solar** suntan lotion, **7.1**

el/la **criado(a)** housekeeper

criticar to criticize

crudo(a) raw, **8.1**

los vegetales crudos raw vegetables, crudités, **8.1**

el **cuaderno** notebook, **3.1**

el **cuadro** painting, **8.2**

¿cuál? which? what?

¿Cuál es la fecha de hoy? What is today's date?, **LP**

cualquier(a) any

cualquier otro(a) any other

cuando when, **3.1**

¿cuándo? when?, **3.2**

¿cuánto? how much?

¿A cuánto está(n)... ? How much is (are) . . . ?, **9.2**

¿Cuánto es? How much is it (does it cost)?, **LP**

¿cuántos(as)? how much? how many?, **2.1**

¿Cuántos años tiene? How old is he (she)?, **2.1**

Spanish-English Dictionary

cuarenta forty, **LP**

el cuarto room, **2.2**; quarter

el cuarto de baño bathroom, **2.2**

el cuarto de dormir bedroom, **2.2**

y cuarto a quarter past (the hour), **LP**

cuatro four, **LP**

cuatrocientos(as) four hundred

cubano(a) Cuban

cubanoamericano(a) Cuban American

cubierto(a) covered; indoor

la cuenca basin (*river*)

la cuenta check (*restaurant*), **4.2**; account

por su cuenta on its own

tomar en cuenta to take into account

el cuerdo string

el cuerpo body, **11.1**

la culpa blame, guilt

la cultura culture

el cumpleaños birthday, **8.1**

cumplir... años to be (turn) . . . years old

cumplir un sueño to fulfill a wish, to make a wish come true

el curso class, course, **1.2**

dar to give, **3.1**

dar de comer a to feed

dar un examen (una prueba) to give a test, **3.1**

dar una caminata to take a hike, **11.2**

dar una fiesta to throw a party, **8.1**

los datos data, facts

de of, from

¿de dónde? from where?, **1.1**

De nada. You're welcome., **LP**

¿de qué nacionalidad? what nationality?, **1.1**

No hay de qué. You're welcome., **LP**

debajo de below, underneath, **10.2**

deber to have to, must, **4.2**

decidir to decide

la decisión decision

tomar una decisión to make a decision

dedicado(a) devoted

el dedo finger, **11.1**

el dedo del pie toe

el defecto defect

definido(a) definite

dejar to leave (something)

delante de in front of, **2.2**

demás: lo(s) demás the rest

demasiado too (*adv.*), too much

la demora delay, **10.2**

dental: la crema dental toothpaste, **11.2**

dentífrica: la pasta dentífrica toothpaste

dentro de within

dentro de poco shortly thereafter, **10.2**

el departamento apartment, **2.2**

el departamento de orientación guidance office

el/la dependiente(a) salesperson, employee

el deporte sport, **5.1**

el deporte de equipo team sport

el deporte individual individual sport

deportivo(a) (*related to*) sports

deprimido(a) sad, depressed, **6.1**

derecho(a) right, **11.1**

desafortunadamente unfortunately

desagradable unpleasant, not nice

el desastre disaster

desastroso(a) disastrous, catastrophic

el desayuno breakfast, **4.1**

tomar el desayuno to have breakfast, **4.1**

desconsolado(a) very sad

describir to describe

la descripción description

desde since; from

desear to want, to wish, **4.2**

¿Qué desean tomar? What would you like (to eat)?, **4.2**

desembarcar to deplane, disembark

el deseo wish, desire

desesperado(a) desperate

el desfile parade

el desierto desert

despegar to take off (*plane*), **10.2**

el despegue takeoff (*plane*), **10.2**

despertarse (ie) to wake up, **11.1**

después (de) after, **3.1**

destino: con destino a (going) to; for, **10.2**

detrás de in back of, behind, **2.2**

devolver (ue) to return (*something*), **5.2**

el día day

Buenos días. Good morning., **LP**

¿Qué día es hoy? What day is it today?, **LP**

el diablo devil

el diagnóstico diagnosis

diaria: la rutina diaria daily routine, **11.1**

el dibujo drawing, illustration

diciembre December, **LP**

el dictado dictation

diecinueve nineteen, **LP**

dieciocho eighteen, **LP**

dieciséis sixteen, **LP**

diecisiete seventeen, **LP**

los dientes teeth, **11.1**

cepillarse (lavarse) los dientes to brush one's teeth, **11.1**

diez ten, **LP**

de diez en diez by tens

la diferencia difference

diferente different, **9.2**

difícil difficult, **1.2**

la dificultad difficulty

sin dificultad easily

dinámico(a) dynamic, **6.1**

el dinero money, **3.2**

la dirección address; direction

disfrutar (de) to enjoy

disponible available

el distribuidor automático boarding pass kiosk, automatic dispenser, **10.1**

el distrito district, area, section

divertido(a) fun, amusing

divertir (ie) to amuse, **11.2**

divertirse (ie) to have a good time, to have fun, **11.2**

divino(a) divine, heavenly

dobles doubles (*tennis*), **5.2**

doce twelve, **LP**

el dólar dollar

doler (ue) to ache, hurt, **6.2**

Me duele(n)... My . . . ache(s)., **6.2**

el **dolor** pain, ache, **6.2**
  tener dolor de cabeza to have a headache, **6.2**
  tener dolor de estómago to have a stomachache, **6.2**
  tener dolor de garganta to have a sore throat, **6.2**
  domesticado(a) domesticated

el **domingo** Sunday, **LP**
  dominicano(a) Dominican
  la República Dominicana Dominican Republic
  ¿dónde? where?, **1.1**
    ¿de dónde? from where?, **1.1**
  dormir (ue) to sleep
    la bolsa de dormir sleeping bag, **11.2**
    el cuarto de dormir bedroom, **2.2**
    el saco de dormir sleeping bag, **11.2**
  dormirse (ue) to fall asleep, **11.1**

el **dormitorio** bedroom
  dos two
  doscientos(as) two hundred
  driblar to dribble, **5.2**

la **ducha** shower, **11.1**
  tomar una ducha to take a shower, **11.1**

la **duda** doubt
el **dulce** sweet
  durante during, **3.2**
  durar to last
  duro(a) hard, difficult, **1.2**

el **DVD** DVD, **3.2**

  económico(a) inexpensive
  ecuatoriano(a) Ecuadoran, **1.1**
la **edad** age
el **edificio** building, **2.2**
la **educación** education
  la educación física physical education, **1.2**
  educado(a) mannered
    estar bien (mal) educado(a) to be polite (rude), **6.1**
  egoísta selfish, egotistical
el **ejemplo** example
  por ejemplo for example
  el the
  él he
  electrónico(a) electronic, **10.1**

el **boleto (billete) electrónico** e-ticket, **10.1**
el **correo electrónico** e-mail, **3.2**
  ella she
  ellos(as) they
el **e-mail** e-mail
  embarcar to board, **10.2**
el **embarque** boarding, **10.1**
  la hora de embarque boarding time, **10.1**
  emocionante moving; exciting
la **empanada** meat pie, **4.2**
  empezar (ie) to begin, **5.1**
el/la **empleado(a)** salesperson, employee, **3.2**
  empujar to push
  en in
    en casa at home
  enamorado(a) de in love with
  encantar to love, to adore
  encerrar (ie) to enclose
  encestar to make a basket (*basketball*), **5.2**
  encima: por encima de above, over, **5.2**
  encontrar (ue) to find, encounter
  encontrarse (ue) to be found
la **encuesta** survey
  energético(a) energetic, **6.1**
la **energía** energy, **6.1**
  enero January, **LP**
  enfadado(a) angry, mad, **6.1**
  enfadar to make angry, to annoy, **6.1**
la **enfermedad** illness
el/la **enfermero(a)** nurse, **6.2**
  enfermo(a) ill, sick, **6.2**
el/la **enfermo(a)** sick person
  enlazar to connect
  enojado(a) angry, mad, annoyed, **6.1**
  enojar to make angry, to annoy, **6.1**
  enorme enormous
la **ensalada** salad, **4.1**
  enseguida right away, **4.2**
  enseñar to teach, **3.1;** to show
  entender (ie) to understand, **8.2**
  entero(a) entire, whole
  enterrar (ie) to bury
la **entrada** ticket, **8.1**
  entrar to enter, to go into, **5.1**
  entre between, among
el/la **entrenador(a)** coach, manager
  entusiasmado(a) enthusiastic

el **entusiasmo** enthusiasm, **6.1**
  enviar to send, **3.2**
la **época** times, period
el **equipaje** luggage, baggage, **10.1**
  el equipaje de mano hand luggage, carry-on bags, **10.2**
el **equipo** team, **5.1;** equipment
  el deporte de equipo team sport
el **escaparate** store window, **9.1**
la **escena** scene
  escoger to choose
  escolar (*related to*) school
    el bus escolar school bus, **3.2**
    los materiales escolares school supplies, **3.1**
  escribir to write, **4.2**
  escrito(a) written
  escuchar to listen (to), **3.2**
la **escuela** school, **1.2**
  la escuela primaria elementary school
  la escuela secundaria secondary school, high school, **1.2**
el/la **escultor(a)** sculptor, **8.2**
  ese(a) that, that one
  eso: a eso de at about (*time*)
  por eso for this reason, that is why
la **espalda** back, **11.1**
  España Spain
  español(a) Spanish (*adj.*)
el/la **español(a)** Spaniard
el **español** Spanish (*language*), **1.2**
la **especia** spice
  especialmente especially
el **espectáculo** show, spectacle
el/la **espectador(a)** spectator
el **espejo** mirror, **11.1**
  esperar to wait (for), **10.2**
la **esplendidez** splendor
  espontáneo(a) spontaneous
la **esposa** wife, **2.1**
el **esposo** husband, **2.1**
el **esquí** ski; skiing, **7.2**
  el esquí acuático (náutico) waterskiing, **7.1**
  el esquí alpino downhill skiing
  el esquí nórdico cross-country skiing
el/la **esquiador(a)** skier, **7.2**
  esquiar to ski, **7.2**
    esquiar en el agua to water-ski, **7.1**
  establecer to establish
la **estación** season, **LP**

Spanish-English Dictionary

¿Qué estación es? What season is it?, **LP**

la **estación de esquí** ski resort, **7.2**

el **estadio** stadium

Estados Unidos United States

estar to be, **3.1**

la **estatua** statue, **8.2**

este(a) this, this one, **9.1**

el **este** east

estereofónico(a) stereo

estirarse to stretch, **11.1**

el **estómago** stomach, **6.2**

el dolor de estómago stomachache, **6.2**

estrecho(a) narrow

el **estrés** stress, **6.2**

el/la **estudiante** student

estudiar to study, **3.1**

el **estudio** study

los estudios sociales social studies, **1.2**

estupendo(a) terrific, stupendous

la **etnia** ethnicity, ethnic group

el **euro** euro (currency of most of the countries of the European Union)

el **evento** event

el **examen** test, exam, **3.1**

el examen físico physical, **6.2**

examinar to examine, **6.2**

excelente excellent

la **excepción** exception

la **excursión** excursion, outing

el/la **excursionista** hiker

existir exist

el **éxito** success, **6.1**

tener éxito to succeed, to be successful, **6.1**

exótico(a) exotic

el/la **experto(a)** expert, **7.2**

explicar to explain

el/la **explorador(a)** explorer

la **exposición de arte** art show, exhibition, **8.2**

la **expresión** expression

extranjero(a) foreign

extraordinario(a) extraordinary

F
---

fabuloso(a) fabulous

fácil easy, **1.2**

facturar el equipaje to check luggage, **10.1**

la **falda** skirt, **3.1**

falso(a) false

faltar to be lacking, not to have, **6.1**

Le falta paciencia. He (She) has no patience., **6.1**

la **familia** family, **2.1**

familiar (related to the) family

los **familiares** family members

famoso(a) famous

la **fantasía** fantasy

fantástico(a) fantastic

el/la **farmacéutico(a)** pharmacist

la **farmacia** pharmacy, drugstore, **6.2**

el **favor** favor

Favor de (+ infinitive). Please (do something)., **11.2**

por favor please, **LP**

favorito(a) favorite

febrero February, **LP**

la **fecha** date, **LP**

¿Cuál es la fecha de hoy? What is today's date?, **LP**

feliz happy

feo(a) unattractive, ugly, **1.1**

la **fiebre** fever, **6.2**

tener fiebre to have a fever, **6.2**

la **fiesta** party, **8.1;** holiday

dar una fiesta to throw a party, **8.1**

la **fila** line (of people)

estar en fila to wait in line

el **film** film, movie

el **filme** film, movie, **8.2**

el **fin** end

el fin de semana weekend, **7.1**

por fin finally

final: al final de at the end of

fingir to pretend

físico(a) physical

la apariencia física physical appearance, looks

la educación física physical education, **1.2**

flaco(a) thin

el **flan** flan, custard, **4.1**

la **flauta** flute

la **flecha** arrow

flexible open-minded, flexible, **6.1**

la **flor** flower, **2.2**

la **fogata** bonfire, campfire

la **forma** form, piece, **10.2**

la forma de identidad piece of ID, **10.2**

formar to form, to put together

la **foto** photo, **7.1**

el **francés** French (language), **1.2**

el **franciscano** Franciscan

el **frasco** jar, **9.2**

la **frase** sentence

frecuencia: con frecuencia often, frequently

fresco(a) cool, **LP;** fresh

Hace fresco. It's cool (weather)., **LP**

los **frijoles** beans, **4.1**

frío(a) cold, **4.2**

Hace frío. It's cold (weather)., **LP**

tener frío to be cold, **11.1**

el **frío** cold

frito(a) fried

las patatas (papas) fritas french fries, **4.1**

la **frontera** border

la **fruta** fruit, **9.2**

el puesto de frutas fruit stand, **9.2**

la **frutería** fruit stand, **9.2**

la **fuente** fountain

fuera de outside

fuerte strong; substantial

el **fútbol** soccer, **5.1**

el campo de fútbol soccer field, **5.1**

el fútbol americano football

el/la **futbolista** soccer (football) player

G
---

las **gafas para el sol** sunglasses, **7.1**

el **galán** elegant man, heartthrob

gallardo(a) brave, dashing

las **galletas** crackers, **8.1**

la **gamba** shrimp, prawn

ganar to win, **5.1;** to earn

el **garaje** garage, **2.2**

la **garganta** throat, **6.2**

el dolor de garganta sore throat, **6.2**

el **gas: el agua mineral con gas** carbonated (sparkling) mineral water, **4.1**

la **gaseosa** soda, carbonated drink, **4.1**

gastar to spend, to waste

el/la **gato(a)** cat, **2.1**
el/la **gemelo(a)** twin, **2.1**
　　general general
　　　　en general in general
　　　　por lo general generally
　　　　　　speaking, as a rule
la **gente** people, **9.1**
la **geografía** geography
el **gimnasio** gym(nasium)
la **gitanilla** little gypsy
el **globo** balloon
el **gobierno** government
el **gol** goal, **5.1**
　　meter un gol to score a
　　　　goal, **5.1**
　　golpear to hit (*a ball*), **5.2**
　　gordo(a) fat
el **gorro** ski hat, **7.2**
　　gozar de to enjoy
　　Gracias. Thank you., **LP**
　　　　dar gracias a to thank
　　gracioso(a) funny, **1.1**
　　gran, grande big, large, **1.2**
　　grave serious
　　gris gray, **5.1**
　　gritar to yell
el **grupo** group, **8.1**
la **guagua** bus
el **guante** glove, **5.2**
　　guapo(a) attractive, good-
　　　　looking, **1.1**
　　guardar to guard, **5.1**
　　　　guardar cama to stay in
　　　　　　bed (*illness*), **6.2**
la **guardería** shelter
　　guatemalteco(a) Guatemalan,
　　　　1.1
la **guerra** war
el **guerrero** warrior
el/la **guía** guide
la **guía** guidebook
el **guisante** pea, **9.2**
la **guitarra** guitar
　　gustar to like, to be pleasing
　　　　to, **5.1**
el **gusto** pleasure; like; taste
　　Mucho gusto. Nice (It's a
　　　　pleasure) to meet you., **1.2**

la **habitación** bedroom
el/la **habitante** inhabitant
　　hablar to speak, to talk, **3.1**
　　　　hablar en el móvil to talk
　　　　　　on the cell phone
　　　　hablar por teléfono to talk
　　　　　　on the phone
　　　　¿Hablas en serio? Are you
　　　　　　serious?
　　hacer to do, to make, **10.2**

　　Hace buen tiempo. The
　　　　weather is nice., **LP**
　　Hace (mucho) calor. It's
　　　　(very) hot (*weather*)., **LP**
　　Hace fresco. It's cool
　　　　(*weather*)., **LP**
　　Hace frío. It's cold
　　　　(*weather*)., **LP**
　　Hace mal tiempo. The
　　　　weather is bad., **LP**
　　Hace sol. It's sunny., **LP**
　　Hace viento. It's windy., **LP**
　　hacer cola to wait in line,
　　　　10.2
　　hacer la maleta to pack,
　　　　10.1
　　hacer un viaje to take a
　　　　trip, **10.1**
el **hambre** (*f.*) hunger
　　tener hambre to be hungry,
　　　　4.1
la **hamburguesa** hamburger, **4.1**
la **harina** flour
　　hasta until; up to; as far as
　　　　¡Hasta luego! See you
　　　　　　later!, **LP**
　　　　¡Hasta mañana! See you
　　　　　　tomorrow!, **LP**
　　　　¡Hasta pronto! See you
　　　　　　soon!, **LP**
　　hay there is, there are, **2.2**
　　　　hay que it's necessary to
　　　　　　(do something), one must,
　　　　　　10.2
　　　　Hay sol. It's sunny., **LP**
　　　　No hay de qué. You're
　　　　　　welcome., **LP**
　　　　¿Qué hay? What's new
　　　　　　(up)?
la **hazaña** achievement
el **hecho** fact
el **helado** ice cream, **4.1**
la **hermana** sister, **2.1**
la **hermanastra** stepsister, **2.1**
el **hermanastro** stepbrother, **2.1**
el **hermano** brother, **2.1**
　　hermoso(a) beautiful
el **héroe** hero
la **heroína** heroine
el **hielo** ice, **7.2**
　　　　el patinaje sobre el hielo
　　　　　　ice-skating, **7.2**
las **hierbas** herbs
　　**higiénico: el rollo de papel
　　　　higiénico** roll of toilet
　　　　paper, **11.2**
la **hija** daughter, **2.1**
el **hijo** son, child, **2.1**
　　　　el hijo único only child, **2.1**
los **hijos** children, **2.1**
　　hispano(a) Hispanic

　　hispanohablante Spanish-
　　　　speaking
el/la **hispanohablante** Spanish
　　　　speaker
la **historia** history, **1.2**
la **hoja de papel** sheet of paper,
　　　　3.1
　　¡Hola! Hello!, **LP**
el **hombre** man
el **hombro** shoulder
　　honesto(a) honest
la **hora** hour; time, **10.1**
　　　　¿a qué hora? at what time?,
　　　　　　LP
　　　　la hora de embarque
　　　　　　boarding time, **10.1**
　　　　la hora de salida departure
　　　　　　time, **10.1**
　　　　¿Qué hora es? What time is
　　　　　　it?, **LP**
　　hoy today, **LP**
　　　　¿Cuál es la fecha de hoy?
　　　　　　What's today's date?, **LP**
　　　　hoy en día nowadays
　　　　¿Qué día es hoy? What day
　　　　　　is it today?, **LP**
el **huevo** egg, **4.1**
　　humanitario(a) humanitarian
　　humano(a) human, **11.1**
　　humilde humble
el **humor** mood; humor
　　　　estar de buen (mal) humor
　　　　　　to be in a good (bad)
　　　　　　mood, **6.1**
　　　　**tener un buen sentido de
　　　　　　humor** to have a good
　　　　　　sense of humor, **6.1**
el **huso horario** time zone

I

la **idea** idea
la **identidad** identification, **10.2**
　　　　el carnet de identidad
　　　　　　ID card, **10.2**
　　identificar to identify
la **iglesia** church
　　igual que as well as
　　impaciente impatient, **6.1**
　　importa: No importa. It
　　　　doesn't matter.
la **importancia** importance
　　importante important
　　imposible impossible
　　incluir to include
　　　　¿Está incluido el servicio?
　　　　　　Is the tip included?, **4.2**
　　increíble incredible
　　indicar to indicate
　　indígena native, indigenous,
　　　　9.2

**Spanish-English
Dictionary**

Spanish-English Dictionary

el/la **indígena** indigenous person
individual: el deporte individual individual sport
individuales singles (tennis), **5.2**
industrializado(a) industrialized
la **infinidad** infinity
la **influencia** influence
la **información** information, **3.2**
el **inglés** English (language), **1.2**
inhóspito(a) inhospitable
inmenso(a) immense
inteligente intelligent, **1.2**
el **interés** interest
interesante interesting, **1.2**
interesar to interest, **5.1**
internacional international, **10.1**
el **Internet** the Internet, **3.2**
navegar el Internet to surf the Net, **3.2**
intervenir (ie) to intervene
la **introducción** introduction
el **invierno** winter, **LP**
el/la **invitado(a)** guest
invitar to invite
ir to go, **3.2**
ir a to be going to (do something), **4.1**
ir a casa to go home, **3.2**
ir a pie to go on foot, **3.2**
ir al cine to go to the movies, **8.2**
ir de camping to go camping, **11.2**
ir de compras to go shopping, **9.1**
la **isla** island
el **istmo** isthmus
italiano(a) Italian
izquierdo(a) left, **11.1**

el **jabón** soap
la barra (pastilla) de jabón bar of soap, **11.2**
el **jamón** ham, **4.1**
el sándwich de jamón y queso ham and cheese sandwich, **4.1**
el **jardín** garden, **2.2**
el/la **jardinero(a)** outfielder, **5.2**
el **jonrón** home run
batear un jonrón to hit a home run
joven young, **1.1**

el/la **joven** young person, **1.1**
las **judías verdes** green beans, **9.2**
el **juego** game, **5.1**
el **jueves** Thursday, **LP**
el/la **jugador(a)** player, **5.1**
jugar (ue) to play (sport), **5.1**
el **jugo** juice, **4.1**
el jugo de naranja orange juice, **4.1**
julio July, **LP**
junio June, **LP**
juntos(as) together

el **kilo** kilo(gram) (2.2 lbs.), **9.2**

la **the**
el **laboratorio** lab(oratory)
laborioso(a) hardworking
el **lado** side
al lado de beside, next to, **2.2**
el **lago** lake
la **lámpara** lamp, **2.2**
el/la **lanzador(a)** pitcher, **5.2**
lanzar to kick, to throw, **5.1**
el **lapicero** ballpoint pen
el **lápiz** pencil, **3.1**
largo(a) long, **5.1**
a lo largo de along
la **lata** can, **9.2**
latino(a) Latino
Latinoamérica Latin America
latinoamericano(a) Latin American
lavar to wash, **11.2**
lavarse to wash oneself, **11.1**
lavarse el pelo (la cara, las manos) to wash one's hair (face, hands), **11.1**
lavarse los dientes to clean (brush) one's teeth, **11.1**
le to him, to her; to you (formal) (pron.)
la **lección** lesson
la **leche** milk, **4.1**
la **lechuga** lettuce, **4.1**
la **lectura** reading
leer to read, **4.2**
la **legumbre** vegetable, **4.1**
lejos (de) far (from), **3.2**

la **lengua** language
les to them; to you (formal) (pron.)
las **letras** literature
levantar to raise, **3.1**
levantar la mano to raise one's hand, **3.1**
levantarse to get up, **11.1**
la **leyenda** legend
la **libra** pound (weight)
libre free, unoccupied, **4.2**
el tiempo libre spare time, **8.1**
el **libro** book, **3.1**
el **líder** leader
la **liga** league
las Grandes Ligas Major Leagues
el **limón** lemon
la **limonada** lemonade
lindo(a) beautiful
la **línea aérea** airline, **10.1**
la **liquidación** sale, **9.1**
la **literatura** literature
la **llama** llama
llamar to call, **11.2**
llamarse to call oneself, to be called, named, **11.1**
Me llamo... My name is . . . , **11.1**
llegar to arrive, **4.1**
llenar to fill
lleno(a) de full of, **6.1**
llevar to carry; to wear, **3.1**; to take; to bear
llover (ue) to rain
Llueve. It's raining., **LP**
lluvioso(a) rainy
lo him; you (formal) (pron.)
lo que what
la **loción bronceadora** suntan lotion, sunblock, **7.1**
lógico(a) logical
el **loro** parrot
el **lote** lot, site
la **lucha** fight
luego later, **LP**; then, **3.2**
¡Hasta luego! See you later!, **LP**
el **lugar** place
el **lunes** Monday, **LP**

la **madera** wood

la **madrastra** stepmother, **2.1**
la **madre** mother, **2.1**
el/la **madrugador(a)** early riser, **11.1**
magnífico(a) magnificent, splendid
el **maíz** corn, **9.2**
mal bad
Hace mal tiempo. The weather is bad., **LP**
mal educado(a) ill-mannered, rude, **6.1**
el **malecón** boardwalk (seafront)
la **maleta** suitcase, **10.1**
hacer la maleta to pack, **10.1**
la **maletera** trunk *(of a car)*, **10.1**
malicioso(a) malicious
malo(a) bad, **1.2**
sacar notas malas to get bad grades, **3.1**
mamá mom, mommy
mandar to send
el **mandato** command
la **manera** manner, way
de ninguna manera in no way, by no means
manga: de manga corta (larga) short- (long-) sleeved, **9.1**
el **maní** peanut, **8.1**
la **mano** hand, **3.1**
el equipaje de mano carry-on luggage, **10.2**
manso(a) gentle
la **mantequilla** butter, **4.1**
la **manzana** apple, **9.2**
mañana tomorrow, **LP**
¡Hasta mañana! See you tomorrow!, **LP**
la **mañana** morning
por la mañana in the morning
la **máquina** machine
el **mar** sea, ocean, **7.1**
el mar Caribe Caribbean Sea
marcar to score, **5.1**
marcar un tanto to score a point, **5.1**
la **marcha** march
en marcha working
el **marido** husband, **2.1**
los **mariscos** seafood
marrón: de color marrón brown, **5.1**
el **martes** Tuesday, **LP**
marzo March, **LP**
más more, **9.1**
¡Qué... más... ! What a . . . !
la **máscara de oxígeno** oxygen mask, **10.2**

la **mascota** pet, **2.1**
las **matemáticas** mathematics, math, **1.2**
los **materiales escolares** school supplies, **3.1**
mayo May, **LP**
la **mayonesa** mayonnaise, **9.2**
mayor older, **2.1**
el/la **mayor** the oldest, **2.1**
la **mayoría** majority
mayoritario(a) *(related to the)* majority
me me *(pron.)*
mediano(a) medium, medium-size
el **medicamento** medicine, **6.2**
la **medicina** medicine, **6.2**
el/la **médico(a)** doctor, **6.2**
la **medida** measurement
medio(a) half
y media half past (the hour), **LP**
el **medio de transporte** means of transport
el **mediodía** noon
mejor better
el/la **mejor** best
menor younger, **2.1**
el/la **menor** the youngest, **2.1**
menos less, **9.1**
el **menú** menu, **4.2**
el **mercado** market, **9.2**
la **merienda** snack, **4.2**
la **mermelada** jam, marmalade
el **mes** month, **LP**
la **mesa** table, **2.2**
el/la **mesero(a)** waiter, server, **4.2**
la **mesita** table, **2.2**
meter to put, to place
meter un gol to score a goal, **5.1**
el **metrópoli** metropolis, big city
mexicano(a) Mexican, **1.2**
la **mezcla** mixture
mi(s) my
mí me
el **miedo** fear
tener miedo to be afraid, **7.2**
el **miembro** member, **2.1**
mientras while
el **miércoles** Wednesday, **LP**
mil a thousand
el **millón** million
mimado(a) spoiled *(person)*
la **mina** mine
¡Mira! Look!, **3.1**
mirar to look at, **3.2**
mirarse to look at oneself, **11.1**
mismo(a) same, **1.2**; own

misterioso(a) mysterious
mixto(a) co-ed
la **mochila** backpack, knapsack, **3.1**
el/la **mochilero(a)** backpacker, hiker, **11.2**
viajar de mochilero to go backpacking, hiking
los **modales** manners, **6.1**
tener buenos (malos) modales to have good (bad) manners, to be well-(ill-) behaved, **6.1**
moderno(a) modern
molestar to bother, to annoy, **6.1**
el **mono** monkey
la **montaña** mountain, **7.2**
montañoso(a) mountainous
montar to put up *(tent)*, **11.2**
el **montón** bunch, heap
el **monumento** monument
morder (ue) to bite
moreno(a) dark-haired, brunette, **1.1**
morir (ue) to die
el **mostrador** counter, **10.1**
mostrar (ue) to show, **10.2**
el **motivo** theme
el **móvil** cell phone, **3.2**
el **MP3** MP3 player, **3.2**
la **muchacha** girl, **1.1**
el **muchacho** boy, **1.1**
mucho a lot, many, much; **2.2**; very, **LP**
Hace mucho calor (frío). It's very hot (cold)., **LP**
Mucho gusto. Nice to meet you., **1.2**
los **muebles** furniture, **2.2**
la **muerte** death
muerto(a) dead
la **mujer** wife, **2.1**
la **mula** mule
mundial: la Copa Mundial World Cup
el **mundo** world
el **mural** mural
el/la **muralista** muralist
el **muro** wall
el **museo** museum, **8.2**
la **música** music, **1.2**
el/la **músico(a)** musician, **8.1**
muy very, **LP**
muy bien very well, **LP**

N

nacer to be born
nacional national

Spanish-English Dictionary

la **nacionalidad** nationality, **1.1**
   ¿de qué nacionalidad? what nationality?, **1.1**
  nada nothing, not anything, **8.2**
   De nada. You're welcome., **LP**
   Nada más. Nothing else., **9.2**
   Por nada. You're welcome., **LP**; for no reason
  nadar to swim, **7.1**
  nadie nobody, not anybody, **8.2**
la **naranja** orange (*fruit*), **4.1**
  natal pertaining to where someone was born
la **naturaleza** nature
  navegar la red (el Internet) to surf the Web (the Internet), **3.2**
  necesitar to need, **3.2**
  negativo(a) negative
  negro(a) black, **2.1**
  nervioso(a) nervous, **6.1**
  nevado(a) snowy, snow-covered
  nevar (ie) to snow, **7.2**
   Nieva. It's snowing., **LP**
  ni neither, nor
   Ni idea. No idea.
  nicaragüense Nicaraguan
la **nieta** granddaughter, **2.1**
el **nieto** grandson, **2.1**
la **nieve** snow, **7.2**
  ninguno(a) none
   de ninguna manera in no way, by no means
el/la **niño(a)** boy, girl, child, **6.2**
el **nivel** level
  no no
   No hay de qué. You're welcome., **LP**
la **noche** night, evening
   Buenas noches. Good evening., **LP**
   esta noche tonight, **4.1**
   por la noche in the evening
  nombrar to name
el **nombre** name, **2.1**
  normal normal, **6.2**
el **norte** north
  norteamericano(a) American, North American, **1.1**
  nos us
  nosotros(as) we

la **nota** grade, mark, **3.1**
   sacar notas buenas (malas) to get good (bad) grades, **3.1**
las **noticias** news
  novecientos(as) nine hundred
la **novela** novel
  noventa ninety, **LP**
  noviembre November, **LP**
la **nube** cloud, **7.1**
  nublado(a) cloudy, **7.1**
  nuestro(a)(os)(as) our
  nueve nine, **LP**
  nuevo(a) new, **1.1**
el **número** shoe size, **9.1**; number, **10.1**
   el número del asiento seat number, **10.1**
   el número del vuelo flight number, **10.1**
   ¿Qué número calzas? What size shoe do you wear (take)?, **9.1**
  nunca never, not ever, **8.2**

  o or
  objetivo objective
  obligatorio(a) required, obligatory
la **obra** work; work of art
  observar to observe, notice
el **obstáculo** obstacle
  obstinado(a) obstinate, stubborn, **6.1**
  occidental western
  ochenta eighty, **LP**
  ocho eight, **LP**
  ochocientos(as) eight hundred
  octubre October, **LP**
  ocupado(a) occupied, **4.2**
el **oeste** west
  ofrecer to offer
  oír to hear, **8.1**
  ¡Ojo! Watch out! Be careful!
el **ojo** eye, **2.1**
   tener ojos azules (castaños, verdes) to have blue (brown, green) eyes, **2.1**
la **ola** wave, **7.1**
  olvidar to forget
  once eleven, **LP**
la **opinión** opinion
el/la **opresor(a)** oppressor
  opuesto(a) opposite

la **oración** sentence
la **orden** order (*restaurant*), **4.2**
el **ordenador** computer, **3.2**
la **orfebrería** craftmanship in precious metals
  organizar to organize, set up
el **órgano** organ
  oriental eastern
el **origen** origin, background
las **orillas** banks, shores
   a orillas de on the shores of
el **oro** gold
la **orquesta** orchestra, band
la **orquídea** orchid
el **otoño** autumn, fall, **LP**
  otro(a) other, another
  otros(as) others
  ¡Oye! Listen!, **1.2**

la **paciencia** patience, **6.1**
  paciente patient (*adj.*), **6.1**
el/la **paciente** patient, **6.2**
el **padrastro** stepfather, **2.1**
el **padre** father, **2.1**
los **padres** parents, **2.1**
  pagar to pay, **3.2**
el **país** country
el **paisaje** landscape
la **paja** straw, thatch
el **pájaro** bird
la **palabra** word
   la palabra afine cognate
   la palabra relacionada related word
el **palacio** palace
la **paloma** pigeon
el **pan** bread
   el pan tostado toast, **4.1**
el **panecillo** roll, **4.1**
la **pantalla** screen
el **pantalón** pants, **3.1**
   el pantalón corto shorts, **5.1**
   el pantalón largo long pants, **9.1**
la **papa** potato, **4.1**
   las papas fritas french fries, **4.1**
el **papel** paper, **3.1**; role
   el rollo de papel higiénico roll of toilet paper, **11.2**
   la hoja de papel sheet of paper, **3.1**
el **paquete** package, **9.2**

el **par** pair, **9.1**
para for; in order to
el **paraíso** paradise
parear to match
parecer to seem (like)
a mi (tu, su, etc.) parecer in my (your, his, etc.) opinion
¿Qué te parece? What do you think?
el/la **pariente** relative, **2.1**
el **parque** park, **11.2**
el **párrafo** paragraph
la **parte** part
participar to participate, to take part in
el **partido** game, **5.1**
el **pasabordo** boarding pass
pasado(a) last, **7.1**
el año pasado last year, **7.1**
la semana pasada last week, **7.1**
el/la **pasajero(a)** passenger, **10.1**
el **pasaporte** passport, **10.2**
pasar to pass, to go, **5.2;** to spend *(time)*, **7.1**
pasarlo bien to have a good time, **11.2**
¿Qué pasa? What's going on? What's happening?
el **paseo** avenue, walk
dar un paseo to take a walk
el **pasillo** aisle, **10.2**
la **pasta dentífrica** toothpaste
el **pastel** cake, **8.1**
la **pastilla** bar *(of soap)*
los **patacones** slices of fried plantain
la **patata** potato, **4.1**
las patatas fritas french fries, **4.1**
el **patín** ice skate, **7.2**
el/la **patinador(a)** ice-skater, **7.2**
el **patinaje sobre hielo** ice-skating, **7.2**
patinar to skate, **7.2**
patinar sobre el hielo to ice-skate, **7.2**
pausado(a) slow, deliberate
peinarse to comb one's hair, **11.1**
el **peine** comb, **11.2**
la **película** movie, film, **8.2**
peligroso(a) dangerous
pelirrojo(a) redheaded, **1.1**
el **pelo** hair, **2.1**
tener el pelo rubio (castaño, negro) to have blond (brown, black) hair, **2.1**

la **pelota** ball *(baseball, tennis)*, **5.2**
la pelota vasca jai alai
la **pena** pain, sorrow
¡Qué pena! What a shame!, **5.1**
pensar (ie) to think, **5.1**
pensar en to think about
¿Qué piensas? What do you think?, **5.1**
el **peón** peasant, farm laborer
peor worse
el/la **peor** worst
pequeño(a) small, little, **1.2**
perder (ie) to lose, **5.1;** to miss, **8.1**
perdón pardon me, excuse me
perezoso(a) lazy, **1.2**
el **periódico** newspaper
permiso: Con permiso. Excuse me., **10.1**
pero but
el/la **perro(a)** dog, **2.1**
la **persona** person
el **personaje** character *(in a novel, play, etc.)*
la **personalidad** personality, **6.1**
peruano(a) Peruvian
pesar: a pesar de in spite of
el **pescado** fish, **4.1**
el **peso** peso *(currency);* weight
picar to nibble on, **8.1**
el/la **pícher** pitcher *(baseball)*, **5.2**
el **pico** mountain top, **7.2**
el **pie** foot, **5.1**
a pie on foot, **3.2**
la **pierna** leg, **11.1**
la **pieza** bedroom; piece
la **pila** swimming pool
el **pimiento** pepper *(vegetable)*, **9.2**
los **pinchitos** kebabs, **4.2**
pintar to paint
el/la **pintor(a)** painter, artist, **8.2**
pintoresco(a) picturesque
la **piña** pineapple, **9.2**
la **piscina** swimming pool, **7.1**
el **piso** floor, **2.2;** apartment
la **pista** ski slope, **7.2;** runway, **10.2**
la pista de patinaje ice-skating rink, **7.2**
la **pizza** pizza, **4.1**
placentero(a) pleasant
la **plancha de vela** windsurfing; windsurfboard, **7.1**
practicar la plancha de vela to windsurf, to go windsurfing, **7.1**
la **plata** silver
el **plátano** banana, **9.2**
el **plato** dish *(of food);* plate; home plate, **5.2**

la **playa** beach, **7.1**
la **plaza** square
la **pluma** (fountain) pen
la **población** population
pobre poor
poco(a) a little; few, **2.2**
un poco más a little more
poder (ue) to be able, **5.1**
el **pollo** chicken, **4.1**
poner to put, to place, to set, **10.2**
ponerse to put on *(clothes)*, **11.1;** to become
popular popular
por for, by
por ejemplo for example
por encima de over, **5.2**
por eso that's why, for this reason
por favor please, **LP**
por fin finally
por la mañana in the morning
por la tarde in the afternoon
Por nada. You're welcome., **LP;** for no reason
¿por qué? why?, **3.2**
porque because, **3.2**
el/la **porrista** cheerleader
el/la **porteño(a)** person from Buenos Aires
la **portería** goal, **5.1**
el/la **portero(a)** goalie, **5.1**
poseer to possess
posible possible
positivo(a) positive
el **postre** dessert, **4.1**
practicar to practice *(a sport)*
practicar la plancha de vela (la tabla hawaiana, etc.) to go windsurfing (surfing, etc.), **7.1**
el **precio** price, **9.1**
preferir (ie) to prefer
la **pregunta** question, **3.1**
preguntar to ask, to ask a question
el **premio** prize, award
preparar to prepare, get ready
la **prepa(ratoria)** high school
presentar to introduce
prestar: prestar atención to pay attention, **3.1**
el **pretendiente** suitor
primario(a) primary, elementary
la escuela primaria elementary school
la **primavera** spring, **LP**
primero(a) first, **LP**
el primero de enero (febrero, etc.) January (February, etc.) 1, **LP**

Spanish-English Dictionary

el/la **primo(a)** cousin, **2.1**
principal main
el/la **principiante** beginner, **7.2**
privado(a) private, **2.2**
el **problema** problem
    No hay problema. No problem.
procedente de coming, arriving from, **10.2**
producir to produce
el **producto** product, **9.2**
la **profesión** profession, occupation
profesional professional
el/la **profesor(a)** teacher, **1.2**
prometer to promise
pronto soon
    ¡Hasta pronto! See you soon!, **LP**
la **propina** tip *(restaurant)*
propio(a) own, **5.1**
propósito: ¡A propósito! By the way!, **8.2**
la **prueba** test, exam, **3.1**
el **pueblo** town
la **puerta de salida** gate *(airport)*, **10.2**
el **puerto** port
puertorriqueño(a) Puerto Rican, **1.1**
pues well
el **puesto** market stall, **9.2**
el **pulso** pulse, **6.2**
el **punto** point
el **pupitre** desk, **3.1**

Q

que that
¿qué? what? how?
    ¿A qué hora? At what time?, **LP**
    ¿de qué nacionalidad? what nationality?, **1.1**
    No hay de qué. You're welcome., **LP**
    ¿Qué desea Ud.? May I help you? *(in a store)*
    ¿Qué día es hoy? What day is it today?, **LP**
    ¿Qué hay? What's new (up)?
    ¿Qué hora es? What time is it?, **LP**
    ¡Qué... más... ! What a . . . !
    ¿Qué pasa? What's going on? What's happening?, **3.1**

¡Qué pena! What a shame!, **5.1**
¿Qué tal? How are things? How are you?, **LP**
    ¿Qué tal le gustó? How did you like it? *(formal)*
¿Qué tiempo hace? What's the weather like?, **LP**
quedar bien to suit, to fit, to look good on, **9.1**
quedar(se) to remain, to stay, **11.1**
querer (ie) to want, to wish, **5.1**
querido(a) dear, beloved
el **queso** cheese, **4.1**
    el sándwich de jamón y queso ham and cheese sandwich, **4.1**
el **quetzal** quetzal *(currency of Guatemala)*
¿quién? who?, **1.1**
¿quiénes? who?, **1.2**
quince fifteen, **LP**
la **quinceañera** fifteen-year-old girl
quinientos(as) five hundred
quitarse to take off *(clothes)*, **11.1**
quizá(s) maybe, perhaps, **7.2**

R

la **raqueta** tennis racket, **5.2**
raro(a) rare
el **ratón** mouse
la **raza** breed
la **razón** reason
rebajar to lower *(prices)*, **9.1**
la **recámara** bedroom, **2.2**
el/la **receptor(a)** catcher, **5.2**
la **receta** prescription, **6.2**
recetar to prescribe, **6.2**
recibir to receive, **4.1**; to catch
    recibir aplausos to be applauded, **8.1**
reclamar to claim
reconocer to recognize
recordar (ue) to remember
recuperar to claim, to get back
la **red** the Web, **3.2**; net, **5.2**
    navegar la red to surf the Web, **3.2**
    pasar por encima de la red to go over the net, **5.2**
el **refresco** soft drink, **4.2**
refrito(a) refried

el **regalo** gift, present, **8.1**
regatear to bargain, **9.2**
la **regla** rule
regresar to go back, to return, **3.2**
    regresar a casa to go home, **3.2**
reinar to rule, to reign
renombrado(a) famous
rentar to rent, **7.1**
repasar to review
el **repaso** review
la **república** republic
    la República Dominicana Dominican Republic
resfriado(a) stuffed up *(cold)*, **6.2**
respetado(a) respected
respetar to respect
responsable responsible
la **respuesta** answer
el **restaurante** restaurant
resultar to turn out to be
el **retraso** delay, **10.2**
el **retrato** portrait
la **reunión** meeting, get-together
la **revista** magazine
revueltos: huevos revueltos scrambled eggs
el **rey** king
rico(a) rich; delicious
    ¡Qué rico! How delicious!
el **río** river
el **ritmo** rhythm
robar to steal
la **roca** rock, stone
rodeado(a) surrounded
la **rodilla** knee, **11.1**
rojo(a) red, **5.1**
el **rollo de papel higiénico** roll of toilet paper, **11.2**
el **rompecabezas** puzzle
romper to break
la **ropa** clothing, **9.1**
rosado(a) pink, **5.1**
rubio(a) blond, **1.1**
las **ruinas** ruins
la **rutina diaria** daily routine, **11.1**

S

el **sábado** Saturday, **LP**
saber to know, **9.1**
sacar to get; to take
    sacar fotos to take pictures, **7.1**

sacar notas buenas (malas) to get good (bad) grades, **3.1**

el **saco de dormir** sleeping bag, **11.2**

la **sal** salt

la **sala** living room, **2.2**
la sala de clase classroom, **3.1**

la **salchicha** sausage

el **saldo** sale, **9.1**

la **salida** departure, **10.1**
la hora de salida time of departure, **10.1**
la puerta de salida gate (*airport*), **10.2**

salir to leave; to go out, **8.1**
Todo te sale más barato. It's all a lot cheaper., **9.1**

el **salón** room (*museum*), **8.2**

la **salud** health, **6.1**

saludar to greet

el **saludo** greeting, **LP**

salvar to save

la **sandalia** sandal, **9.2**

el **sándwich** sandwich, **4.1**
el sándwich de jamón y queso ham and cheese sandwich, **4.1**

el **sarape** blanket

el **sato** a type of dog from Puerto Rico

secundario(a) secondary, **1.2**
la escuela secundaria high school, **1.2**

la **sed** thirst, **4.1**
tener sed to be thirsty, **4.1**

seguir to follow

según according to

segundo(a) second

seguramente surely, certainly

la **seguridad: el control de seguridad** security (*airport*), **10.2**

seguro(a) sure; safe

seguro que certainly

seis six, **LP**

seiscientos(as) six hundred

la **selva** jungle, forest

la **semana** week, **LP**
la semana pasada last week, **7.1**

sencillo(a) single, simple

sentarse (ie) to sit down, **11.1**

el **sentido de humor** sense of humor, **6.1**

la **señal** sign, **10.2**
la señal de no fumar no-smoking sign

el **señor** sir, Mr., gentleman, **LP**

la **señora** Ms., Mrs., madam, **LP**

los **señores** Mr. and Mrs.

la **señorita** Miss, Ms., **LP**

septiembre September, **LP**

ser to be, **1.1**
¿Cuánto es? How much does it cost (is it)?, **LP**

serio(a) serious, **1.1**
¿Hablas en serio? Are you serious?

el **servicio** tip, **4.2**; restroom, **10.2**
¿Está incluido el servicio? Is the tip included?, **4.2**

servir to serve

sesenta sixty, **LP**

setecientos(as) seven hundred

setenta seventy, **LP**

severo(a) harsh, strict

si if

sí yes, **LP**

siempre always, **8.2**

siento: Lo siento mucho. I'm very sorry., **5.1**

la **siesta** nap

siete seven, **LP**

el **siglo** century

significar to mean

la **silla** chair, **2.2**

similar similar

simpático(a) nice, **1.1**

sin without

sincero(a) sincere

el **síntoma** symptom

el/la **snowboarder** snowboarder, **7.2**

sobre on, on top of; about
sobre todo above all, especially

sobrevolar (ue) to fly over

la **sobrina** niece, **2.1**

el **sobrino** nephew, **2.1**

social social
los estudios sociales social studies, **1.2**

el **sofá** sofa, **2.2**

el **sol** sun, **7.1**
Hace (Hay) sol. It's sunny., **LP**
tomar el sol to sunbathe, **7.1**

solamente only

solar: la crema solar suntan lotion, **7.1**

solas: a solas alone

el **soldado** soldier

soler (ue) to be used to, to do something usually

solo(a) single; alone

solo only

el/la **soltero(a)** single, unmarried person

el **sombrero** hat

el **sonido** sound

la **sonrisa** smile, **6.1**

la **sopa** soup

la **sorpresa** surprise, **4.1**

su(s) his, her, their, your (*formal*)

subir to go up, **7.2**

los **suburbios** suburbs, **2.2**

Sudamérica South America

sudamericano(a) South American

el/la **suegro(a)** father-in-law (mother-in-law)

el **suelo** ground, floor

el **sueño** dream

la **suerte** luck
¡Buena suerte! Good luck!
¡Qué suerte tengo! How lucky I am!, **9.1**

el **suéter** sweater, **11.1**

sufrir to suffer

superior upper, top
el compartimiento superior overhead bin (*airplane*), **10.2**

el **supermercado** supermarket, **9.2**

el **sur** south
la América del Sur South America

el **surfing** surfing, **7.1**

el **surtido** assortment

sus his, her, their, your (*formal*)

T

la **tabla hawaiana** surfboard, **7.1**
practicar la tabla hawaiana to surf, to go surfing, **7.1**

el **taco** taco

la **tajada** slice, **9.2**

tal such (*a thing*)
¿Qué tal? How are things? How are you?, **LP**
¿Qué tal tu clase de español? How's your Spanish class?
tal vez maybe, perhaps, **7.2**

la **talla** size, **9.1**
¿Qué talla usas? What size do you take?, **9.1**

el **tamaño** size

también also, too, **1.2**

el **tambor** drum

Spanish-English Dictionary

tampoco either, neither

tan so

el **tanto** score, point, **5.1**

  marcar un tanto to score a point, **5.1**

las **tapas** snacks, nibbles, **4.2**

la **taquilla** box office, ticket window, **8.2**

tarde late, **10.2**

la **tarde** afternoon

  ayer por la tarde yesterday afternoon, **7.1**

  Buenas tardes. Good afternoon., **LP**

la **tarea** homework

la **tarjeta** card; pass

  la tarjeta de abordar boarding pass

  la tarjeta de embarque boarding pass, **10.1**

la **tarta** cake, **8.1**

el **taxi** taxi, **10.1**

el/la **taxista** taxi driver, **10.1**

la **taza** cup, **4.1**

te you (*fam. pron.*)

el **té** tea

el **teclado** keyboard

tejano(a) Texan

los **tejidos** fabrics, **9.2**

la **tele** TV

el **teléfono** telephone

  el teléfono celular cell phone

  hablar por teléfono to speak on the phone

la **telenovela** serial, soap opera

el **telesilla** chairlift, ski lift, **7.2**

el **telesquí** ski lift, **7.2**

la **televisión** television

el **tema** theme

la **temperatura** temperature, **7.2**

temprano(a) early, **11.1**

el **tenderete** market stall, **9.2**

tener (ie) to have, **2.1**

  tener... años to be . . . years old, **2.1**

  tener calor (frío) to be hot (cold), **11.1**

  tener catarro to have a cold, **6.2**

  tener dolor de... to have a(n) . . . -ache, **6.2**

  tener el pelo rubio (castaño, negro) to have blond (brown, black) hair, **2.1**

  tener éxito to be successful, **6.1**

  tener fiebre to have a fever, **6.2**

  tener hambre to be hungry, **4.1**

  tener miedo to be afraid, **7.2**

  tener ojos azules (castaños, verdes) to have blue (brown, green) eyes, **2.1**

  tener que to have to (do something), **4.1**

  tener sed to be thirsty, **4.1**

el **tenis** tennis, **5.2**

  la cancha de tenis tennis court, **5.2**

  jugar (al) tenis to play tennis, **5.2**

los **tenis** sneakers, **9.1**

el/la **tenista** tennis player

la **tensión: la tensión arterial** blood pressure, **6.2**

tercer(o)(a) third

terco(a) stubborn, **6.1**

terminar to end, finish

la **terraza** terrace, balcony

el **terremoto** earthquake

el **tesoro** treasure

ti you (*pron.*)

la **tía** aunt, **2.1**

el **ticket** ticket, **7.2**

el **tiempo** weather, **LP;** half (*soccer*), **5.1**

  a tiempo on time, **10.2**

  a tiempo completo (parcial) full- (part-) time

  Hace buen tiempo. The weather is nice., **LP**

  Hace mal tiempo. The weather is bad., **LP**

  ¿Qué tiempo hace? What's the weather like?, **LP**

la **tienda** store, **3.2**

la **tienda de campaña** tent, **11.2**

los **timbales** small drums, kettledrums

tímido(a) shy

el **tío** uncle, **2.1**

típico(a) typical

el **tipo** guy, type, **6.1**

el **tiquet(e)** ticket

tirar to throw, **5.2**

el **título** title

la **toalla** towel, **7.1**

tocar to touch, **5.1;** to play (a *musical instrument*), **8.1**

  ¡Te toca a ti! It's your turn!

el **tocino** bacon, **4.1**

todo everything

  sobre todo above all, especially

todo(a) all, **6.2**

todos(as) everyone, **8.1;** everything; all

  en todas partes everywhere

tomar to take, **3.1;** to have (a *meal*), **4.1**

  tomar el almuerzo (el desayuno) to have lunch (breakfast), **4.1**

  tomar el bus to take the bus

  tomar el pulso to take someone's pulse, **6.2**

  tomar el sol to sunbathe, **7.1**

  tomar fotos to take pictures, **7.1**

  tomar la tensión arterial to take someone's blood pressure, **6.2**

  tomar un examen to take a test, **3.1**

el **tomate** tomato, **4.1**

tonto(a) foolish, crazy

la **torta** cake, **4.1;** sandwich

la **tortilla** tortilla

la **tos** cough, **6.2**

  tener tos to have a cough, **6.2**

toser to cough, **6.2**

la **tostada** tostada

las **tostadas** toast, **4.1**

tostado(a) toasted

  el pan tostado toast, **4.1**

los **tostones** slices of fried plantain, **4.2**

trabajar to work, **3.2**

el **trabajo** work

tradicional traditional

traer to carry, to bring, to take, **10.1**

el **traje** suit

el **traje de baño** swimsuit, **7.1**

tranquilo(a) calm, **6.1**

el **tratamiento** treatment

tratar to treat

trece thirteen, **LP**

treinta thirty, **LP**

trienta y cinco thirty-five, **LP**

treinta y cuatro thirty-four, **LP**

treinta y dos thirty-two, **LP**

treinta y nueve thirty-nine, **LP**

treinta y ocho thirty-eight, **LP**

treinta y seis thirty-six, **LP**

treinta y siete thirty-seven, **LP**

treinte y tres thirty-three, **LP**

treinta y uno thirty-one, **LP**

tres three, **LP**

trescientos(as) three hundred

triste sad, **6.1**

la **trompeta** trumpet

las **tropas** troops

tropical tropical

el **trotamundos** globe-trotter

el **T-shirt** T-shirt

tu(s) your *(fam.)*

tú you *(fam.)*

el **tubo** tube, **11.2**

el **turismo** tourism

Ud., usted you *(sing.) (formal)*

Uds., ustedes you *(pl.) (formal)*

último(a) last; final

un(a) a, an, **1.1**

único(a) only, **2.1**

el/la hijo(a) único(a) only child, **2.1**

el **uniforme** uniform, **3.1**

la **universidad** university

uno(a) one, **LP**

unos(as) some

urbano(a) urban

usar to use, **3.2;** to wear *(size)*, **9.1**

¿Qué talla usas? What size do you wear (take)?, **9.1**

el/la **usuario(a)** user

la **uva** grape, **9.2**

las **vacaciones** vacation, **7.1**

estar de vacaciones to be on vacation

la **vainilla** vanilla

vale: No vale. It's not worth it., **7.1**

el **valle** valley

varios(as) several

el **varón** man, boy

vasco(a) Basque

la pelota vasca jai alai

el **vaso** glass, **4.1**

veces: a veces at times, sometimes, **6.1**

el/la **vecino(a)** neighbor

el **vegetal** vegetable, **4.1**

los vegetales crudos raw vegetables, crudités, **8.1**

vegetariano(a) vegetarian, **4.1**

veinte twenty, **LP**

veinticinco twenty-five, **LP**

veinticuatro twenty-four, **LP**

veintidós twenty-two, **LP**

veintinueve twenty-nine, **LP**

veintiocho twenty-eight, **LP**

veintiséis twenty-six, **LP**

veintisiete twenty-seven, **LP**

veintitrés twenty-three, **LP**

veintiuno twenty-one, **LP**

la **vela** candle, **8.1**

el/la **vendedor(a)** merchant, **9.2**

vender to sell, **6.2**

venezolano(a) Venezuelan

venir (ie) to come

la **venta** small hotel

la **ventanilla** ticket window, **7.2;** window *(plane)*, **10.2**

ver to see, **4.2**

el **verano** summer, **LP**

la **verdad** truth

Es verdad. That's true (right)., **9.1**

¿verdad? right?

verdadero(a) real, true

verde green, **2.1**

la **verdulería** vegetable store, **9.2**

la **verdura** vegetable, **4.1**

el **vestido** dress, **9.1**

el vestido de novia wedding dress

la **vez** time

a veces at times, sometimes, **6.1**

cada vez each time, every time

de vez en cuando from time to time, occasionally, **10.2**

una vez más once again, one more time

viajar to travel

el **viaje** trip, voyage **10.1**

hacer un viaje to take a trip, **10.1**

la **vida** life

el **video** video

viejo(a) old, **2.2**

el **viento** wind, **LP**

Hace viento. It's windy., **LP**

el **viernes** Friday, **LP**

el **vino** wine

el **violín** violin

visitar to visit, **8.2**

la **vista** view

la **viuda** widow

vivir to live, **4.1**

vivo(a) lively

la **vocal** vowel

volar (ue) to fly

el **volcán** volcano

el **voleibol** volleyball, **7.1**

la cancha de voleibol volleyball court, **7.1**

volver (ue) to return, **5.1**

volver a casa to go back (return) home, **8.1**

vosotros(as) you

el **vuelo** flight, **10.1**

---

y and

ya already

¡Ya voy! I'm coming!, **11.2**

yo I

---

la **zanahoria** carrot, **9.2**

las **zapatillas** (sports) shoes, sneakers, **5.1**

los **zapatos** shoes, **9.1**

la **zona** area, zone

el **zumo** juice

English-Spanish Dictionary

This English-Spanish Dictionary contains all productive and some receptive vocabulary from the text. The numbers following each productive entry indicate the chapter and vocabulary section in which the word is introduced. For example, **3.2** means that the word was taught in **Capítulo 3, Vocabulario 2. LP** refers to the **Lecciones preliminares**. If there is no number following an entry, this means that the word or expression is included for receptive purposes only.

a un(a)
able: to be able poder (ue), **5.1**
aboard a bordo (de), **10.2**
about *(time)* a eso de
above por encima de, **5.2**
  above all sobre todo
absent ausente
according to según
ache el dolor, **6.2**
  My . . . ache(s). Me duele(n)... , **6.2**
  to have a(n) . . . ache tener dolor de... , **6.2**
activity la actividad
address la dirección
adorable cariñoso(a), **2.1;** adorable
advanced avanzado(a), **7.2**
affectionate cariñoso(a), **2.1**
afraid: to be afraid tener miedo, **7.2**
after después (de), **3.1;** *(time)* y
  It's ten after one. Es la una y diez., **LP**
afternoon la tarde
  Good afternoon. Buenas tardes., **LP**
  this afternoon esta tarde, **7.1**
  yesterday afternoon ayer por la tarde, **7.1**
against contra
agent el/la agente, **10.1**
to **agree (with)** estar de acuerdo (con)
air el aire
  open-air (outdoor) café (market) el café (mercado) al aire libre
airline la línea aérea, **10.1**
airplane el avión, **10.1**
airport el aeropuerto, **10.1**
aisle el pasillo, **10.2**

album el álbum
all todo(a), **6.2;** todos(as), **8.1**
  above all sobre todo
almost casi, **8.2**
already ya
also también, **1.2**
always siempre, **8.2**
A.M. de la mañana
American americano(a)
among entre
to **amuse** divertir (ie), **10.2**
amusing divertido(a)
ancient antiguo(a)
and y, **LP**
Andean andino(a)
angry enojado(a), enfadado(a), **6.1**
animal el animal
to **annoy** molestar, enfadar, enojar, **6.1**
another otro(a)
answer la respuesta
to **answer** contestar, **3.1**
any cualquier(a)
any other cualquier otro(a)
anybody alguien, **8.2**
anything algo, **8.2**
  Anything else? ¿Algo más?, **9.2**
apartment el apartamento, el apartamiento, el departamento, **2.2;** el piso
  apartment building el edificio, la casa de apartamentos, **2.2**
to **applaud** aplaudir, **5.1**
  to be applauded recibir aplausos, **8.1**
apple la manzana, **9.2**
appreciated apreciado(a)
April abril, **LP**
area la zona
Argentine argentino(a)
arithmetic la aritmética
arm el brazo, **11.1**
around *(space)* alrededor de, **2.2**
around *(time)* a eso de

to **arrive** llegar, **4.1**
arriving from procedente de, **10.2**
arrogant altivo(a)
arrow la flecha
art el arte, **1.2**
  art show (exhibition) la exposición de arte, **8.2**
artist el/la artista; el/la pintor(a), **8.2**
as como
to **ask (a question)** preguntar
at a, en
  at around *(time)* a eso de
  at home en casa, **2.2**
  at night por la noche; de noche
  at one o'clock (two o'clock, three o'clock . . .) a la una (a las dos, a las tres...), **LP**
  at times a veces, **6.1**
  at what time? ¿a qué hora?, **LP**
to **attend** asistir (a), **8.1**
attention: to pay attention prestar atención, **3.1**
attractive guapo(a), **1.1**
August agosto, **LP**
aunt la tía, **2.1**
author el/la autor(a)
autumn el otoño, **LP**
avenue la avenida
Awesome! ¡Bárbaro!, **5.2**

back: in back of detrás de, **2.2**
background la ascendencia
backpack la mochila, **3.1**
backpacker el/la mochilero(a), **11.2**
bacon el tocino, el bacón, **4.1**
bad malo(a), **1.2;** mal, **LP**
  The weather is bad. Hace mal tiempo., **LP**

to be in a bad mood estar de mal humor, **6.1**

to get bad grades sacar notas malas, **3.1**

baggage el equipaje, **10.1**

carry-on baggage el equipaje de mano, **10.1**

balcony el balcón

ball *(soccer, basketball)* el balón, **5.1**; *(volleyball)*, el balón, **7.1**; *(baseball, tennis)* la pelota, **5.2**

to hit the ball batear, golpear, **5.2**

to kick (throw) the ball lanzar el balón, **5.1**

ballpoint pen el bolígrafo, **3.1**; el lapicero, la pluma

banana el plátano, **9.2**

band la banda, el conjunto, **8.1**

bar (soap) la barra de jabón, **11.2**; la pastilla de jabón

to **bargain** regatear, **9.2**

base *(baseball)* la base, **5.2**

baseball el béisbol, **5.2**

baseball field el campo de béisbol, **5.2**

baseball player el/la jugador(a) de béisbol, el/la beisbolista, **5.2**

basket *(basketball)* el cesto, la canasta, **5.2**

to make a basket encestar, meter el balón en la cesta, **5.2**

basketball el básquetbol, el baloncesto, **5.2**

basketball court la cancha de básquetbol, **5.2**

bat el bate, **5.2**

to **bat** batear, **5.2**

bathing suit el bañador, el traje de baño, **7.1**

bathroom el cuarto de baño, **2.2**; el servicio, **10.2**

batter el/la bateador(a), **5.2**

to **be** ser, **1.1**; estar, **3.1**

to be able (to) poder (ue), **5.1**

to be afraid tener miedo, **7.2**

to be applauded recibir aplausos, **5.1**

to be born nacer

to be called (named) llamarse, **11.1**

to be cold (hot) tener frío (calor), **11.1**

to be fine (well) estar bien, **6.2**

to be going to (do something) ir a, **4.1**

to be hungry tener hambre, **4.1**

to be pleasing (to someone) gustar, **5.1**

to be sick estar enfermo(a), **6.2**

to be successful tener éxito, **6.1**

to be thirsty tener sed, **4.1**

to be . . . years old tener... años, **2.1**

beach la playa, **7.1**

beach resort el balneario, **7.1**

beach towel la toalla, **7.1**

beans los frijoles, **4.1**

green beans las judías verdes, **9.2**

beautiful bello(a), hermoso(a)

because porque, **3.2**

bed la cama, **2.2**

to go to bed acostarse (ue), **11.1**

to stay in bed guardar cama, **6.2**; quedarse en la cama, **11.1**

bedroom el cuarto de dormir, la recámara, **2.2**; el dormitorio, la habitación, la alcoba, la pieza

beef el bife

before antes de, **3.2**

to **begin** empezar (ie), **5.1**; comenzar (ie)

beginner el/la principiante, **7.2**

behaved: to be well-behaved tener buena conducta, **6.1**

behavior la conducta, el comportamiento, **6.1**

behind detrás de, **2.2**

to **believe** creer

below debajo de, **10.2**

beside al lado de, **2.2**

between entre

beverage la bebida, el refresco, **4.1**

bicycle la bicicleta, **2.2**

big gran, grande, **1.2**

biologist el/la biólogo(a)

biology la biología

bird el pájaro

birthday el cumpleaños, **8.1**

black negro(a), **2.1**

blind ciego(a)

to **block** bloquear, **5.1**

blond rubio(a), **1.1**

to have blond hair tener el pelo rubio, **2.1**

blood pressure la tensión arterial, **6.2**

blouse la blusa, **3.1**

blue azul, **2.1**

blue jeans el blue jean, **9.1**

board: on board a bordo (de), **10.2**

to **board** embarcar, abordar, **10.2**

boarding el embarque, **10.1**

boarding pass la tarjeta de embarque, **10.1**; la tarjeta de abordar, el pasabordo

boarding time la hora de embarque, **10.1**

boat el barquito, **7.1**

body (human) el cuerpo (humano), **11.1**

book el libro, **3.1**

boot la bota, **7.2**

to **bore** aburrir

boring aburrido(a), **1.2**

born: to be born nacer

to **bother** molestar, enfadar, enojar, **6.1**

bottle la botella, **9.2**

box office la taquilla, **8.2**

boy el muchacho, **1.1**; el niño, **6.2**

brave gallardo(a), valiente, no tener miedo

bread el pan

to **break** romper

breakfast el desayuno, **4.1**

to have breakfast tomar el desayuno, **4.1**; desayunarse

breed la raza

to **bring** traer, **10.1**

bronze *(adj.)* de bronce, **8.2**

brother el hermano, **2.1**

brown castaño(a), **2.1**; de color marrón, **5.1**

to have brown eyes tener ojos castaños, **2.1**

to have brown hair tener el pelo castaño, **2.1**

brunette moreno(a), **1.1**

brush el cepillo, **11.2**

toothbrush el cepillo de dientes, **11.2**

to **brush** cepillar, **11.1**

to brush one's hair cepillarse, **11.1**

to brush one's teeth cepillarse (lavarse) los dientes, **11.1**

building el edificio, **2.2**

burrito el burrito

to **bury** enterrar (ie)

bus el autobús, el bus

school bus el bus escolar, **3.2**

to miss the bus perder el autobús, **8.1**

English-Spanish Dictionary

but pero
butter la mantequilla, **4.1**
to **buy** comprar, **3.2**
by por; en
  by plane (car, bus, etc.) en avión (carro, autobús, etc.)
  by tens de diez en diez
  By the way! ¡A propósito!, **8.2**
  Bye! ¡Chao!, **LP**

café el café, **4.2**
cafeteria la cafetería, **4.1**
cake la torta, **4.1**; el pastel, la tarta, **8.1**; el bizcocho
calculator la calculadora, **3.1**
to **call** llamar, **11.2**
calm calmo(a), tranquilo(a), **6.1**
camera la cámara, **7.1**
  digital camera la cámara digital, **7.1**
campfire la fogata
camping el camping, **11.2**
  to go camping ir de camping, **11.2**
can el bote, la lata, **9.2**
candle la vela, **8.1**
capital la capital
car el carro, **2.2**; el coche
carbonated drink la gaseosa, **4.1**
Caribbean Sea el mar Caribe
carrot la zanahoria, **9.2**
to **carry** llevar, **3.1**; traer, **10.1**
carry-on bags el equipaje de mano, **10.2**
cart el carrito, **9.2**
cash register la caja, **3.2**
cashier el/la cajero(a)
cat el/la gato(a), **2.1**
to **catch** atrapar, **5.2**
catcher el/la cátcher, el/la receptor(a), **5.2**
to **celebrate** celebrar
celebration la celebración
cell phone el móvil, **3.2**; el teléfono celular
center el centro
century el siglo
ceramics las cerámicas, **9.2**
cereal el cereal, **4.1**
chair la silla, **2.2**

chairlift el telesilla, el telesquí, **7.2**
character el personaje
cheap barato(a), **9.1**
  It's all a lot cheaper. Todo te sale más barato., **9.1**
check *(restaurant)* la cuenta, **4.2**
to **check luggage** facturar el equipaje, **10.1**
cheerleader el/la porrista
cheese el queso, **4.1**
  ham and cheese sandwich el sándwich de jamón y queso, **4.1**
chemistry la química
chicken el pollo, **4.1**
child el/la niño(a), **6.2**
children los hijos, **2.1**
Chilean chileno(a)
chocolate el chocolate
  hot chocolate el chocolate caliente, **4.1**
to **choose** escoger
city la ciudad, **2.2**
civilization la civilización
to **clap** aplaudir, **5.1**
class la clase; el curso, **1.2**
classroom la sala de clase, **3.1**
clothing la ropa, **9.1**
  clothing store la tienda de ropa, **9.1**
cloud la nube, **7.1**
cloudy nublado(a), **7.1**
coach el/la entrenador(a)
co-ed mixto(a)
coffee el café, **4.1**
cognate la palabra afine
  false cognate el amigo falso, **2.1**
cola la cola, **4.1**
cold el frío; frío(a), **4.2**; *(illness)* el catarro, **6.2**
  It's cold *(weather).* Hace frío., **LP**
  to be cold tener frío, **11.1**
  to have a cold tener catarro, **6.2**
Colombian colombiano(a), **1.2**
color el color, **5.1**
comb el peine, **11.2**
to **comb one's hair** peinarse, **11.1**
to **come** venir (ie)
  coming from procedente de, **10.2**
  I'm coming! ¡Ya voy!, **11.2**

comical cómico(a), gracioso(a), **1.1**
companion el/la compañero(a)
to **complete** completar
composition la composición
computer la computadora, el ordenador, **3.2**
concert el concierto, **8.1**
condo(minium) el condominio
conduct la conducta, **6.1**
connected conectado(a)
connection la conexión
consonant la consonante
continent el continente
conversation la conversación
cool fresco(a), **LP**
  It's cool *(weather).* Hace fresco., **LP**
corn el maíz, **9.2**
to **cost** costar (ue), **3.2**
  How much does it cost? ¿Cuánto cuesta?, **3.2**
Costa Rican costarricense
cough la tos, **6.2**
  to have a cough tener tos, **6.2**
to **cough** toser, **6.2**
counter *(airline)* el mostrador, **10.1**
country el país; el campo
  Spanish-speaking countries los países hispanohablantes
course el curso, **1.2**
court la cancha, **5.2**
  basketball (tennis) court la cancha de básquetbol (tenis), **5.2**
  volleyball court la cancha de voleibol, **7.1**
courtesy la cortesía, **LP**
cousin el/la primo(a), **2.1**
crackers las galletas, **8.1**
crafts la artesanía, **9.2**
cross-country skiing el esquí nórdico
Cuban cubano(a)
Cuban American cubanoamericano(a)
culture la cultura
cup la taza, **4.1**
custard el flan, **4.1**
customer el/la cliente(a), **4.2**

D

to **dance** bailar
dangerous peligroso(a)
dark-haired moreno(a), **1.1**
data los datos
date la fecha, **LP**
  What's today's date? ¿Cuál es la fecha de hoy?, **LP**
daughter la hija, **2.1**
day el día, **LP**
  What day is it (today)? ¿Qué día es hoy?, **LP**
dead muerto(a)
dear querido(a)
death la muerte
December diciembre, **LP**
to **decide** decidir
delay el retraso, la demora, **10.2**
delicious delicioso(a); rico(a)
departure la salida, **10.1**
  departure gate la puerta de salida, **10.2**
  departure time la hora de salida, **10.1**
to **deplane** desembarcar
to **describe** describir
description la descripción
desert el desierto
desk el pupitre, **3.1**
dessert el postre, **4.1**; la sobremesa
dictation el dictado
to **die** morir (ue)
difference la diferencia
different diferente, **9.2**
difficult difícil, duro(a), **1.2**; avanzado(a), **7.2**
difficulty la dificultad
digital camera la cámara digital, **7.1**
dining room el comedor, **2.2**
dinner la cena, **4.1**
  to have dinner cenar, **4.1**
direction la dirección
disagreeable desagradable
to **disembark** desembarcar
dish el plato
dispenser: automatic boarding pass dispenser el distribuidor automático, **10.1**
to **dive** bucear, **7.1**
divine divino(a)
to **do** hacer, **10.2**
doctor el/la médico(a), **6.2**

doctor's office el consultorio, la consulta, **6.2**
dog el/la perro(a), **2.1**
Dominican dominicano(a)
  Dominican Republic la República Dominicana
doubles *(tennis)* dobles, **5.2**
doughnut (type of) el churro
down: to go down bajar, **7.2**
downhill skiing el esquí alpino
dozen la docena
drawing el dibujo
dress el vestido, **9.1**
to **dribble** driblar (con el balón), **5.2**
drink *(beverage)* la bebida, **4.1**; el refresco, **4.2**
to **drink** beber, **4.1**
drugstore la farmacia, **6.2**
during durante, **3.2**
DVD el DVD, **3.1**
dynamic dinámico(a), **6.1**

E

each cada, **2.2**
early temprano, **10.2**
early riser el/la madrugador(a), **11.1**
to **earn** ganar
earthquake el terremoto
easily sin dificultad, **7.2**
easy fácil, **1.2**
to **eat** comer, **4.1**
  to eat breakfast (lunch) tomar el desayuno (el almuerzo), **4.1**
  to eat dinner cenar, **4.1**
Ecuadoran ecuatoriano(a), **1.1**
education la educación
  physical education la educación física, **1.2**
egg el huevo, **4.1**
eight ocho, **LP**
eight hundred ochocientos(as)
eighteen dieciocho, **LP**
eighty ochenta, **LP**
either tampoco *(after negation)*
elbow el codo, **11.1**
electronic electrónico(a)
elementary: elementary school la escuela primaria
eleven once, **LP**
else: Anything else? ¿Algo más?, **9.2**

Nothing else. Nada más., **9.2**
e-mail el correo electrónico, **3.2**; el e-mail
to **e-mail** enviar un correo electrónico, **3.2**
employee el/la empleado(a), **3.2**; el/la dependiente(a)
enchilada la enchilada
end el fin
energetic energético(a), **6.1**
energy la energía, **6.1**
English el inglés, **1.2**
to **enjoy** disfrutar de, gozar de
enough bastante
to **enter** entrar, **5.1**
enthusiasm el entusiasmo, **6.1**
enthusiastic lleno(a) de entusiasmo, **6.1**; entusiasmado(a)
especially especialmente, sobre todo
e-ticket el boleto (billete) electrónico, **10.1**
euro el euro
even aun
evening la noche
  Good evening. Buenas noches., **LP**
  in the evening por la noche
  yesterday evening anoche, **7.1**
everyone todos(as), **8.1**
everything todo(a), **6.2**; todos(as)
everywhere en todas partes
exam el examen, la prueba, **3.1**
  physical exam el examen físico, **6.2**
  to take an exam tomar un examen, **3.1**
to **examine** examinar, **6.2**
example: for example por ejemplo
excellent excelente
exception la excepción
Excuse me. Con permiso., **10.1**
exhibition la exposición (de arte), **8.2**
exotic exótico(a)
expensive caro(a), **9.1**
expert el/la experto(a), **7.2**
to **explain** explicar
extraordinary extraordinario(a)
eye el ojo, **2.1**
  to have blue (green, brown) eyes tener ojos azules (verdes, castaños), **2.1**

English-Spanish Dictionary

F

fabrics los tejidos, **9.2**
fabulous fabuloso(a)
face la cara, **6.1**
fact el hecho
fall *(season)* el otoño, **LP**
to **fall** caer
to **fall asleep** dormirse (ue), **11.1**
false falso(a)
family la familia, **2.1**
famous famoso(a)
fan el/la aficionado(a), **5.1**
fantastic fantástico(a)
far lejos (de), **3.2**
fast rápido(a)
fastened abrochado(a), **10.2**
fat gordo(a)
father el padre, **2.1**
favor el favor
favorite favorito(a)
feature la característica
February febrero, **LP**
fever la fiebre, **6.2**
　to have a fever tener fiebre, **6.2**
few poco(a), pocos(as), **2.2**
　a few unos(as)
field el campo, **5.1**
　baseball field el campo de béisbol, **5.2**
　soccer field el campo de fútbol, **5.1**
fifteen quince, **LP**
　fifteen-year-old girl la quinceañera
fifty cincuenta, **LP**
fight la lucha
film el filme, la película, **8.2**; el film
fine bien, **LP**
　to be fine estar bien, **6.2**
finger el dedo, **11.1**
to **finish** terminar
first primero(a), **LP**
fish el pescado, **4.1**
five cinco, **LP**
five hundred quinientos(as)
flag la bandera
flan el flan, **4.1**
flight el vuelo, **10.1**

flight attendant el/la asistente(a) de vuelo, **10.2**
flight number el número del vuelo, **10.1**
floor el piso, **2.2**
flower la flor, **2.2**
to **fly** volar (ue)
folder la carpeta, **3.2**
to **follow** seguir
food la comida, **4.1**; el comestible
foolish tonto(a)
foot el pie, **5.1**
　on foot a pie, **3.2**
football el fútbol americano
for por, para; con destino a, **10.2**
　for example por ejemplo
foreign extranjero(a)
to **forget** olvidar
forty cuarenta, **LP**
four cuatro, **LP**
four hundred cuatrocientos(as)
fourteen catorce, **LP**
free libre, **4.2**
French el francés, **1.2**
french fries las papas (patatas) fritas, **4.1**
frequently con frecuencia, frecuentemente
Friday el viernes, **LP**
fried frito(a)
friend el/la amigo(a), **1.1**; el/la compañero(a)
friendly agradable, **6.1**
from de, **LP**
　from where? ¿de dónde?, **1.1**
front: in front of delante de, **2.2**
frozen congelado(a), **9.2**
fruit la fruta, **9.2**
fruit stand la frutería, **9.2**
full of lleno(a) de, **6.1**
fun: to have fun divertirse (ie), **11.2**
funny cómico(a); gracioso(a), **1.1**; divertido(a)
furniture los muebles, **2.2**

G

game el juego, el partido, **5.1**
garage el garaje, **2.2**
garden el jardín, **2.2**
gate *(airport)* la puerta de salida, **10.2**

general general
　generally, in general en general, por lo general
generous generoso(a)
gentle manso(a)
gentleman el señor, **LP**
geography la geografía
geometry la geometría
to **get** sacar, **3.1**
　to get good (bad) grades sacar notas buenas (malas), **3.1**
　to get dressed ponerse la ropa, **11.1**
　to get up levantarse, **11.1**
gift el regalo, **8.1**
girl la muchacha, **1.1**; la niña, **6.2**
to **give** dar, **3.1**
　to give an exam dar un examen (una prueba), **3.1**
　to give (throw) a party dar una fiesta, **8.1**
glass *(drinking)* el vaso, **4.1**
glove el guante, **5.2**
to **go** ir, **3.2**; pasar, **5.2**
　to be going (to do something) ir a, **4.2**
　to go back regresar, **3.2**; volver (ue), **5.1**
　to go camping ir de camping, **11.2**
　to go down bajar, **7.2**
　to go for a hike dar una caminata, **11.2**
　to go home regresar a casa, **3.2**; volver (ue) a casa, **8.1**
　to go ice-skating patinar sobre el hielo, **7.2**
　to go out salir, **8.1**
　to go over the net pasar por encima de la red, **5.2**
　to go shopping ir de compras, **9.1**
　to go skiing esquiar, **7.2**
　to go snorkeling bucear, **7.1**
　to go surfing practicar la tabla hawaiana, **7.1**
　to go through pasar por, **10.2**
　to go to bed acostarse (ue), **11.1**
　to go to the movies ir al cine, **8.2**
　to go up subir, **7.2**
　to go waterskiing esquiar en el agua, **7.1**

to go windsurfing practicar la plancha de vela, **7.1**
goal el gol, **5.1**
    goal *(box)* la portería, **5.1**
    to score a goal meter un gol, **5.1**
goalie el/la portero(a), **5.1**
going to con destino a, **10.2**
good bueno(a), **1.1**
    Good afternoon. Buenas tardes., **LP**
    Good evening. Buenas noches., **LP**
    Good morning. Buenos días., **LP**
    to get good grades sacar notas buenas, **3.1**
Good-bye! ¡Adiós!, ¡Chao!, **LP**
good-looking guapo(a), bonito(a), **1.1**
grade la nota, **3.1**
    to get good (bad) grades sacar notas buenas (malas), **3.1**
grandchildren los nietos, **2.1**
granddaughter la nieta, **2.1**
grandfather el abuelo, **2.1**
grandmother la abuela, **2.1**
grandparents los abuelos, **2.1**
grandson el nieto, **2.1**
grape la uva, **9.2**
gray gris, **5.1**
great gran, grande
Great! ¡Bárbaro!, **5.2**
green verde, **2.1**
green beans las judías verdes, **9.2**
green pepper el pimiento, **9.2**
greeting el saludo, **LP**
group *(musical)* el grupo, el conjunto, **8.1**
to **guard** guardar, **5.1**
Guatemalan guatemalteco(a), **1.1**
guest el/la invitado(a)
guitar la guitarra
gym(nasium) el gimnasio

hair el pelo, **2.1**
    to brush one's hair cepillarse, **11.1**
    to comb one's hair peinarse, **11.1**
    to have blond (brown, black) hair tener el pelo rubio (castaño, negro), **2.1**
half *(soccer)* el tiempo, **5.1**

second half *(soccer)* el segundo tiempo, **5.1**
half past *(hour)* y media, **LP**
ham el jamón, **4.1**
    ham and cheese sandwich el sándwich de jamón y queso, **4.1**
hamburger la hamburguesa, **4.1**
hand la mano, **3.1**
    to raise one's hand levantar la mano, **3.1**
hand baggage el equipaje de mano, **10.1**
handsome guapo(a), **1.1**
happy alegre, contento(a), **6.1;** feliz
hard *(adj.)* difícil, duro(a), **1.2**
hardworking ambicioso(a), **1.2;** trabajador(a)
to **have** tener (ie), **2.1**
    to have a cold tener catarro, **6.2**
    to have a fever tener fiebre, **6.2**
    to have a good time pasarlo bien, divertirse (ie), **11.2**
    to have a headache tener dolor de cabeza, **6.2**
    to have a party dar una fiesta, **8.1**
    to have a snack tomar una merienda, **4.2**
    to have a sore throat tener dolor de garganta, **6.2**
    to have a stomachache tener dolor de estómago, **6.2**
    to have blond (brown, black) hair tener el pelo rubio (castaño, negro), **2.1**
    to have blue (brown, green) eyes tener ojos azules (castaños, verdes), **2.1**
    to have breakfast tomar el desayuno, **4.1;** desayunarse
    to have dinner cenar, **4.1**
    to have fun pasarlo bien, divertirse (ie), **11.2**
    to have lunch tomar el almuerzo, **4.1**
    to have to (do something) tener que, **4.1**
he él, **1.1**
head la cabeza, **6.2**
headache: to have a headache tener dolor de cabeza, **6.2**
health la salud, **6.1**
to **hear** oír, **8.1**

heart el corazón
heat el calor
Hello! ¡Hola!, **LP**
helmet el casco, **7.2**
to **help** ayudar, **10.1**
her su(s); la *(pron.)*
here aquí, acá
hero el héroe
heroine la heroína
Hi! ¡Hola!, **LP**
high alto(a), **3.1**
high school la escuela secundaria, **1.2;** el colegio
hike: to take (go for) a hike dar una caminata, **11.2**
hiker el/la mochilero(a), **11.2**
him lo; le
his su(s)
Hispanic hispano(a)
history la historia, **1.2**
to **hit** *(baseball)* batear, *(tennis)* golpear, **5.2**
    to hit a home run batear un jonrón
holiday la fiesta
home la casa, **2.2;** a casa, **3.2**
    at home en casa
    to go home regresar a casa, **3.2;** volver (ue) a casa, **8.1**
home plate el plato, **5.2**
home run el jonrón
    to hit a home run batear un jonrón
homework la tarea
honest honesto(a)
hot: to be hot tener calor, **11.1**
    It's (very) hot *(weather).* Hace (mucho) calor., **LP**
hot caliente, **4.1**
hour la hora
house la casa, **2.2**
    apartment house el edificio, la casa de apartamentos, **2.2**
how? ¿cómo?, **1.1;** ¿qué?, **LP**
    How are things going? ¿Qué tal?, **LP**
    How are you? ¿Cómo estás?
    how many? ¿cuántos(as)?, **2.1**
    How much does it cost? ¿Cuánto cuesta?, **3.2**
    How much is (are) . . . ? ¿A cuánto está(n)... ?, **9.2**
    How much is it? ¿Cuánto es?, **LP**
    How old is he (she)? ¿Cuántos años tiene?, **2.1**
humor: to have a good sense of humor tener un buen sentido de humor, **6.1**

English-Spanish Dictionary

hundred cien(to), **LP**
hunger el hambre *(f.)*
hungry: to be hungry tener hambre, **4.1**
to **hurt** doler (ue), **6.2**
   Me duele la cabeza (el estómago, etc.). My head (stomach, etc.) hurts.
husband el esposo, el marido, **2.1**

I yo
ice el hielo, **7.2**
ice cream el helado, **4.1**
ice skate el patín, **7.2**
to **ice-skate** patinar sobre el hielo, **7.2**
ice-skater el/la patinador(a), **7.2**
ice-skating el patinaje sobre el hielo, **7.2**
   ice-skating rink la pista de patinaje, **7.2**
ID card el carnet de identidad, **10.2**
idea la idea
identification la identidad, **10.2**
to **identify** identificar
if si
ill-mannered mal educado(a), **6.1**
illness la enfermedad
immediately enseguida, **4.2**
impatient impaciente, **6.1**
important importante
impossible imposible
in en
   in back of detrás de, **2.2**
   in front of delante de, **2.2**
to **include** incluir
   Is the tip included? ¿Está incluido el servicio?, **4.2**
incredible increíble
to **indicate** indicar
indigenous indígena, **9.2**
individual: individual sport el deporte individual
indoor cubierto(a)
inexpensive barato(a), **9.1**
influence la influencia
information la información, **3.2**
inhabitant el/la habitante
intelligent inteligente, **1.2**

interest el interés
to **interest** interesar, **5.1**
interesting interesante, **1.2**
international internacional, **10.1**
Internet el Internet, **3.2**
   to surf the Net navegar el Internet, **3.2**
to **invite** invitar
island la isla
it lo, la
Italian italiano(a)

jacket la chaqueta, **9.1**
   ski jacket la chaqueta de esquí, el anorak, **7.2**
January enero, **LP**
jar el frasco, **9.2**
jeans el blue jean, **9.1**
juice el jugo, el zumo, **4.1**
   orange juice el jugo de naranja, **4.1**
July julio, **LP**
June junio, **LP**
just: to have just (done something) acabar de, **4.2**

kebabs los pinchitos, **4.2**
to **kick** lanzar, **5.1**
kilo(gram) el kilo, **9.2**
king el rey
kitchen la cocina, **2.2**
knapsack la mochila, **3.1**
knee la rodilla, **11.1**
to **know** saber; conocer, **9.1**
   to know how (to do something) saber, **9.1**

to **lack** faltar, **6.1**
   He/She lacks . . . Le falta... , **6.1**
lake el lago
lamp la lámpara, **2.2**
to **land** aterrizar, **10.2**
landing el aterrizaje, **10.2**
language la lengua
large gran, grande, **1.2**
last pasado(a), **7.1**; último(a)
   last night anoche, **7.1**

last week la semana pasada, **7.1**
last year el año pasado, **7.1**
late tarde, con un retraso (una demora), **10.2**
later luego, **LP**
   See you later! ¡Hasta luego!, **LP**
Latin America Latinoamérica
Latin American latinoamericano(a)
Latino latino(a)
lazy perezoso(a), **1.2**
league la liga
to **learn** aprender, **4.2**
to **leave** salir, **8.1**; dejar
left izquierdo(a), **11.1**
leg la pierna, **11.1**
legend la leyenda
lemonade la limonada
less menos, **9.1**
lesson la lección
to **let** dejar; permitir
lettuce la lechuga, **4.1**
life la vida
like como
to **like** gustar, **5.1**
   What would you like (to eat)? ¿Qué desean tomar?, **4.2**
line (of people) la cola, **10.2**; la fila
   to wait in line hacer cola, **10.2**; estar en fila
to **listen to** escuchar, **3.2**
   Listen! ¡Oye!
literature la literatura
little pequeño(a), **1.2**
   a little poco(a), **2.2**
to **live** vivir, **4.1**
living room la sala, **2.2**
long largo(a), **5.1**
to **look at** mirar, **3.2**
   Look! ¡Mira!, **3.1**
to **look at oneself** mirarse, **11.1**
to **look for** buscar, **3.2**
to **lose** perder (ie), **5.1**
lot: a lot mucho(a), **LP**; muchos(as), **2.1**
lotion: suntan lotion la crema solar, la loción bronceadora, **7.1**
love el amor
   in love enamorado(a)
   loved one el/la amado(a)

low bajo(a), **3.1**

to **lower (prices)** rebajar, **9.1**

luggage el equipaje, **10.1**

hand luggage el equipaje de mano, **10.1**

lunch el almuerzo, **4.1**

to have lunch tomar el almuerzo, **4.1**

mad enojado(a), enfadado(a), **6.1**

madam (la) señora, **LP**

magazine la revista

main principal

majority la mayoría; mayoritario(a) *(adj.)*

to **make** hacer, **10.2**

to make a basket encestar, meter el balón en la cesta, **5.2**

mall el centro comercial, **9.1**

man el hombre

manager el/la entrenador(a)

manners los modales, **6.1**

to have good (bad) manners tener buenos (malos) modales, **6.1**

many muchos(as), **2.2**

how many? ¿cuántos(as)?, **2.1**

March marzo, **LP**

mark la nota, **3.1**

bad (low) mark la nota mala (baja), **3.1**

good (high) mark la nota buena (alta), **3.1**

to get good (bad) marks sacar notas buenas (malas), **3.1**

market el mercado, **9.2**

native market el mercado indígena, **9.2**

market stall el puesto, el tenderete, **9.2**

to **marry: to get married** casarse

to **match** parear

mathematics las matemáticas, **1.2**

May mayo, **LP**

maybe quizá, quizás, tal vez, **7.2**

mayonnaise la mayonesa, **9.2**

me mí; me

meal la comida, **4.1**

to **mean** significar

meat la carne, **4.1**

meatball la albóndiga, **4.2**

meat pie la empanada, **4.2**

medicine el medicamento, la medicina, **6.2**

medium-sized mediano(a)

member el miembro, **2.1**

menu el menú, **4.2**

merchant el/la vendedor(a), **9.2**

Mexican mexicano(a), **1.2**

Mexican American mexicanoamericano(a)

milk la leche, **4.1**

million el millón

a million dollars un millón de dólares

mineral water el agua mineral, **4.2**

mirror el espejo, **11.1**

Miss (la) señorita, **LP**

to **miss (the bus)** perder (ie) (el autobús), **8.1**

modern moderno(a)

mom mamá

Monday el lunes, **LP**

money el dinero, **3.2**

month el mes, **LP**

mood el humor, **6.1**

to be in a good (bad) mood estar de buen (mal) humor, **6.1**

more más, **9.1**

morning la mañana

Good morning. Buenos días., **LP**

in the morning por la mañana

mother la madre, **2.1**

mountain la montaña, **7.2**

mountain top el pico, **7.2**

mouth la boca, **6.2**

movie la película, el filme, **8.2;** el film

movie theater el cine, **8.2**

movies: to go to the movies ir al cine, **8.2**

MP3 player el MP3, **3.2**

Mr. (el) señor, **LP**

Mr. and Mrs. (los) señores

Mrs. (la) señora, **LP**

Ms. (la) señorita, (la) señora, **LP**

much mucho(a), **LP**

how much? ¿cuánto?

How much does it cost (is it)? ¿Cuánto es?, **LP;** ¿Cuánto cuesta?, **3.2**

museum el museo, **8.2**

music la música, **1.2**

musician el/la músico(a), **8.1**

must deber

my mi, mis

name el nombre, **2.1**

My name is . . . Me llamo... , **11.1**

What is your name? ¿Cómo te llamas?, **11.1;** ¿Cuál es su nombre? *(formal)*

national nacional

nationality la nacionalidad, **1.1**

what nationality? ¿de qué nacionalidad?, **1.1**

native indígena, **9.2**

native person el/la indígena

near cerca de, **3.2**

necktie la corbata, **9.1**

to **need** necesitar, **3.2**

neighbor el/la vecino(a)

neighborhood el barrio

neither tampoco

nephew el sobrino, **2.1**

nervous nervioso(a), **6.1**

net (World Wide Web) la red, **3.2;** *(tennis),* **5.2**

to surf the Net navegar el Internet, **3.2**

never nunca, **8.2**

new nuevo(a), **1.1**

newspaper el periódico

next to al lado de, **2.2**

nice simpático(a), **1.1;** *(weather)* buen (tiempo)

Nice to meet you. Mucho gusto., **1.2**

The weather is nice. Hace buen tiempo., **LP**

niece la sobrina, **2.1**

night la noche

at night por la noche

Good night. Buenas noches., **LP**

last night anoche, **7.1**

nine nueve, **LP**

nine hundred novecientos(as)

nineteen diecinueve, **LP**

ninety noventa, **LP**

no no, **LP;** ninguno(a)

by no means de ninguna manera

nobody nadie, **8.2**

none ninguno(a)

noon el mediodía

no one nadie, **8.2**

normal normal, **6.2**

north el norte

North American norteamericano(a), **1.1**

English-Spanish Dictionary

no-smoking sign la señal de no fumar, **10.2**

not no, **1.2**

notebook el cuaderno, **3.1**

nothing nada, **8.2**

    Nothing else. Nada más., **9.2**

novel la novela

November noviembre, **LP**

now ahora

number el número, **10.1**

    flight number el número del vuelo, **10.1**

    seat number el número del asiento, **10.1**

nurse el/la enfermero(a), **6.2**

objective el objetivo

obligatory obligatorio(a)

to **observe** observar

obstinate obstinado(a), **6.1**

occupied ocupado(a), **4.2**

ocean el océano

o'clock: It's two o'clock. Son las dos., **LP**

October octubre, **LP**

of de

of course claro que... , ¡cómo no!

office: doctor's office la consulta del médico, **6.2**

old viejo(a), **2.2**

    How old is he (she)? ¿Cuántos años tiene?, **2.1**

older mayor, **2.1**

oldest el/la mayor, **2.1**

olive la aceituna, **4.2**

on sobre, en

    on board a bordo (de), **10.2**

    on foot a pie

    on time a tiempo, **10.2**

    on top of sobre

one uno; uno(a), **LP**

one hundred cien(to), **LP**

one thousand mil

onion la cebolla, **9.2**

only único(a), **2.1;** solo; solamente

to **open** abrir, **4.2**

open-air al aire libre, **7.2**

open-minded flexible, **6.1**

opinion la opinión

opponents el equipo contrario, **7.1**

opposing: opposing team el equipo contrario, **7.1**

opposite el contrario

or o

orange *(color)* anaranjado(a), **5.1;** naranja

orange *(fruit)* la naranja, **4.1**

    orange juice el jugo (zumo) de naranja, **4.1**

order *(restaurant)* la orden, **4.2**

other otro(a)

    any other cualquier otro(a)

our nuestro(a), nuestros(as)

outdoor al aire libre, **7.2**

outfielder el/la jardinero(a), **5.2**

over por encima de, **5.2**

overhead bin el compartimiento superior, **10.2**

own propio(a), **5.1**

oxygen mask la máscara de oxígeno, **10.2**

to **pack** hacer la maleta, **10.1**

package el paquete, **9.2**

pain el dolor, **6.2**

painter el/la pintor(a), **8.2**

painting el cuadro, **8.2;** la pintura

pair el par, **9.1**

pants el pantalón, **3.1**

    long pants el pantalón largo, **9.1**

paper: sheet of paper la hoja de papel, **3.1**

parents los padres, **2.1**

park el parque, **11.2**

parrot el loro

part la parte

party la fiesta, **8.1**

    to (have) throw a party dar una fiesta, **8.1**

to **pass** pasar, **5.2**

passenger el/la pasajero(a), **10.1**

passport el pasaporte, **10.2**

patience la paciencia, **6.1**

patient *(adj.)* paciente, **6.1**

patient *(n.)* el/la enfermo(a), **6.2**

to **pay** pagar, **3.2**

    to pay attention prestar atención, **3.1**

pea el guisante, **9.2**

peanut el cacahuate, el maní, **8.1;** el cacahuete

pen el bolígrafo, **3.1;** el lapicero, la pluma

pencil el lápiz, **3.1;** lápices *(pl.)*

people la gente, **9.1**

perhaps quizá, quizás, tal vez, **7.2**

person la persona

personality la personalidad, **6.1**

Peruvian peruano(a)

pet la mascota, **2.1**

pharmacist el/la farmacéutico(a)

pharmacy la farmacia, **6.2**

photo(graph) la foto(grafía)

    to take photos sacar (tomar) fotos, **7.1**

physical (exam) el examen físico, **6.2**

physical education la educación física, **1.2**

piano el piano

picture la foto(grafía)

    to take pictures sacar (tomar) fotos, **7.1**

picturesque pintoresco(a)

pineapple la piña, **9.2**

pink rosado(a), **5.1**

pitcher *(baseball)* el/la pícher, el/la lanzador(a), **5.2**

pizza la pizza, **4.1**

place el lugar

plane el avión, **10.1**

plantain: slices of fried plantain los tostones, **4.2;** los patacones

to **play** *(sport)* jugar, **5.1;** *(musical instrument)* tocar, **8.1**

player el/la jugador(a), **5.1**

    baseball player el/la jugador(a) de béisbol, el/la beisbolista, **5.2**

pleasant agradable, **6.1**

please por favor, **LP;** favor de (+ *infinitive*), **11.2**

pleasure: It's a pleasure to meet you. Mucho gusto.

P.M. de la tarde, de la noche

point el tanto, **5.1**
 to score a point marcar un tanto, **5.1**
polite bien educado(a), **6.1**
pool la piscina, la alberca, **7.1**
poor pobre
population la población
portrait el retrato
possible posible
potato la papa, la patata, **4.1**
 french fried potatoes las papas (patatas) fritas, **4.1**
pound *(weight)* la libra
practically casi, **8.2**
to **practice** practicar
to **prefer** preferir (ie)
to **prepare** preparar
to **prescribe** recetar, **6.2**
prescription la receta, **6.2**
present el regalo, **8.1**
to **present** presentar
pretty bonito(a), **1.1**
price el precio, **9.1**
primary primario(a)
private privado(a), **2.2**
prize (award) el premio
problem el problema
product el producto, **9.2**
to **promise** prometer
Puerto Rican puertorriqueño(a), **1.1**
pulse el pulso, **6.2**
purchase la compra, **9.2**
to **push** empujar
to **put** poner, **10.2**
to **put on** *(clothes)* ponerse, **11.1**
to **put up** *(tent)* armar, montar, **11.2**

quarter: a quarter past (the hour) y cuarto, **LP**
question la pregunta, **3.1**
 to ask a question preguntar
quite bastante, **1.2**

---

racket la raqueta, **5.2**
to **rain** llover (ue)
 It's raining. Llueve., **LP**
to **raise** levantar, **3.1**
 to raise one's hand levantar la mano, **3.1**
rather bastante, **1.2**
raw crudo(a), **8.1**

raw vegetables los vegetales crudos, **8.1**
to **read** leer, **4.2**
reading la lectura
to **receive** recibir, **4.1**
red rojo(a), **5.1**
redheaded pelirrojo(a), **1.1**
to **reduce** rebajar, **9.1**
relative el/la pariente, **2.1**
to **remain** quedarse, **11.1**
to **remember** recordar (ue)
to **rent** alquilar, rentar, **7.1**
to **repeat** repetir
republic la república
 Dominican Republic la República Dominicana
required obligatorio(a)
resort: seaside resort el balneario, **7.1**
rest: the rest lo(s) demás
restaurant el restaurante
restroom el servicio, **10.2**
to **return** regresar, **3.2;** volver (ue), **5.1;** *(something)* devolver (ue), **5.2**
review el repaso
rice el arroz, **4.1**
right derecho(a), **11.1**
right away enseguida, **4.2**
rink (ice-skating) la pista de patinaje, **7.2**
river el río
roll *(bread)* el panecillo, **4.1**
roll of toilet paper el rollo de papel higiénico, **11.2**
room el cuarto, **2.2;** *(museum)* el salón, **8.2**
 bathroom el cuarto de baño, **2.2**
 classroom la sala de clase, **3.1**
 dining room el comedor, **2.2**
 living room la sala, **2.2**
routine la rutina, **11.1**
 daily routine la rutina diaria, **11.1**
rude mal educado(a), **6.1**
ruins las ruinas
rumor el chisme
to **run** correr, **5.2**
runway la pista, **10.2**

---

sad triste, deprimido(a), **6.1**
salad la ensalada, **4.1**

sale el saldo, la liquidación(a)
salesperson el/la empleado(a), **3.2;** el/la dependiente(a)
salt la sal
same mismo(a), **1.2**
sand la arena, **7.1**
sandal la sandalia, **9.2**
sandwich el sándwich, el bocadillo, **4.1;** la torta
 ham and cheese sandwich el sándwich de jamón y queso, **4.1**
Saturday el sábado, **LP**
to **save** salvar
to **say** decir
scared: to be scared tener miedo, **7.2**
school la escuela, **1.2;** el colegio; la academia
 elementary school la escuela primaria
 high school la escuela secundaria, **1.2;** el colegio
school (related to) escolar
 school bus el bus escolar, **3.2**
 school supplies los materiales escolares, **3.1**
science la ciencia, **1.2**
score el tanto, **5.1**
 to score a goal meter un gol, **5.1**
 to score a point marcar un tanto, **5.1**
screen la pantalla
sculptor el/la escultor(a), **8.2**
sculpture la escultura, **8.2**
sea el mar, **7.1**
 Caribbean Sea el mar Caribe
seaside resort el balneario, **7.1**
season la estación, **LP**
 ¿Qué estación es? What season is it?, **LP**
seat el asiento, **10.1**
 seat number el número del asiento, **10.2**
seat belt el cinturón de seguridad, **10.2**
second segundo(a)
 second half *(soccer)* el segundo tiempo, **5.1**
secondary secundario(a), **1.2**
security (checkpoint) el control de seguridad, **10.2**
 to go through security pasar por el control de seguridad, **10.2**
to **see** ver, **4.2**

English-Spanish Dictionary

See you later! ¡Hasta luego!, **LP**
See you soon! ¡Hasta pronto!, **LP**
See you tomorrow! ¡Hasta mañana!, **LP**
to **seem** parecer
　It seems to me . . . Me parece...
to **sell** vender, **6.2**
to **send** enviar, **3.2**
sense: sense of humor el sentido de humor, **6.1**
　to have a good sense of humor tener un buen sentido de humor, **6.1**
sentence la frase, la oración
September septiembre, **LP**
serious serio(a), **1.1**
server el/la mesero(a), **4.2**; el/la camarero(a)
seven siete, **LP**
seven hundred setecientos(as)
seventeen diecisiete, **LP**
seventy setenta, **LP**
several varios(as)
shake *(drink)* el batido, **4.2**
shame: What a shame! ¡Qué pena!, **5.1**
shampoo el champú, **11.2**
she ella, **1.1**
sheet: sheet of paper la hoja de papel, **3.1**
shirt la camisa, **3.1**
shoe size el número, **9.1**
shoes las zapatillas, **5.1**; los zapatos, **9.1**
to **shop** ir de compras, **9.1**
shopping cart el carrito, **9.2**
shopping center el centro comercial, **9.1**
short *(person)* bajo(a), **1.1**; *(length)* corto(a), **9.1**
shorts el pantalón corto, **5.1**
shoulder el hombro
to **show** mostrar (ue), **10.2**
shower la ducha, **11.1**
　to take a shower tomar una ducha, **11.1**
shrimp los camarones, **4.2**; las gambas
shy tímido(a)
sick enfermo(a), **6.2**
sign la señal
　no-smoking sign la señal de no fumar, **10.2**

silver la plata
similar similar
since desde; como
sincere sincero(a)
to **sing** cantar, **8.1**
singer el/la cantante, **8.1**
single solo(a)
singles *(tennis)* individuales, **5.2**
sir (el) señor, **LP**
sister la hermana, **2.1**
to **sit down** sentarse (ie), **11.1**
six seis, **LP**
six hundred seiscientos(as)
sixteen dieciséis, **LP**
sixty sesenta, **LP**
size *(clothing)* la talla; *(shoes)* el número, **9.1**
　What size do you take? ¿Qué talla usas?, **9.1**
　What size shoe do you wear? ¿Qué número calzas?, **9.1**
to **skate** patinar, **7.2**
ski el esquí, **7.2**
　ski hat el gorro, **7.2**
　ski jacket la chaqueta de esquí, el anorak, **7.2**
　ski lift el telesilla, el telesquí, **7.2**
　ski pole el bastón, **7.2**
　ski resort la estación de esquí, **7.2**
　ski slope la pista, **7.2**
to **ski** esquiar, **7.2**
　to water-ski esquiar en el agua, **7.1**
skier el/la esquiador(a), **7.2**
skiing el esquí, **7.2**
　cross-country skiing el esquí nórdico
　downhill skiing el esquí alpino
　waterskiing el esquí acuático (náutico), **7.1**
skinny flaco(a)
skirt la falda, **3.1**
to **sleep** dormir (ue)
sleeping bag el saco (la bolsa) de dormir, **11.2**
sleeved: short- (long-) sleeved de manga corta (larga), **9.1**
slice la tajada, **9.2**
slope la pista, **7.2**
small pequeño(a), **1.2**
smile la sonrisa, **6.1**

smoking: no-smoking sign la señal de no fumar, **10.2**
snack la merienda; las tapas, los antojitos, **4.2**; los bocaditos
sneakers las zapatillas, **5.1**; los tenis, **5.2**
snow la nieve, **7.2**
to **snow** nevar (ie), **7.2**
　It's snowing. Nieva., **LP**
snowboarder el/la snowboarder, **7.2**
so tan
soap el jabón, **11.2**
　bar of soap la barra de jabón, **11.2**; la pastilla de jabón
soap opera la telenovela
soccer el fútbol, **5.1**
social studies los estudios sociales, **1.2**
socks los calcetines, **5.1**
soda la cola, la gaseosa, **4.1**; el refresco, **4.2**
sofa el sofá, **2.2**
soft drink el refresco, **4.2**
some unos(as); algunos(as)
someone alguien, **8.2**
something algo, **8.2**
sometimes a veces, **6.1**
son el hijo, **2.1**
soon pronto, **LP**
　See you soon! ¡Hasta pronto!, **LP**
sore throat: to have a sore throat tener dolor de garganta, **6.1**
sorry: I'm very sorry. Lo siento mucho., **5.1**
soup la sopa
south el sur
South America la América del Sur, la Sudamérica
Spain España
Spanish *(language)* el español, **1.2**
　Spanish speaker el/la hispanohablante
　Spanish-speaking hispanohablante
spare: spare time el tiempo libre, **8.1**
to **speak** hablar, **3.1**
spectator el/la espectador(a)
to **spend** *(time)* pasar, **7.1**
sport el deporte, **5.1**

individual sport el deporte individual

team sport el deporte de equipo

sports *(related to)* deportivo(a)

spring la primavera, **LP**

stadium el estadio

to stand in line hacer cola, estar en fila, **10.2**

statue la estatua, **8.2**

to stay quedarse, **11.1**

to stay in bed *(illness)* guardar cama, **6.2;** *(idleness)* quedarse en la cama, **11.1**

steak el biftec

stepbrother el hermanastro, **2.1**

stepfather el padrastro, **2.1**

stepmother la madrastra, **2.1**

stepsister la hermanastra, **2.1**

stomach el estómago, **6.2**

to have a stomachache tener dolor de estómago, **6.2**

store la tienda, **3.2**

street la calle

stress el estrés, **6.2**

to stretch estirarse, **11.1**

stubborn obstinado(a), terco(a), **6.1**

student el/la alumno(a), **1.2;** el/la estudiante

studies: social studies los estudios sociales, **1.2**

to study estudiar, **3.1**

stuffed up *(head cold)* resfriado(a), **6.2**

suburbs las afueras, los suburbios, **2.2**

to succeed tener éxito, **6.1**

successful: to be successful tener éxito, **6.1**

such tal

to suit (fit) quedar, **9.1**

Esta chaqueta no te queda bien. This jacket doesn't suit you., **9.1**

suitcase la maleta, **10.1**

to pack one's suitcase hacer la maleta, **10.1**

summer el verano, **LP**

sun el sol, **7.1**

to sunbathe tomar el sol, **7.1**

Sunday el domingo, **LP**

sunglasses los anteojos de sol, las gafas para el sol, **7.1**

sunny: It's sunny. Hace (Hay) sol., **LP**

suntan lotion la crema solar, la loción bronceadora, **7.1**

supermarket el supermercado, **9.2**

supplies: school supplies los materiales escolares, **3.1**

to surf practicar la tabla hawaiana, **7.1**

to surf the Web (the Net) navegar la red (el Internet), **3.2**

surfboard la tabla hawaiana, **7.1**

surfing la tabla hawaiana, el surfing, **7.1**

surprise la sorpresa, **4.1**

sweater el suéter, **11.1**

to swim nadar, **7.1**

swimming pool la piscina, la alberca, **7.1;** la pila

swimsuit el bañador, el traje de baño, **7.1**

T

table la mesa, la mesita, **2.2**

to take tomar, **3.1;** traer, **10.1**

to take *(size)* usar, calzar, **9.1**

to take a bath bañarse

to take a flight tomar un vuelo

to take a hike dar una caminata, **11.2**

to take a shower tomar una ducha, **11.1**

to take a test tomar un examen, **3.1**

to take a trip hacer un viaje, **10.1**

to take off *(airplane)* despegar, **10.2;** *(clothes)* quitarse, **11.1**

to take pictures (photos) sacar (tomar) fotos, **7.1**

to take someone's blood pressure tomar la tensión arterial, **6.2**

to take someone's pulse tomar el pulso, **6.2**

to take the (school) bus tomar el bus (escolar), **3.2**

taken ocupado(a), **4.2**

takeoff el despegue, **10.2**

to talk hablar, **3.1**

to talk on the phone hablar por teléfono

to talk on a cell phone hablar en el móvil, **3.2**

tall alto(a), **1.1**

taste el gusto

taxi el taxi, **10.1**

taxi driver el/la taxista, **10.1**

tea el té

to teach enseñar, **3.1**

teacher el/la profesor(a), **1.2**

team el equipo, **5.1**

opposing team el equipo contrario, **7.1**

team sport el deporte de equipo, **5.1**

teeth los dientes, **11.1**

to brush one's teeth cepillarse (lavarse) los dientes, **11.1**

telephone el teléfono

to talk on the phone hablar por teléfono

television la televisión, la tele

temperature la temperatura, **7.2**

ten diez, **LP**

by tens de diez en diez

tennis el tenis, **5.2**

tennis court la cancha de tenis, **5.2**

tennis player el/la tenista

tennis racket la raqueta, **5.2**

tennis shoes los tenis, **9.1**

to play tennis jugar (al) tenis, **5.2**

tent la carpa, la tienda de campaña, **11.2**

to put up a tent armar, montar una carpa (una tienda de campaña), **11.2**

terrace la terraza

test el examen, la prueba, **3.1**

to give a test dar un examen (una prueba), **3.1**

to take a test tomar un examen, **3.1**

Texan tejano(a)

Thank you. Gracias., **LP**

that (one) aquel(la), ese(a), **9.2**

the el, la, los, las, **1.1**

their su(s)

them las, los, les

then luego, **3.2**

there allí, allá

there is, there are hay, **2.2**

they ellos(as), **1.1**

thin flaco(a)

thing la cosa

to think pensar (ie), **5.1**

What do you think? ¿Qué piensas?, **5.1**

thirsty: to be thirsty tener sed, **4.1**

English-Spanish Dictionary

thirteen trece, **LP**

thirty treinta, **LP**

thirty-eight treinta y ocho, **LP**

thirty-five treinta y cinco, **LP**

thirty-four treinta y cuatro, **LP**

thirty-nine treinta y nueve, **LP**

thirty-one treinta y uno, **LP**

thirty-seven treinta y siete, **LP**

thirty-six treinta y seis, **LP**

thirty-three treinta y tres, **LP**

thirty-two treinta y dos, **LP**

this (one) este(a)

thousand mil

three tres, **LP**

three hundred trescientos(as)

throat la garganta, **6.2**

    to have a sore throat tener dolor de garganta, **6.2**

to **throw** lanzar, tirar, **5.2**

    to throw (give) a party dar una fiesta, **8.1**

Thursday el jueves, **LP**

ticket el boleto, el ticket, **7.2;** la entrada, **8.1;** el billete, **10.1;** el tiquet(e)

    e-ticket el boleto (billete) electrónico, **10.1**

ticket counter *(airport)* el mostrador, **10.1**

ticket window la boletería, la ventanilla, **7.2;** la taquilla, **8.2**

tie la corbata, **9.1**

time la hora, **LP;** la vez

    at times (sometimes) a veces, **6.1**

    at what time? ¿a qué hora?, **LP**

    boarding time la hora de embarque, **10.1**

    departure time la hora de salida, **10.1**

    full-time a tiempo completo

    on time a tiempo, **10.2**

    part-time a tiempo parcial

    spare time el tiempo libre, **8.1**

    What time is it? ¿Qué hora es?, **LP**

timid tímido(a)

tip el servicio, **4.2**

    Is the tip included? ¿Está incluido el servicio?, **4.2**

tired cansado(a), **6.1**

toast las tostadas, el pan tostado, **4.1**

today hoy, **LP**

    What day is it today? ¿Qué día es hoy?, **LP**

    What is today's date? ¿Cuál es la fecha de hoy?, **LP**

toe el dedo del pie

together juntos(as)

toilet paper el papel higiénico, **11.2**

    roll of toilet paper el rollo de papel higiénico, **11.2**

tomato el tomate, **4.1**

tomorrow mañana, **LP**

    See you tomorrow! ¡Hasta mañana!, **LP**

tonight esta noche, **4.1**

too también, **1.2**

toothbrush el cepillo de dientes, **11.2**

toothpaste la crema dental, **11.2;** la pasta dentífrica

    tube of toothpaste el tubo de crema dental, **11.2**

to **touch** tocar, **5.1**

towel la toalla, **7.1**

town el pueblo

to **travel** viajar

tree el árbol, **2.2**

trip el viaje, **10.1**

    to take a trip hacer un viaje, **10.1**

true: That's true. Es verdad., **9.1**

trunk *(car)* el baúl, la maletera, **10.1**

truth la verdad

T-shirt la camiseta, **5.1;** el T-shirt

tube el tubo, **11.2**

Tuesday el martes, **LP**

tuna el atún, **9.2**

    can of tuna un bote (una lata) de atún, **9.2**

TV la tele

twelve doce, **LP**

twenty veinte, **LP**

twenty-eight veintiocho, **LP**

twenty-five veinticinco, **LP**

twenty-four veinticuatro, **LP**

twenty-nine veintinueve, **LP**

twenty-one veintiuno, **LP**

twenty-seven veintisiete, **LP**

twenty-six veintiséis, **LP**

twenty-three veintitrés, **LP**

twenty-two veintidós, **LP**

twin el/la gemelo(a), **2.1**

two dos, **LP**

two hundred doscientos(as)

type el tipo, **6.1**

typical típico(a)

ugly feo(a), **1.1**

unattractive feo(a), **1.1**

uncle el tío, **2.1**

under debajo de, **10.2**

underneath debajo de, **10.2**

to **understand** comprender, **4.2;** entender (ie), **8.2**

uniform el uniforme, **3.1**

United States Estados Unidos

university la universidad

unoccupied libre, **4.2**

unpleasant antipático(a), **1.1**

until hasta, **LP**

up: to go up subir, **7.2**

upper superior

urban urbano(a)

us nos

to **use** usar, **3.2**

vacation las vacaciones

vanilla vainilla

various varios(as)

vegetable la legumbre, la verdura, el vegetal, **4.1**

vegetable store, stall la verdulería, **9.2**

vegetarian vegetariano(a), **4.1**

Venezuelan venezolano(a)

very muy, **LP;** mucho, **LP**

    It's very hot (cold). Hace mucho calor (frío)., **LP**

    Very well. Muy bien., **LP**

view la vista

to **visit** visitar, **8.2**

volcano el volcán

volleyball el voleibol, **7.1**

    volleyball court la cancha de voleibol, **7.1**

vowel la vocal

W

to **wait** esperar, **10.2**

  to wait in line hacer cola, **10.2;** estar en fila

waiter (waitress) el/la mesero(a), **4.2;** el/la camarero(a)

to **wake up** despertarse (ie) **11.1**

wall el muro

to **want** querer (ie), **5.1;** desear, **4.2**

war la guerra

to **wash** lavar, **11.2**

to **wash oneself** lavarse, **11.1**

  to wash one's hair (face, hands) lavarse el pelo (la cara, las manos), **11.1**

to **watch** mirar, **3.2;** ver, **4.2**

water el agua (*f.*), **4.1**

  (sparkling) mineral water el agua mineral (con gas), **4.2**

to **water-ski** esquiar en el agua, **7.1**

waterskiing el esquí acuático (náutico), **7.1**

wave la ola, **7.1**

we nosotros(as)

to **wear** llevar, **3.1;** *(shoe size)* calzar, **9.1;** *(clothing size)* usar, **9.1**

weather el tiempo, **LP**

  It's cold *(weather).* Hace frío., **LP**

  It's cool *(weather).* Hace fresco., **LP**

  The weather is bad. Hace mal tiempo., **LP**

  The weather is nice. Hace buen tiempo., **LP**

  What's the weather like? ¿Qué tiempo hace?, **LP**

Web la red, **3.2**

  to surf the Web navegar la red, **3.2**

Wednesday el miércoles, **LP**

week la semana, **LP**

  last week la semana pasada, **7.1**

weekend el fin de semana, **7.1**

weight el peso

welcome: You're welcome. De nada., Por nada., No hay de qué., **LP**

well bien, **LP;** pues

  Very well. Muy bien., **LP**

well-mannered bien educado(a), **6.1**

west el oeste

what? ¿qué?; ¿cuál?; ¿cuáles?; ¿cómo?

  at what time? ¿a qué hora?, **LP**

  What a shame! ¡Qué pena!, **5.1**

  What day is it (today)? ¿Qué día es hoy?, **LP**

  What does he (she, it) look like? ¿Cómo es?, **1.1**

  What is he (she, it) like? ¿Cómo es?, **1.1**

  What is today's date? ¿Cuál es la fecha de hoy?, **LP**

  what nationality? ¿de qué nacionalidad?, **1.1**

  What's happening? What's going on? ¿Qué pasa?, **3.1**

  What's new (up)? ¿Qué hay?

  What time is it? ¿Qué hora es?, **LP**

when cuando, **3.1**

when? ¿cuándo?, **3.2**

where donde

where? ¿dónde?, **1.1;** *(to) where?,* ¿adónde?, **3.2**

  from where? ¿de dónde?, **1.1**

which? ¿cuál?; ¿cuáles?

while mientras

white blanco(a), **5.1**

who? ¿quién?, **1.1;** ¿quiénes?, **1.2**

why? ¿por qué?, **3.2**

wide ancho(a)

wife la esposa, la mujer, **2.1**

to **win** ganar, **5.1**

wind el viento, **LP**

window *(store)* el escaparate, **9.1;** *(plane)* la ventanilla, **10.2**

windsurfing la plancha de vela, **7.1**

  to go windsurfing practicar la plancha de vela, **7.1**

windy: It's windy. Hace viento., **LP**

winter el invierno, **LP**

with con

without sin, **7.2**

word la palabra

work la obra, el trabajo

to **work** trabajar, **3.2**

world el mundo

  World Cup la Copa Mundial

worse peor

to **be worth: It's not worth it.** No vale., **7.1**

to **write** escribir, **4.2**

written escrito(a)

Y

year el año, **LP**

  last year el año pasado, **7.1**

  to be turning . . . years old cumplir... años

  to be . . . years old tener... años, **2.1**

yellow amarillo(a), **5.1**

yes sí, **LP**

yesterday ayer, **7.1**

  yesterday afternoon ayer por la tarde, **7.1**

  yesterday evening anoche, **7.1**

you tú *(sing. fam.),* usted *(sing. form.),* ustedes *(pl. form.),* vosotros(as) *(pl. fam.);* ti, te *(fam. pron.),* le *(form. pron.)*

  You're welcome. De (Por) nada., No hay de qué., **LP**

young joven, **1.1**

young person el/la joven, **1.1**

younger menor, **2.1**

youngest el/la menor, **2.1**

your tu(s), su(s)

  It's your turn! ¡Te toca a ti!

youth hostel el albergue juvenil

Z

zero cero, **LP**

zone la zona

English-Spanish Dictionary

Culture Index

A

amigos 20, 21, 23, 26, 30, 42, 52, 71, 73, 88–89, 90, 103, 107, 130, 132, 133, 230, 239, 266, 275, 370, 372

Andes 78, 252, 282, 350, 387

Argentina en general, 186; la bandera, 165; Bariloche, 16, 229, 252, 339; Buenos Aires, 56, 70, 90, 264, 281, 297, 310, 345, 347, 365; La Casa Rosada (Buenos Aires), 345; el Catedral Cerro, 160, 242, 253; Puerto Madryn, 238; Ushuaia, 50, 331

arte la cerámica, 321; **Un día de cultura latina,** 282; *Hispanic Institute* (Nueva York, Estados Unidos), 272; Kahlo, Frida (pintora mexicana), 264; Museo del Barrio (Nueva York, Estados Unidos), 272; Orozco, José Clemente (muralista mexicano), 282; Rivera, Diego (pintor mexicano), 264; *Zapatistas* de José Clemente Orozco, 282

aztecas 403, 405

B

baile 264, 265, Ballet Folklórico de México, 284

banderas 165, 206

bienestar 131, 192–194, 203, 376; las farmacias en los países hispanos, 195, 201, 202

Bolívar, Simón 145

C

cafés y restaurantes 7, 126, 127, 132, 133, 135, 136, 138, 140, 142, 148, 149, 152, 154, 285, 290, 340

La camisa de Margarita 406–409

casas 25, 56, 57, 62, 63, 64, 69, 70, 76, 82, 83, 109, 123, 204, 206, 332

Cervantes Saavedra, Miguel de 44

Chile en general, 372; Arica, 61, 365, 386; la bandera, 165; el desierto de Atacama, 265; Poconchile, 265; Puerto Montt, 296; Puerto Varas, 229; Punta Arenas, 25, 91, 385; Saltos del Petrohué, 383; Santiago, 275; Valparaíso, 161

El Cid 398–401

cine 270, 275, 280, 281

Clemente Orozco, José 282, 283

Clemente, Roberto 182, 183

Colombia en general, 394; Barranquilla, 28, 91, 152, 190; Cartagena, 41; Santa Marta, 213, 390

comida 124–125, 126, 127, 128, 132, 134, 137, 138, 141, 143, 146, 148, 152, 153, 170, 266, 268, 311; el comer, 125, 126, 127, 130, 133, 137, 138, 139, 142, 153; **La comida en otras partes** (Madrid, España y Granada, Nicaragua), 146; **Una merienda ¿Dónde?,** (las meriendas después de las clases), 148

compras 96, 294–295, 296, 297, 298, 299, 300, 301, 302, 303, 304, 315, 322, 323, 324, 326; **Mercados indígenas** (en Guatemala y Ecuador), 316;

De compras (el mercado municipal, el supermercado y el centro comercial), 317, 318

Costa Rica Catarata La Paz, 392; San José, 57, 338

Cuba La Habana, 276

cubanoamericanos 42

D

deportes en general, 158–159; el básquetbol, 167, 173, 175; el béisbol, 161, 166, 180, 182; el buceo, 230, 238; el ciclismo, 160; Clemente, Roberto, 182; **Los deportes de equipo** (el fútbol y el béisbol en los países hispanos), 180; los deportes del invierno, 229, 234–235; los deportes del verano, 230–231; el esquí, 234, 235, 236, 256; el esquí acuático, 231, 251; el fútbol, 160, 161, 162, 163, 179, 180, 187; el jai alai, 169; **Julio en Argentina** (el esquí en Argentina), 252; la natación, 228, 229, 231; el patinaje sobre el hielo, 235; la plancha de vela, 229, 230; el snowboard, 234; el surfing, 230; el tenis, 167, 239; el voleibol, 231

Don Quijote → *Quijote (Don)*

E

Ecuador en general, 296; Baños, 7, 202, 244; Cotacachi, 60, 109, 156; Cuicocha, 83; **Una familia ecuatoriana,** 76; islas Galápagos, 79, 334; Manta, 90;

Culture Index

Culture Index

Culture Index

Grammar Index

a personal 107 (3); 244 (7)

acabar de 136 (4)

adjectives to describe looks and personalities, 22 (1); to describe nationality, 23 (1); agreement in gender and number with nouns, 32 (1); ending in **-e,** 32 (1); ending in a consonant, 32 (1); with a group of both boys and girls, 32 (1); possessive adjectives, 70 (2); demonstrative adjectives, 312 (9)

affirmative and negative expressions algo, alguien, nada, nadie, nunca, siempre, 278 (8)

agreement (in gender and number) of articles and nouns, 30 (1); of nouns and adjectives, 30 (1)

al contraction of **a + el,** 107 (3)

-ar verbs present tense, 100 (3); preterite tense, 238 (7)

articles definite and indefinite, 30 (1)

commands with **favor de +** *infinitive,* 380 (11)

comparatives 311 (9)

conocer present tense, 308 (9)

conocer vs. saber 308 (9)

dar present tense, 105 (3); preterite tense, 274 (8)

deber with infinitive, 136 (4)

del contraction of **de + el,** 107 (3)

demonstratives adjectives and pronouns, 312 (9)

direct object pronouns me, te, nos, 209 (6); **lo, la, los, las,** 244 (7)

-er verbs present tense, 136 (4); preterite tense, 274 (8)

estar present tense, 105 (3); to tell how you feel, 105 (3); to tell where you are, 105 (3); to express a temporary state, emotion, or condition, 204 (6); to express where something or someone is located, 206 (6)

estar vs. ser temporary states or conditions vs. inherent characteristics, 204 (6); location vs. origin, 206 (6)

gustar to express likes and dislikes, 175 (5); verbs similar to **gustar: aburrir, interesar,** 175 (5)

hacer present tense, 340 (10)

hay 63 (2)

indirect object pronouns me, te, nos, 209 (6); **le, les,** 210 (6)

infinitive 100 (3); expressions with **acabar de, ir a, tener que,** 140 (4); commands with **favor de,** 380 (11)

ir present tense, 105 (3); **ir a +** *infinitive,* 140 (4); preterite tense, 242 (7)

-ir verbs present tense, 136 (4); preterite tense, 274 (8)

irregular verbs present tense: **conocer,** 308 (9); **dar,** 105 (3); **estar,** 105 (3); **hacer,** 340 (10); **ir,** 105 (3); **poner,** 340 (10); **saber,** 308 (9); **salir,** 340 (10); **ser,** 34 (1); **tener,** 66 (2), 340 (10); **traer,** 340 (10); **venir,** 340 (10); **ver,** 136 (4); preterite tense: **dar,** 274 (8); **ir,** 277 (8); **leer,** 277 (8); **oír,** 277 (8); **ser,** 242 (7); **ver,** 274 (8)

leer preterite tense, 277 (8)

negative and affirmative expressions algo, alguien, nada, nadie, nunca, siempre, 278 (8)

nouns masculine and feminine, 30 (1); singular and plural, 30 (1)

numbers 306 (9)

oír present tense, 277 (8); preterite tense, 277 (8)

poder present tense, 172 (5)

poner present tense, 340 (10)

possessive adjectives forms and agreement with nouns, 70 (2)